中國小學史

（修訂本）

胡奇光 ◎ 著

復旦大學出版社

目　　錄

修訂本前言 ………………………………………… 1

緒論 ………………………………………………… 1
  一、"小學"涵義的演變 ………………………… 1
  二、小學的基本内容 …………………………… 4
  三、小學傳統的特點 …………………………… 7
  四、小學歷史的分期 …………………………… 12

第一章　小學的發端——先秦時代 ……………… 16
  一、古人關於文字起源的討論 ………………… 16
  二、孔子"定名分"與墨子"正名字" ………… 19
  三、《墨經》的語文符號論 …………………… 24
  四、名實之争與荀子《正名篇》……………… 30
  五、古書訓詁的萌芽 …………………………… 37

第二章　小學的創立——兩漢時代 ……………… 45
  一、"書同文"與字書的出現 ………………… 45
  二、小學因古文經學以立 ……………………… 48
  三、訓詁書之祖《爾雅》……………………… 54

四、《禮記》裏的社會方言 ……………………………… 64
　　五、揚雄奠定小學的基礎 ………………………………… 67
　　六、許慎《説文》是文字學寶典 ………………………… 74
　　七、鄭玄研究小學的方向 ………………………………… 94
　　八、《釋名》開探索語源之先河 ………………………… 100

第三章　小學的發展——六朝隋唐時代 ………………… 108
　　一、言意之辯由玄學及文學 ……………………………… 108
　　二、從俗字書到字樣學 …………………………………… 113
　　三、孫炎反切與梵文拼音學理 …………………………… 124
　　四、四聲・平仄・詩律 …………………………………… 130
　　五、《切韻》與南北讀書音的統一 ……………………… 138
　　六、守温字母與等韻源流 ………………………………… 144
　　七、從儒家義書到佛家義書 ……………………………… 154

第四章　小學的轉折——宋元明時代 …………………… 170
　　一、與近代白話文學相適應的語言觀 …………………… 170
　　二、由《廣韻》進而探求古音 …………………………… 173
　　三、《中原音韻》是普通話音系的歷史源頭 …………… 181
　　四、古文字、六書學與民族文字的創制 ………………… 187
　　五、從"右文説"到《通雅》 …………………………… 198
　　六、文章作法裏的語法觀念 ……………………………… 206

第五章　小學的終結——清代 …………………………… 214
　　一、由音韻文字通經子百家 ……………………………… 214

二、古音學的發明：從顧炎武到章太炎 ………………… 221
三、戴震與詞源研究的演進 ……………………………… 232
四、以段玉裁爲代表的文字學研究 ……………………… 240
五、以王念孫父子爲代表的訓詁學研究 ………………… 262
六、阮元論語言與文化 …………………………………… 278
七、姓氏、稱謂、避諱 …………………………………… 284
八、方言俗語的"尋源" …………………………………… 292
九、虛字·辭例·《馬氏文通》 …………………………… 301
十、小學後殿孫詒讓與古文字學 ………………………… 312

結語　奔向現代的語文新潮 ………………………………… 320

初版後記 ………………………………………………………… 341

索引 ……………………………………………………………… 343

修訂本前言

這本《中國小學史》,是一部從文化史角度撰寫的中國古代語言學史。

小學原是"徵實"之學,常用來解決識字、解經、寫詩時碰到的實際問題。隨着小學的發展,專門術語層出不窮,含混概念也隨之雜生,以致弄得有些韻書成了天書。對此,我們擬通過學術淵源的推究、語文實例的驗證、現代語言理論的剖析等手段,力求還小學的本來面目,讓小學"食人間煙火"。早在1984年撰稿之初,時任"中國文化史叢書"編委會常委的朱維錚,曾對《小學史》的撰寫提出很高的要求,就是:"要讓外行人看得懂,叫內行人看不到外行話!"本着這精神,我懷着立足語言學、面向文化界的初衷,經過近兩年的努力,終於把《小學史》的書稿寫出來了。

這本書已由上海人民出版社出了兩個版本,一是1987年列入"中國文化史叢書"出的初版本;二是2005年收入"專題史系列叢書"出的再版本。再版本在內容上有些補充修正。這兩個版本均用簡體字排印。

現在由復旦大學出版社出的是這本《小學史》的繁體字版修訂本。

自去年九月至今,我和責任編輯通力合作,使這本《小學史》的修訂工作,上了一個臺階:

一是在2005年再版本的基礎上精益求精,再作些力所能及的補正。如增添幾部重要著作的內容介紹,增補幾條學術傳承、遥相呼應的史料，改正數處重要的差錯等。

二是全書文字校訂上，着力審校引文，即用繁體字的原文審核簡體字的引文。書中每條引文均查到古書裏的原文，並按原文逐字還原爲相對應的繁體字。所采用的繁體字的正誤，視原文而定。如"钟"为繁體字"鍾""鐘"的簡體字。《廣韻》二百零六韻説的"冬钟同用"，此處"钟"，原文爲"鍾"，不作"鐘"；《説文》"鍠"字注"执竞以鼓统于钟"，此處"钟"，原文為"鐘"，不作"鍾"。音同字異，决不混用。引文字句的对错，亦視原文而定。長期以來，借"蟊"爲"蠹"，已習以爲常了，但在《説文》里，這是根本不同的兩個字。"蟊"爲蜘蛛，"蠹"是食草根的害蟲。而初版本、再版本却作："蟊：虫食草根者。……吏抵冒取民財則生。"豈非張冠李戴？現修訂本對此已作改正。看來，宋文濤提出的審核引文，這確是修訂舊作的高招。

我年逾八旬，有幸遇見宋文濤。他有才華，有主意，能吃苦耐勞（全書引文的逐一查核），又能體貼老人（送清樣到家），都叫我感奮不已。孔子説的"後生可畏"，大概也可指像他一样的人吧！

修訂没有止境。懇請讀者批評指正！

奇　光
2018 年 7 月 6 日

緒　　論

一、"小學"涵義的演變

在漫長的歲月裏，漢民族以自己獨特的方式，研究着本民族的語文，研究着作爲中華民族文化共同標幟的漢語漢字；就是在中印文化、中西文化交流之際，漢民族吸收外來的新知，也往往從研究本民族語文的實際需要出發。他們還給那種研究中國古代語言文字的學問，起了一個十分別緻的名字，叫作"小學"。

我們在這部"小學史"裏，打算從一個新的角度，即從文化史的角度去考察，去探索，以便通過對中國小學發展歷史的概括叙述，能更好地認識中華民族文化的特質。

"小學"這個概念，在中國的不同歷史時期裏，有着不同的具體內容。

早在周代，"小學"自然不是指研究中國語言文字的學問。它與"大學"對舉，是指爲貴族子弟而設的初級學校。古人説的"八歲入小學，十五入大學"[①]，即是明證。以"小學"指稱文字學，始於西漢，具體説，始於劉向、劉歆父子。他們在那部可稱爲世界上第一個圖書分類目錄的《七略》裏，第一次把周秦以來的字書及"六書"之學，稱爲"小學"。小學的創始人，便是揚雄、杜林、

---

① 《説文解字注》卷十五《叙》"《周禮》八歲入小學"句段玉裁注語。

許慎、鄭玄①。

從東漢至隋唐五代，人們賦予"小學"以更爲豐富的内容。《隋書·經籍志》小學類後序説："魏世又有八分書（即"漢隸"），其字義訓讀，有《史籀篇》、《蒼頡篇》、《三蒼》、《埤蒼》、《廣蒼》等諸篇章，訓詁、《説文》、《字林》、音義、聲韻、體勢等諸書。"其中，"音義"，着重形音義的溝通，爲文字的通論；"訓詁"專論字義；"聲韻"專論字音；"體勢"專論字形。至於《説文》、《字林》，爲文字學的最早專著。但《四庫全書總目》批評説："《隋志》增以金石刻文，《唐志》增以書法書品，已非初旨。"（《經部·小學類序》）其實，把由印度文化影響而產生的音韻學著作與文字學經典《説文解字》等一起列入"小學"類的，正是魏徵等人撰寫的《隋書·經籍志》；把訓詁書的鼻祖《爾雅》首次歸入"小學"類的，又正是後晉劉昫等人撰寫的《舊唐書·經籍志》。

明確地以"小學"指稱文字、音韻、訓詁之學，當從宋代開始。歐陽修在《崇文總目叙釋·小學類》裏提出：

> 《爾雅》出於漢世，正名命物，講説者資之，於是有訓詁之學。……《三蒼》之説，始志字法，而許慎作《説文》，於是有偏傍之學。五聲異律，清濁相生，而孫炎始作字音，於是有音韻之學。篆隸古文，爲體各異，秦漢以來，學者務極其能，於是有字書之學。

如果把"字書之學"和"偏傍之學"合稱文字之學，那"小學"就作爲文字、音韻、訓詁之學的專稱了。事實上，宋人晁公武《郡齋讀書

---

① 關於小學的創始者，約有三種提法：一説是杜林。杜著有《蒼頡訓纂》、《蒼頡故》，均已散失。《漢書·杜鄴傳》盛贊杜林文字學造詣出衆，"故世言小學者由杜公"。一説是許慎、鄭玄。許著有《説文解字》，鄭主要是箋《詩》注《禮》。馬建忠《馬氏文通序》説："鄭、許輩起，務究元本，而小學乃權輿焉。"一説是揚雄、許慎。揚著有《方言》。黄焯説："小學本稱爲揚、許之學。"見《文字聲韻訓詁筆記》，上海古籍出版社，1983年，第262頁。

志》、王應麟《玉海》已經這樣做了,他們把"小學"分爲三類:一、體制;二、訓詁;三、音韻。至清代,《四庫全書總目》就更爲清楚地說:

> 惟以《爾雅》以下編爲訓詁,《說文》以下編爲字書,《廣韻》以下編爲韻書。庶體例謹嚴,不失古義。

所謂"古義",據說本之於《漢書·藝文志》:"惟《漢志》根據經義,要爲近古。"這不過是託古之詞罷了。且不說班固寫《漢志》時我國尚未出現"韻書",就是《爾雅》歸屬"訓詁"類也是遲至五代才告解決的。只是《四庫全書總目》遠祖《漢志》、近取唐宋人之說,爲之折衷,那體例確也"謹嚴"些,因而影響也較深遠。

到了清末,章太炎在《國粹學報》丙午(1906年)第十二、十三號上,發表了《論語言文字之學》一文。他指出,作爲文字、音韻、訓詁的總稱的"小學","則以襲用古稱,便於指示,其實當名'語言文字之學',方爲確切"。相應地,他認爲研究語言文字的方法,也不能局限於離析性的考釋,而要進行綜合性的研究:

> 若專解形體及本義者,如王菉友所作《說文釋例》、《說文句讀》,只可稱爲說文之學,不得稱爲小學;若專解訓詁,而不知假借引申之條例者,如李巡、孫炎之說《爾雅》,郭璞之注《爾雅》、《方言》者,只可稱爲爾雅方言之學,不得稱爲小學;若專解音聲而不能應用於引申假借者,如鄭庠之《古音辨》、顧寧人之《唐韻正》,只可稱爲古韻唐韻之學,不可稱爲小學。兼此三者,得其條貫,始於休寧戴東原氏。

在他看來,文字、音韻、訓詁的關係,不是三足鼎立的關係,而是三位一體的關係。他因此特別贊賞乾嘉學者倡導的從音韻通訓詁、以音韻證字形的原則。這種"小學"觀的轉變,導致語言學的現代化。他提出以"語言文字之學"代替"小學"的獻議,"正標志着傳統'小學'的終結和中國現代語言學的開始"①。

"小學"一詞從漢代用到清末,幾乎與整個封建社會相始終。我們現代所用的"小學"一詞,係指中國封建社會的語言文字學。

二、小學的基本内容

中國古代的經籍,常用神奇的漢字、古奧的文言寫成。要解讀經籍,先要通過漢字、文言等難關。而要通過漢字、文言等難關,就用得上文字學、音韻學、訓詁學這三門學問。通常說的小學,便是以文字學、音韻學、訓詁學爲基本内容的。

文字學

在古代中國,習慣上把研究漢字的學問稱爲文字學。文字學在歷史長河裏先後形成四條支流。

第一是說文學。說文學以東漢許慎的《說文解字》爲研究對象,故又稱"許學"。這是文字學研究的主幹。《說文解字》的長處在於就字形解說字音、字義。這字形、字音、字義的統一,正是漢字不同於拼音文字的地方。說文學以清代最盛,就中最負盛名的巨著首推段玉裁《說文解字注》。

第二是字樣學。字樣學要求區別正字、通用字和俗字,以確定文字的形體標準和使用規範。這實際上是古代的正字法。創於唐代顏師古,他的四代從孫顏元孫作的《干祿字書》,是字樣學的代表作。

第三是六書學。宋人長於說理,文字學研究的重心相應地從

---

① 濮之珍、高天如《"五四"運動和中國現代語言學》,載吳文祺主編《中華文史論叢》增刊《語言文字研究專輯(上)》,上海古籍出版社,1982年,第408頁。

《說文》移向"六書"。鄭樵甚至認爲，不懂"六書"，就不能通《六經》(《通志·六書略》)。經他的倡導，"六書"學漸成風氣。其中較有特色的著作是宋元間戴侗的《六書故》。

第四是古文字學。今人稱秦漢以前甲骨文、金文、籀文和戰國時通行於六國的文字爲古文字。北宋呂大臨開了考釋金文的先聲，但古文字學的創立，却有待於1899年甲骨文發現之後，孫詒讓、羅振玉、王國維等大師的努力。古文字學異軍突起，它研究的內容已超出了小學研究的範圍。

音韻學

音韻學研究漢語各個時期的語音系統及其演變規律。它因研究的重點不同而形成四個不同分支。

一是"今音學"。宋元學者稱隋唐宋的語音爲"今音"，故名。其實可稱"中古音"。因研究的對象是隋代陸法言的《切韻》及宋代陳彭年等重新修訂的《廣韻》，故又稱"切韻學"。《切韻》、《廣韻》在音韻學上的地位，猶如《說文》之於文字學一樣。"今音學"的開山之作是清代陳澧的《切韻考》。

二是古音學。宋元學者稱周秦兩漢的語音爲"古音"，故名。其實應稱"上古音"。古音學的先行者是宋代吳棫，後經明代陳第、清代顧炎武等人的研究，開始走向科學化的道路。清代戴震、段玉裁、錢大昕對古音學的貢獻尤爲卓著。

三是北音學，或曰"近音學"。北音指近代北方話的語音系統，又稱"近代音"。北音學的奠基之作是元代周德清作的《中原音韻》。

四是等韻學。等韻學是以音節表爲主要方式對漢語字音進行分析的一門學科。等韻借鑒梵文悉曇章(Siddham)。而悉曇原是印度小孩子剛識字用的拼音表。現存等韻學著作以宋人的《韻鏡》最早。

訓詁學

按照傳統的看法，小學裏除了文字學、音韻學之外，都算是訓詁學。訓詁學旨在解讀經籍裏字、詞、句、篇上的疑難。這種疑難見之於字義、詞義,也見之於詞、句裏的語法義,還見之於詞、句、篇裏的修辭義。這就難怪傳統訓詁學裏包孕着語法學、修辭學的萌芽。

從現存通釋語文的專著看,訓詁學有五個分支。

首先是雅學,即專門研究《爾雅》的一門學問。雅學是訓詁學的主體,以東晉郭璞《爾雅注》、清代郝懿行《爾雅義疏》最著名。

其次是方言學。方言學以西漢揚雄《方言》爲研究對象。揚雄開了個人從事活的方言調查的先例,但後繼乏人,到清代,人們往往還從古書上考求方言詞最早出處。其重要著作有錢繹的《方言箋疏》。

第三是詞源學,或曰"語源學"。詞源學研究詞的形式和意義的來源。這是訓詁學的尖端。東漢劉熙《釋名》,開了用音訓求語源的先河。到清代,從古音求古義,探索詞源,成了訓詁學研究的新動向。程瑤田的《果臝轉語記》、王念孫的《釋大》,便是詞源研究的力作。

第四是俗語學。俗語學研究包括成語、俚語、諺語在內的俗語。始於南朝間沈約的《俗語》(已佚),到清代,俗語研究從方言學裏獨立出來,成爲一門學問。翟灝《通俗編》、錢大昕《恒言錄》、郝懿行《證俗文》均爲俗語學的名著。

第五是虛字辭例之學。墨子解"且"字,開了虛字研究的先聲;《公羊傳》揭示"美惡同辭"等現象,作了辭例探索的示範。到清代,虛字辭例之學被推向新的高度,虛字研究,以王引之《經傳釋詞》最精,辭例探索以俞樾《古書疑義舉例》最好。虛字辭例之學是語法學的先導。清末,馬建忠著《馬氏文通》,標志着傳統小學向現代語言學轉變的開始。

小學的三大部門不是截然分開的,而是有內部聯繫的:以音韻作爲貫穿文字、訓詁的主綫。由於小學所研究的文字,畢竟是記錄有聲語言的符號系統，因而早在漢代，就有了從字音求字義的做法，宋代也出現了音韻學向文字學滲透、逐步同訓詁學溝通的趨勢；到清代，以音韻證字形、從音韻通訓詁就成了乾嘉學派小學研究的旗幟。

三、小學傳統的特點

從文化史上看，中國小學與外國語言學的一個共同之點，就在研究語言與文化的關係。

語言本是民族文化最主要的表現形式。其他如音樂符號、數學符號等等，均無法與之相比，它們必須在語言的基礎上，並借助於語言的解釋，方能爲普通人所理會。

語言的要素有三：語音、詞彙（詞義）、語法。其中尤以詞彙最直接、最及時、最豐富多彩地反映着人世間種種動態。當嬰兒發出第一聲"爸爸"、"媽媽"的時候，就已經涉及語言與文化關係裏的一個典型問題：親屬稱謂與家族制度的關係。人類的幼年期亦與此相仿，他們首先探索着命名的問題，這在中國叫"名實之爭"，在古希臘是"詞和物"關係的討論。直至近代，西方語言學家研究語言與文化的關係，仍以"詞和物"作爲行動的口號；中國一直以"名與實"作爲小學研究的主綫，用古人的慣用語來表示，即是"名物訓詁"。"名物訓詁"就是考求"詞和物"的關係。因爲詞彙原是反映文化的鏡子，記錄語詞的文字又是文明社會的標尺。

可是，在具體的研究工作上，中國小學又有自己的歷史傳統，顯出與外國語言學不同的特點。主要有以下三條。

第一條，小學研究的核心是形音義三者的關係。

小學研究的歷史趨勢，是從狹義的字形、字音、字義的研究，發展到廣義的文字、音韻、訓詁的研究。

我國與印度、希臘羅馬同爲世界上最早研究語言的國家。印度、希臘羅馬的語言屬於印歐語系,我國的語言屬於漢藏語系。印歐語有形態的變化,所用的文字是拼音文字,因而它們的語音學、語法學最爲發達。而我們的漢語,在古代是單音節語,缺乏形態的變化,與單音節語相適應的是作爲表意文字的漢字,一個漢字代表着一個音節,這要求優先發展文字學、訓詁學。古代《爾雅》、《説文》等名著研究的,就是字形、字音、字義的關係。

自東漢以降,音韻學的勃興,使我國小學的面貌爲之一新:音韻學先是與文字學、訓詁學鼎足而立,繼而與文字學、訓詁學凝成一體。清代學者深明以音韻貫穿文字、訓詁的道理。阮元説:

  言由音聯,音在字前,聯音以爲言,造字以赴音,音簡而字繁,得其簡者以通之;此聲韻文字訓詁之要也。①

至於文法,主要地依屬於訓詁,部分地附麗於辭章。這一切,就有别於外國語言學。外國語言學裏,有語音學、詞義學、語法學等分支,而且文字學與語言學並列,不像小學那樣兼包文字學。與外國語言學比較,便可知道小學的内容了:

```
        ⎧ 形──文字學                      文字學⎫
  小學  ⎨ 音──音韻學    語音學──音            ⎬ 外國語言學
        ⎩ 義──訓詁學    詞義學──義    語言學⎭
                ↓       語法學──法
              文法學
```

第二條,小學的根本方向是解決古代文字上的實際問題。

作爲小學萌芽的字書,如《史籀篇》、《倉頡篇》②等,都是爲了更好地進行識字教育。但後來的小學研究,逐漸形成了解決古代書面語上實際問題的傾向,那是與經學的研究有關的:經學是古代文化的主體。

---

① 阮元《揅經室一集》卷五《與郝蘭皋户部論爾雅書》。
② 《倉頡篇》也作《蒼頡篇》。

"《詩》、《書》、《禮》、《樂》,定自孔子;發明章句,始於子夏。"[1]漢代獨尊儒術,孔子所選的《詩》、《書》之類,也一一尊爲儒家的經典。那經典的傳本,一用今文書寫,一用古文書寫。對經典不同鈔本的理解不同,遂引出不同的學派:一爲今文經學,一爲古文經學。古文經學尊重用古文書寫的經典,常在文字的考釋上下功夫。宣告"小學"成立的,不是別人,恰是古文經學創始人劉歆,這絕不是偶然的。從此,小學的作用從識字教育提到解釋經籍的高度。這裏説的"經籍",指包括儒家經書在内的一切古籍。小學的解釋首先是經書,其次是經書以外的古籍。如果只説小學爲經學服務,那未免太籠統了。

小學爲解釋經籍服務,這一點確定了小學研究中種種不同的關係。

其一,在語文事實與語文理論的關係上,以語文事實的研究爲主。

小學原是"徵實"之學,以經典釋文爲本。相比之下,對語文理論的研究就嫌不足。雖然先秦出現《墨經》、《荀子·正名》那樣熔語言學、名學爲一爐的篇章,但自漢代以下,語文理論或者依附於經學、文學等論著,如魏晉至清代關於言意關係的討論,大抵以《周易·繫辭》裏"言不盡意"及"立象以盡意"一段論述爲基礎,進行不同的發揮;或者融化於具體考釋之中,如段玉裁《説文解字注》、王念孫《廣雅疏證》,書中許多條目,可視爲語文短論。這些做法的好處在從語文事實出發,來研究語文,但是以此爲止境,也就成了缺點了,一定要由此而開拓出語文理論體系創造的新路。

其二,在文字與語言的關係上,更以文字的研究爲主。

文字原是標指語言的書寫符號,而古人重視文字的程度遠遠超過語言:在錄音設備尚未發明的古代,文字確有記久傳遠的性

---

[1] 《後漢書·徐防傳》。

能,幫助語言的交際突破時間上、空間上的局限。而且漢字又是一種表意文字,在特定的歷史條件下帶有"超方言"的性質,就是說,漢字的字音在各地是不同的,人們各依方音來閱讀,但它的字義對各地却是一致的,說各種不同方音的人都可用它來交流思想,達到相互瞭解。這樣,儘管我國幅員廣大,方音分歧,漢字在維護國家統一、繼承文化遺産上仍有特殊的貢獻。據此,古代小學家特別重視文字的形、音、義的考釋;爲求在全國樹立字形、字音、字義的規範,他們常采取辭書的形式來表現,如《說文》、《玉篇》之類字書,《切韻》、《廣韻》之類韻書,《爾雅》、《方言》之類義書,均爲古代語文規範的樣板。

其三,在古代與當代的關係上,又以古代語文的研究爲主。

章太炎說得好:"小學者非專爲通經之學,而爲一切學問之單位之學。"(《論語言文字之學》)事實上,小學家往往打着"通經"的旗號,去通一切古籍。到唐代,經典逐漸成了一切古籍的代名詞。佛學者慧琳在《一切經音義》裏,所徵引的書遍及經、史、子、集各個方面。到了清代,通古籍就不僅指解釋古代史籍了,還有保存文化遺産、發揚民族意識的一層意思在內。由於小學重在古代語文,必放鬆對當代語文現象的研究。像秦始皇采用小篆、唐玄宗選定楷書那樣的做法,真是寥若晨星。到現代,語言學研究就把當代語言現象放在首位了。

其四,在"雅言"與方言的關係上,就以"雅言"的研究爲主。

與方言相對,"雅言"指共同語。在方言分歧的社會裏,人們往往選擇一種使用較廣的方言,作爲通用語,來溝通各方言區之間的交際。從我國情況看,那種作爲各方言區之間交際工具的通用語,往往就是政治中心所在地。在西周,因建都鎬京(今陝西西安西南),遂以秦音爲雅音,這個標準到東周亦未變。《論語·述而》記載:"子所雅言,《詩》、《書》、執禮,皆雅言也。"即是明證。"雅言"的出現,是我國古代社會力求趨向統一的一種標志。從周代的"雅言"、漢代的"通語",到元代的"天下通語"、清代的"官話",都説明我國共同語的基礎在北方方言,只是語音標準有所改變,從古代的鎬京逐漸東移至近代的北京。由於《詩》、《書》等經典均用"雅言"寫成,因而古代小學均以"雅言"的研究爲重,甚至對方言的研究,也大抵從古書中鈔録古方言資料,像漢揚雄《方言》那樣記録活的方言,可以説是鳳毛麟角了。到現代,就要在推廣民族共同語的同時,對方言進行實地的調查研究,以找出方言與共同語之間的對應規律。

第三條,小學發展的基本途徑是攝取本土語言文字上的創造與借鑒外國語言學的新知。

我國的小學,先後受到了印度文化及發源於希臘羅馬的西洋文化的影響。

自東漢以來,印度文化傳入我國,梵文及聲明學(古印度的語音學)也隨之而來。這就與我國的小學形成鮮明的對比:聲明學正好補我國文字學、訓詁學之缺,而梵文又以拼音文字而有別於作爲表意文字的漢字。"他山之石,可以攻玉。"在不同語文的比較中,漢人發明了反切,由此作爲突破口,逐步發現漢語字音結構上即聲調、韻母、聲母上的特點,經過長期的努力,終於創造出一門新的學科——音韻學。

到了明朝末年,西洋文化傳入我國,引起了我國語言文字學的變革,首先是清末馬建忠《馬氏文通》的發表,標志着中國語法學的創立,同時,還激起了聲勢浩大的以"言文合一"爲旗幟的語文運動。

但借鑒外國語言學的新知,只是小學發展的外因,外因得通過内因而起作用。那内因是攝取本土語言文字上的創造。胡適研究語言文字的歷史,曾指出一條"通則":"在語言文字的沿革上,往往小百姓是革新家而學者文人却是頑固黨。"從這條"通則"又導出一條"附則":"促進語言文字的革新,須要學者文人明白他們的職務是觀察小百姓語言的趨勢，選擇他們的改革案，給他們正式的承認。"① 的確，本族人民在語言文字上的革新，是語言文字學發展的基本條件，但要學者文人"承認"人民的語文革新，那往往要在有了外族語文的新經驗可資借鏡之後。這本族人民在語言文字上的革新與外國語言學新知的借鑒相結合，就會產生出一種新的東西，猶如異姓男女結婚生子一樣。那新的東西，如音韻學、語法學之類，在外形上有類似外國語言學之處，在本性上却有屬於本族語言學之點。從這個意義上看，音韻學、語法學等新學科的產生，實在是比較語言學所結的碩果。

四、小學歷史的分期

從文化史的角度研究小學史，要求把小學當作一種文化現象來考察，即不僅把小學看作文字、音韻、訓詁的綜合整體，而且還要把小學視爲溝通各個文化領域的基本工具，並從小學與別的文化形態（如名學、哲學、經學、佛學、文學、考據學等相鄰學科）的互動關係中，去展示小學發展的歷程。

小學史本是文化史的一環，它的分期要儘可能與文化史的分期相一致。從中外文化的關係看，我國文化史可分爲三個歷史時期：先秦西漢爲華夏文化時期，漢末至明末爲中印文化時期，明末至清末爲中西文化時期。與此大體相應，我國小學史可分爲五個時代：先秦爲小學的發端時期，兩漢爲小學創立時代，魏晉至五代爲小學發展時代，宋元明爲小學轉折時代，明末至清末爲小學終結時代。

現將小學的歷史發展作一鳥瞰。

從語言學的起源看，哲學是語言學的搖籃，語言學（小學）與

---

① 《胡適文存·〈國語月刊〉"漢字改革號"卷頭言》。

邏輯學(名學)是孿生學科。哲學的中心課題是名實問題,即語詞、概念與客觀實在的關係問題,這也是小學與名學的共同課題。熔小學、名學爲一爐的《墨經》、《荀子·正名》便是明證。名實關係在語言上的表現,即是音義關係。通過文字研究音義關係,便導致訓詁的產生。

先秦的語文研究,實以名實關係的探索爲主,文獻語言的考釋爲輔。到漢代,恰好與之相反,那基本傾向在考釋文獻語言。這出於經學特別是古文經學發展的需要。漢人的貢獻,在較爲全面地奠定小學的基石。所謂"全面",是指漢人研究小學的方法,成了後世的不祧之祖。早在秦漢,即已開創解決語文上"古今言殊,四方談異"[①]的先例。如《爾雅》以今語釋古語,重在時間;《方言》以通語釋殊言,重在地域。到東漢,更有了探求語文本身形、音與義的關係的創舉。如許慎《說文解字》貫徹"就形以説音義"的基本原則,劉熙《釋名》作了用音訓求語源的嘗試。還有鄭玄,上承毛公《毛詩故訓傳》的傳統,遍注群經,成績斐然。後人往往把鄭玄箋《詩》注《禮》,與許慎《說文解字》並提,稱之爲"許鄭之學"。

自東漢以後,小學呈現不少新的氣象。主要是:《通俗文》改變從經典輯錄文字的成規,開創了從民間搜集俗文字的新路;《玉篇》一反《説文》以小篆爲主體的編輯方針,而成爲我國現存第一部楷書字典;義書更由儒生編輯的《廣雅》、《經典釋文》發展到佛學者編纂《一切經音義》,而《爾雅》則越級升格,在唐文宗太和中,進入"十二經"之列[②]。

不過,開創小學新生面的,要數音韻學。漢末,服虔、應劭、孫炎等人創制反切,可説是古代中國語言學裏最大發明。反切合兩

---

① 王充《論衡·自紀》。
② 《群經概論》,《周予同經學史論著選集》,朱維錚編,上海人民出版社,1983年,第210頁。按,《爾雅》稱"經",見於"開成石經",又稱"唐石經";該石經始刊於唐文宗太和七年(公元833年),成於開成二年(公元837年)。

字拼成一音：上字與所切之字聲母相同，下字與所切之字韻母、聲調相同。反切全面地涉及漢語字音結構的三要素：聲母、韻母和聲調。就漢語字音分析的程序看，先是聲母，後是韻母、聲調；可是歷史上考察漢語字音的重點，却與之相反，大體上依照聲調、韻母、聲母的步驟進行。如齊梁重聲調，沈約等人以四聲（平上去入）的發現爲不傳之秘；隋代，更由鮮卑族出身的陸法言完成詩韻圭臬《切韻》；至唐末，佛學者守温創制字母。於是聲母與韻母、聲調縱橫配合，便組成拼音表，古稱"等韻圖"。音韻的研究，成了聯結小學與詩學的"百媚寶帶"：音節的組合，押韻的安排，平仄的交替，構成唐代律詩絶句的動力基礎。這也爲宋元人溝通小學與詞曲學作出榜樣。

宋元以降，理學盛行，小學與前代相比，稍爲遜色，因而處於轉折的關頭：是停滯不前，還是另找新路，這兩者兼而有之。在小學的園地上呈現種種矛盾交錯的現象，如宋代，一方面是訓詁學的中衰，一方面又是文字學的中興，徐鉉兄弟校注《説文》，鄭樵、戴侗倡導"六書"學，吕大臨等開闢古文字研究，均爲清代小學鼎盛，作好了準備。在音韻學的研究上，也出現了好古與尊今的兩極：傳統派面對古代，在等韻學一脈相傳之時，另闢古音學領域；革新派面向現實，如周德清《中原音韻》，即代表元代大都（今北京）的實際語音系統，成爲曲韻的標準。還有在語文教學、詩文評論的基礎上，萌發着語法的觀念，如宋人更把字類分爲虚字、實字，就抓住了漢語語法意義的一大特點，這也成爲後來《馬氏文通》詞類體系的框架。

明代小學衰頹，連一本"始一終亥"的《説文》都没有刻過。直到明末，陳第、方以智、顧炎武等人，才一掃明代空疏的學風，給有清一代指出樸學的道路。那中心課題，便是處理小學與考據學的關係，由音韻文字通經子百家。

清代是傳統小學光輝終結的時代。小學大家成批出現，如江永、戴震、錢大昕、段玉裁、王念孫、王引之、俞樾、孫詒讓等,一個個名字就是一顆顆小學上的明星,照耀着通向古代文化寶庫的道路。"工欲善其事,必先利其器。"要通古籍,先精《説文》。王鳴盛《説文解字正義·序》説:"《説文》爲天下第一種書,讀遍天下書,不讀《説文》,猶不讀也。"因而清代大興《説文》之學,出了段玉裁、桂馥、朱駿聲、王筠四大家。但"上古但有語言,未有文字,語言每多於文字,亦先於文字"①,於是研究文字的着力點又落在"先於文字"的語言上。這結果是古音學大明,發現了諸如"陰陽對轉"、"古無輕唇音"、"古無舌頭、舌上之分"之類音韻規律。音韻、文字上的成就又轉而推動訓詁學的發展,段玉裁提出通過"以聲爲義"達到上窺"上古之語言"的目標②,王念孫更以《廣雅疏證》、《釋大》等著作,作了以古音求古義、探求語源的示範。可以説,在清代小學最高峰"段王之學"裏,訓詁學已被有意識地推向語源學的高度。以此來疏通經史百家,可説是"渙然冰釋"。

清人還以虚字、辭例爲重點來透視古代語法,事實上如《助字辨略》、《經傳釋詞》、《古書疑義舉例》等書,已孕育着語法學的雛形,至馬建忠,便參照西方的"葛郎瑪"(Grammar),於1898年撰成我國第一部語法學著作《馬氏文通》。次年又發生了震動中國文字學界和史學界的大事,就是河南安陽發現了殷代的甲骨文。孫詒讓、王國維等人便開創了以甲骨文來考古制、訂史實的途徑。同時,晚清語文界還樹立文字改革、文體改革的旗幟,掀起波濤洶涌的語文運動。凡此種種,均與太平天國、戊戌變法、義和團運動等政治局面相呼應,象徵着一切都在變,都在革新,去迎接新時代的到來。

---

① 《戴東原先生集·經考附録·易象象三字皆六書之假借》(安徽叢書本)。
② 見《龔自珍全集·最録段先生定本許氏説文》。

第一章　小學的發端——
　　　　先秦時代

一、古人關於文字起源的討論

　　古代研究語言的依託在文字。文字是文化的標志。探討文字起源，要涉及民族文化起源的問題。因而有必要把古代關於漢字起源的討論先加敘述，作爲整部小學史的前奏曲。

　　關於漢字的創造者　戰國時代，人們談論着文字起源的問題，首先關心文字是什麽人創造的，對此，荀子有個很好的意見："好書者衆矣，而倉頡獨傳者壹也。"①意謂上古創制文字的人很多，只有倉頡的名字流傳下來，是因爲他對古代文字作了整理使之統一的緣故。但晚出的書籍，越傳越奇，竟説"蒼頡作書而天雨粟，鬼夜哭"②，甚至還説"蒼頡四目"③，這種對倉頡的神化，正反映出古人對文字的靈物崇拜。至於獨提"蒼頡作書"，那恐怕是古人的一種習慣，往往集衆美於一人，舉一人而代表一代。倉頡即是上古創制文字那個時代的代表。《漢書·古今人表》説："倉頡，黃帝史。"史官，一輩子同文字打交道："史之本義，爲持書之人。"④顯然，在華族始祖黃帝之前，人們已在紛紛創制文字了。管子説：

---

①　《荀子·解蔽》。
②　《淮南子·本經訓》。
③　見《論衡·骨相篇》。
④　王國維《觀堂集林·釋史》。

"古者封泰山禪梁父者七十二家,而夷吾所記者十有二焉。"①意謂上古泰山、梁父的封禪文有七十二代,管子只識得其中的十二代。更可推知倉頡之前文字創制紛繁歧異的情況。不過,提出倉頡與文字的關係,祇能説明倉頡是我國歷史上第一個主持文字統一工作的人,却没有真正解決漢字起源的問題。要切實地解決漢字起源的問題,是要回答:漢字是怎麽樣發生的?弄清漢字是怎麽樣發生的,才能從根本上説明漢字是什麽人創造的。

關於漢字的起源 古人爲探求漢字起源,提出種種説法。例如:

"結繩"説。《易・繫辭下》説:"上古結繩而治,後世聖人易之以書契。"結繩用以示意及幫助記憶,鄭玄注:"事大,大結其繩;事小,小結其繩。"這説明我國與别的民族一樣,在未有文字之前,有過結繩記事的階段。但結繩"不是書契的祖宗"②,因結繩是實物記事的方法,與文字的産生没有什麽關係。

"八卦"説。本來《易・繫辭下》説的伏羲氏"仰則觀象於天,俯則觀法於地,觀鳥獸之文與地之宜,近取諸身,遠取諸物,於是始作八卦",並没有把"八卦"與文字的起源强扯在一起。但在僞孔安國《尚書序》裏,却説伏羲氏"始畫八卦,造書契,以代結繩之政,由是文籍生焉"。這就牽强附會了。據唐蘭考證,"八卦"的起源,"既是巫者用算籌排列出來的方式,用來做事物的象徵,就和文字無關"③。

"甲子"説。《鶡冠子・近迭篇》説:"蒼頡作法,書從甲子。""甲子"概指天干與地支。"甲"爲十天干之首,"子"爲十二地支之首。以十干與十二支循環相配,可成甲子、乙丑、丙寅等六十組,謂之六

---

① 《管子・封禪篇》。
② 魯迅《且介亭雜文・門外文談》。
③ 唐蘭《中國文字學・關於中國文字起源的傳説》。

十甲子。古人常用來表示年、月、日和時的次序,周而復始,循環使用。這種對抽象的時間觀念的表示,絕不是原始人所能勝任的,必在社會由野蠻過渡到文明之後,即在文字產生之後。

"河圖洛書"說。《易·繫辭上》說:"河出圖,洛出書,聖人則之。"黃河魚龍獻"圖",洛水靈龜獻"書",這神話多少反映古人的書、畫同源的觀念,但那方陣式的"河圖洛書",絕不是文字的原始。

"鳥獸足迹"說。許慎《說文解字序》說:"黃帝之史倉頡見鳥獸蹏迒之迹,知分理之可相別異也,初造書契。……倉頡之初作書,蓋依類象形,故謂之文;其後形聲相益,即謂之字。"古代"文"與"字"別:從形體看,如鄭樵《通志·六書略》說的"獨體爲文,合體爲字";從產生過程看,如張懷瓘《書斷》說的"文者祖父,字者子孫"。倉頡時代所創制的漢字,是"依類象形"的"文"。段玉裁注:"文者,迠畫也。这迠其畫而物像在是,如見迒而知其爲兔,見速而知爲鹿也。"這裏說得明白,象形、指事之類"獨體"文,均源於圖畫記事:"这迠(即交錯)其畫而物像在是。"圖畫記事雖與實物記事一樣,爲古代用來示意、幫助記憶的方法,但實物記事與文字無關,而記事的圖畫則是文字的前身。

段玉裁說的"見迒知兔,見速知鹿",是本之於《爾雅·釋獸》:鹿"其迹速",兔"其迹迒"。大約處於茹毛飲血時代的先民,善於從走獸的足印來識別走獸的類別,這殘留在文字上,是獸足義與分辨義相通。《說文》"宷"(審)、"悉"、"釋"均從"釆(biàn)","番"(獸足)亦從"釆"。"釆"讀若"辨"。《說文》解釋說:"釆,辨別也,象獸指爪分別也。"段玉裁引《說文序》的話來解釋:"倉頡見鳥獸蹏迒之迹,知文理之可相別異也,遂造書契。釆字取獸指爪分別之形。"先民與鳥獸爲伍,或者捕鳥獸而得食,或者被兇禽猛獸所殺,二者必居其一。在這嚴酷的生存鬥爭中,他們逐步學會辨別鳥獸足印的本領。對他們來說,鳥獸足印就是傳達信息的符號:

兇獸未到，即已逃避；食獸才過，就去追捕。如把這走獸足印的特點描畫下來，轉告他人，那就成了記事的圖畫。

從文字的形體看，文字起源於記事的圖畫，不過，這兩者之間仍有區別，如鄭樵《通志·六書略一》說的："書與畫同出。畫取形，書取象；畫取多，書取少。凡象形者，皆可畫也。"如從文字的功能看，祇有當一個簡化的圖形成爲記錄語言裏一個詞兒的時候，才能産生可以誦讀的真正文字。《韓非子·解老》說："人希見生象也，而得死象之骨，案其圖以想其生也。故諸人之所以意想者，皆謂之'象'也。"這裏說明了"象"字的來源，而且連帶指出"想象"等義的語根。當其他物體也都描寫得肖似後，一見簡圖就能叫出它們的名字，於是語言與圖形就結合起來，成爲文字，首先必是獨體象形字。

近年來大汶口陶器文字的發現，給了漢字起源的探索以更爲切實的依據。唐蘭由此而提出："我國意符文字的起源，應在太昊與炎帝時代"，即伏羲氏、神農氏的時代。所謂意符文字，是用圖畫來表達語言和思維的符號。由於民族文字是民族文化高度發展的標志，因而從大汶口陶器文字推知，我國已有六千多年的文明史①。自伏羲氏、神農氏以後，各個氏族各自創造文字，以致字各異形，筆畫增减無定。待到黄帝統一華夏，創立强盛的國家，那文字的統一工作便應運而生，而倉頡"始整齊劃一，下筆不容增損。由是率爾箸形之符號，始爲約定俗成之書契"②。

二、孔子"定名分"與墨子"正名字"

研究語言作用的學說出現在研究語言本體的學說之先。例

---

① 唐蘭《中國有六千多年的文明史》，載《大公報在港復刊三十週年紀念文集》。
② 章太炎《檢論·造字緣起說》。

如《易·艮六五》説的"言有序",《詩·小雅·都人士》説的"出言有章",古逸書説的"言以足志,文以足言"①,等等,實爲我國語用學的萌芽。這種關於語言作用的學説,到春秋、戰國之際,便分爲兩條發展的主綫:一條是直接進入文學語言的研究,作爲卓越的代表是孔子;一條是深入到語言本質的研究,那奠基之作是墨子學派的《墨經》。

名學與語言學　在孔子的時代,語言問題因憑藉政治實踐的進展,而受到人們的充分重視。例如,從"立德、立功、立言"三不朽的古訓②,到孔門"德行、言語、政事、文學"四科③,可知"言語"逐步升級,僅次於"德行"了,這與當時的邦交辭令的需要有關。又如,人們分析言語的功能,提出"言以知物"④、"言以出令"⑤、"言以考典,典以志經"⑥之類觀點,到了魯哀公,就與孔子討論着"一言興邦"、"一言喪邦"⑦那樣的政治大問題。

如果説語言研究的萌發出於政治實踐的必要,那麽,名學的興起,就爲語言研究的萌發提供了可能。名學又稱"形名學",原是研究形體(實體)與名稱關係的學問。鄧析子創"刑名"之學於鄭國,當與鄭人子產"鑄刑書"一事有關。"鑄刑書"見於《左傳·昭公六年》(公元前536年),子産把"成文法"鑄在鐘鼎上公之於衆。法律關係着千家萬户的性命財産,條文上的字字句句都成了人們爭議的靶子:"'刑名'興,上可據'刑書'以斷獄,而有考核情實、引用條文之事;下可據'刑書'以致訟,而有解釋條文、分析事實之爭。於是而'辯'生。……其流入東方者,與正名之儒、談説

---

① 《左傳·襄公二十五年》引古語。
② 《左傳·襄公二十四年》。
③ 《論語·先進》。
④ 《左傳·昭公元年》。
⑤ 《左傳·昭公九年》。
⑥ 《左傳·昭公十五年》。
⑦ 《論語·子路》。

之墨相摩蕩,遂爲'儒墨之辯'。"①但鄧析子創"刑名",爲了明賞罰,原屬於法學範疇;孔子主張"正名",重在辨上下,或曰定名分,則是政治倫理學問題;墨子倡導"名實",意在別同異,或曰正名字,這才涉及名學與語言學的根本:"凡屬'別同異'的'名實'論,全是語文標記論。"②"語文標記",現稱"語文符號"。

孔子的語言觀 探索孔子的語言觀,可從他的"正名"思想入手。有一次,子路問他,如果他去治理國政,首先抓什麽。孔子回答説:

> 必也正名乎!……名不正,則言不順;言不順,則事不成;事不成,則禮樂不興;禮樂不興,則刑罰不中;刑罰不中,則民無所措手足。故君子名之必可言也,言之必可行也。君子於其言,無所苟而已矣。③

皇侃《論語義疏》引鄭玄注:"正名謂正書字也,古者曰名,今世曰字。"其實,孔子"正名",不專指書面文字,他所辨正的是與國家政治有關的名分、名稱。約有兩類,一是辨正政治倫理上的名分,他回答齊景公問政,説的"君君,臣臣,父父,子子"④,即是他的主旨所在;一是辨正文物制度上的名稱,他看到一種盛酒器皿不像古代,嘆息説"觚不觚,觚哉!觚哉!"⑤如果説前者是定名分,即辨上下,那麽後者便有正名字即別異同的傾向了。從語言學上看,這兩者又同出一源,意在用詞準確:如果語詞與語義相稱,即是正名字;語詞與所論之人的身份相當,就是定名分。

"名不正,則言不順。"孔子説話時,十分重視關鍵詞語的斟

---

① 伍非百《中國古名家言·總序》。
② 《陳望道文集》第三卷《中國古代的語文標記論》。
③ 《論語·子路》。
④ 《論語·顏淵》。
⑤ 《論語·雍也》。

酌。他始終恪守着"君子於其言，無所苟而已矣"的基本原則。這一條原則對語言的研究有着雙重的影響。

一是有助於修辭學的萌芽。修辭以貼切爲準則。孔子修《春秋》已作出榜樣。董仲舒指出："《春秋》辨物之理，以正其名。名物如其眞，不失秋毫之末。故名賣石，則後其五；言退鷁，則先其六。聖人之謹於正名如此。君子於其言，無所苟而已，五石六鷁之辭是也。"①

二是有助於訓詁學的萌芽。孔子修《春秋》，措辭精嚴，常以一字褒貶，富有微言大義。他的後學公羊高、穀梁赤爲探求"春秋筆法"的用意，而考詞義、析句法。因此，胡適說："孔子的'君子於其言，無所苟而已矣'一句話，實是一切訓詁書的根本觀念。故《公羊》、《穀梁》，都含有字典氣味。"②

當然，中國修辭學、訓詁學的萌發，並非《春秋》一書使然，而是時代之必然，但毋庸諱言，《春秋》在其中確實是起着促進作用的。

從語言學角度看，孔子的特點之一，是把"正名"與"正政"結合起來考察。他在語音上，亦貫徹"正名"的思想，在各地"言語異聲"的情況下，堅持以"雅言"爲標準。"雅言"猶如後世所謂"官話"。《論語·述而》載："子所雅言，《詩》、《書》、執禮，皆雅言也。"他平常說魯方言，一到讀詩、誦書、行禮，就用"雅言"了。這對於促進民族語言的統一，是有貢獻的。

比較起來，孔子給後世影響最大的，還是他關於語言運用的主張。說得較爲集中的，是《左傳·襄公二十五年》所引孔子語：

> 志有之："言以足志，文以足言。"不言，誰知其志？言之無文，行而不遠。

---

① 《春秋繁露·深察名號》。
② 《中國哲學史大綱》卷上，商務印書館，1919年，第104頁。

第一章 小學的發端——先秦時代

後來,孔子又把"言以足志,文以足言"概括爲一句話:"辭達而已矣。"①《禮記·表記》輯錄"子曰"還有:"情欲信,辭欲巧。"其實,"辭欲巧"與"言之無文,行而不遠"是一個意思、兩種説法;"情欲信"與古語"言以足志"大體相近,不外於"修辭立其誠"②之意。這些觀點,到南朝梁代,大批評家劉勰才給以總結,把"志足而言文,情信而辭巧",奉爲"含章之玉牒,秉文之金科"③。

在孔子的"正名"思想裏,除了以定名分爲主要傾向之外,還有正名字的傾向。後者爲墨子等人所發展,以致掀起普遍的、長期的"名實"之爭。

墨子是中國語言學的先驅 墨子對語言研究的一個貢獻,是提出了立言的基本法則。從語言與外部事物的關係看,那法則約有兩條,一是"擇務從事"。墨子説:

> 凡入國,必擇務而從事焉。國家昏亂,則語之"尚賢"、"尚同";國家貧,則語之"節用"、"節葬";國家憙音湛湎,則語之"非樂"、"非命";國家淫僻無禮,則語之"尊天"、"事鬼";國家務奪侵凌,即語之"兼愛"、"非攻":故曰擇務而從事焉。④

"擇務從事"要求針對社會的各種不同的弊病,相應地采取各種不同的宣傳。這實是"語境"觀念的早期表述形式。二是"言有三表"。墨子説:

> 有本之者,有原之者,有用之者。於何本之? 上本之於古者聖王之事;於何原之? 下原察百姓耳目之實;於何用之? 廢〔通"發"〕以爲刑政,觀其中國家百姓人民之利:此所謂"言有三表"也。⑤

---

① 《論語·衛靈公》。
② 《易·乾文言》。
③ 劉勰《文心雕龍·徵聖》。
④ 《墨子·魯問》。
⑤ 《墨子·非命上》。

如果説"擇務從事"強調言語的針對性,那麽,"言有三表"就是突出言語的功利性了。

從語言的本身看,那立言的法則叫"立辭三物"。《墨子·大取》後篇即《語經》提出:

> 夫辭以故生,以理長,以類行者也。立辭而不明於其所生,妄也;今人非道無所行,唯有强股肱而不明於道,其困也,可立而待也;……立辭而不明於其類,則必困矣。

《語經》"可能正是墨辯講古代語法與邏輯辯論術的一部論著"①,其中所論"立辭三物":"故"(原因)、"理"(事理)、"類"(種類關係),則是要求言語的邏輯性。

三、《墨經》的語文符號論

墨子對語言研究的最大貢獻,是揭示了語言的本質特徵,並開始了對語詞理論的研究。這見之於墨子創始、墨子弟子完成的《墨經》。

《墨經》包括《經》上、下,《經説》上、下及《大取》、《小取》等篇。這部古典邏輯百科全書大約至戰國晚期才編定。其中尤以《經上》、《經説上》同語言學的關係最爲密切。

在先秦,墨子把"名實"關係作爲哲學的基本問題而明確地提了出來。他指出:瞎子也會説"皚者白也,黔者黑也",如把黑白兩樣東西混在一起讓他擇取,他就不能知道了,因此,"瞽不知白黑者,非以其名也,以其取也"②。一語道出了名與實的正確關係。

大約在公元前5世紀,《墨經》就在研究名實關係的過程中,

---

① 汪奠基《中國邏輯思想史》,上海人民出版社,1979年,第117頁。
② 《墨子·貴義》。

提出了"語文標記論",即語文符號論。這可概括爲五個要點。

闡述語言的社會交際過程　孔子説:"不知言,無以知人也。"①是指聞言知意。他又説:"不言,誰知其志!"②是指借言達意。合兩者而表述之,始於《墨經》。《經上》有一對關於語言本質的定義:

> 聞,耳之聰也。……循所聞而得其意,心之察也。
> 言,口之利也。……執所言而意得見,心之辯也。

"言"、"聞"兩詞各有特定涵義:"言者,所以通己於人也;聞者,所以通人於己也。"③"通己於人"是借言達意;"通人於己"是聞言知意。兩者畢具,是謂之語言交際活動。再看"所聞"與"所言",譚介甫解釋説:"聲,所聞也";"所言者,辭也"④。就是説,溝通"言"者與"聞"者雙方的交際工具是聲音,即有聲語言。從"言"者而論,"執所言而意得見(現)",是借言辭而表現思想,發之爲聲;從"聞"者而言,"循所聞而得其意",是從聲音以知人意,方能對答。因而憑藉聲音,就把"通己於人"與"通人於己"兩個階段聯成一個完整的交際過程。

揭示語文符號本身的組成　在"言"、"聞"的定義裏,已有這樣的觀點:語言之所以能夠作爲社會交際的工具,就在於它本身是語音與語義的統一。對此,《經説上》有個形象的説法:"聲出口,俱有名,若姓字儷。"語音之於語義,猶如姓字之附麗於本人。這已觸及語言符號的組成問題。

"名"在《墨經》裏的涵義是相對的,如是"名"與"實"對舉,那涵義往往視上下文而定:若表示主體與客體的關係,是指名稱與

---

① 《論語·堯曰》。
② 《左傳·襄公二十五年》。
③ 《淮南子·泰族訓》。
④ 譚介甫《墨辯發微》,中華書局,1974年,第85—86頁。

事物；若表示語文符號本身的表裏關係，則指音響形象與概念。後一用法，與瑞士語言學家索緒爾説的"能指"(signifiant)與"所指"(signifié)相當。

《經上》：名、實，合。

《經説上》：所以謂，名也。所謂，實也。名實耦，合也。

"所以謂"，即現代人所説的"能指"；"所謂"，即現代人所説的"所指"。如此看來，語文符號連接的不是名稱與事物，而是音響形象與概念，即所謂"能指"與"所指"①。"能指"與"所指"的密切結合，便構成語文符號的性質。

分析語詞的類別及作用　從《墨經》開始，我國才有了對"名"（語詞）的具體研究。首先是從邏輯上對語詞（實詞）進行分類。

《經上》：名：達、類、私。

《經説上》：名："物"，達也；有實必待之名也命之。"馬"，類也；若實也者，必以是名也命之。"臧"，私也；是名也，止於是實也。

"達名"爲最概括的名稱，相當於哲學範疇，如"物"可以指稱一切的事物。"類名"爲一類事物的名稱，如與"馬"同一形狀的動物，不論是白馬、黄馬、紅馬、黑馬，等等，均可稱之爲"馬"。"私名"爲某一事物的專稱，如"臧"爲古代一個男奴隸的名稱。凡此種種，開了荀子"共名"、"別名"之説的先河。

同時，《墨經》還指出名實之間矛盾現象：或者是異字一義，如《經説上》所説"二名一實，重同也"；或者是一字異義，如《經上》説："已：成，亡"；《經説上》解釋："已：爲衣，成也；治病，亡也。""亡"猶言無病。是説"已"字有"成"、"亡"兩種相反的用法，此即

---

① 參看索緒爾《普通語言學教程》，商務印書館，1980 年，第 100—102 頁；詳《陳望道文集》第三卷《中國古代的語文標記論》。

第一章 小學的發端——先秦時代

錢鍾書説的"背出或歧出分訓"①。

《墨經》還指出語詞（虛字）的語法作用。雖僅一例，也足以後啓來者。

> 《經上》：且：言且然也。
>
> 《經説上》：自前曰且，自後曰已，方然亦且，若名者也。

"自後曰已"，即"已然"，表過去；"自前曰且"，即"未然"，表將來：兩者正好相反。"方然亦且"，則表現在。洪誠説："這是中國古代分析虛詞的語法作用最早的材料，《經説》既分析了'且'字有不同的語法作用，並且指出它和'名'有同等的意義，所以説'若名者也'。"②可以説，虛字與實字並重，這個思想萌發於《墨經》。

首次提出語文符號應備的基本條件 《經上》關於語言本質的另一對重要定義是：

> 舉，擬實也。
>
> 言，出舉也。

"舉"與《孟子・盡心下》"言近而指遠"的"指"相當，可訓"意"，擴大地説，指思想③。在墨子看來，思想或意思就其本質而言，在於摹寫客觀事物，因而説："舉，擬實也。"而事物在人腦中所形成的思想，必須借助有聲語言才能表達出來，爲他人所理解，這就叫作"言，出舉也"。這樣，"言"、"舉"、"實"三者之間便有密切的關係："舉"與"實"直接聯繫；"言"與"舉"直接聯繫；"言"通過"舉"而與"實"聯繫，換言之，"舉"是聯繫"言"與"實"之間的橋梁。

後人如陸機説的"意"、"文"、"物"④，劉勰説的"三準"——

---

① 錢鍾書《管錐編》第一册，中華書局，1979年，第2頁。
② 洪誠《中國歷代語言文字學文選》，江蘇人民出版社，1982年，第45頁。
③ "舉"字考釋，參看胡奇光《〈墨經〉語言學理論探討》，《語文論叢》第2輯，上海教育出版社，1983年，第63頁。
④ 陸機《文賦》："恒患意不稱物，文不逮意。"

"情"、"辭"、"事"①,均與墨子所說的"舉"、"言"、"實"同理。錢鍾書更認爲,墨子所論與現代西方語言學家倡導的"語義三角形"學說(Semantic Triangle)相吻合:"近世西人以表達意旨爲三方聯繫,圖解成三角形:'思想'或'提示'、'符號'、'所指示之事物'三事參互而成鼎足。'思想'或'提示','舉'與'意'也;'符號','名'與'文'也;而'所指示之事物',則'實'與'物'耳。"②語文符號成立的條件,就在於它的功能是體現思維的成果,它的本源在標指現實事物。現以圖表示如次:

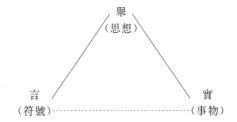

這個從哲學高度概括出來的"語義三角形",是各門科學的基礎。凡是涉及人(主體)與物(客體)關係的一切研究領域,如名學、經學、文學、歷史學等等,都要以正確地處理這三者的關係爲立脚點、爲出發點。古代小學之所以能夠作爲溝通各個文化領域的基本工具,道理正在於此。

指明語言體現思維的諸方面特性 《經說上》還對《經上》說的"言,出舉也",作了詳盡的發揮:

> 言也者,諸口能之出名者也。名若畫虎也。言,謂也。言由名致也。

總而觀之,誠如梁啓超所評:"此條論語言的起源,最爲精到。亦

---

① 劉勰《文心雕龍·鎔裁》。
② 錢鍾書《管錐編》第三册,中華書局,1979年,第1177頁。

第一章 小學的發端——先秦時代

即論理學之根本觀念。"①分而言之,是多側面地論述了語言的特性。

"言也者,諸口能之出名者也。"指出語言的社會性和物質性(聲音)。這無異於說,語言是一種純人爲的、借聲傳意的行爲。孫詒讓引"聲出口,俱有名"來訓釋,可謂一語破的:道出了語言的物質性,就揭出語言與思維相區別的一大特點。

"名若畫虎也。"指出語言(文字)的符號性。"畫虎"的"畫",可解作"摹寫"、"標指"。語詞之於概念,字之於詞(語音),只有符號意義,起了標指作用。也就是用此名標指此實,用此字標指此詞。對此,《經上》已給以示例說明:"君、臣、萌(民),通約也。"就爲荀子的"名無固宜,約之以命,約定俗成謂之宜"②的原理,提供歷史的依據。

"言,謂也。"指出語言的喻實性,或曰指物性。《說文》:"謂,報也。"段玉裁注:"蓋刑與罪相當謂之'報',引伸凡論人論事得其實謂之'報'。'謂'者,論人論事得其實也。"可見"言,謂也"是說:言語要如實地反映客觀事物,如實地表達思想内容。這是墨家實事求是精神在語言觀上的體現。

"言由名致也。"指出語言的組合性。意謂語言由語詞組成。南朝梁代劉勰所説"因字而生句,積句而成章"③,就更爲明確提出語言的組合性了。

與墨子同時的古希臘哲學家亞里士多德,亦有相同的看法:"語言是心靈的經驗的符號,文字則是口語的符號。"④風行於現代西方的"語言符號論",似發軔於此。但其意思,僅與《墨經》所説的"言,出舉也"、"言也者,諸口能之出名者也。名若畫虎也"等語

---

① 梁啓超《墨經校釋》,商務印書館,1934年,第26頁。
② 《荀子·正名》。
③ 《文心雕龍·章句》。
④ 亞里士多德《范疇篇·解釋篇》,三聯書店,1957年,第55頁。

相當。

《墨經》語言學說的出現,證明我國與古希臘、印度一樣,同爲世界上最早研究語言的國家。由於語言是思維的工具,因而以語言爲研究對象的語言學,就與旨在研究思維形式及其規律的邏輯學,成了孿生的學科。這樣,以《墨經》爲代表的中國名學,又與古希臘的邏輯學、印度的因明學鼎足而三,那更是必然的了。

四、名實之爭與荀子《正名篇》

自墨子以後,人們對語言的性能又有了新的看法,更因孟子、莊子的提出而受人注目。

語言達意能力　語言是人類最重要的交際工具,但不是唯一的交際工具。語言巨匠孟子,在運用語言上,發現語言的不足,需要"態勢語"去補充。他説:"徵於色,發於聲,而後喻。"[①] "色"指顔色、神色,可指"態勢語";"聲"指有聲語言。兩者兼具,而後達到相互瞭解。另一位語言巨匠莊子,更進而指出:

> 可以言論者,物之粗也;可以意致者,物之精也。[②]

認爲語言可以表現事物的大略,思想可以把握事物的精微。"物之精"處,有"道"存焉,於是借助於"可以言論"的"物"(形象),去暗示那"不可言傳"的"道"。這就使莊子文章裏充斥着"寓言"、"重言"、"卮言"之類形象説法。

從孔子贊成"言以足志",到莊子強調言意矛盾,各持一端,又各有所本。《易·繫辭上》便借"孔子"的名義,發表一段折衷的言論:

---

① 《孟子·告子下》。
② 《莊子·秋水》。

> 子曰：書不盡言，言不盡意。然則聖人之意，其不可見乎？子曰：聖人立象以盡意，設卦以盡情偽，繫辭焉以盡其言。

認爲言意有矛盾，而終歸於一致，其關鍵在"立象"。爲什麽？《繫辭上》回答：

> 聖人有以見天下之賾，而擬諸形容，象其物宜，是故謂之象。

就是以"擬諸形容，象其物宜"的方法，表現"天下之賾"——自然界的奥妙。這比莊子說得更明確、更實在了。

從此，"言以足志"與"言不盡意"便成了討論語言達意能力的"永恒主題"，如三國魏王弼的《周易略例·明象章》、晉歐陽建的《言盡意論》、宋歐陽修的《試筆·繫辭說》、楊萬里的《六經論·易論》，等等，都是這個主題的不同變奏。更由於語言是文學的第一個要素，因而對語言達意能力的不同看法，就使文學創作上呈現不同的表現風格：主張"言以足志"即"言盡意"的人，往往重在"顯示"；強調"言不盡意"的人，則往往重在"暗示"。

公孫龍子的名實論 孟子以下，名家蜂起，把"名實"之爭推向一個高潮。遺憾的是他們的著作大多散佚，其中有書可據並涉及詞語研究的，只有公孫龍子。

公孫龍子指出名稱或語詞的作用："其名正，則唯乎其彼此焉。"① "唯"即應答。譚介甫解釋說："彼此者以示萬物分別之界也。蓋名正而後萬物之彼此乃不混；設吾謂而人皆應之，即可知其當矣。故曰'唯乎其彼此焉'。"② 公孫龍子把名稱或語詞看作區別不同事物的符號，這是正確的，但他進一步發揮，就有點偏了：

---

① 《公孫龍子·名實論》。
② 譚介甫《公孫龍子形名發微》，中華書局，1963年，第60頁。

故彼彼止於彼,此此止於此,可;彼此而彼且此,此彼而此且彼,不可。

意謂用彼名稱彼物,止限於彼物,用此名稱此物,止限於此物,是可以的。如果稱此物用彼名,或稱彼物用此名,弄得彼此不分,那就不行了。用這種説法看術語,倒也銖兩悉稱,因爲術語的確要求一名一實或一詞一義。可是用之於一般詞彙,那就失之太狹了。事實上,語言現象錯綜複雜,語詞也只在相對意義上使用着。一個詞的意義所指的現象祇有一個大致的範圍,其中包含着與其他現象相區別的主要特徵,可是往往沒有明確的界限。由於沒有明確的界限,因而有時會產生一詞多義或一義多詞的現象,反映在文字上就是同字異詞或同詞異字;也由於有一個大致的範圍以及能與其他現象相區別的主要特徵,因而從總體上看,是能給現象的分類提供客觀依據的。這個詞義模糊性的道理,在公孫龍子的時代尚未發現。也就難怪他會把兒説的"白馬非馬"論①視爲正確的論題了。他説:

馬者,所以命形也;白者,所以命色也。命色形〔原作"者",從譚介甫校〕非命形也,故曰白馬非馬也。②

按照"彼彼止於彼,此此止於此"的公式,他以爲"形"與"色形"應分彼此,於是把語詞與有定語的語詞截然分開,殊不知這"馬"(語詞)與"白馬"(有定語的語詞)的關係,恰恰是類概念與個體概念的關係。因此,墨子弟子就給以反駁:

白馬,馬也。乘白馬,乘馬也。③

"白馬"也是"馬",這是起碼的常識。公孫龍子求之過嚴,超出了

---

① 見《韓非子・外儲説左上》。
② 《公孫龍子・白馬論》。
③ 《墨子・小取》。

常識的範圍,反而變成了謬誤。不過,他講求析辭,注意詞法的細微差別,這對於語詞的研究,仍有促進的作用。

荀子論言語之美 到了戰國末年,荀子《正名篇》等對春秋末年以來的"名實"問題,作了出色的總結。文中,孔墨研究語言的不同路綫得到初步的結合。這種結合,由"上以明貴賤,下以辨同異"①的制名目的決定:"明貴賤"即定名分,本是孔子的主旨;"辨同異"即正名字,乃是墨家、名家的傳統。

荀子是一位語言巨匠。戰國時代的"鋪張揚厲"的文風,要求他對孔子的"辭達而已"、"言之無文,行而不遠"之類名言作進一步的發揮。他提出"言語之美,穆穆皇皇"②的要求,更提出"言語之美"的法則:

> 君子之言,涉然而精,俛〔俯〕然而類,差差然而齊。彼正其名,當其辭,以務白其志義者也。③

"涉然"與"精"、"俛然"與"類"、"差差然"與"齊",義皆相對。意謂要淺顯而力求精粹,平易而合乎條理,參差而歸於齊一。單有"涉然"、"俛然"、"差差然",語言便顯得粗淺、雜亂;反之,一味追求"精"、"類"、"齊",也會失之單調。這兩方面一結合,就使語言呈現"多樣統一"的美。語言形式上的美,不能求之於語言形式的本身,必須求之於語言形式所體現的思想內容。"彼正其名,當其辭,以務白其志義者也",即道出語言形式美形成的原因:用詞造句與所表達的意思貼切無間,渾然一體。"言語之美"法則的提法,是荀子對語言作用研究的一個貢獻。

荀子與中國語言學第一塊理論基石 荀子更大的貢獻在語言本體的研究上。

---

① 《荀子·正名》。
② 《荀子·大略》。
③ 《荀子·正名》。

《正名篇》所用的"名",跟現代語言學用的"詞"相當。荀子的過人之處,即在把"語言的細胞"——"詞",放在時間與空間的交錯點上進行全面的考察。《正名篇》劈頭就說:

> 後王之成名:刑名從商,爵名從周,文名從《禮》;散名之加於萬物者,則從諸夏之成俗曲期,遠方異俗之鄉則因之而爲通。

與同篇說的"若有王者起,必將有循於舊名,有作於新名"等語聯繫起來看,可知他說的"有循於舊名",是指對刑法、官制、禮儀等方面的專名(即刑名、爵名、文名)要有所繼承,而"有作於新名",是指對普通名詞(散名)要有所創造。合兩方面而觀之,他的論述已觸及語言發展的一個特點,即穩固性與變異性的統一。如果說從歷史(時間)上看,語言發展過程中存在着穩固性與變異性的對立統一,那麼,從社會(空間)上看,民族語言内部就有着"雅言"與方言的對立統一。他說的"散名之加於萬物者,則從諸夏之成俗曲期,遠方異俗之鄉則因之而爲通",不是指漢語與外語的關係,而是指漢語内部"雅言"與方言的關係。邢公畹解釋說:"散名的使用,應當以夏語中的'雅言'(諸夏之成俗曲期)爲規範,遠方的方言區(異俗之鄉)即以雅言爲標準而加以通譯。"① 與孔子一樣,荀子十分重視"雅言"與方言的關係,他一再指出:"居楚而楚,居越而越,居夏而夏。是非天性也,積靡使然也"②;"越人安越,楚人安楚,君子安雅。是非知能材性然也,是注錯習俗之節異也"③。認爲"雅言"或方言因地、因人而異,而統治階級以講"雅言"爲常見。他的論述,對漢人探求"古今言殊,四方談異"④的原因,是一

---

① 邢公畹《談荀子的"語言論"》,載《人民日報》1962年8月16日5版。
② 《荀子·儒效》。
③ 《荀子·榮辱》。
④ 王充《論衡·自紀》。

個莫大的啓示。

荀子的過人之處,更表現在從語言與邏輯又有聯繫、又有區別的關係上,提出"制名之樞要"。《正名篇》有段十分重要的論述:

> 同則同之,異則異之。單足以喻則單,單不足以喻則兼。單與兼無所相避則共,雖共不爲害矣。……故萬物雖衆,有時而欲遍舉之,故謂之"物"。"物"也者,大共名也。推而共之,共則有共,至於無共然後止。有時而欲遍舉之,故謂之"鳥獸"。"鳥獸"也者,大別名也。推而別之,別則有別,至於無別然後止。名無固宜,約之以命,約定俗成謂之宜,異於約則謂之不宜。名無固實,約之以名實,約定俗成謂之實名。名有固善,徑易而不拂謂之善名。物有同狀而異所者,有異狀而同所者,可別也。狀同而異所者,雖可合,謂之二實。狀變而實無別而爲異者,謂之化;有化而無別,謂之一實。此事之所以稽實定數也。

這段論述中,可以看到荀子入於墨家、名家,又出於墨家、名家的思想演變軌迹。

荀子首先把"名"劃分爲兩大類:單名、兼名與共名、別名。"共、別",從邏輯角度提出;"單、兼"的提出,則是從語言的角度。

與公孫龍子一樣,荀子認爲理想的"名實"關係是一個名詞表示一個概念:"同則同之,異則異之。"同類給以相同的名稱,異類給以不同的名稱。同時,他又發覺概念與語詞並不完全等同,這就比公孫龍子看得更爲深刻了。古漢語一個特點是單音的單純詞占絶大多數,雙音的複合詞也不少。這直接影響到命名的方式:對一般概念的表示,大抵可用單音的單純詞(單名),也可用雙音的複合詞(兼名)。此即所謂"單足以喻則單,單不足以喻則兼"。例如"馬"爲單名,"白馬"爲兼名。"白馬"與"馬",所共者爲

"馬",兩者"無所相避":"白馬"不排斥"馬",反之亦然。這叫作"雖共,不爲害矣"。看來他説的"單名"、"兼名",似針對公孫龍子的"白馬非馬"説。至於"共名"、"别名",則脱胎於《墨經》的"達名、類名、私名"。"大共名"等於"達名";"大别名"相當於"類名"。在荀子筆下,"共名"與"别名"相對而言,也在相對意義上使用。王力指出:荀子"把'範疇'叫做'大共名',把'種'叫做'大别名',把'屬'叫做'别則有别'。這和西洋的形式邏輯不謀而合"①。

與此相關,荀子揭示了"名實"結合的三大原則:"約定俗成","徑易不拂"與"稽實定數"。其中尤以"約定俗成"最爲重要。

"稽實定數"是從數量上處理名實關係的原則。物有"同狀異所"與"異狀同所"的複雜關係,名也有一名二實與一實二名的特殊現象。因此,"名"的數與"實"的數可以相符合,也可以不相應。不論兩者相合與否,那事物的多少均要視事物的具體情況而定。

"徑易不拂"意爲明確無歧義,不使人誤解,此爲"善名"(規範化名稱)的客觀準則。因此,荀子《正名》更提出名稱由政府統一規範的意義:"故王者之制名,名定而實辨,道行而志通,則慎率民而一焉。……其民莫敢託爲奇辭以亂正名;故壹於道法而謹於循令矣,如是則其迹長矣。迹長功成,治之極也。是謹於守名約之功也。""名約"指制名的約定性。

"約定俗成"爲探求語詞由來的原則。探求語詞的由來,實比討論文字的起源還要重要。墨子《經下》説:"一,偏棄之謂,無固是也。"按,"是"與"實"古通。"無固是也"是説名與實之間没有必然聯繫,可以隨意命名。而《經上》却説:"君,臣,萌(民),通約也。"意謂名稱爲人們約定,因須共同遵守,不得隨意更改。兩者貌似相反,實則相成:《經下》指尚未成名之先;《經上》指已經定名之後。荀子把這兩者統一起來,名之曰"約定俗成"。"約定俗成"

---

① 王力《中國語言學史》,山西人民出版社,1981年,第6頁。

有兩層意思：在創制語詞之時，名與實之間沒有絕對的聯繫，帶有任意性；一旦制定語詞用以標指特定事物，成了習慣之後，那對使用的人就有強制性了。在荀子看來，名與實的結合，既不是天生的，也不是按照個人意願的，而是社會上約定俗成的。他在《正名》篇裏説："凡同類同情者，其天官之意物也同，故比方之疑似而通。是所以共其約名以相期也。"就道出了"約名"的民族心理上的共同基礎。如果説語言學是用語言內部結構的觀點去理解語言的科學，那麼，荀子提出"約定俗成"等原則，便是我國語言學的第一塊理論基石。

先秦諸子在探索哲學奧秘的同時，也叩開了語言學的大門。他們所分析的對象，不是書面語言，也不是古代文獻，而是直接研究語言本身及其與客觀事物的關係，往往與現代語言學有不謀而合之處。至於開啓從漢至清的"小學"的長流，那源頭却在先秦的古書訓詁。

五、古書訓詁的萌芽

"訓詁"一詞，原作"詁訓"，如《毛詩詁訓傳》；或作"訓故"，如賈誼有《左氏傳訓故》。至西漢末年，逐漸改作"訓詁"。劉歆《與揚雄書》，轉述他的父親劉向的話："當使諸儒共集訓詁。"揚雄也説："雄少而好學，不爲章句，訓詁通而已。"[①]

先秦雖無"訓詁"之名，但訓詁的基本方式及其主要體制，却在先秦奠定。當然，先秦學者並不是有意於"義訓"、"音訓"、"形訓"之類方式的創造，他們祇是出於更確切地解釋政治、文化等現象的需要，無意地在字義的探求上給後人開拓了新路。

形訓 早在春秋時代，即有"形訓"，用分析文字形體的方法

---

① 《漢書·揚雄傳》。

解釋字義。最著名的實例,要數公元前597年楚莊王解釋"武"字了。《左傳·宣公十二年》載楚莊王之言:

> 夫文,止戈爲武。武王克商,作《頌》曰:"載戢干戈,載櫜弓矢。我求懿德,肆於時夏,允王保之。"又作《武》,其卒章曰:"耆定爾功。"其三曰:"鋪時繹思,我徂惟求定。"其六曰:"綏萬邦,屢豐年。"夫武,禁暴、戢兵、保大、定功、安民、和衆、豐財者也。

求之甲骨文,"武"字本義是荷戈出征[①]。但楚莊王分析籀文"武"字,賦予"止戈"的新義:武力不是侵犯他人的手段,而是實現"禁暴、戢兵、保大、定功、安民、和衆、豐財"的工具。這種本之於周武王詩章的武力觀,一經概括,即爲人們所接受,到漢代,許慎還視之爲"武"字本義,記之於文字學寶典《説文》。他如《左傳·宣公十五年》説的"反正爲乏"、《左傳·昭公元年》説的"皿蟲爲蠱",以及《韓非子·五蠹》説的"自環爲私,背私爲公",都是"形訓"的著名實例。

音訓 取聲音相同或相近的字來解釋字義,就叫"音訓",也叫"聲訓"。《大戴禮記·誥志》載虞史伯夷説的"明,孟也;幽,幼也",算是最早的音訓了。

"音訓"的出現,與形聲字的研究有關。有一次,季康子向孔子問政,孔子回答:

> 政者,正也。子帥而正,孰敢不正?[②]

"政"是形聲字,"正"是聲旁字,以聲旁字訓釋形聲字,正切中漢字的要害:形聲字占漢字的絕大多數。從形聲字入手,就給"音訓"提供一個廣大的"用武之地"。孟子深明此理,亦説:

---

① 陳煒湛《"止戈爲武"説》,載《文字改革》1983年第6期。
② 《論語·顏淵》。

第一章 小學的發端——先秦時代

> 征之爲言正也。各欲正己也,焉用戰?①

也以聲旁字"正"訓釋形聲字"征"。反之,也可用形聲字訓釋聲旁字,如荀子説的:

> 君者,善群也。②

形聲字與聲旁字互相訓釋,是同音爲訓的主要方面。由此推而廣之,如《周易·象傳》説的"需,須也";"離,麗也";"晉,進也"等等,也都以同音字相訓釋。

除同音爲訓之外,還有音近爲訓。孟子論及古代學校制度時説:

> 設爲庠序學校以教之。庠者養也,校者教也,序者射也。夏曰校,殷曰序,周曰庠,學則三代共之:皆所以明人倫也。③

"庠"與"養"、"校"與"教",是疊韻爲訓;"序"與"射"是雙聲爲訓。兩者均屬音近爲訓。

還有一種同字爲訓。孟子説:

> 徹者徹也。④

是他對"周人百畝而徹"作的解釋:前一"徹"字,爲名詞,指周代一種租賦制度;後一"徹"字,爲動詞,是"徹取"的意思。同字爲訓也屬音訓,不過,"這種方法總是有背於以已知釋未知的訓詁原則,所以僅行於口耳相傳的説經時代,後來一到筆下就漸漸廢棄了"⑤。

義訓 "義訓"不必借助於字音或字形來釋義,而要直接用通行的語詞去訓釋古語詞或方言詞的意義。因而被視爲訓詁的基本方式。古人説的"訓",是要求用通俗的語詞具體地説明字義。

---

① 《孟子·盡心下》。
② 《荀子·王制》。
③ 《孟子·滕文公上》。
④ 《孟子·滕文公上》。
⑤ 齊佩瑢《訓詁學概論》,中華書局,1984年,第98頁。

如《老子》:

> 視之不見名曰"夷",聽之不聞名曰"希",搏之不得名曰"微"。

至於"詁",有兩層意思,一指用今語解釋因時而異的古語。如《逸周書·謐法》:

> 和,會也。勤,勞也。

或《孟子·滕文公下》:

> 《書》曰:洚水警余。洚水者,洪水也。

二指用通語(雅言)解釋因地而異的方言。如《左傳·宣公四年》:

> 楚人……謂虎於菟。

叫老虎爲"於菟"。可見"詁"以同訓(同義爲訓)居多,"訓"以義界(即下定義)爲常見。同訓及義界,爲義訓的主要方法。

義界比同訓更爲精確。義界要從一事一物的形狀、内容(即所謂"實")、性質、特徵(即所謂"德")、活動、功用(即所謂"業")等方面加以說明,通常稱爲表實訓法、表德訓法、表業訓法。這義界諸法,在墨子所作的《經上》裏都具備了。現依次示例:

> 生,形與知處也。
> 譽,明美也。誹,明惡也。
> 力,刑之所以奮也。

末條與現代物理學暗合:力是使物體產生加速運動的原因。墨子《經上》,可說是義界的典範。

訓詁體例 隨着訓詁的基本方式的陸續出現,訓詁的主要體例也日漸形成,如"説"、"解"、"詁"、"傳"之類,均萌發於戰國。

值得注意的是公元前550年,晉人叔向(羊舌肸)説《詩》,已開了分章析句、逐字解義的先例。據《國語·周語下》記載,他在

第一章　小學的發端——先秦時代

周靈王二十二年被聘於周,向單靖公解說《詩經》裏的《昊天有成命》。原詩如次:"昊天有成命,二后〔指文王、武王〕受之,成王不敢康。夙夜基命宥密。於緝熙,亶厥心,肆其靖之。"叔向解釋說:

> 是道成王之德也〔按:點明全詩主題〕。成王能明文昭,定武烈者也〔對詩裏歌頌的文王作了介紹〕。夫道"成命"者而稱"昊天",翼其上也。"二后受之",讓於德也。"成王不敢康",敬百姓也〔依次解釋全詩前三句的句意〕。"夙夜",恭也;"基",始也;"命",信也;"宥",寬也;"密",寧也。"緝",明也;"熙",廣也;"亶",厚也;"肆",固也;"靖",和也〔對全詩後四句逐字釋義。按鄭玄箋:"廣"當爲"光","固"當爲"故",字之誤也〕。其始也,翼上德讓,而敬百姓;其中也,恭儉信寬,帥歸於寧;其終也,廣厚其心,以固和之〔分"始""中""終"三個層次,對全詩作了串講〕。始於德讓,中於信寬,終於固和,故曰成〔概括詩意,以頌成王〕。

講題旨,解句意,釋字義兼而有之,可爲一代經師子夏"發明章句"的前驅。

孔子傳授經學,子夏兼通六藝。所謂子夏"發明章句",實指他爲古書作"傳"而言。他最早稱古書的詞句解釋爲"傳",如他爲《喪服》篇作"傳",仍存今本《儀禮》之中。現從《儀禮·喪服傳》摘引一則,示例如次:

> 慈母如母。傳曰:慈母者何也?傳曰:妾之無子者,妾子之無母者。父命妾曰:"女(汝)以爲子。"命子曰:"女(汝)以爲母。"若是,則生養之,終其身如母,死則喪之三年如母;貴父之命也。

"傳"與"故"一樣,往往兼有"故事"與"故訓"兩者,例如《春秋》是經;論述《春秋》本事、以證發經意的《左傳》是"傳";闡明《春秋》微言大義的《公羊傳》、《穀梁傳》也是"傳"。"故"起源甚早,《國語·周語》單襄公即有"吾聞之《太誓故》"的説法。"《太誓》有'故',猶《春秋》有'傳'。"①大約"故訓",儒家稱"傳",如《公羊傳》、《穀梁傳》;墨家稱"説",如《經説》上、下;法家稱"解",如《管子》有《形勢解》,《韓非子》有《解老》。

語法探索 漢語缺少詞形變化,以詞序與虛詞作爲詞與詞組成的重要手段。子夏門人公羊高、穀梁赤爲《春秋》作傳,最早看到《春秋》句法裏的詞序問題。《春秋》僖公十六年"春王正月戊申朔,霣石于宋五;是月,六鷁〔同"鶂"〕退飛,過宋都。"《公羊傳》解釋説:

> 曷爲先言霣〔通"隕"〕而後言石? 霣石,記聞,聞其磌然,視之則石,察之則五。……曷爲先言六而後言鷁? 六鷁退飛,記見也,視之則六,察之則鷁,徐而察之,則退飛。

以爲詞序的先後與觀察事物的程序相一致,這就道出了用字造句的一條原則。《穀梁傳》則從語詞的組合關係來分析:

> 先隕而後石何也? 隕而後石也。于宋,四竟之内曰宋,後數,散辭也,耳治也。……六鷁退飛過宋都,先數,聚辭也,目治也。

古漢語裏數詞用法有二:一是放在名詞之前,作爲定語,即所謂"先數";一是放在名詞之後,在句中作補足語,即所謂"後數"。放在名詞之前用作定語的數詞,如"六鷁"之"六",叫作"聚辭";反之,放在名詞之後用作補足語的數詞,如"霣石於宋五"之"五",就稱爲"散辭"。在這裏,穀梁赤已對數詞與名詞在修飾關係上的不同位置及其作用,了然於心了。

同時,《公羊傳》、《穀梁傳》還對虛詞的意義有所覺察,能辨清語氣詞的輕重緩急之分。《春秋》有兩則記載:

---

① 章太炎《國故論衡·明解故上》。

> 宣公八年，冬十月己丑，葬我小君頃熊。雨，不克葬。庚寅，日中而克葬。
>
> 定公十五年九月丁巳，葬我君定公。雨，不克葬。戊午，日下昃，乃克葬。

比較一下，立即發現，一用"而"，一用"乃"，到底爲什麽？《公羊傳》解釋説：

> "而"者何？難也。"乃"者何？難也。曷爲或言"而"或言"乃"？"乃"難乎"而"也。

《穀梁傳》説得更明確：

> "而"，緩辭也，足乎日之辭也。
> "乃"，急辭也，不足乎日之辭也。

葬宣公之母頃熊在"日中"，用"而"字，語氣較鬆緩，表示時間從容有餘；而葬定公在"日下昃"，太陽已偏西，用"乃"字，語氣較重，表示時間較爲急迫。"而"或"乃"均爲表示承接的副詞，但"'乃'難乎'而'也"，就是語氣上"乃"比"而"重，因而相對地説，"乃"爲"急辭"，"而"就是"緩辭"了。

《公羊傳》更進而探討《春秋》的詞法，重點落在動詞上，主要是辨清内動與外動之分。《春秋》僖公元年，"夏六月，邢遷於陳儀"。《公羊傳》解釋説：

> 遷者何？其意也。遷之者何？非其意也。

楊樹達説："此明示同一動字有内動、外動二用法之不同也。"[①]"内動"也叫"不及物動詞"，"外動"也叫"及物動詞"。

不僅如此，《公羊傳》還發現《春秋》詞法裏的一種特殊現象，稱之爲"美惡同辭"。始見於《公羊傳·隱公七年》：

---

① 楊樹達《高等國文法·總論》。

《春秋》貴賤不嫌同號,美惡不嫌同辭。

漢何休注:"若繼體君,亦稱'即位';繼弑君,亦稱'即位',皆有起文,'美惡不嫌同辭'是也。"簡言之,"美惡同辭",指古漢語裏,不分褒(美)、貶(惡),同用一詞的現象。這是一個重要的揭示。

第二章　小學的創立——兩漢時代

一、"書同文"與字書的出現

文字統一,古稱"書同文",實出於政治上"大一統"的需要。根據近人研究,從黃帝史官倉頡到秦始皇丞相李斯大約二千三百多年間,我國還搞過一次文字統一的工作。

周代的文字統一　結合地下文物,可推知周代確已搞過"書同文"的工作,因而兩周鐘鼎銘文大體規整,六國銘文字體也相差不遠。1957年河南信陽古墓出土文物,內有編鐘及竹簡,竹簡上文字十分草率奇異,鐘鼎銘文則比較規整,這兩者顯然不是兩個時代的東西,而是同一時代的異體。郭沫若指出:

> 今據信陽墓中的文字有兩種字體看來,可以得出一種新的說法,便是自西周以來通行於各國統治者之間的文字有一種正規的體系,而通行於各國民間的文字又別有一種簡略急就的體系,可以稱爲"俗書"。……秦始皇帝的"書同文字"便是把各國俗體字廢棄了,而用西周以來的正體字把文字統一了起來。①

這個説法是可信的。文字上有"俗體字"與"正體字"之分,正如語言上有"方言"與"雅言"之別一樣。在政治趨向統一的時代,總像

---

① 郭沫若《信陽墓的年代與國別》,載《文物資料》1958年第1期。

堅持以"雅言"爲標準音那樣堅持以"正體字"爲規範字。

大概自西周以來，統治者就很注意文字的統一問題。《周禮·春官·外史》載："掌達書名於四方。"鄭玄注："古曰名，今曰字。使四方知書之文字，得能讀之。"即由京都向各地推廣文字教學，使各地通其音義。而要推廣文字教學，先從貴族子弟做起。《周禮·秋官·大行人》說："九歲，屬瞽史，諭書名，聽聲音。"貴族子弟從小就得到大史的教誨，自能掌握規範字、標準音。他們長大成爲列國的掌權者，每當立鼎記功，所鑄的銘文也大體一致。因此後代"郡國亦往往於山川得鼎彝，其銘即前代之古文，皆自相似"①。但相似並不等於一致，要在上層統治者之間有一種通行的"正體字"，就不能不對"古文"有所改革，以示劃一。於是我國第一部文獻可考的字書——《史籀篇》便應運而生了。

班固本劉向父子之說，於《漢書·藝文志》小學類首列《史籀篇》，注云："周宣王太史作大篆十五篇。"又在小學類後叙說：

《史籀篇》者，周時史官教學童書也；與孔氏壁中古文異體。

許慎《說文解字序》也說："及宣王太史籀，著大篆十五篇，與古文或異。"就把《史籀篇》的特點、寫作年代及其作者，毫不含糊地作了交代。《史籀篇》在西周中興之王周宣王時（公元前827—前782年）出現，可說是水到渠成的了。書中字體即爲大篆，是西周晚期頒行的與古文形體偶有不同的文字，從書名，稱爲"籀文"。書的編者即是史籀，他是周宣王的史官。近人王國維以爲"史籀"非人名，"籀者，讀也"。《漢書》取書的首句"太史籀書"中兩字以爲書名②。周谷城反駁說：

---

① 許慎《說文解字序》。
② 王國維《觀堂集林·史籀篇叙錄》。

> 整理文字之人，當爲史官；史官識字，必較常人爲多，用字必較常人爲熟；改變字體，使趨約易，在史官爲必要；增造新字，以供實用，在史官亦爲必要；蓋史官所司爲記錄與保管文書等，與文字的關係，較任何人爲密切也。且史籒或亦確有其人；籒字之義，固爲讀書；借以名人，亦非不可；如晉之籍談，以典籍而得名；晉的董史，以董理而得名；則史籒以籒書而得名，亦與此相類之例也。①

這裏不但論證史籒確有其人，而且也可説明史籒爲倉頡之後又一整理文字的史官。以《史籒篇》教貴族子弟，也是爲了文字統一工作能在列國更好地完成。這工作已在春秋時見效。《管子·君臣上》説："書同名。"指書面文字的統一。《禮記·中庸》引孔子語："今天下車同軌，書同文，行同倫。"

據《史記·孔子世家》，知《中庸》出於孔子之孫子思之手，他傳孔子之語自屬可信。其中提及"書同文"與秦代説的"書同文字"，不能混爲一談。考古人措辭，"文"與"文字"有時代的不同。大約春秋以上言"文"不言"字"，如《左傳·宣公十二年》"夫文，止戈爲武"，《論語·衛靈公》"史之闕文"，均爲明證②。戰國末年始稱"字"，吕不韋撰成《吕氏春秋》，懸在咸陽市門："有能增損一字者予千金。"③至於"文字"連稱，始見於秦始皇二十八年（公元前219年）的琅邪石刻："同書文字。"可見孔子説的"書同文"，是指周宣王史官的文字的統一；而秦刻石説的"同書文字"，指秦始皇、李斯的統一文字。因此，林尹説：

> 文字之整理，必爲太平盛世或大一統時事。黄帝史官倉頡首次整理文字是一證明；秦統一後，李斯等第三次整理文

---

① 周谷城《史學與美學·中國史學史提綱》。
② 詳顧炎武《日知録》卷二十一"字"條。
③ 《史記·吕不韋列傳》。

字也是一證,在這兩次之間,中國第二次整理文字之在春秋之前的宣王中興時代,是與歷史法則契合的。①

從許慎《説文解字序》裏的"史籀大篆"一語來推斷,周宣王時整理文字的主持人就是史籀。

秦代統一文字　秦代統一文字的任務,已如郭沫若説的:"便是把各國俗體字廢棄了,而用西周以來的正體字把文字統一了起來。"不過,據《説文解字序》,秦人對"西周以來的正體字"——籀文,還是有所改進的:

> 秦始皇帝初兼天下,丞相李斯乃奏同之,罷其不與秦文合者。斯作《倉頡篇》,中車府令趙高作《爰歷篇》,太史令胡毋敬作《博學篇》,皆取史籀大篆,或頗省改,所謂小篆是也。

結合《史記·秦始皇本紀》看,李斯整理文字,在秦始皇二十六年(公元前 221 年),正是秦始皇一統天下之時。秦始皇二十八年(公元前 219 年)琅邪刻石記有"同書文字",即表明統一文字工作的完成,前後搞了三年。在整理、統一文字的過程中,李斯等人又借鑒了史籀的經驗,一是對前代的"正體字",僅作部分的改革。正如史籀大篆"與古文或異"一樣,李斯等人的小篆也是"取史籀大篆,或頗省改"。段玉裁注:"省者減其繁重,改者改其怪奇。"二是把整理文字的成果,以字書形式給予推廣。正如史籀編《史籀篇》一樣,李斯等人也編《倉頡篇》之類。從語文教學上看,《倉頡篇》等字書,是童蒙識字課本,按實説,是"宣傳小篆,作字體的範本"②。

二、小學因古文經學以立

到漢初,對文字的重視程度比秦代更甚。相國蕭何制定了影

---

① 林尹《文字學概説·字形的演進》,臺北市正中書局,1971 年。
② 唐蘭《中國文字學·前論》。

第二章 小學的創立——兩漢時代

響有漢一代的文字政策：

> 漢興，蕭何草律，亦著其法，曰："太史試學童，能諷書九千字以上，乃得爲史。又以六體試之，課最者以爲尚書御史史書令史。吏民上書，字或不正，輒舉劾。"①

簡直是以"字"取士：誰識字用字合格，誰就可做官。不僅要讀得出九千字以上，而且還要辨得出"六體"即古文、奇字、篆書、隸書、繆篆、蟲書，因此，做一個史官，就非通古今文字不可。

童蒙識字課本 重視文字，逐漸成爲漢人的風尚。他們繼承《史籀篇》、《倉頡篇》的傳統，編纂種種識字課本，武帝時司馬相如作《凡將篇》，元帝時黃門令史游作《急就篇》，平帝元始時揚雄作《訓纂篇》，各以韻語的形式，向童蒙進行有效的"集中識字"的教育。

與《倉頡篇》等聯繫起來看，大約有兩個系統：一爲四言體，如《倉頡篇》有"幼子承詔"②、"考妣延年"③等句；一爲七言體，如《凡將篇》有"黃潤纖美宜制禪"④、"鐘磬竽笙築坎侯"⑤等句。這種齊整的字句，自便於童蒙誦習。

現存僅有《急就篇》，它對《凡將篇》"擬而廣之"⑥，發展爲以七言爲主的雜言體。開頭五句：

> 急就奇觚與衆異：羅列諸物名姓字，分別部居不雜廁，用日約少誠快意，勉力務之必有喜。

即道出全書性質，"是爲了學童識字速成的常用字課本"⑦。接着

---

① 《漢書·藝文志》。
② 《説文解字序》引。
③ 《爾雅·釋親》"父爲考母爲妣"條郭璞注引。
④ 《文選·蜀都賦》劉逵注引。
⑤ 《藝文類聚》卷四十四樂部引。
⑥ 顏師古《急就篇注叙》。
⑦ 劉葉秋《中國字典史略》，中華書局，1983年，第13頁。

全書正文,分爲三部分:一是"姓氏名字",如云"宋延年,鄭子方,衛益壽,史步昌"之類;二是"服器百物",如食物類有"稻黍秋稷粟麻秔,餅餌麥飯甘豆羹,葵韭蔥薤蓼蘇薑,蕪荑鹽豉醯酢醬"等句;三是"文學法理",介紹與政治有關的種種事情,如云"春秋尚書律令文,治禮掌故砥厲〔礪〕身;智能通達多見聞,名顯絕殊異等倫"。結語爲歌頌漢家盛世,如云"災蝗不起,五穀孰〔熟〕成。賢聖並進,博士先生"。不論是七言或三言、四言,均合轍押韻,有易誦易記的效果。

漢人重視文字的另一表徵,是漢賦講求"形美","形美"的基本手法之一,是將同一義符的形聲字加以類聚,以形容某一事物的情態。如魯迅說的:"其在文章,則寫山曰峻嶒嵯峨,狀水曰汪洋澎湃;蔽芾蔥蘢,恍逢豐木;鱒魴鰻鯉,如見多魚。"①這種原子主義的表達方式,自與識字課本以類相從的編排體例有關。後人對此有過評論,說是買一篇賦,可"當類書、郡志讀耳"②。事實上,作《子虛賦》、《上林賦》的司馬相如,編過《凡將篇》;作《長楊賦》、《甘泉賦》、《羽獵賦》的揚雄,編過《訓纂篇》;作《兩都賦》的班固編過《續訓纂編》,說明漢賦大家,往往同時就是文字學家。

古文經的發現與"小學"的定名 從蟬聯而出的字書裏,隱然有一門新的學科在崛起。而一門新的學科的崛起,往往以新的資料的發現作爲"催化劑"。《漢書·藝文志》載:

> 武帝末,魯共王壞孔子宅,欲以廣其宮,而得古文《尚書》及《禮記》、《論語》、《孝經》凡數十篇,皆古字也。

這古文經的發現,促使人們去研究訓詁,探求古文經裏古字的奧秘。要攻讀古文經,就得先弄懂古字。更因《倉頡篇》多古字,漢

---

① 魯迅《漢文學史綱要·自文字至文章》。
② 袁枚《隨園詩話》卷一。

第二章 小學的創立——兩漢時代

代學者往往從《倉頡篇》入手,來學習文字訓詁。人們對古字發生興趣,但尚未意識到新學科的創建。一直到成帝河平三年(公元前26年),劉向受詔校書秘閣,才發現古文經的珍貴,他的兒子劉歆因而創立他的古文經學。鑒於今文經學"信口説而背傳記,是末師而非往古"①的流弊,他們痛感還有建立文字學的必要。劉向撰有《别録》,劉歆撮其指要,寫成《七略》,於成帝綏和二年(公元前7年)上奏。他們在書中把周秦以來的字書及"六書"之學,稱爲"小學"。"小學"的定名,正宣告中國語言文字學的創立。那定名的時間即是《别録》、《七略》撰寫的時間,大約在公元前26年到公元前7年之間。

班固著《漢書》,删取《七略》之辭而作《藝文志》。在《藝文志》裏,保存着我國歷史上關於"小學"定名的最早記録:

《史籀》十五篇。周宣王太史作大篆十五篇,建武時亡六篇矣。

《八體六技》。

《蒼頡》一篇。上七章,秦丞相李斯作;《爰歷》六章,車府令趙高作;《博學》七章,太史令胡母敬作。

《凡將》一篇。司馬相如作。

《急就》一篇。元帝時黄門令史游作。

《元尚》一篇。成帝時將作大匠李長作。

《訓纂》一篇。揚雄作。

《别字》十三篇。

《蒼頡傳》一篇。

揚雄《蒼頡訓纂》一篇。

杜林《蒼頡訓纂》一篇。

---

① 劉歆《移書讓太常博士》。

>杜林《蒼頡故》一篇。
>
>凡小學十家，四十五篇。入揚雄、杜林二家三篇。

"入揚雄、杜林二家三篇"，爲班固新增書目；其他均爲劉歆《七略》原文。結合漢代有關史料來看，劉、班不僅暗示"小學"命名的依據，而且還點明"小學"的創始人。

驟然看去，劉歆說的"小學"，指的盡是識字課本，殊不知從《史籀篇》《倉頡篇》到《元尚篇》，却是從籀文到小篆的字書。"小學"把通古今文字放在首位，這就與蕭何律法相呼應。不僅如此，"小學"還要求通"造字"規律。祇有懂得"造字"規律，才能有效地、正確地識字、釋字、用字。對此，《藝文志》小學類後叙還作了說明：

>古者八歲入小學，故《周官》保氏掌養國子，教之六書，謂象形、象事、象意、象聲、轉注、假借，造字之本也。

"造字之本"，顏師古注作"立字之本"。文中實已說明"小學"命名的原因："小學"本是進行初等教育的學校，由於小學的急務是學文字、懂"六書"，因而將小學所教的字書及"六書"，也稱爲"小學"，這猶如"樂府"本是漢武帝設立的音樂官署，由於樂府主管制定樂譜、搜集歌辭等工作，因而將樂府所采集的配上音樂的詩歌也稱爲"樂府"一樣，用的都是詞的指代義。誠然，用了詞的指代義，難免有以偏賅全的弊病，然而亦有好處，即在用具體代抽象，便於人們理解。

大凡一個新名的提出，並不立即爲人們所接受，它還得經過一段時間的考驗。西漢末年，人們往往沿用舊名，叫字書爲"史篇"。如揚雄以爲"經莫大於《易》，……傳莫大於《論語》，……史篇莫善於《倉頡》……"①。以"史篇"與"經"、"傳"並列，就不是用

---

① 《漢書·揚雄傳》。

它的原意——《史籀篇》的簡稱，而是用它的指代義：因《史籀篇》本是字書之祖，便以字書之祖來概稱所有字書。直到平帝元始五年(公元 5 年)，"徵天下通知逸經、古記、天文、曆算、鍾律、小學、史篇、方術、《本草》及以《五經》、《論語》、《孝經》、《爾雅》教授者"①，也還是"小學、史篇"並提連稱。大約到東漢初年，那"小學"、"史篇"並提的局面才告結束。《漢書·杜鄴傳》盛贊杜林文字學的造詣超群出衆，"故世言小學由杜公"。即已用"小學"作爲文字學的專稱。考杜林卒於光武帝建武二十三年(公元 47 年)。據此推知，從劉向父子給"小學"定名到社會公認，至少經歷了半個世紀。

小學的創始人　小學的創立，劉向父子有倡導的功勞，但如果以爲小學出於他們兩人，那就不合歷史事實了。雖然在"六書"的傳授上，他們起着承前啓後的作用，但他們畢竟未能在語言文字的具體研究上，作出令人注目的貢獻。事實上，他們以揚雄、杜林爲小學的創始人。揚雄、杜林的成就，實乃時代使然。

西漢爲文字研究召開過兩次大會，第一次在宣帝時，"《蒼頡》多古字，俗師失其讀，宣帝時徵齊人能正讀者，張敞從受之，傳至外孫之子杜林，爲作訓故"②；第二次在平帝時，"徵禮(爰禮)等百餘人，令説文字未央廷中，以禮爲小學元士，黃門侍郎楊雄采以作《訓纂篇》"③。顯然，這兩次學術會議的成果爲揚雄、杜林所發揚，因而他們比他們的先行者張敞、爰禮等人更有成就。僅以字書研究而論，在他們之前，只有童蒙識字課本，而在他們的手裏，出現了《倉頡訓纂》、《倉頡故》一類考釋文字的著作。他們在事實上，闖出了研究文字的新路。據《漢書·高祖本紀》應劭注，古"酏"字

---

① 《漢書·平帝紀》。
② 《漢書·藝文志》。
③ 許慎《説文解字序》。

從彡，髮膚之意也。杜林以爲"法度之字皆從寸"，因改從寸作"耐"。這就開了就字形説字義的先聲。又《説文》釋"娺"字引杜林之説："加教於女也。""娺"本形聲字，"從女，加聲"。杜説"加教於女"，即是形聲以爲會意，就成了《説文》"亦聲"説的先導。遺憾的是，揚雄的釋字著作與杜林的一樣盡行散失了，他比杜有幸，有《方言》一書傳世。

　　小學的創立，有賴於張敞、爰禮、揚雄、杜林、賈逵、許慎等一批古文經學家的長期努力。據此，周予同提出："因經古文學的產生而後中國的文字學、考古學以立。"①而且兩漢古文經學家大多同時就是小學家。"原古學家（古文經學家）之所以兼小學家者，當緣所傳經本多用古文，其解經須得小學之助，其異字亦足供小學之資，故小學家多出其中。"②

三、訓詁書之祖《爾雅》

　　漢代爲小學創立的時代。那創立的重大標志，便是西漢初年定稿的《爾雅》，西漢末年揚雄的《方言》，東漢前期許慎的《説文》和東漢末年劉熙的《釋名》。《爾雅》着重釋古今之異言，《方言》主要是通方俗之殊語，《説文》更由本字推求本義，《釋名》由語音探求語源，它們依次出現，正展示了漢人研究小學的歷史進程。

　　《爾雅》的出現　在漢代小學名著中，最先出現的《爾雅》，地位也最高，就因爲它是溝通儒家經典與諸子等古籍的橋梁。唐陸德明説："衆家皆以《爾雅》居經典之後，在諸子之前。"③

　　訓詁的體例，主要是兩類：一是隨文釋義的傳注，一是通釋語

---

① 《周予同經學史論著選集・經學史與經學之派別》。
② 王國維《觀堂集林・兩漢古文學家多小學家説》。
③ 陸德明《經典釋文・序錄》。

第二章 小學的創立——兩漢時代

文的專著。先有隨文釋義的傳注,而後才會編出通釋語文的專著。在先秦主要是有隨文釋義的傳注,同時也爲通釋語文的專著的産生,作了資料上、編纂方法上的準備。如《尸子·廣澤篇》説:

    天、帝、后、皇、辟、公、弘、廓、宏、溥、介、純、夏、幠、冢、晊、昄,皆大也。十有餘名,而實一也。①

這段《尸子》的佚文,正説明戰國中期已有訓詁匯編的先例。由此推知,《爾雅》的雛形約在戰國晚期形成,或如何九盈説的,成書於戰國末年②。漢惠帝時叔孫通取《爾雅》數篇入《禮記》,據清人臧庸所輯的條文看,當是《爾雅》初稿本文字。叔孫通後,《爾雅》進入修改定稿階段,在文字、體制上均更完善。至漢文帝時,《爾雅》立於學官,爲置傳記博士③。武帝時已有犍爲舍人的《爾雅注》,西漢末年劉歆亦爲之作解。但因《爾雅》本具詞典性質,往往隨客觀需要而時有增訂,"如《釋山》之五嶽,《釋地》之八陵,都是漢制,必爲漢人所增無疑"④。這樣的增補,大約持續到東漢末年。《爾雅》是我國第一部通釋語文的專著,它並非一人一時之作,乃是戰國至漢初儒生綴輯周、秦舊文,遞相增益而成。

《爾雅》的涵義,通常依《釋名》解作"近正",指近於華夏正言。全書既釋古今之異言,亦通方俗之殊語,主要是釋古今之異言。《漢書·藝文志》尚書類後叙:"古文讀應《爾雅》,故解古今語而可知也",即把《爾雅》與"解古今語"視爲一事。

我國第一部百科辭典 從辭書學角度看,《爾雅》是我國第一部按義類編排的綜合性辭書,也是世界上第一部百科辭典。這辭

---

① 《爾雅義疏·釋詁》"大也"條疏引。
② 何九盈《〈爾雅〉的年代和性質》,《語文研究》1984 年第 2 期。又見《中國古代語言學史》,河南人民出版社,1985 年,第 17 頁。
③ 參胡奇光《爾雅譯注·前言》,上海古籍出版社,2004 年。
④ 齊佩瑢《訓詁學概論》,中華書局,1984 年,第 196 頁。

典的水平,體現在編次和分類上。原書分爲三篇:
  上篇有釋詁、釋言、釋訓、釋親;
  中篇有釋宮、釋器、釋樂、釋天、釋地、釋丘、釋山、釋水;
  下篇有釋草、釋木、釋蟲、釋魚、釋鳥、釋獸、釋畜。
對此編排,黃侃作過分析,以爲上篇最易,中篇較難,下篇最難①。這編次大約取法於《詩經》,《詩經》就是按照從易到難的原則,來編定風、雅、頌的序次的。

  《爾雅》十九卷按内容可分爲兩大部分:一爲普通語詞部分,一爲百科名詞部分。百科名詞可分爲社會生活專名與自然萬物專名。自然萬物專名又可細分爲天文、地理、植物、動物;社會生活專名則可分爲人的社會關係及人的日常生活。這樣的百科分類,大體上反映秦漢時代的文化知識結構。如下表所示:

	釋詁、釋言、釋訓 —— 普通語詞			
	釋親 —— 人的家族關係	社會生活		
	釋宮、釋器、釋樂 —— 人的日常生活			
爾雅	釋天 —— 天文		百科名詞	綜合性辭書
	釋地、釋丘、釋山、釋水 —— 地理	自然萬物		
	釋草、釋木 —— 植物			
	釋蟲、釋魚、釋鳥、釋獸、釋畜 —— 動物			

  當然,每類的子目,如《釋宮》涉及道路、橋梁,《釋器》包括衣服、食物,《釋天》還附以"祭名"、"講武"、"旌旂",自有欠當之處,但那是出於古代文化知識的局限。古人以爲道路、橋梁"皆自於宮,故以《釋宮》揔之也"(邢昺疏),其實,宮室、道路、橋梁都是土木工程,古人尚未形成"土木工程"這概念而已。再看衣服、食物,雖與器具一樣,爲人所用,但畢竟有別,而古人一律歸之《釋器》,"以本器用之原也"(郝懿行義疏),所説亦殊牽强。至於《釋天》附"祭名"、"講武"、"旌旂"在"四時"、"祥災"、日月星辰之後,顯係

---

① 黃侃述、黃焯編《文字聲韻訓詁筆記》,上海古籍出版社,1983年,第259頁。

第二章 小學的創立——兩漢時代

"天人合一"思想作怪,如邢昺解釋:"祭名、講武、旌旂俱非天類,而亦在此者,以皆王者大事。又祭名則天曰燔柴,講武則類於上帝,旌旂則日月爲常,他篇不可攝,故繫之《釋天》也。"《爾雅》這個文化知識結構,一直爲後世"雅學"著作所沿用,直至明末方以智作《通雅》,才有了根本性的變革。

《爾雅》對普通語詞的訓釋　漢人通過《爾雅》一書,作爲古代的詞彙儲存庫。詞彙的特點,是能及時地、迅速地、多樣地反映着人們對現實世界的種種認識。憑藉詞彙,大體上可推知社會發展的程度及人們的知識水平。在詞彙裏,普通語詞又比專名更爲常用,更爲重要,就是專名爲人們所懂得,也必須借助於普通語詞的解釋。因此,《爾雅》先釋普通語詞,後解百科名詞。再者,普通語詞又以多義詞、同義詞居多。多義詞的存在,説明語言裏有"一詞多義"的現象,而同義詞的存在,則説明語言裏有"一義多詞"的現象。這兩者看似相反,實則相成:"多義詞的各個意義差不多都可以和別的詞的意義構成同義關係。"[①]尤其在漢語裏,由於缺乏詞形變化,同義詞來得特別豐富,這種"一個概念的多重表達,大家都認爲是語言的力量和色彩的泉源"[②]。這個道理古人未必明白,但事實上,他們正是把同義詞(不是多義詞)的訓釋,放在首要的地位。以同義爲訓的方式,對古代普通語詞進行訓釋,這是《爾雅》的一個創舉。

《釋詁》等三卷采取同義爲訓的方式,大約是受到《詩經》的啟發。《詩經》多用重章開展主題。每章相應句子的關鍵字,往往逐一運用同義詞,以示詩意的遞進。如《詩·召南·草蟲》一章云:"未見君子,憂心忡忡";二章云:"未見君子,憂心惙惙";三章云:"未見君子,我心傷悲。"至《爾雅·釋訓》就歸爲一條:"忡忡,惙

[①] 葉蜚聲、徐通鏘《語言學綱要》,北京大學出版社,1981年,第154頁。
[②] 薩丕爾《語言論》,商務印書館,1964年,第23頁。

悷,……憂也。"就這樣,《釋詁》等三卷,多以一個當代的常用詞,去解釋一個或一串的同義詞。

大體說來,《釋言》是"約取常行之字,而以異義釋之"①,如云:"矢,誓也。"《釋訓》則"道物之貌以告人",着重在釋字義,如云:"明明,斤斤,察也";或者釋文意,如云:"子子孫孫,引無極也。"而《釋詁》主要是"舉古言,釋以今語",所舉的"古言",大抵是一串同義詞,實爲近義詞,因而往往與《尸子·廣澤篇》所舉詞目一樣,有着一條兩解或曰"二義同條"②的義例。《尸子·廣澤篇》云:

　　天、帝、后、皇、辟、公、弘、廓、宏、溥、介、純、夏、幠、冢、晊、昄,皆大也。

《爾雅·釋詁》就進而分爲"君也"、"大也"兩條:

　　林、烝、天、帝、皇、王、后、辟、公、侯,君也。
　　弘、廓、宏、溥、介、純、夏、幠……昄、晊、將、業、席,大也。

即把尊大之義與廣大之義區別開來,就比《尸子》稍勝一籌,但尚不精審。清王引之《經義述聞》更把《釋詁》"君也"條的字義區分爲二:

　　君字有二義,一爲君上之君,天、帝、皇、王、后、辟、公、侯是也;一爲群聚之群,林、烝是也。古者君與群同聲,故《韓詩外傳》曰:君者群也。

不僅指出"君""群"二義應該分清,而且還說明《釋詁》裏"君""群"二義同條的原因。真可謂前修未密,後出者轉精。

《爾雅》論親屬稱謂　從文化史角度上看,《爾雅》百科名詞裏最值得重視的,無過於親屬稱謂與"原始語言"的了。

---

① 釋言從郝懿行說,釋訓、釋詁亦從郝說。
② 王引之《經義述聞》卷二十六"林烝天帝皇王后辟公侯,君也"條。

第二章 小學的創立——兩漢時代

親屬關係及其稱謂的研究，是探討語言與文化關係的一個典型問題。《爾雅》把《釋親》放在百科名詞部分的第一篇，這本身就是一大創舉。

親屬關係在一切蒙昧民族和野蠻民族的社會制度中起着決定作用。作爲親屬關係的起點和紐帶的是婚姻制度。大體說來，人類的蒙昧時代行群婚制，野蠻時代行對偶制，到了文明時代，行一夫一妻制。從群婚制向對偶制過渡，大約有伴侶婚制與交表婚制，這些表明人類在婚姻制度上的初步醒覺，與之相關的親屬稱謂也被沿用，甚至殘存在文明時代。

我國古代十分重視親屬稱謂。在"郁郁乎文哉"的周代，早已是文明時代，但從社會性質上看，直到清代，仍維護着宗法制度。社會以家族爲本位，國君就是家長、族長的放大。因而"欲治其國者先齊其家"[①]，而齊其家，則要"親親，尊尊，長長"[②]。不論婚喪大事，財產和權力的再分配，還是一人犯罪，波及九族，均按血親的關係辦理。再加上古代人少，鼓勵生殖，以"螽斯衍慶"、"四代同堂"爲榮。這樣，親屬稱謂的問題就隨時隨地出現在人們的眼前。

《釋親》是我國秦漢時代親屬稱謂最完備的記錄。它依次分爲"宗族"、"母黨"、"妻黨"、"婚姻"四個子目。"父之黨爲宗族"，一語爲《釋親》定調，說的是以父權制爲中心的親屬稱謂。

《釋親》詳細地記錄着直系血親的稱謂。本身以上有四輩的稱謂，即"父、母"，"王父、王母"（祖父、祖母），"曾祖父、曾祖母"，"高祖父、高祖母"；本身以下有八代的稱謂，即"子"，"孫"，"曾孫"，"玄孫"，"來孫"，"昆孫"，"仍孫"，"雲孫"。如此繁多的名目，竟達十三代之多！其中從高祖父到玄孫，通稱"九族"。這種寶塔式的親屬稱謂，實是古代早結婚、多子女的婚姻制度造成的。

---

① 《禮記·大學》。
② 《禮記·喪服小記》。

至於旁系血親的稱謂，就在不同程度上殘存着母系社會伴侶婚制或交表婚制時代舊名的痕迹。因此，在父系社會定名的旁系血親的稱謂，往往加上"從"、"族"、"外"之類修飾語，以示區別。例如，在"母黨"的稱謂裏，"外王父"、"外王母"，即外祖父、外祖母；"宗族"的稱謂裏，"從祖祖父"、"從祖祖母"，即伯叔祖父、伯叔祖母；"從母"現稱姨母。原來在母系時代，曾流行着伴侶婚制，亦稱"亞血族群婚制"或"普那路亞婚制"，就是一列兄弟與另一列非同胞的姊妹共同通婚，實行兄弟共妻，姊妹共夫。因姊妹共夫，母之姊妹就隨之稱"母"；兄弟共妻，父之兄弟亦因之稱"父"。到了父系時代，仍沿襲舊稱，但加上一些修飾語以示區別，於是形成了世父、叔父、從祖父、族父、從母之類名稱①。同理，也可解釋"妻黨"的稱謂：

女子同出，謂先生爲姒，後生爲娣。

郭璞注："同出，謂俱嫁事一夫。"意即共夫的姊妹互稱"娣姒"。可是，也有兄弟之妻互稱"娣姒"的：

長婦謂稚婦爲娣婦，娣婦謂長婦爲姒婦。

郭璞注："今相呼先後或云妯娌。"實是給舊名"娣姒"賦以新的内容，用來改稱嫂子與弟婦了。而在伴侶婚制時代，兄弟之妻也是共夫的（兄弟是共妻的），他們便互稱"娣姒"，到了一夫一妻制的時代，兄弟之妻一度沿用舊名，以"娣""姒"互稱。當然，古代的一夫一妻制，祇是對婦女實行一夫一妻制，至於男人，卻不在此例。"宗族"的稱謂裏有"父之妾爲庶母"，即反映了一夫多妻制的存在。

保留舊意識較重的親屬稱謂，是以"舅姑"稱公婆：

婦稱夫之父曰舅，稱夫之母曰姑；

---

① 參看柏寒《漢字與家族制度》，1944 年《國文雜志》桂林版三卷二期。

第二章 小學的創立——兩漢時代

  妻之父爲外舅,妻之母爲外姑。

這種稱謂實是交表婚制時代的殘餘。交表婚制與伴侶婚制一樣,同胞的兄弟與姊妹之間不能結成夫妻關係,但由於上古人口稀少,社交不便,往往是近親結婚,男子娶舅父的女兒或姑母的女兒爲妻,女子亦以舅父的兒子或姑母的兒子爲夫,在這種交表婚制下,舅父當然就是公公或岳父(外舅),姑母是婆婆或岳母(外姑)了。雖然魏晉之後已有"公、姥"的稱呼,如《孔雀東南飛》説的"便可白公姥,及時相遣歸",但直到唐代,還有以"舅姑"稱公婆的習慣,如朱慶餘《近試上張水部》詩:"洞房昨夜停紅燭,待曉堂前拜舅姑。"就是明證。

  在所有的親屬稱謂裏,最能保存古義的,要數"甥"這個稱謂了:

  謂我舅者,吾謂之甥也。

很清楚,是指姊妹的兒子,即所謂"外甥"。但這已不是"甥"字的古義,那古義如"妻黨"稱謂裏説的:

  姑之子爲甥,舅之子爲甥,妻之晜弟爲甥,姊妹之夫爲甥。

實在令人驚訝:"姑之子"、"舅之子"叫"表兄弟";"妻之晜(即昆)弟"叫"內兄弟";"姊妹之夫"叫"姊夫,妹夫"。可是在《釋親》裏,統統叫"甥"了!郭璞注:"四人體敵,故更相爲甥。甥猶生也。""生"即男子。僅此解釋,也語焉不詳。直到現代,才有新解:或認爲是伴侶婚制(即"亞血族群婚制")的遺迹,如郭沫若指出,《釋親》郭璞注"四人體敵","在亞血族群婚制下,實僅一人。蓋姑舅乃互爲夫婦者,姑舅之子,即妻之昆弟;妻之昆弟,亦即姊妹之夫,故終於一名"[①];或者以爲是交表婚制的餘韻,如芮逸夫提出,

---

① 郭沫若《甲骨文字研究・釋祖妣》。

稱妻之昆弟爲甥、稱舅之子爲甥、稱姊妹之夫爲甥,"都是在交表婚姻制度下改變的稱謂";而稱姑之子爲甥,乃"是因心理想法的同異而改變的稱謂",簡言之,是受到"子從親稱"的影響,即"由己身從父稱其姊妹之子而來"的①。

《爾雅·釋親》爲我國親屬稱謂研究的開端,但從語言與文化關係上研究親屬稱謂的社會意義,那還是"五四"以後的事。

《爾雅》與"原始語言" 一切名詞都是現實世界客觀事物的反映。世界上的一種事物,一旦爲人們所認識,即賦予一個名稱,在語言寶庫裏也即增添一個名詞。當人們用名詞去表明事物特徵的同時,也就在名詞上留下自己思想認識的印記。自從世界上有了人類,即有語言,這語言比迄今爲止所發現的任何文物都要久遠。從這個意義上,不妨把語言看作"活的社會化石"。《爾雅》百科名詞部分大體標明我國進入文明社會的生活圖景,也殘存着原始社會的歷史遺跡。從《爾雅》所保存的"原始語言",可以窺見原始社會的一斑。所謂"原始語言",是指遠古人民對一類事物按照不同的顏色、形相、性能等等,一一給以不同的特稱,而缺乏概括一類的統稱(類名)。這種特殊的命名方式,自與後世的修飾語加類名的表示法完全不同。

《爾雅》百科名詞部分表明:凡是與人類生存鬥爭密切相關的事情,所用的特稱也越多。例如漁獵,爲遠古人民獲取生活資料的基本途徑。他們以網爲漁獵的基本工具,《釋器》就有"九罭"(細眼魚網)、"罛"(大魚網)、"羅"(捕鳥網)、"罝"(捕兔網)、"罞"(捕麋鹿網)、"罻"(捕野猪網)之類特稱。漁獵的主要方式是打獵,《釋天》有五六種特稱:"春獵爲蒐,夏獵爲苗,秋獵爲獮,冬獵爲狩",夜間打獵爲"獠",放火燒草打獵亦爲"狩"。

《爾雅》百科名詞部分更表明:越是與人類生活關係密切的動

---

① 芮逸夫《釋甥之稱謂》,1947年歷史語言研究所集刊第十六本。

第二章 小學的創立——兩漢時代

物,所給予的特稱也越是繁多。

古時"鹿"比"熊""虎"之類更爲常見,品種也多,又有益於人,因而《釋獸》裏的動物以鹿的特稱爲多:雌鹿叫"麀",雄鹿叫"麚",鹿崽叫"麛",鹿中强有力者叫"麔",相應地,鹿科動物"麋"(俗稱"四不像",爲我國特産動物)和"麕"(又叫"獐")也各有四個不同的特稱。在古人心目中,鹿是吉慶、福禄的象徵。"禄"義即來源於"鹿"。吉禮亦以鹿皮相贈。《詩·召南·野有死麕》就寫用"死麕"去求愛。

"在野曰獸,在家曰畜。"《釋畜》以馬的特稱居第一位,各以毛色、毛狀、性别、身高等命名,有五十多個。其次是牛,也有十六個特稱,居第二位。給牛、馬命名,最常見的是依據毛色。在毛色中,牛以黑色爲别,猶如馬以白色爲别。單就牛身上黑色的不同位置命名,就有五個特稱:"犉"(黑唇)、"牰"(黑眥)、"牧"(黑腹)、"犈"(黑脚)、"犥"(黑耳)。馬按白色的種種形相命名,就有二十五個,占馬的特稱的一半,如白色在四肢的不同位置,有八個特稱,如前右足白叫"啓",前左足白叫"踦",後右足白叫"驤",後左足白叫"騤",等等;白色在全身的不同位置,也有八個特稱;甚至連白色與别的毛色搭配的不同,也有九個特稱,如"騜"(黄色兼白)、"駓"(黄白雜毛)、"駰"(淺黑帶白)、"駂"(黑白雜毛)、"騅"(蒼白雜毛)、"騢"(紅白雜毛),等等,幾乎一種形色,就有一個特稱。《詩·魯頌·駉》就用不同的特稱,描述馬的形形色色。

《爾雅》百科名詞部分還表明:與人類勞動生産關係密切的動物,也有多種的特稱。我國自炎帝、黄帝以降,就以農立國,因而對農桑候鳥——"鴈"的觀察,就非常細緻。《釋鳥》説:

老鵟,鶋。

春鳸,鳻鶞;夏鳸,竊玄;秋鳸,竊藍;冬鳸,竊黄。桑鳸,竊脂;棘鳸,竊丹。行鳸,唶唶;宵鳸,嘖嘖。

郭璞注："諸鳸皆因其毛色、音聲以爲名；竊，藍青色。""鳸"即"雇"，通作"扈"。《釋鳥》所說，合稱"九扈"。最有趣的是上承炎帝、黃帝，下啓顓頊、帝嚳的少皞，國中官名盡用鳥名相稱。《左傳·昭公十七年》說少皞之國，以"九扈爲九農正"。杜預注："以'九扈'爲'九農'之號，各隨其宜，以教民事。"可見早在少皞時代，已明白候鳥活動與農耕工作的相應關係。少皞以鳥名作爲官名，這也是不奇怪的，因爲他的氏族以"鳳"爲圖騰，猶如太皞族以"龍"爲圖騰一樣。這些有較高文化水平的氏族，先後與政治上的主力黃帝族融合一體，就在中華民族文化上出現了"龍飛鳳舞"的共同標志。

詞義訓釋不外乎普通語詞及百科名詞兩個方面，而《爾雅》兼而有之，因而就由《爾雅》爲首，歷史地形成了源遠流長的"雅學"，作爲我國訓詁研究的主體。

四、《禮記》裏的社會方言

自周秦到漢代，學者們已着手探討全民語言的變體，一是社會方言，一是地域方言。地域方言的研究，以揚雄的《方言》爲開山之作；古代社會方言的搜集，以《禮記·曲禮》較爲完備。

《禮記》由西漢今文經學家戴聖一手編定。誠然，小學的創立，出於古文經學的需要，但不能由此而忘却今文經學與語文研究曾有過一段因緣。我國語法研究的最早萌芽，首見於今文經學經典《公羊傳》。漢代今文經學家對此並沒有給以發揮，他們的興趣轉向政治問題，也由於從政治上着眼，因而對《公羊傳》等古籍上的"雅語"、"禁忌語"之類社會方言，就顯得特別敏感。社會方言原是社會上各階級、集團爲適應自己特殊需要而製造的特殊用語。

禁忌語 禁忌語有兩種，或表現於封建禮法，或表現於宗教

第二章 小學的創立——兩漢時代

意識。表現於封建禮法的禁忌語，古稱"避諱"。"避諱"是中國封建文化的一種特殊現象。通過"避諱"，可以照見封建等級之森嚴，亦可洞悉封建禮教之虛僞。

"避諱"有兩種表現形式，一是"避諱語"。那原則由《公羊傳》奠定，《公羊傳·閔公元年》説：《春秋》爲尊者諱，爲親者諱。"《穀梁傳·成公九年》説得更爲露骨："爲尊者諱恥，爲賢者諱過，爲親者諱疾。"這種連瞞帶騙的"避諱語"，居然成爲漢人行文的慣例。連賈誼《陳政事疏》也振振有詞地説："古者，大臣有坐不廉而廢者，不謂不廉，曰'簠簋不飾'；坐污穢淫亂，男女無別者，不曰污穢，曰'帷薄不修'；坐罷軟不勝任者，不謂罷軟，曰'下官不職'。故貴大臣定有其辠矣，猶未斥然正以呼之也，尚遷就而爲之諱也。"這樣的"避諱語"，實是封建權勢者的遮羞布。

二是"避諱字"。據《禮記·曲禮上》，可分爲"公諱"、"私諱"兩種。"公諱"亦稱"廟諱"，指避本朝皇帝及皇帝父祖之諱，如漢文帝名"恒"，漢人就改"恒山"爲"常山"；"私諱"亦稱"家諱"，指避父祖之諱，即《曲禮上》所謂"入家而問諱"。不論是"公諱"，還是"私諱"，那根子還在封建等級制度。《曲禮上》還對不同場合的諱法，作了具體的規定："君所，無私諱；大夫之所，有公諱。詩書不諱，臨文不諱，廟中不諱。"又説："禮不諱嫌名，二名不偏諱。"鄭玄注："嫌名，謂音聲相近，若'禹'與'雨'，'丘'與'區'也。偏，謂二名不一一諱也；孔子之母名'徵在'，言'在'不稱'徵'，言'徵'不稱'在'。""私諱"的影響自不能與"公諱"相比。"公諱"限於本朝，不同朝代就有不同的避諱對象，這見之於文字，無異於給各代刊行的書籍打上了朝代的印記，因而清人，特別是錢大昕，就以此作爲探求歷代禮法、考訂古書真僞的一個依據。

不僅有封建禮法上的禁忌語，而且還有宗教意識上的禁忌語。《曲禮下》説："凡祭宗廟之禮，牛曰'一元大武'，豕曰'剛鬣'，豚曰'腯肥'，羊曰'柔毛'，雞曰'翰音'，犬曰'羹獻'，雉曰'疏趾'……"甚至連水、酒也要改稱"清滌"、"清酌"。這説明古人對鬼神和先祖存有敬畏之心，不敢直呼祭祀品的名稱，大約以爲鬼神、先祖不食人間烟火，非得改換稱呼不可。不吉祥的話，例如"死"，亦在禁忌之例。不同階級的人死了，也有不同的稱謂。《曲禮下》又説："天子死曰崩，諸侯曰薨，大夫曰卒，士曰不禄，庶人曰死。"鄭玄注："自上顛壞曰崩；薨，顛壞之聲；卒，終也；不禄，不終其禄；死之言澌也，精神澌盡也。"《曲禮下》所記，亦見於《公羊傳·隱公三年》。可見死的稱謂有尊卑之稱，起源甚古，約在周代。"死"僅用於百姓，上層階級却用各種程度不等的禁忌語，這是封建意識在死後稱謂上的反映。像這樣一些爲封建階級特殊需要而製造出來的特殊用語，也就是所謂"雅語"。

雅語　中國封建階級所用的"雅語"，只有一些特殊用語，它没有自己的基本詞彙和語法構造，要向全民語言借用。"雅語"的核心是"名號"。董仲舒《春秋繁露·深察名號》説："治天下之端在審辨大，辨大之端在深察名號。"實爲孔子"正名"説的推演。從"正名"到"深察名號"的根本目的在鞏固君權。《曲禮下》説："君天下曰天子。""天子"與分封天下的諸侯王的關係，決定着王室的存亡。據《曲禮下》，周代"天子"以下有不同等級，相應地他們的妻子也有不同的稱謂，"天子之妃曰后，諸侯曰夫人，大夫曰孺人，士曰婦人，庶人曰妻。""天子"、諸侯還有不同的自稱：天子接見諸侯，"分職授政任功，曰'予一人'"；諸侯則"於内，自稱'不穀'"；"與民言，自稱'寡人'"。他們的元配在不同的人面前有不同的自稱："夫人自稱於天子曰'老婦'，自稱於諸侯曰'寡小君'，自稱於其君曰'小童'。""自世婦以下"，則"自稱曰'婢子'"。

"天子"與諸侯王的一件共同的大事，是祭天祀祖。《禮記·王制》説："天子、諸侯宗廟之祭，春曰礿，夏曰禘，秋曰嘗，冬曰烝。"大約這是夏殷的祭名，到了周代就有所改動。《公羊傳·桓公八年》作"春曰祠，夏曰礿，秋曰嘗，冬曰烝"。《爾雅·釋天》與此相同。諸侯晉見"天子",更是關係到王權強弱、王室興衰的大事。晉見的異名也較多,還保存"原始語言"的痕迹。在古文經學最高典範《周禮》裏,是按四季來稱謂的:"春見曰朝,夏見曰宗,秋見曰覲,冬見曰遇。"①而在《禮記·曲禮下》,却是按晉見的方式及場合的不同而有異稱的:"天子當依而立,諸侯北面而見天子曰'覲';天子當宁而立,諸公東面,諸侯西面曰'朝'。""依"即"斧依",指户牖之間畫有斧形的屏風;"宁"在宫殿的門、屏之間。

《禮記》等書關於社會方言的記載,與《爾雅》裏的"原始語言"一樣,大抵成了歷史的陳迹,它們之於小學史,猶如恐龍化石之於考古學,乃是歷史發展鏈條上的一個不可缺少的環節。它們爲社會語言學提供必要的歷史資料。

五、揚雄奠定小學的基礎

在劉歆創立古文經學的同時,"好古而樂道"的揚雄成了中國小學的創始人。揚雄(前58—後18),字子雲,蜀郡成都(今屬四川)人。

我國的語文研究,在揚雄之前,是分三條綫進行的,一是以先秦諸子爲代表的語言學說,二是由《史籀篇》開端的字書,三是由《爾雅》開端的義書。這三條綫發展到了西漢末年,就統一於揚雄一人之手。他以爲"傳莫大於《論語》,作《法言》;史篇莫善於《倉頡》,作《訓纂》"②;"典莫正於《爾雅》,故作《方言》"③。《訓纂》即《倉頡訓纂》,把《史籀》、《倉頡》一類識字課本發展爲文字訓詁之作,前已提及;《法言》有專門發揮先秦諸子語言學說的篇章,《方言》於《爾雅》之外別樹一幟,在訓詁園地上開一新的紀元。

---

① 《周禮·春官·大宗伯》。
② 《漢書·揚雄傳》。
③ 見常璩《華陽國志·先賢士女總贊》引。

揚雄論言文關係　小學的創立,應以解決口頭語與書面語的關係爲前提。口頭語與書面語是語言存在的基本形式。書面語用文字寫成,口頭語用語音表現。文字不等於書面語,它是書面語的書寫工具。但在先秦的古籍裏,一個"書"字,可指書本,也可指書面語或文字。如《莊子·天道》説的"世之所貴道者,書也;書不過語,語有貴也;語之所貴者,意也",前後兩個"書"字,各指書本與書面文字。自孔子至荀子,凡涉及語言的論述,大抵指口頭語,即使觸及口頭語與書面語關係的,也衹是寥寥數句:孔子引古逸書上説的"文以足言",《周易·繫辭上》説的"書不盡言",《莊子·天道》説的"書不過語"。而揚雄《法言》一書以"書"與"言"對舉,作爲書面語的專稱:《五百》篇説的"聖人矢口而成言,肆筆而成書",《問道》篇説的"孰有書不由筆,言不由舌",均爲明證。《問神》篇裏,他更以詩一般的語言,來闡明口頭語與書面語的關係:

> 面相之,辭相適,捈中心之所欲,通諸人之嚍嚍者,莫如言;彌綸天下之事,記久明遠,著古昔之㗥㗥,傳千里之忞忞者,莫如書。故言,心聲也;書,心畫也。聲畫形,君子小人見矣。聲畫者,君子小人之所以動情乎!

他從社會交際上説明"言"(口頭語)的功能,又從歷史記載上考察"書"(書面語)的作用。"言"與"書"同爲人們傳情達意的重要工具:"言,心聲也;書,心畫也。"這種觀點,發前人之未發,在漢代也是令人一新耳目的。

有了新的語言觀,相應地就有新的方法論。《方言》入於《爾雅》,又出於《爾雅》,"它的取材已由紙面而進入口頭,它的目的不僅爲了實用而且重於研究,示人以訓詁之途徑;《爾雅》如果是訓詁的材料,《方言》則是訓詁的學術了"[①]。

[①]　齊佩瑢《訓詁學概論》,中華書局,1984年,第201頁。

第二章 小學的創立——兩漢時代

《方言》的淵源 《方言》原名《殊言》,全稱《輶軒使者絕代語釋別國方言》。書名有三層意思:"輶軒使者"暗示全書的資料來源;"絕代語釋"與"別國方言"爲全書所包括的内容:"別國方言"從空間上看語詞的地域變體;"絕代語釋"從時間上看語詞的歷史演變。書題的精心設計,正與他的語言觀合拍。郭璞也深明此理,作《方言序》贊此書"考九服之逸言,標六代之絶語"。"九服"指京都以外的各個地方,"六代"則泛指古代。由於全書重點落在"別國方言",因而後人即以《方言》作爲簡稱。

我國文化悠久,幅員遼闊,語言也隨之而有古今之異、雅俗之別。要溝通各地的交際,先要懂得各地方言。古代帝王常派"輶軒使者"去各地記錄方言。"輶軒使者"即《夏書》説的"遒人",《周禮》説的"行人"。據此推知,記錄方言的工作,夏代即已開始。劉歆《與揚雄書》云:"三代周秦軒車使者、遒人使者,以歲八月巡路,求代語、僮謡、歌戲。"求"僮謡、歌戲",即文學中上説的"采風"。方言(代語)的記錄與"采風"並舉,是值得注意的古代文化現象。"輶軒使者"求"代語",旨在探求方言與雅言在詞語上的對應關係。一旦瞭解這種對應關係,就可用雅言去代替相應的方言詞。有了方言記錄作爲對照,如要"驗考四方之事",亦有"不勞戎馬高車之使,坐知傜俗"(劉歆語)的方便。特別在古代交通極端困難的條件下,那方言的記錄就顯得格外寶貴,都要藏之於王宫密室。到了秦朝滅亡,原來珍藏的方言記錄大抵"遺脱漏棄,無見之者"①。幸而先秦的方言記錄還有殘編一千餘字及其簡略的編撰條例,幾經周折,分別落到了揚雄少年時代的老師嚴遵(字君平)及遠房親戚林閭翁孺的手裏,後來,他們統統傳給他們所器重的揚雄。

揚雄有了嚴、林閭兩氏所傳的資料作爲底本,花了二十七年

---

① 應劭《風俗通義·序》。

以上的時間,加以"注續",直到死時,那《方言》尚未最後定稿。他"注續"的資料一概來之於群眾。雖然他不能像"輶軒使者"那樣駕着輕車去各地記錄方言,但他坐鎮京都,向來自各地的上計(主管監察的官吏)、孝廉(地方選拔的官吏)及內郡衛卒(士兵),廣泛地進行活的方言調查。他《答劉歆書》稱:"常把三寸弱翰,齎油素四尺,以問其異語,歸即以鉛摘次之於槧。"這簡直是現代語言工作者在田野調查時記錄卡片和立刻排比整理的功夫。從漢代到清代,像揚雄那樣曠日持久地調查活的方言,恐怕是絕無僅有的吧!

《方言》在訓詁上的兩大發現 《方言》原本十五卷,約九千字。今本十三卷,一萬二千九百多字,全書計六百八十六條①。揚雄作《方言》,用"標題羅話法"②,大體上以《爾雅》的詞條標立題目,而後將調查所得的異語羅列其下,結果發現,《爾雅》裏不少的同義詞,實際上就是古代的不同方言詞。如《爾雅·釋詁》"大也"條裏,有"介"、"夏"、"幠"、"假"、"戎"、"京"、"壯"、"將"之類同義詞。揚雄《方言》卷一:

> 東齊海岱之間曰尒或曰幠;宋魯陳衛之間謂之假或曰戎;秦晉之間,凡物壯大謂之嘏或曰夏;秦晉之間,凡人之大謂之奘或謂之壯;燕之北鄙、齊楚之郊或曰京或曰將:皆古今語也。初別國不相往來之言也,今或同,而舊書雅記故俗語,不失其方,而後人不知,故爲之作釋也。

凡此種種,都是古代不同的方言詞,其中不少到漢代變成了同義詞:"初別國不相往來之言也,今或同。"這就對部分同義詞的成因,作了精闢的説明。

---

① 據華學誠《揚雄方言校釋匯證》(中華書局2006年版)統計。
② 魏建功語。引自周祖謨《方言校箋序》。

《方言》是我國第一部比較方言詞彙書。揚雄在方言詞的比較中,還發現:古今語、方言詞的差異,是由"轉語"所致。"轉語"或叫"語之轉",郭璞注《方言》或稱之爲"語轉"、"聲轉"、"語聲轉"。指因時代不同或地域不同而發生聲韻差異的詞語。有兩種形式,一是方言音轉。如《方言》卷十:"煤,火也,楚轉語也,猶齊言烠,火也。""煤"、"火"、"烠"均爲雙聲。二是古今音轉。如"大也"條,"奘"、"壯"、"京"、"將""皆古今語也"。郭璞注:"語聲轉耳。"因爲"奘""壯"疊韻,"京""將"雙聲。揚雄說的"轉語",後經戴震的倡導,成了清人以音求義、探求語源的主要方法。

這訓詁上的兩個發現,使《方言》成爲我國第一部"訓詁的學術"專著。難怪張敞之孫張竦,看了《方言》的部分手稿,就讚嘆地說:"是懸諸日月不刊之書也!"①

《方言》與漢代社會文化面貌　《方言》的價值不僅在於示人以訓詁之途徑,而且還在於爲研究漢代社會文化面貌提供語言上的證據。

首先,《方言》切實地顯示出漢代的語言生活:各地操着不同的方言,全國使用着一種"通語"。正由於各種方言之上存在着一種"通語",因而才能用"通語"去解釋各種方言。

在揚雄的筆下,"通語"一詞的使用可有三種情況。

一是"凡語"、"凡通語"、"通名"、"四方之通語",指漢代全國範圍內通用的詞語,相當於現在說的普通話詞語。如《方言》卷一:

> 嫁、逝、徂、適,往也。自家而出謂之嫁,由女而出爲嫁也。逝,秦晉語也。徂,齊語也。適,宋魯語也。往,凡語也。

二是"某某之間通語",或稱"四方異語而通者",指漢代兩個

---

① 見揚雄《答劉歆書》。

或兩個以上地區之間的通用詞語。如《方言》卷十三：

> 凡飴謂之餳，自關而東，陳、楚、宋、衛之通語也。

三是"某通語"，指漢代某一較大地區之內通用的詞語。如《方言》卷四：

> 大袴謂之倒頓，小袴謂之校衳，楚通語也。

"通語"一詞用於範圍大小不等的三個層次，説明在漢代，漢語的共同語正在形成之中。從"某通語"推知，在漢代社會裏，各大地區還保持着相對的獨立性，因而有必要大力推廣全國範圍內通用的詞語，即揚雄説的"凡語"或"凡通語"。

不少國外學者不了解我國的語言生活，往往把漢語的各種方言看作不同的獨立語言。這是一種誤解。漢語方言的分歧的確很大，但是，劃分方言不能光憑語言本身的差異，還要看使用方言的人是不是屬於同一個民族和各方言之上是不是還有一個共同語作爲各地區人們的交際工具。照此看來，揚雄《方言》早已雄辯地證明：我國的方言儘管分歧很大，但它們都是統一的民族語言的地域變體，而不是各自獨立的不同語言。

其次，《方言》大體上揭示漢代漢語方言分布的情況，成了方言地理學的先驅。

在先秦，孟子指出齊語與楚語的不同，荀子提出楚語、越語、夏語（雅言）鼎立而三。他們對全國方言的分布，並不具體明確。到了漢代，揚雄記錄各地方言，東起雜齊海岱，西至秦、隴、涼州，北起燕、趙，南至沅、湘、九嶷，東北至北燕、朝鮮，西北至秦、晉北鄙，東南至吳、越、東甌，西南至梁、益、蜀漢，那筆觸幾乎伸到全國每一角落。

揚雄記下方言詞，大都冠以地名。從地名的分合，可以推知方言的異同。凡一個地名單舉的，它必然是一個單獨的方言區

第二章 小學的創立——兩漢時代

域,若某地與某地並舉的,它們也應當是一個籠統的方言區域。這樣,就可看出一個漢代方言區域分布的大概情況。根據這種認識,羅常培、周祖謨析爲七大方言區①,黃典誠細分爲十四個方言區②,雖然所見略有異同,但對漢代凡通語以秦晉方言爲基礎方言的看法,却是一致的。因爲春秋時代的"雅言"是以晉語爲主的,"等到後來秦人强大起來,統一中夏以後,秦語和晉語又相互交融,到了西漢建都長安的時候,所承接下來的官話應當就是秦晉之間的語言了"③。

第三,《方言》還像鏡子一樣,反映着漢代文化的實況,從中可以窺見社會的風土人情,特别是農民的命運。

在《方言》裏,"由卷四所記衣履一類的語彙,可以知道漢人衣着的形制;由卷五所記蠶簿用具在不同方言中的名稱,可以知道在南方北方農民都從事於養蠶"④,特别是卷三所記對農民、奴婢的各種鄙稱,可以知道漢代普通百姓的苦難生活。在豪强兼併土地的鬥爭中,失去田宅的農民只有兩條路:或者轉而經商,或者陷身爲奴。這種悲慘的命運,一一見之於《方言》卷三:

> 儓,䣒,農夫之醜稱也。南楚凡駡庸賤謂之田儓,或謂之䣒,或謂之辟。辟,商人醜稱也。

經商,對於破産的農民來說,總算是出頭吧,但照例是受到一頓臭駡。那些淪爲奴隸的,不論男女,遭遇就更加悲慘了:

> 臧、甬、侮、獲,奴婢賤稱也。荆淮海岱雜齊之間,駡奴曰

---

① 參看羅常培、周祖謨合著《漢魏晉南北朝韻部演變研究》第一分册,第72頁,科學出版社,1958年。
② 參看黃典誠《方言及其注本》,載《辭書研究》1982年第3期。按,華學誠劃爲十二個方言區,見其《周秦漢晉方言研究史》,復旦大學出版社,2003年,第119—129頁。
③ 周祖謨《方言校箋序》。
④ 周祖謨《方言校箋序》。

臧,罵婢曰獲;齊之北鄙、燕之北郊,凡民男而婿婢謂之臧,女而婦奴謂之獲;亡奴謂之臧,亡婢謂之獲:皆異方罵奴婢之醜稱也。自關而東、陳魏宋楚之間,保庸謂之甬;秦晉之間,罵奴婢曰侮。

對男奴女婢,到處一片咒罵聲:"臧"、"獲"、"甬"、"侮"!整個大地,都籠罩在陰森森的蓄奴制度的羅網之下。最悲慘的要數女奴了:

燕齊之間,養馬者謂之娠,官婢女廝謂之娠。

一聲"娠",兼呼"養馬"與女奴,説明漢代社會裏,女奴與牛馬一樣,受到權勢者的任意宰割。

與杜林一樣,揚雄以《倉頡訓纂》等書在文字研究上闖出一條新路,班固《漢書·藝文志》才以揚、杜並稱;揚的《方言》亦與《爾雅》一樣,是訓詁研究的奠基之作,王引之《經籍籑詁序》説:"訓詁之學,發端於《爾雅》,旁通於《方言》,六經奧義、五方殊語,既略備於此矣!"實際上,揚雄傳承先秦諸子語言學説,取法輶軒使者,進行活的語言的調查,這與《爾雅》、《説文》開創的解決古代書面文字實際問題的研究方向不相合拍,如清人齊召南在《續方言序》裏説的:"子雲《方言》雖亦古輶軒之使所有事,然惟一二附於經者,解經必用之非是類也。士固可束而不觀。"因而從漢到清,揚雄的知音,僅有郭璞、戴震數人而已。但是從五四運動以後,因爲揚雄研究語言的觀點、方法與現代語言學甚爲吻合,這才受到格外的尊崇。

六、許慎《説文》是文字學寶典

自《爾雅》以後,最能從小學上體現出中國文化特色的,要數許慎的《説文解字》了。許慎(約58—約147),字叔重,汝南召陵

(今河南鄾城)人。

《說文》寫作的學術背景　《說文》的撰寫,正值東漢前期,今文經學逐步衰落、古文經學日益興起的關鍵時刻。

東漢初年仍流行着今文經學,古文經學僅有《左傳》一度立博士,不久又廢。古文經學大師如杜林、鄭興、賈逵等人,一一揭起"古學"的旗幟,繼續同今文經學較量。"古學"實包括古文經學與小學兩個方面,段玉裁説:"古學者,《古文尚書》、《詩》毛氏、《春秋左氏傳》及倉頡古文、史籀大篆之學也。"①經今古文之爭的焦點在奪取政治上、學術上的統治地位。章帝建初四年(79),開白虎觀經學會議。參加會議的多數是今文博士,古文學者僅賈逵、班固而已。這兩派辯論的結果是要編出今文經學政治學説提要《白虎通義》,而奉詔撰寫的却是古文學者班固。建初八年(83),賈逵取得章帝的允諾,向"高才生"傳授《左傳》、《穀梁》、《古文尚書》、《毛詩》,雖不曾立博士,但這四部古文經遂行於世。賈逵的傳授,給許慎打下了扎實的經學底子。

而抱殘守缺的今文經學者,在文字上也顯出無知:由於漢代盛行隸書,連宣傳小篆的範本《倉頡篇》也改用隸寫,他們竟據此斷言"隸書爲倉頡時書",反而指責古文經學"好奇",甚至還就隸書解釋字義,説什麽"馬頭人爲'長',人持十爲'斗','蟲'者屈中也"。他們不知道代替小篆而興起的隸書,已把象形文字弄成不象形的象形文字,再就篆書釋字,當然開口就錯。爲了"理羣類,解謬誤,曉學者,達神恉"②,賈逵的高足許慎花二十二年的時間,以"五經無雙"的學問,寫下了那部注定要成爲文字學寶典的《説文解字》。

《説文》的寫作分爲兩個階段:第一階段從和帝永元十二年(100)至安帝永初四年(110)在東觀校書。他寫出《説文》的初稿,

---

① 《説文解字注》卷十五下許冲《上〈説文〉表》"本從逵受古學"句注。
② 均見許慎《説文解字序》。

但尚有"文字未定"之處①。"東觀"是漢代國家圖書館。東觀校書只有賈、班的學生許慎、馬融等人參加,今文博士仍占大多數。但東觀校書的重點在經子百家的文字校勘,有利於古文學者專長的發揮,對許慎更有利:他可以充分利用許多外面看不到的書籍,來補訂他的《説文》手稿。第二階段從東觀校書至安帝建光元年(121)許冲《上〈説文〉表》。許冲是許慎之子。在病中的許慎派遣兒子把《説文》上奏朝廷,正表明《説文》已經定稿。

《説文解字》本文十四卷,叙目一卷,今本即宋徐鉉校定本,每卷分上下,共三十卷。原書收録九千三百五十三字,重文〔古文、籀文等異體字〕一千一百六十三個,今本則收録九千四百三十一字,重文一千二百七十九個。本書按文字形體及偏旁結構,分列五百四十部,始"一"終"亥",首創部首檢字法。字體以小篆爲主,古文籀文等異體字則列於其下。每字的解釋,大抵先説字義,着重揭示跟字形結構相應的本義,再説形體構造及讀音,依照六書解説文字。最後一卷爲許慎的叙言和部首目録,許冲《上〈説文〉表》及漢安帝的詔書。

集周秦兩漢文字訓詁之大成　　許慎的學術立場站在古文經學方面。《説文序》説:"其偁《易》孟氏、《書》孔氏、《詩》毛氏、《禮》、《周官》、《春秋左氏》、《論語》、《孝經》,皆古文也。"博采通人之説,大抵爲古文學者,以賈逵、杜林、揚雄三人最多。從這點上看,《説文》的出現,可説是顯示了古文經學的實績。不過,許慎並没有囿於門户之見,這做法與他所處的時世相應。《白虎通義》原是今文經學通過皇帝制成定論;許慎在有關政治、倫理方面的字義,就不能不用《白虎通義》等今文經學作解。如"王"這個重要的政治術語,就全用今文經學的解釋:"王,天下所歸往也。董仲舒曰:古之造文者,三畫而連其中謂之王。三者,天、地、人也。而参

---

① 　許冲《上〈説文〉表》。

通之者,王也。孔子曰:一貫三爲王。"首句暗用《白虎通義》;中間明引西漢今文經學大師董仲舒之説;末句大約出於今文經學者編造的緯書。

《説文》並不專引儒家經傳,還廣泛地采用諸子百家之説。如釋"蠱"引道家《老子》;釋"繃"引墨家《墨子》;釋"公"引法家《韓非子》;釋"爓"引雜家《吕氏春秋》;釋"櫨"引小説家《伊尹》;釋"取"引兵家《司馬法》,如此等等,不勝枚舉。尤其可貴的是,所徵引的《漢律令》、《律曆書》、《太史卜書》、《魯郊禮》、《甘氏星經》、《軍法》之類,均爲不見於《漢書·藝文志》著録的秘籍。如釋"聅":"《軍法》:以矢貫耳也。从耳,从矢。《司馬法》曰:小罪聅,中罪刖,大罪剄。"古人治軍,實有此法。《左傳·僖公二十七年》:"子玉復治兵於蒍,終日而畢,鞭三人,貫三人耳。"孔穎達疏:"耳,助句也。"作虛字解,是錯了。證以《説文》,貫耳就是"聅"。

《説文》不僅引書有不少不見於《漢書·藝文志》著録,就是引方言俗語,亦有不見於揚雄《方言》者。據近人馬宗霍查考,《説文》引方言俗語一百七十多條,其中見於揚雄《方言》者,僅有六十多條,而且還"互有詳略,未能盡同"。因爲"許君之書,旁咨博訪,又嘗校書東觀,得窺秘籍,是其所引,自不必專本揚書"①。可謂一語破的。

一句話,許慎撰寫《説文》的總則是"萬物咸覩,靡不兼載"②。正因爲這樣,《説文》才能集周秦兩漢文字訓詁之大成。

《説文》的六書學説 從《説文》開始,我國有了以"六書"爲理論中心的文字學。以"六書"作爲分析漢字結構的原則,這是《説文》的歷史貢獻之一。

"六書"之名,首見《周禮·地官·保氏》。但未説明"六書"之

---

① 馬宗霍《説文解字引方言考·序》。
② 許慎《説文解字序》。

目,不見具體所指。從現存文獻看,"六書"之目見於漢代,有三種說法:

班固《漢書・藝文志》説是:象形、象事、象意、象聲、轉注、假借;

《周禮》注引鄭衆《周禮解詁》説是:象形、會意、轉注、處事、假借、諧聲;

許慎《説文序》説是:指事、象形、形聲、會意、轉注、假借。

顯然,班固本之於劉歆《七略》;鄭衆、許慎其實也同出於劉歆。因爲劉歆一方面傳鄭興,再傳鄭衆,注之於《周禮》;一方面傳賈徽,再傳賈逵,三傳許慎,記之於《説文序》。一般認爲,名稱以許爲優,次第以班爲長。班是史學家,特別講求文字制定的程序,而許是文字學家,所用名稱較爲確切。

許慎對"六書"的貢獻,不在給"六書"正名,而在給"六書"以最早的界説。《説文序》説:

> 一曰指事:指事者,視而可識,察而見意,"上""下"是也;二曰象形:象形者,畫成其物,隨體詰詘,"日""月"是也;三曰形聲:形聲者,以事爲名,取譬相成,"江""河"是也;四曰會意:會意者,比類合誼,以見指撝,"武""信"是也;五曰轉注:轉注者,建類一首,同意相受,"考""老"是也;六曰假借:假借者,本無其字,依聲託事,"令""長"是也。

他不僅最早給"六書"下定義,而且最早把"六書"用於分析文字結構。他認爲,指事、象形是"依類象形"的"文",形聲、會意是"形聲相益"的"字"。研究文字的程序應是先"文"後"字",這才執簡馭繁。

象形、指事爲漢字結構的根本。《説文》遇到象形字,有時就標以"象形"。如:

> 刀(刀):兵也。象形。

至於指事字,僅有一處標明"指事",即:

二(上)：高也。此古文⊥。指事也。

此外大抵標作"象某某之形"，就容易與象形字混淆。在這種情況下，區別指事字與象形字，主要是看字義的虛實：

　　㞢(泉)：水原也。象水流出成川形。
　　刅(刃)：刀堅也。象刀有刃之形。

"刃"爲指事字，"泉"是象形字。兩者差別僅在於：象形是具體形象，指事是抽象符號；象形寫實，指事象徵。

　　在象形、指事的基礎上形成的會意字，以形與形相輔爲特點，《説文》因而標以"从 AB"，如：

　　初：始也。从刀衣，裁衣之始也。

或標以"从 A，从 B"，如：

　　好：美也。从女从子。

　　與會意一樣，形聲字也是合體字，它的特點是形與聲相輔。"聲"指聲符，"形"指意符，兩者合成一個形聲字。因此，《説文》大抵標以"从 A，B 聲"。如：

　　唱：導也。从口，昌聲。

從文字結構上分析，《説文》祇能説明象形、指事、會意、形聲四種，那轉注、假借兩種就不能説明了。《通雅》卷六引明楊慎的説法："班《志》六書，四象〔指象形、象事、象意、象聲〕爲經，假借、轉注爲緯。"清戴震由此而提出"四體二用"之説，以象形、指事、會意、形聲爲造字之法，轉注、假借爲用字之法。段玉裁極爲贊成，以爲"聖人復起，不易斯言矣"[①]。我國古代哲學，常以"體""用"同原。"六書"之有"四體二用"，猶如詩學上的"六義"，以"風、雅、頌"爲

---

① 《説文解字注》卷十五上"先以六書"句注。

體,"賦、比、興"爲用一樣。那造字之法和用字之法的合稱,就是劉歆、班固說的"立字之本"①。

舉一形以統衆形　爲全面地貫徹"六書"理論,許慎又在《説文》的編排上、釋義上,作了相應的創造。《顔氏家訓·書證篇》以爲許慎在學術上首創之功,就在於《説文》"隱括有條例,剖析窮根源"。實是許慎的知音。段玉裁具體地指明:

> 蓋舉一形以統衆形,所謂"隱栝有條例"也;就形以說音義,所謂"剖析窮根源"也。是以《史篇》《三倉》,自漢及唐遞至放失,而《説文》遂孳行於世。②

"舉一形以統衆形",即以部首作爲文字歸類的總綱,這又是《説文》的一大歷史貢獻。

漢字的編次,是一個棘手的問題。史游《急就篇》提出"分別部居不雜廁"的原則,而所説的"分別部居",實際上是按義類來分部,如姓名爲一部,衣服爲一部,如此等等。也因爲以義類編次,有時就不自覺地把同一偏旁的字歸到一句之中。這對許慎發明部首分類法,是有啓發的:同一偏旁的字歸爲一類,就是同部首的字了。因此,他在《説文序》裏有意地重複《急就篇》説的話"分別部居,不相雜廁也",以表示文字編纂法上的演進。

《説文》把九千三百五十三個字,分別歸之於五百四十部。《説文序》説:

> 其建首也,立"一"爲耑。方以類聚,物以群分。同條牽屬,共理相貫。雜而不越,據形系聯,引而申之,以究萬原。畢終於"亥",知化窮冥。

---

① 《漢書·藝文志》:"六書,謂象形、象事、象意、象聲、轉注、假借,造字之本也。"顏師古注:"文字之義,總歸六書,故曰'立字之本'焉。""立字之本"從顏注。
② 《説文解字注》卷十五上"分別部居,不相雜廁也"句注。

他暗用了《周易·繫辭傳》上"方以類聚,物以群分"、"雜而不越"、"引而申之"等語,實際上把漢字部首比作"八卦"。他認爲,倉頡"初造書契"與伏羲氏"始作易八卦"同樣基於對物類的模擬,出於對物類的統攝,這兩者亦有同樣的功能:《繫辭傳》說八卦"引而申之,觸類而長之,天下之能事畢矣";許慎也說五百四十部"引而申之,以究萬原"。八卦的基本符號是陽爻"━"與陰爻"--";《説文》的部首也以"一"爲開端。以"━"部開頭,體現"惟初太極,道立於一"的意思;最後歸結爲"亥"部,又體現了"亥而生子,復從'一'起"的意思,從而表明那種事物變化始終循環的哲學觀點。

"同條牽屬,共理相貫;雜而不越,據形系聯"等語,表明《説文》部首是按"六書"理論編次的。段玉裁注:"部首以形爲次,以六書始於象形也;每部中以義爲次,以六書歸於轉注也。"隸屬於同一部首的必是具有同一意符(偏旁)的字。據清王筠《説文釋例·列文次弟》分析,《説文》每部中字的先後,大體上有一定的規則:凡"與部首反對者,必在部末";"疊部首爲字者必在部末";一般文字序次是"先實後虛,先近後遠",如水部,先列水的專名,後列形容水之形態的散名;要是"無虛實遠近之可言,則以訓義美者列於前,惡者列於後",如示部,禮、禧、禛、禄、神、禎、祥、祉、福、祐、祺等字皆在先,均有吉祥之義,而禍、祟、祓、禁之類都在後,因爲均有災禍之義;要是一部之中,有"上諱皆在首,以尊君也",如"秀"爲禾部之首,因漢光武帝名"秀";"莊"爲艸部之首,因漢明帝名"莊";"炟"爲火部之首,因漢章帝名"炟";"肇"爲戈部之首,因漢和帝名"肇";"祜"爲示部之首,因漢安帝名"祜"。這種從意義出發安排字的次序的做法,自與後世依筆畫多少來安排字的次序不同。

就形以説音義　《説文》最爲主要的歷史貢獻是"就形以説音義",即以篆籀形體作爲探求漢字音義的階梯。

《説文序》説:"初有隸書,以趣約易,而古文由此絶矣!"從書寫上看,隸書比小篆籀文便利得多;但就探求字義而言,還是小篆籀文好,因爲隸變主要是突破象形文字的原形,這就失掉了古文因形見義的基礎。而小篆,在漢字發展上處於關鍵的地位:通過小篆,下窺隸變的軌迹,上溯籀文、古文的本原。因此,許慎就在他那個時代的條件下,選中了小篆籀文,作爲應用"六書"條例分析漢字字形探求漢字本義的基本依據。

《説文》一般先列小篆,後附古籀,意在由近及遠,儘可能地上溯古代的本字。本字體現本義。"本義作爲多義詞的一個義項,是詞義系統的核心與動力,決定着詞義發展的方向。掌握了本義,再來觀察詞義系統便可綱舉目張,一目了然。"①由本字求本義,這是許慎的一個創舉。

探求文字的本義,衹是許慎的努力目標,實際上,《説文》所釋並不全是本義。他未見到甲骨文,金文即鐘鼎銘文雖在《説文序》裏提及,但未見用之於書中。他所看到的《史籀篇》大篆、戰國時代的通用文字、秦代的小篆,也不能盡存甲骨文、金文的原貌了。"小篆的形體是固定的,有限制的,筆畫勻齊,把圖畫性的文字變成綫條性的文字,因此,到了小篆通行,在筆畫勻圓齊整的省改下,有些字形就喪失了原來的面貌;可是由於它還是古文的初步省改,並且小篆的勻圓綫條跟古文的寫實綫條距離不遠,還存留些原來的形象。"②這樣,許慎從篆籀形體探求漢字本義,就產生了兩種可能性。

其一,凡是字形"喪失了原來的面貌"的,所釋的字義當然是錯了。或者是部分錯了,如:

　　𠈌(人):天地之性最貴者也。此籀文,象臂脛之形。

按,甲骨文作𠂉,象側立的人形。或者是所釋全錯了,如:

---

① 談承熹《説文解字的義界》,載《辭書研究》1983 年第 4 期。
② 蔣善國《漢字形體學》,文字改革出版社,1959 年,第 176 頁。

第二章 小學的創立——兩漢時代

> 爲：母猴也。其爲禽好爪,下腹爲母猴形。

據近人羅振玉考證:"爲字,古金文及古鼓文並作羣,从爪从象。……意古者役象以助勞,其事或尚在服牛乘馬之前。"①"爲"的本義是以手牽象,而不是母猴。

其二,凡是字形"還存留些原來的形象"的,所釋的字義大多是對的。這在"六書"裏,是指象形、指事、會意三類字,它們原來構造上大都殘存着象形文字的遺迹,基本上可以作爲根據去認定各字的本義。如象形字"刀",本來就依據刀形畫成;指事字"刃",在"刀"上加一點,指明刀口所在;會意字"初",由"刀"與"衣"合成,表明剪裁衣服的開始。

在《說文》裏,象形、指事、會意三類字占總字數百分之十九,應是因形見義字,可據字的形體推求字的本義,至於所得之本義是否可靠,就視這字能否保存古字原貌而定。而占《說文》總字數百分之八十一的形聲字,應是緣聲知義字,形聲字由聲符與意符組成,那聲符往往表明這一形聲字的造字原意。

有許多形聲字,它的聲符除了表聲之外,還有表意的功能。對這類字,許慎十分重視,在解說中,特地標以"从 A,从 B,B 亦聲"。如:

> 阱：陷也。从𨸏井,井亦聲。

"井"既是"阱"的意符,又是"阱"的聲符,故稱"亦聲"。"𨸏"是平原。"阱"即陷阱,在平原上挖地如井來陷落野獸。"阱"是會意、形聲兩兼之字。

但有時,許慎省去"B 亦聲"的說法,如:

> 禛：以真受福也。从示,真聲。

---

① 羅振玉《殷虛文字類編》卷三。詳陳煒湛《馴象——爲》,載《文字改革》1983 年 1 月號。

段玉裁注:"此亦當云'从示,从真,真亦聲'。不言者,省也。聲與義同原。故諧聲之偏旁多與字義相近,此會意、形聲兩兼之字致多也。"他受到許慎"亦聲説"的啓發,提出了"以聲爲義説"。

不僅如此,許慎還在部首的設計上,作了"亦聲説"的嘗試。如"句"部,有四字:

> 句:曲也。从口,丩聲。
> 拘:止也。从手句,句亦聲。
> 笥:曲竹捕魚笥也。从竹句,句亦聲。
> 鉤:曲鉤也。从金句,句亦聲。

"句"字有"曲"義,從"句"得聲的"拘"、"笥"、"鉤"等字亦有"曲"義。許慎不把"拘、笥、鉤"分别歸入"手、竹、金"部,而要以"句"聲爲部首,説明他正發現某些形聲字的聲符相同、意義也相通的規律。當然,也有從"句"得聲的形聲字,與"曲"義無關,如"珣"是石似玉者,"敂"是擊,"昫"是日出溫之類。這是爲什麼?蔣禮鴻、任銘善説:"'句、拘、笥、鉤'是因爲語根相同,語義引伸而成爲聲近義通的現象;……語根不同,語意沒有引伸的關係,則聲音雖同,也不能勉强使其意義相通。"①不過,許慎也有漏收的,如"翑,羽曲也","疴,曲脊也","枸,枸木也",等等,均從"句"得聲而又有"曲"義,他並没有歸之於"句"部。

《説文》"不徒對於音符字〔指形聲字〕是從聲求義,即形符意符之文〔指象形、指事、會意三類字〕也多用音訓的方法,蓋不僅在明字原,且兼以明音原也"②。如:"旁,溥也","禮,履也",是雙聲爲訓;"天,顛也","月,闕也","祺,吉也",是疊韻爲訓,甚至更以義界的形式來作音訓,如"壞,柔土也","壞""柔"雙聲;"搏,以手

---

① 蔣禮鴻、任銘善《古漢語通論》,浙江教育出版社,1984年,第59頁。
② 齊佩瑢《訓詁學概論》,中華書局,1984年,第98頁。

第二章 小學的創立——兩漢時代

圜之也","搏""圜"疊韻;"貧,財分少也","貧""分"同音,也即以聲旁字訓釋形聲字。這樣,"《説文》列字九千,以聲訓者十居七八,而義訓不過二三。故文字之訓詁必以聲音爲綱領,然則聲訓乃訓詁之真源也"①。

如此看來,許慎"就形以説音義",實際上包括兩個方面,一是因形見義,一是以音求義。這些做法,正表明他是抓準漢字特性的第一人。

對漢字的研究,自應采取與象形文字、拼音文字不同的方法。張世禄在《研究中國文字的方法》一文裹提出②:研究象形文字的程序是:

　　　形——→義(音)

研究拼音文字的程序却是:

　　　形——→音(義)

而對漢字的研究,就要采取這個程序:

這樣,《説文》"就形以説音義"的奥秘,就昭然若揭:許慎一方面從形體上窺探各字的本義,一方面又從形體上考明各字的聲音,從聲音上推求各字意義的由來。他以《説文》一書,開闢了從漢字特性研究漢字字義的航道,使後世的研究者得以通行無阻。

反映家族關係的專名 《説文》的内容,甚至比《爾雅》還要廣博。許冲《上〈説文〉表》早已指出:"六藝羣書之詁,皆訓其意,而

---

① 黄焯編《文字聲韻訓詁筆記》,上海古籍出版社,1983年,第194頁。
② 《張世禄語言學論文集》,學林出版社,1984年,第192頁。

天地、鬼神、山川、草木、鳥獸、蚊蟲、雜物、奇怪、王制、禮儀、世間人事，莫不畢載。"可說是中國古代名物訓詁的百科全書。現在僅就家族關係、等級制度、貨幣貿易、宗教意識等方面的專名，來透視這包羅萬象的詞彙寶庫。

家庭是中國古代社會結構的基本單位。通常說古代家庭的組織，發生於夫妻的關係。但許慎《說文》却說：

> 家：居也。從宀，豭省聲。

"豭"是公猪，"豭省聲"是說意符"豕"形體不省，聲符"叚"則為省體。這就使歷代學者不解，連段玉裁也稱之為"一大疑案"："家"為什麼不用人來表示，而用公猪來表示？看來還是許慎說得有道理。對此，唐蘭作了解釋："大汶口文化區域裏用養猪多少來分別財富的多少，在我國古代語言裏代表財富的是家，有財產稱為家，即有家當；在古文字裏，家裏畫出屋內有猪，有的清楚地畫出是公猪，也有畫出屋裏有兩頭猪。"① 羅琨、張永山亦指出"家"的本義不是"豕之居"，而是指房屋和家畜，即是"以房屋和猪來表示一個打破氏族公有制而擁有一定的私有財產的血緣團體"，而文字的產生要晚於它所表述的事物，"家字產生應不晚於大汶口文化或者相當於大汶口文化晚期的歷史階段"②。顯然，"家"的本義不是指夫妻及其子女，而是指一個人占有屋內的猪群，這與羅馬人說的"Familia"（家庭）原指屬於一個人的全體奴隸，都是說明家庭起源的絕妙實例。

與"家"字有關的是"姓"。"姓"是標志家族的稱號，可是最早人們不是從父姓的，而是從母姓的。這點，《說文》已指出來了：

> 姓：人所生也。古之神聖人，母感天而生子，故稱天子。

---

① 《中國有六千多年的文明史》。
② 《家字溯源》，《（陝西）考古與文物》1982年第1期。

第二章 小學的創立——兩漢時代

因生以爲姓，从女生，生亦聲。

上古時代"男女雜游，不媒不聘"[①]，"民人但知其母，不知其父"[②]。在這母系社會裏，當然要"因生以爲姓"：哪個女人生的，就跟哪個女人的姓。至於"感天而生"云云，不過是掩蓋群婚實情的宗教外衣罷了。且看《説文》：

> 姜：神農居姜水，因以爲姓；
> 姬：黄帝居姬水，因以爲姓；
> 姚：虞舜居姚虚，因以爲姓。

如此等等，實際上如段玉裁注"姓"字說的："神農母居姜水因以爲姓，黄帝母居姬水因以爲姓，舜母居姚虚因以爲姓。"可見"因生以爲姓"這個母系社會的習俗，到堯舜時尚未革除。大約周代以後，逐漸改從父姓了。

與"家"、"姓"相關的有"族"字。"族"是"鏃"的本字。《説文》云：

> 族：矢鋒也。束之族族也。从㫃，从矢。㫃所以標衆，衆矢之所集。

五十支箭的叢聚爲一束，同一姓氏的人集合爲一族。"族"從㫃，從矢。"矢"即箭，"㫃"爲旌旗飄揚的樣子。"族"字如畫：一面招展的旗幟下，一群同姓的人持弓射箭。而"㫃"，實指氏族所標舉的圖騰。華族之中，太皞以龍，炎帝以牛，黄帝以雲，少皞以鳳，均爲圖騰。至於四方氏族，《説文》"羌"字下已有說明：

> 南方蠻閩从蟲，北方狄从犬，東方貉从豸，西方羌从羊。

原始氏族以鳥獸昆蟲爲圖騰，不見得低下，正如以日月星辰爲圖

[①] 《列子·湯問》。
[②] 《白虎通·號篇》。

騰不表示高貴一樣,那不過是作爲全氏族宗教信仰上的一種具體徽號罷了。

反映等級制度的專名 隨着社會的生產從畜牧發展到農耕,私有制的形式也從占有牲畜發展到占有土地。"社"字的產生,標志着土地私有制的出現。《說文》對"社"字的解釋十分周詳:

> 社:地主也。從示土。《春秋傳》曰:共工之子句龍爲社神。《周禮》二十五家爲社。各樹其土所宜木。

"社,地主也"及"共工之子句龍爲社神"兩語,道出了"社"的本質特徵:"社"是"用神權觀念來維護奴隸主和地主土地占有制度的一種禮制"①。"二十五家爲社"等二語,指明"社"的形制。"社"的擴大,意味着對別的氏族的吞併,結果是出現奴隸主的頭子皇帝及諸侯,他們以"大社"、"國社"爲名,霸占着全國的土地及在土地上生活的奴隸,此即《詩·小雅·北山》説的"溥天之下,莫非王土;率土之濱,莫非王臣"。更因農耕的興起,逐漸以"社稷"連稱,作爲"國家"的代名。

不過,最初的階級壓迫還不是對於異族俘虜的奴役,而是與男姓對女姓的奴役同時發生的。"奴"字就是形象的説明:

> 奴:奴婢。皆古之罪人。《周禮》曰:其奴,男子入於罪隸,女子入於舂槀。从女又。

"又"即手。用手抓住女子,那女子就成奴隸了。這是"奴"字本義。後來兼指被奴役的男僕:

> 童:男有辠曰奴,奴曰童。女曰妾。

"童"、"妾"、"奴"等均被視爲"罪人",這就點明了奴隸的來源:他

---

① 陸宗達《説文解字通論》,北京出版社,1981年,第201頁。

們或者是本族中的犯"法"者,或者是異族的俘虜。對異族的俘虜,除作祭品之外,一概降而爲奴。女俘爲"妾";男俘還有不同的處置,大體上可從"臣"、"民"、"宰"三字見出:

> 臣:牽也。事君者。象屈服之形。
> 民:衆萌也。从古文之象。
> 宰:辠人在屋下執事者。从宀,从辛。辛,辠也。

"臣",金文作𦣝,象一竪目之形。郭沫若分析説:"人首俯則目竪,所以'象屈服之形'者,殆以此也。"而"民",金文作𠉢、𠉤,"均作一左目形而有刃物以刺之。古人民、盲每通訓,如《賈子·大政下》篇:'民之爲言萌也,萌之爲言盲也'"。"民"與"臣"相反,不屈服於異族的統治,以致被盲一目而服苦役。"宰"字表明在屋下被扣打而屈服的人,因而在"臣"之後,在"民"之前。"相沿既久,則凡治人者稱臣宰,被治者稱庶民,所謂大臣冢宰侵假而成爲統治者之最高稱號。一部階級統治史,於一二字即已透露其端倪。"①

據《説文》所載,奴隸主對奴隸極爲殘酷,或剔髮("髡"),或刺面塗墨("黥"),或割耳("刵"),或削鼻("劓"),或斷足("剕"、"跀"),或割肉離骨("剮"、"副"),或去陰("斀",即"宮刑"),或殺頭("刐""斬"),等等,名目繁多,無所不用其極。然而種種刑法,均借天意而行:

> 灋(法):刑也。平之如水,从水。廌所以觸不直者去之,从廌去。

"廌"即"解廌",一作"獬豸",爲傳説中的一種神獸,《神異經》説獬豸"見人鬥,則觸不直;聞人論,則咋不正"②。憑莫須有的神獸來定是非曲直,豈非把人命攸關的刑法當作兒戲!

---

① 《甲骨文字研究·釋臣宰》。
② 見《説文解字注》卷十篇上"廌"字注。

反映貨幣貿易的專名 大約夏、商之時,黃河中游的畜牧民族與濱海的漁獵民族之間,已有了貿易活動。郭沫若說:"中國的貨幣字樣多從貝,這顯然是由漁獵民族提供出來的東西,而物品字樣則從牛,物件的提供者可知是牧畜民族。"①

所謂"貝",實爲海貝,學名稱爲"貨貝"。《說文》對此作了解釋:

> 貝:海介蟲也。……古者貨貝而寶龜,周而有泉,至秦廢貝行錢。

簡直是古代貨幣演變史的提要。大約夏代,即已用貝。《鹽鐵論·錯幣》說的"夏后以玄貝,周人以紫石",似屬可信。"龜"與"貝"一樣,也曾一度用作貨幣。《周禮·秋官·大行人》:"其貢貨物。"鄭玄注:"貨物,龜貝也。""泉"與"錢"爲古今之異名。"錢"的本義爲"古田器",即古代除草鏟土的農具,可用作交易,因仿照它的形狀鑄爲貨幣。自秦以來,"錢"作爲一切貨幣的通稱。

大約貝先用作頸飾,《說文》說:

> 賏:頸飾也。从二貝。
> 嬰:頸飾也。从女賏。賏,貝連也。

後才化作一般貨幣的單位。這樣一來,社會經濟生活上一連串的事情就接踵而生了:買賣用貝(買、購、貿、賈、販、賣),借債用貝(貸、貢、貰、賒),抵押用貝(贅、質),送禮用貝(贊、賛、賂、贈、賅),向上納稅用貝(貢、賦、賓),向下賞賜用貝(賞、賜、贛、賚),甚至連贖罪也用貝:

> 貲:小罰以財自贖也。从貝,此聲。《漢律》:民不繇,貲錢二十三。

---

① 《中國古代社會研究·卜辭中的古代社會》。

第二章 小學的創立——兩漢時代

> 賕：以財物枉法相謝也。从貝，求聲。

一句話就戳穿"貝"這貨幣的本質，簡直可與莎士比亞《雅典的泰門》裏說的金子"衹這一點點兒，就可以使黑的變成白的，醜的變成美的，錯的變成對的……"[①]等語媲美。

在古代，"貝"這貨幣可以購買一切實物，也就意味着可以占有一切，因而人們物質利害上的贏虧，均用"貝"來表現："赢，賈有餘利也"；"賴，赢也"；"貯，積也"；"負，受貸不償"；"貶，損也"等字都從"貝"；社會上的不同等級也由"貝"來劃分："貴，物不賤也"；"賤，價少也"；"賑，富也"；"貧，財分少也"；甚至連人們的品性、地位也由"貝"來顯示："賢，多財也"；"賓，所敬也"；"貪，欲物也"。近人陳竺同指出："即人對於神鬼的世界，也是可以由'貾'以賣財卜問，這真是'錢可通神'了。結果因爲'財，人所寶也'而演成'購，以財有所求也'、'貪，欲物'、'賕，以財物枉法相謝'等等人間世的病態。"[②]正由於"貝"這貨幣關係到人們的切身利益，因此，人們對那些搜刮民脂的不法官吏，就特別痛恨，視之爲害蟲：

> 螟：蟲食穀心者。吏冥冥犯法即生螟。
> 蟘：蟲食苗葉者。吏乞貸則生蟘。
> 蠹：蟲食草根者。……吏抵冒取民財則生。

均以貪官與稻蟲相映照，分明是把貪官斥爲害人蟲！

反映宗教意識的專名 我國古代没有創造出獨立的宗教組織，但不能説没有宗教意識。《説文》對"姓"、"社"、"禷"、"貾"等字的解釋，就已在不同程度上染上了宗教意識的色彩。

上古時代，庶物崇拜比祖先崇拜的出現更早。在《説文》裏，還殘存着"彪〔魅〕，老物精也"，"魃，旱鬼也"，"蝄蜽〔魍魎〕，山川

[①] 《莎士比亞全集（八）》，人民文學出版社，1984年，第176頁。
[②] 陳竺同《説文爲漢代社會意識之寫真》，1931年《學生雜志》18卷3期。

之精也","衣服歌謠草木之怪謂之祆〔妖〕,禽獸蟲蝗之怪謂之蠥〔孼〕"一類記載,正表明古人誤以風雲、山川、草木、鳥獸之中都有鬼怪存在。既然他們相信萬物有靈,自會認爲一物死了化爲他物,如說"腐草爲蠲",蜃爲"雉入水所化","海蛤者,百歲燕所化也","鼢,地中行鼠,伯勞所化也"等等都是。用這荒唐的邏輯來推論,作爲萬物之靈的人,一旦死了也會化爲鬼的:"人所歸爲鬼。"

我國古代以天祖並尊,與西方人專事敬天不同。《說文》裏,與尊祖敬神有關的字,大抵從示:

> 示:天垂象見吉凶,所以示人也。從二(古文上);三垂,日、月、星也。觀乎天文以察時變。示,神事也。

"天垂象見吉凶",古人認爲人事凶吉一概聽天由命,因而有關禍福的字也都從示。"日、月、星"古稱"三光"。《說文》用光明崇拜說釋"示",可不是"示"的本義。郭沫若考證,甲骨文"示"多作丅形,上不必從二,下不必垂三。丅爲丄之倒懸。丄即且,實爲"牡器之象形;且之倒懸即爲示,'示'之初意本即生殖神之偶像也。……故'宗'即祀此神像之地,'祀'象人跪於此神像之前,'祝'象跪而有所禱告,'祭'則持肉以獻於神"①。他以生殖崇拜說探求"示"的本義。

漢代盛行天人感應說,就是先秦傳下本有唯物主義傾向的陰陽五行說,後與神秘主義結合,而成爲讖緯之學的組成部分。這在《說文》的釋義裏也有所反映。

陰陽本是古代哲學的範疇,用來表示自然界兩種對立的物質力量。《說文》釋"日"爲"太陽之精","月"爲"太陰之精",還說得過去,可是把訓爲蜥蜴的"易",也引緯書"日月爲易"作訓,就不倫

---

① 《甲骨文字研究·釋祖妣》。

不類了。至於說"魂,陽氣也";"魄,陰神也";"性,人之陽氣,性善也";"情,人之陰氣,有欲者",等等,那簡直是亂貼"陰陽"的標籤。

五行指水、火、金、木、土,古人視爲自然界五大要素。到漢代,便如法炮製出諸如"五色"、"五方"、"五穀"、"五臟"、"五靈"之類名稱。如"五臟"指心、肝、脾、肺、腎,在《說文》裏,也一一與"五行"掛上了鈎:"腎,水藏也";"肺,金藏也";"肝,木藏也";"脾,土藏也";"心,人心。土藏在身之中,象形。博士說以爲火藏。"基本上采取今文經學的說法,只有"心,土藏"是古文經學的說法。

數字及干支之字說的都不是本義,如釋"一":"惟初太始,道立於一,造分天地,化成萬物";釋"甲":"東方之孟,易氣萌動。從木載孚甲之象";釋"子":"十一月易氣動,萬物滋,人以爲稱"之類,字裏行間,是一片神秘主義迷霧。

其實,鬼神本是人類世界的幻影。從《說文》可知,鬼衣爲"襞",鬼服爲"魅",鬼變化稱爲"䰣",鬼嚅嚅作聲叫"䰠","魅"是厲鬼,"魁"是鬼之神,陰間的一切,一如陽間。當人們把這內幕看透了,就會采取以毒攻毒的對策:

　　顚:醜也,今逐疫有顚頭。

"顚頭"即"魁頭"。《周禮·夏官·方相氏》:"方相氏掌蒙熊皮。"鄭玄注:"冒熊皮者,以驚歐疫癘之鬼,如今魁頭也。"可見漢代已有假面,作爲打鬼驅疫時的道具。

總的說來,《說文》不像《爾雅》、《方言》祇以訓詁爲主,而不及字形;更不像《釋名》祇搞音訓,而是如王念孫《說文解字注序》說的:"《說文》之爲書,以文字而兼聲音、訓詁者也。"這字形、字音、字義三者統一,便構成了漢字不同於拼音文字的特點。中國的小學研究,一旦有了《說文》,就好比譜寫一部樂章找到了主旋律一樣。一抓住《說文》,就會全面地帶動以形、音、義作爲核心的小學研究。清代小學鼎盛,與《說文》研究的繁榮有着密切的關係。

七、鄭玄研究小學的方向

許慎之後,鄭玄接踵崛起,在小學上,與許平分秋色:許著《説文》,重在明本義;鄭撰經注,大抵通假借。一着眼於語文的本體,一立足於語文的運用,各在自己的領域裏,達到了一代學術的最高峰。後人稱之爲"許鄭之學"。許鄭之在小學,猶如司馬遷、班固之在史學一樣。

但傳統的看法,以爲鄭玄是經學家,不是小學家。王國維《兩漢古文學家多小學家説》一文,列舉張敞、桑欽、杜林、衛宏、徐巡、賈逵、許慎等七人,而不及鄭玄。其實,鄭玄是經學家兼小學家。他是古文經學家馬融的弟子。他注《禮》箋《詩》,雖兼采古文、今文之説,但仍以古文經學爲根柢;他所釋字義,多有自創新解之處,祇是被繁多的經文淹没,不像專著那樣令人注目;特别是他的注文裏,時有關於小學的真知灼見,雖寥寥數字,却有關小學研究的方向。

鄭玄幾乎遍注群經。他注述的先後次第,據清黄以周考證,大約是"先注《周官》,次《禮記》,次《禮經》〔即《儀禮》〕,次《古文尚書》,次《論語》,次《毛詩》,最後乃注《易》"①。在通行的《十三經》裏,采用鄭注的,就有四部,即《周禮注》、《禮記注》、《儀禮注》、《毛詩箋》。成就之高,影響之大,古代經師中,無人可比。

在經學的傳承上,荀子是個關鍵人物。他上承子夏之學,下啓漢學。所謂漢學,實即毛、鄭之學。他的學生毛公,以《毛傳》(《毛詩故訓傳》)鳳鳴於漢初,馬融弟子鄭玄以箋《詩》注《禮》龍騰於漢末。《文心雕龍·論説》稱譽"毛公之訓《詩》","鄭君之釋《禮》"爲解經釋典的樣板:"要約明暢,可爲式矣!"他們的"要約明

---

① 黄以周《儆季雜著文鈔》卷四《答鄭康成學業次第問》。

第二章　小學的創立——兩漢時代

暢"的釋文散見《詩經》，散見群經，如匯編成書，那就是小學專著了。後代學者裏，有人的確這樣做。如清代，段玉裁的弟子陳奐，在撰《詩毛氏傳疏》時，即采毛傳之義，按《爾雅》體例，分類編次爲《毛詩傳義類》，"實則可謂之《毛傳雅》"（胡樸安《中國訓詁學史》）。當代學者張舜徽，盡畢生之力，輯録鄭玄群經注語，也依《爾雅》體例，分類編次成《鄭雅》，在自序裏，宣稱："此編訓詁名物之繁賾，倍蓰於《毛傳》、《爾雅》、《說文》。"[1]

首揭"就其原文字之聲類，考訓詁"的原則　歷來以爲從音韻通訓詁的原則爲清人提出，那是不對了，最早提出的是漢人鄭玄。鄭玄（127—200）字康成，北海高密（今屬山東）人。鄭玄在《周禮序》裏盛贊前輩學者鄭衆、鄭興、賈逵、馬融爲《周禮》解詁的業績："其所變易，灼然如晦之見明；其所彌縫，奄然如合符復析。"然而亦不能盡美盡善，今"則就其原文字之聲類，考訓詁，捃秘逸"[2]。這條治經總則，有兩個要點，一是"就其原文"考訓詁，這與後世說的據上下文校字釋文的意思相近；一是"就其字之聲類"考訓詁，這就是從音韻通訓詁，以聲求義。兩者相比，以聲求義更爲切要。因爲以聲求義，是破譯經籍通假的不二法門。就這樣，他從事第一部經典即《周禮》的注釋工作，就已明確地提出從音韻通訓詁的原則，這正是他高於前輩學者的地方。

經籍多用假借字。要通假借字，得先明本字。用本字來改讀經籍中的假借字，就叫"破字"。早在西漢初年，毛公解《詩》，已暗用"破字"一法。如《周南·汝墳》："惄如調飢"。毛傳："調，朝也。"把"調"改讀爲"朝"。按《說文》"朝"作"朝"，從倝，舟聲。周、舟同音通假，從周從舟之字亦得通用。到東漢初年，鄭衆對"破

---

[1]　張舜徽《鄭學叢著》，齊魯書社，1984年，第198頁。
[2]　賈公彦《序周禮廢興》引。按，段玉裁對鄭玄的治經總則，作過詮釋："訓詁必就其原文，而後不以字妨經；必就其字之聲類，而後不以經妨字。不以字妨經，不以經妨字，而後經明；經明而後聖人之道明。"（《經韻樓集·〈周禮漢讀考〉序》）

字"的道理作了探討。他注解《周禮·天官·酒正》上飲料的專名,與《禮記·內則》作比較,發現個別文字不同,那原因在於:

> "糟"音聲與"蒩"相似,"醫"與"醯"亦相似。文字不同,記之者各異耳;此皆一物。

"糟"、"蒩",均指酒滓;"醫"、"醯",同爲梅漿。古代傳經,都出於口授,到漢代逐漸記之於文字。因"記之者各異",所用的文字也就不能盡同。後來鄭玄得到鄭衆的啓發,就大暢其旨:

> 其始書之也,倉卒無其字,或以音類比方,假借爲之,趣於近之而已。受之者非一邦之人,人用其鄉,同言異字,同字異言,於茲遂生矣。①

意謂開始記錄語音之時,偶有想不出對應的字,就用"音類"相同或相近的字去標音,只求近似而已。由於記錄者不是同一方言區的人,他們各以自己方音去記錄,於是就產生了一詞多字或一字多義的現象。一句話,經籍中出現一詞多字或一字多義的現象,是由於假借字太多的緣故。既然假借字用的是字音,那麼,以本字破假借字的關鍵在於字音相同或相近。這樣,突破經籍上文字難關——假借字,就要采取"就其原文字之聲類,求訓詁"的原則。"聲類"或"音類",也許如張舜徽所釋:"大抵發音部位相同的,叫做'聲類';收音部位相同的,叫做'音類'。"②統而言之,"聲類"、"音類"均指字音類別。從毛公到鄭玄,已經逐步地明白一條訓詁通則:字音類同,字義也多相通。這從他們所用的"某讀爲某"、"古聲某某同"等術語裏體現出來。

"讀爲",即"破字",用本字破假借字。毛公解《詩》已有"讀爲"之意,如《衛風·芄蘭》:"能不我甲。"毛傳:"甲,狎也。"實即

---

① 陸德明《經典釋文·序錄》引。
② 張舜徽《鄭學叢著·鄭學敘錄》。

"甲讀爲狎也"。祇是毛公那時未有"讀爲"一語。東漢初年,杜子春常用"讀爲"。如《周禮·天官·鹽人》"祭祀共其苦鹽"句注:"杜子春讀'苦'爲'鹽',謂出鹽直用,不湅治。"換言之,"苦"是"鹽"的假借字,"鹽"是本字。"苦""鹽"音同,故可通假。這道理鄭衆已明白。《周禮·春官·肆師》"凡師不功,則助牽主車"句注:"故書'功'爲'工'。鄭司農:'工,讀爲'功'。古者'工'與'功'同字。"鄭司農即鄭衆,他說的"古者某某同字",到了鄭玄,就改稱"古聲某某同"。

鄭玄亦沿用"讀爲"、"讀曰"一類術語,有時創造性地運用"古聲某某同"一語。如《詩·豳風·東山》:"蜎蜎者蠋,烝在桑野。"毛傳:"烝,寘也。"鄭箋:"古者聲寘、填、塵同也。"又《詩·小雅·常棣》:"每有良朋,烝也無戎"。毛傳:"烝,填。"鄭箋:"古聲填、寘、塵同。"這裏閃爍著一個天才的思想,即從古音求古義。"古聲某某同",充分體現了"就其原文字之聲類考訓詁"的原則。王念孫對此作了很高的評價:"字之聲同聲近者,經傳往往假借。學者以聲求義,破其假借之字而讀以本字,則渙然冰釋。……故毛公《詩傳》,多易假借之字而訓以本字,已開改讀之先。至康成箋《詩》注《禮》,屢云某讀爲某而假借之例大明。後人或病康成破字者,不知古字之多假借也。"①

不過,鄭玄的創造不在"某讀爲某"的運用,因杜子春、鄭衆已言之在先,他的創造在於提出"就其原文字之聲類考訓詁"的原則。他的觀點比他的前人高些,因而他的訓詁也往往比前人更爲確切些。如《考工記·匠人》"置槷以縣,眡以景"句注:"故書'槷'或作'弋'。杜子春云:槷當爲弋,讀爲杙。玄謂槷,古文臬,假借字。於所平之地中央樹八尺之臬,以縣正之;眡之以其景〔影〕,將以正四方也。"就是明證。

---

① 王引之《經義述聞序》引。

着手探求禮儀、習俗等專名的根源 戴震説過："鄭康成之學,盡在《三禮注》,當與《春秋三傳》並重。"①我們也可以説:《三禮注》的精華在禮儀、習俗等專名的詮釋,足可與《爾雅》、《説文》媲美。

鄭玄詮釋名物,不僅明其所以,而且時常求其所以然。

首先,通常以義界的形式,揭示禮俗專名的本質特點。作爲封建統治階級頭子的"君",《説文》祇説:"尊也。从尹;發號,故从口。㕯,古文,象君坐形。"本象一人端坐,以口發令的形狀。而鄭玄,在《儀禮·喪服傳》"君至尊也"句下注:"天子、諸侯及卿大夫有地者,皆曰君。"就指明"君"是占有土地的大小地主的稱呼。張舜徽分析説:"一個人擁有大量土地,便是封建社會統治階級有威可畏、發號施令、無所事事、過着剝削階級寄生生活的物質基礎。有了鄭玄這一注解,却從根本上把'君'字的階級性揭示出來了。"②其實,鄭玄這一注解,出自子夏。就在《喪服傳》"君至尊也"的下文,子夏早已給"君"字下了定義:"君,謂有地者也。"與"君"相對的是"甿",就是耕種土地的人。"甿"即"民",《詩·大雅·靈臺序》鄭箋:"民者,冥也。"這樣的"民""甿",就像貨物那樣被拍賣,像牛馬那樣被役使。《周禮·地官·質人》云:"質人掌成市之貨賄、人民、牛馬、兵器、珍異。"鄭注:"人民,奴婢也。"這真是一個完全顛倒了的黑暗世界:耕種土地的人竟變爲没有土地甚至没有人身保障的奴隷,而四體不勤、五穀不分的"君"却成了占有土地的老爺!

其次,是從文字的聲類上,推見物類得名的原委。東漢初年,杜子春已導乎先路。《周禮·地官·里宰》"以歲時合耦於耡,以治稼穡"句注:"鄭司農云:耡讀爲藉。杜子春云:耡讀爲助,謂相

---

① 見段玉裁《戴東原先生年譜》。
② 張舜徽《鄭學叢著·鄭學叙録》。

佐助也。玄謂耡者,里宰治處也。若今街彈之室,於此合耦,使相佐助,因放〔仿〕而爲名。"鄭玄不從鄭衆而從杜子春之説,就因爲鋤頭,本是輔助人手進行田間勞動的農具。就這樣,他從古聲類推求名原,幾乎涉及社會生活的各個側面。

釋農事,如稼,《周禮·地官·序官》注:"種穀曰稼,如嫁女以有所生。"

釋宫室,如蕭牆,《論語·季氏》集解引鄭玄語:"蕭之言肅也,蕭牆謂屏也。君臣相見之禮,至屏而加肅敬焉,是以謂之蕭牆。"

釋朝政,如霸,《論語·憲問》正義引鄭玄語:"天子衰,諸侯興,故曰霸。霸者,把也,言把持王者之政教。故其字或作伯,或作霸也。"

釋親屬,如嫂,《儀禮·喪服傳》注:"嫂者,尊嚴之稱。嫂猶叟也,叟,老人稱也。"

釋衣服,如"禕揄",《禮記·玉藻》注:"禕讀如翬,揄讀如搖,翬、搖皆翟雉名也,刻繒而畫之,著於衣以爲飾,因以爲名也。"

釋首飾,如"被錫",《儀禮·少牢饋食禮》注:"被錫讀爲髲鬄。古者或剔賤者、刑者之髮以被婦人之紒爲飾,因名'髲鬄'焉。"

凡此種種,均不見於《爾雅》、《方言》、《説文》;後來劉熙的《釋名》,實出於此。

此外,對虛詞及句式的探討,鄭玄亦有初創之功。如首創"語助"一詞[1],指稱語言中表示没有實在意義的虛詞;"重言"一詞[2],指文中語詞有意重疊的現象;"互言"或"互辭"、"互文"等語[3],指文字上對舉見義、参互補充的現象;"省文"一詞[4],指文中特意省略字句的現象。這一切,均爲我國語法研究,提供歷史資料。

---

[1] 《禮記·檀弓上》"爾毋從從爾"句注。
[2] 《詩·商頌·烈祖》箋,又《詩·周頌·有客》箋。
[3] 《禮記·坊記》注,《詩·小雅·楚茨》箋,又《周禮·天官·職幣》注。
[4] 《周禮·天官·内宰》注。

鄭玄以經注的形式，極其分散地也甚爲精闢地表述了他的小學見解。在中國小學發展的鏈條上，鄭玄學說是一個特殊的環節。他上承《爾雅》、《毛傳》，下啓《釋名》、《聲類》，影響所及，至於清代，從訓詁的原則上看，鄭玄說的"就其原文字之聲類考訓詁"，與王念孫說的"就古音以求古義，引伸觸類，不限形體"①，是一脈相通的。

八、《釋名》開探索語源之先河

鄭玄的弟子劉熙，字成國，北海（郡治在今山東濰坊西南）人。他於東漢末年避亂交州（今兩廣一帶）的歲月裏，完成了傳世之作《釋名》八卷二十七篇②。這是我國第一部試圖用音訓、求語源的專著。

爲封建政治服務的音訓　漢代今文經學家利用音訓，去解釋他們所認爲重要的專名。約有兩類：

一是關於術數的專名。如干支，本指十天干和十二地支，可是一到今文經學家手裏，就"妙用無窮"，他們用干支爲讖緯幫忙而擴大天人感應學說的傳布。干支之中，除"戊"、"己"兩字外，全用音訓。從《淮南子·天文訓》、《史記·律書》到《白虎通·五行》，幾乎唱的一個調子。如那部以皇帝名義立論的《白虎通》說的"寅者，演也"；"卯者，茂也"；"辰者，震也"；"甲者，萬物孚甲也"；"乙者，物蕃屈有節欲出"之類，解得"玄之又玄"，令人墮入迷宮。

二是關於禮制的專名。漢承秦制，頭等大事是鞏固封建制

---

① 王念孫《廣雅疏證序》。
② 宦榮卿以《釋名·釋州國》有"雍州"而無"交州"推斷，《釋名》當在雍州建立的興平元年（194）到交州建立的建安八年（203）之前的九年之中寫成。詳《復旦學報》（社會科學版）1985年第5期載《〈釋名〉的作者及其成書年代考》。

度。今文經學家用音訓解釋禮制專名，去迎合封建王朝的需要。如董仲舒《春秋繁露・深察名號》提出，深察名號的根本在"君"、"王"二字。如"王"，他說："王者皇也，王者方也，王者匡也，王者黃也，王者往也。是故王意不普大而皇，則道不能正直而方；道不能正直而方，則德不能匡運周遍；德不能匡運周遍，則美不能黃；美不能黃，則四方不能往；四方不能往，則不全於王。"就隨心所欲地用音訓去爲封建君權唱贊歌。又如《大戴禮記・本命》說："男者任也，子者孳也。男子者，言任天地之道，如長萬物之義也。故謂之丈夫。丈者長也，夫者扶也，言長萬物也。……女者如也，子者孳也。女子者，言如男子之教，而長其義理者也。故謂之婦人。婦人，伏於人也。"也隨心所欲地用音訓去爲封建夫權作辯護。

探求事物得名原因的音訓　當然，今文經學家的音訓，間有一二可取之處。如《白虎通・辟雍》說："辟者璧也，象璧圓，以法天也；雍者壅之以水，象教化流行也。辟之言積也，積天下之道德；雍之言壅也，天下之儀則：故謂之'辟雍'也。"就把西周天子所設的大學命名爲"辟雍"的意圖說了出來。又《白虎通・宗廟》說："宗者尊也，廟者貌也，象先祖之尊貌也。所以有室何？所以象生之居也。"也說出了"宗廟"得名的原因。凡此種種合理因素，均爲許慎所發揚光大。

許慎生活在讖緯之學還在流行的東漢，有時釋義如干支之類，仍沿用今文經學家的臆說，難免因錯就錯，但他畢竟是古文經學大師，對音訓的態度也較謹慎持重。他著《説文》，旨在推求字的本義，相應地，他用音訓，時時與探求語源相關。即以利用形聲字一項而言，他不僅用形聲字釋聲旁字，如"桀，磔也"；用聲旁字釋形聲字，如"佼，交也"；而且還用同一聲旁的形聲字互相訓釋，如"詁，訓故言也"，"詁"、"故"二字的聲旁同爲"古"。特別是他發現了會意、形聲兩兼之字，"這就是形聲字的聲符與其所諧的字有意義上的關連,即《説文》所謂'亦聲'。'亦聲'都是同源字"[①]。如"警,戒也。从言,从敬,敬亦聲"。即謂"敬"、"警"爲同源字。從《白虎通》到《説文》,在用音訓、求語源上,漸由自發趨向自覺。

音訓從《爾雅》而下,用來解釋字義的比例日見增加,《方言》的音訓比《爾雅》多,至《説文》竟達"十居七八",待到鄭玄的"就其原文字之聲類考訓詁"的原則提出之後,一部常用音訓、求語源的專著《釋名》,便在劉熙的筆下出現了。

《釋名》與漢代社會生活　《釋名》八卷二十七篇,所釋名物有一千五百零二條。這二十七篇以天、地、人爲綱編次,如下表:

篇目	類別	
釋天	天文	
釋地、釋山、釋水、釋丘、釋道、釋州國	地理	
釋形體、釋姿容	人	人間
釋長幼、釋親屬、釋言語	人際關係	
釋飲食	食	
釋采帛、釋首飾、釋衣服	服飾	
釋宮室、釋牀帳	住	
釋書契、釋典藝	文化典籍	
釋用器、釋樂器、釋兵、釋車、釋船	器物	
釋疾病	病	
釋喪制	死喪	

其中,釋形體、釋姿容、釋言語、釋飲食、釋采帛、釋首飾、釋牀帳、釋書契、釋疾病、釋喪制等十一篇,均爲《爾雅》所未有,而爲反映漢代社會生活所必備。劉熙《釋名序》提出:要通過音訓,去解決"名號雅俗,各方名殊","百姓日稱而不知其所以之意"的問題。因此,《釋名》與《爾雅》、《説文》不同,不是把重點放在古代典籍,而是放在漢代的名物,特別是放在文物典章、風俗習慣等專名的解釋。

[①] 王力《同源字典》,商務印書館,1982年,第10頁。

第二章　小學的創立——兩漢時代

這樣,就可以透過種種專名去照見漢代社會文化的形形色色。

《釋名》像鏡子一樣及時地反映着漢代社會生活中出現的新生事物。這方面,書中所載的一些珍貴資料,足可訂正歷史上的訛傳。如"司州",《晉書·地理志》謂魏以河南、河內、河東、恒農、平陽五郡置司州。後人遂以"司州"之名始於三國魏。殊不知《釋名·釋州國》早已説了:"司州,司隸校尉所主也。"司隸校尉相當於州刺史。那司隸校尉所轄區稱"司部",亦可稱"司州"。《後漢書·左雄傳》稱"司冀復有大水",已以"司"與"冀"對舉。《釋名·釋天》"天"字條下説"豫司兗冀","風"字條下説"兗豫司冀",均以"司"與"冀"、"豫"並提,更足以證明,"司州"事實上在東漢末年已經存在了。又如"帔"即披肩,一般説始於晉,其實應是漢末。《釋名·釋衣服》説:"帔,披也,披之肩背,不及下也。"既然説"披之肩背",那就是現在説的披肩了。

從《釋名》裏,可以看出東漢社會風尚的新動向。這新動向往往先從穿戴打扮上體現出來。漢人以爲"衣錦還鄉"是人生最大幸事,《漢書·項籍傳》就有"富貴不歸故鄉,如衣錦夜行"的名言。《釋名·釋采帛》:"錦,金也,作之用功重,其價如金。故其制字從帛與金也。"按《説文》作"錦,襄邑織文也。从帛,金聲"。"襄邑"(今河南睢縣)爲著名的絲織品產地。"錦"在《説文》是形聲字,而在《釋名》,却解作會意字了。這種新解,實爲新的社會意識的反映。據清葉德炯查考,漢時錦名最多,有"斜文錦"、"蒲桃錦",見《西京雜記》;有"雲錦"、"紫錦",見《漢武內傳》;有"虎文錦",見《漢官儀》;有"走龍錦"、"翻鴻錦"、"雲鳳錦",均爲甘泉宫、招仙靈閣之物,見郭子横《洞冥記》;有"鴛鴦萬金錦"、"蛟文萬金錦",均爲西漢成帝賜後宫之物,見《博物要覽》,凡此種種,皆隨織文命名[①]。難怪"錦"與"金"的價值相當了。

---

① 見王先謙撰集《釋名疏證補》。

東漢建都洛陽,處於我國的内地,而梳妝打扮之風往往從沿海地區刮進。《釋首飾》説:"穿耳施珠曰璫。此本出於蠻夷所爲也。蠻夷婦女輕浮好走,故以此璫錘之也。今中國人效之耳。"一個"璫"字,便顯示了耳飾之風的動向:從東方、南方傳入中原腹地。

劉熙語言觀 音訓的"音",在許慎常指字音,而在劉熙則指語音。他往往直接從語音探求語源。這顯然與他的語言觀有關。《釋言語》一再指出:

> 言:宣也,宣彼此之意也。
> 語:叙也,叙已所欲説也。
> 説:述也,序述之也(一本作"宣述人意也")。
> 序:抒也,拽抒其實也。

實際上,他把語言如實地看作人類社會的交際工具,因此,才有"宣彼此之意也"、"叙己所欲説也"、"宣述人意也"之類説法。他還認爲,用語言表達,就得符合事實:"拽抒其實也。"由此出發,他對董仲舒關於"名"、"號"的解釋,作了修正,"名"、"號"不是出於"天意",而是出於"人意"的:

> 名:明也,名實事使分明也。
> 號:呼也,以其善惡呼名之也。

這樣,"名號"就失去了神秘主義的外衣,而被看作區分"實事"的聲音符號。這"名號"就成了名稱的同義語了。名號的不同,就意味着"實事"的不同。這用《釋名序》上的話來説,就是"名之於實,各有義類"。一擺正"名""實"關係,就能較爲順利地探求事物得名的原因。

事物命名的原則 《釋名》一書,論及事物命名的原則,計有五條:

第一,依據事物的形體命名。如《釋山》説:"石載土曰岨;岨,臚然也。土載石曰崔嵬。因形名之也。"

第二章　小學的創立——兩漢時代

第二，依據事物的特徵命名。如《釋車》説："天子所乘曰玉輅，以玉飾車也；輅亦車也，謂之輅者，言行於道路也。象輅、金輅、木輅，各隨所以爲飾名之也。"

第三，依據事物的功用命名。如《釋典藝》説："詩，之也，志之所之也。興物而作謂之興。敷布其義謂之賦。事類相似謂之比。言王政事謂之雅。稱頌成功謂之頌。隨作者之志而別名之也。"又《釋首飾》説："導，所以導櫟鬢髮，使入巾幘之裏也。或曰櫟鬢，以事名之也。"所謂"以事名之"或"隨作者之志而別名之"，均指以事物的功用來命名。

第四，依據事物的産地命名。如《釋飲食》説："韓羊、韓兔、韓鷄，本法出韓國所爲也。猶酒言宜城醪、蒼梧清之屬也。"

第五，依據事物的變化命名。如《釋山》説："山東曰朝陽，山西曰夕陽。隨日所照而名之也。"

特別是對地名沿革的分析，更爲精彩。《釋州國》指出，燕、宋、鄭、楚、周、秦、晉、趙、魯、衛、齊、吳、越等十三國，"各以其地及於事宜制此名也。至秦改諸侯，置郡縣，隨其所在山川土形而立其名"。就説出了地名隨着政治制度變革而一度更換的道理。至於新的地名，如"河東"（在河水東也）、"上黨"（黨，所也，在山上，其所最高，故曰上也）、"南陽"（在國之南而地陽也）之類郡國的名稱，則"隨其山川土形而立其名"。

像這樣全面地探求事物得名的原因，在中國小學史上，還是第一次。也因爲是第一次，考慮不周、措辭欠當在所難免。如《釋兵》説：

> 盾，遯也，跪其後避以隱遯也。大而平者曰吴魁；本出於吴，爲魁帥者所持也。隆者曰滇〔原作"須"，從畢沅校改〕盾，本出於蜀，蜀滇所持也。或曰羌盾，言出於羌也。約脅而鄒者曰陷虜，言可以陷破虜敵也；今謂之露見是也。狹而長者

> 曰步盾,步兵所持,與刀相配者也。狹而短者曰子盾,車上所持者也;子,小稱也。以縫編板謂之木絡。以犀皮作之曰犀盾。以木作之曰木盾。皆因所用爲名也。

其實,"滇盾"、"羌盾",依事物的産地得名;"木絡(盾)"、"犀盾"、"木盾"、"子盾"依事物的特徵得名;真正依事物的功用得名的,僅有"吳魁"、"陷虜"、"步盾"而已。

當然,《釋名》一書經常應用的原則,是從語音上探求事物得名的原因。概括地説,"只是以音同音近的同根語互相訓釋而已"①。

所謂音近的同根語互訓,是指用雙聲或疊韻之字來探求事物得名的原因。如《釋親屬》:"伯,把也,把持家政也。""把""伯"雙聲。這顯然參考鄭玄之説:"霸者,把也,言把持王者之政教。其字或作伯,或作霸也。"(《論語·憲問》正義引)又如《釋宮室》:"棟,中也,居屋之中也。""中""棟"疊韻。這也本於鄭玄之説。《儀禮·鄉射禮》:"序則物當棟。"鄭注:"正中曰棟。"

所謂音同的同根語互訓,是指用同音字來説明事物得名的原因。如《釋言語》:"武,舞也。征伐動行如物鼓舞也。故《樂記》曰:發揚蹈厲,太公之志也。"按鄭玄注《禮記·樂記》説:"'發揚蹈厲',所以象威武時也。"劉熙恪守師説,於此又見。音同的同根語互訓,還指用形聲字與聲旁字互相訓釋,以求事物得名的由來。如從巠聲的形聲字,在《釋名》裏有:

> 水直波曰涇;涇,徑也,言如道徑也(釋水)。
> 徑,經也,人所經由也(釋道)。
> 頸,徑也,徑挺而長也(釋形體)。
> 脛,莖也,直而長似物莖也(釋形體)。

---

① 齊佩瑢《訓詁學概論》,中華書局,1984年,第108頁。

第二章 小學的創立——兩漢時代

經,徑也,如徑路無所不通可常用也(釋典藝)。

對此,齊佩瑢作了很好的分析:"頸、脛、莖、淫、經、徑等字皆從巠聲而以形旁別其詞性和義用,音同義近,並有'長常細直'的概念,是由一根而孳乳分化者。"①即指出同一語根而衍生的幾個音義近似的分化語。最初表示概念的語音,叫作語根。

但純用音訓,有時可要失誤。如《釋姿容》"卧,化也,精氣變化,不與覺時同也";《釋喪制》"屍,舒也,骨節解舒,不復能自勝斂也";《釋采帛》"白,啓也,如冰啓時色也"之類,那音與義簡直是風馬牛不相及的。

音訓與"約定俗成"原則的關係 驟然看去,音訓與荀子"名無固宜,約定俗成謂之宜"的原則相矛盾,因爲"約定俗成"説認爲音與義之間没有任何絶對的聯繫,而音訓,却以音與義的内在關係作爲依據。奇怪的是,首倡"約定俗成"説的荀子,在他的著作裏,常用音訓。僅是"君"字,就有三條音訓了:"君者,善群也"(《王制》);"君者,民之原也";"君者儀也"②(均見《君道》)。顯然,"名無固宜,約定俗成謂之宜"與音訓求義不是一個平面上的問題,而是兩個雖然相關却處於不同層次的問題。這大體上如王力説的:"在人類創造語言的原始時代,詞義和語音是没有必然的聯繫的。但是,等到語言的詞彙初步形成以後,舊詞與新詞之間决不是没有聯繫的。有些詞的聲音相似(雙聲疊韻),因而意義相似……這種現象並非處處都是偶然的。相反,聲音相近而意義又相似的詞往往是同源詞。"③可見用音訓求語源祇局限在同一詞群或語族的範圍之内,超出這個範圍,就會説錯的。

---

① 齊佩瑢《訓詁學概論》,中華書局,1984年,第106頁。
② 古代"君"有"威"音,《説文》"威"字下引《漢律》的"威姑",即《爾雅·釋親》的"君姑"。"威""儀"猶委蛇,俱一聲之轉。見齊佩瑢《訓詁學概論》第110頁。
③ 《漢語史稿》(下册),科學出版社,1958年,第541頁。

第三章　小學的發展——
　　　　六朝隋唐時代

一、言意之辯由玄學及文學

漢唐之間，佛學的傳入，激起了中印文化交流的波瀾。受到沖洗的小學在各個方面都呈現出新的氣象，主要是在文字學、訓詁學之外，逐漸創建了音韻學這門新的學科。就是原來的文字學、訓詁學也有新的發展，主要表現爲從俗字書到字樣書、由儒家義書到佛家義書的演變。語言理論也出現新的局面：爲探索語言達意能力，而興起了長期的言意之辯。

魏晉的言意之辯，是先秦名實之爭的深入。它好比一條紐帶，把小學與玄學、小學與文學銜接起來。

王弼與言意之辯的深入　早在先秦，就有"言以足志"與"言不盡意"兩種不同的看法，只是沒有進行正面交鋒而已。《周易·繫辭上》設計孔子的自問自答，把"言不盡意"與"言以足志"巧妙地糅合一起，說是"立象以盡意……繫辭焉以盡言"。到了三國魏時，荀粲連《易傳》也不相信了，他認爲：

> 蓋理之微者，非物象之所舉也。今稱"立象以盡意"，此非通於意外者也；"繫辭焉以盡言"，此非言乎繫表者也。斯則象外之意、繫表之言，固蘊而不出矣。[①]

[①]　《三國志·魏書·荀彧傳》注引何劭《荀粲傳》。

他說的"言不盡意",是指物象、語辭無法表述道理的微妙之處,換言之,是認爲"象外之意、繫表之言"不能用物象、語辭去表達。他不懂得"聖人之意,或不盡於言,亦不外乎言也"①的道理。

差不多與荀粲同時的王弼,是對言意關係進行認真探索的第一人。王弼(226—249),字輔嗣,魏國山陽(今河南焦作市)人。與荀不同,他從《周易·繫辭上》出發,強調"盡意莫若象,盡象莫如言",以"言"爲達"意"手段,而非"意"的本身,因取《莊子·外物》上"得魚忘筌"的比喻,在所撰《周易略例·明象章》,宣揚"得意忘言"的宗旨:"言者所以明象,得象而忘言;象者所以存意,得意而忘象。猶蹄者所以在兔,得兔而忘蹄;筌者所以在魚,得魚而忘筌也。"這些話,對於那些把經文章句視爲治學目的的儒生,無疑是當頭一棒;但他把"言""意"關係僅僅看作"筌"與"魚"的關係,即手段與目的的關係,卻不切當。語言並非祇是一種達"意"的手段,它存在於"意"的形成、表達以及讓他人理解的全過程:語言是思維的工具。

如果說王弼的"得意忘言"來自《莊子》,那麼,他的"言不盡意"實導源於《老子》。《老子》二十五章說:

> 有物混成,先天地生。寂兮寥兮,獨立而不改,周行而不殆。可以爲天下母。吾不知其名,字之曰"道"②,強爲之名曰"大"。

古代"名"與"字"又有聯繫又有區別,如孔子名丘,字仲尼,即是一例。名爲本名,字爲表字,"名以正體,字以表德"③。《老子》像給人起個名字那樣地給"先天地生"的"物"即宇宙本體起了名字:

---

① 王若虛《滹南遺老集》卷三《論語辯惑序》。
② "強"字,據傅奕本范應元本校補。《韓非子·解老篇》說:"聖人觀其玄虛,用其周行,強字之曰道。"則"字"上原有"強"字。
③ 《顏氏家訓·風操》。

"強字之曰'道',強爲之名曰'大'。"意謂勉强可用"道"作爲表字,去標明宇宙本體的一些特徵,但很難給宇宙本體的本體起個本名,如硬要,衹好勉强地稱它爲"大"了。"大"通"太",即後人説的"太一"、"太極"。這裏説的是命名的近似性。那命名的近似性已蘊藏着"言不盡意"的因子。後經三國魏哲學家王弼《老子指略》的發揮,就變本加厲了:

> 夫"道"也者,取乎萬物之所由也;"玄"也者,取乎幽冥之所出也;"深"也者,取乎探賾而不可究也;"大"也者,取乎彌綸而不可極也;"遠"也者,取乎緬邈而不可及也;"微"也者,取乎幽微而不可覩也。然則"道"、"玄"、"深"、"大"、"微"、"遠"之言,各有其義,未盡其極者也。然彌綸無極不可名"細",微妙無形不可名"大"。是以篇〔指《老子》〕云,"字之曰道","謂之曰玄",而不名也。然則言之者失其〔指"道"〕常,名之者離其真……

在此,《老子》説的"字之曰'道',強爲之名曰'大'",已被悄悄地改作"'字之曰道'……而不名也"。"不名"二字抹殺了語辭對抽象事物的表述能力,必會由此得出"言之者失其常,名之者離其真"的結論。這就與《老子》説的"强爲之名曰'大'"不同了:"强爲之名"説的是雖難以命名,但終究給以命名了;"名之者離其真",説的是不可命名。當然,王弼所論,僅限於宇宙本體那樣無邊無際的抽象事物而已,至於對具體事物,他的《老子指略》很明確地指出:

> 凡名生於形,未有形生於名也。故有此名必有此形。

在他看來,宇宙本體不是具體事物,自不可命名。那麽,把宇宙本體叫作"道",算不算命名呢?他用"名""稱"之別,來自圓其説:"名也者,定彼者也;稱也者,從謂者也。""彼"指對象。意謂"名"

是客觀的，"稱"是主觀的："名號生乎形狀，稱謂出乎涉求。"把宇宙本體叫作"道"，只是主觀的稱謂罷了。因此，在他看來，"道"以及與之相關的"玄"、"深"、"大"、"微"、"遠"一類語辭，仍是"各有其義，未盡其極也"。那理由是：

> 名必有所分，稱必有所由。有分則有不兼，有由則有不盡。不兼則大殊其真，不盡則不可以名。

這是《老子指略》裏值得注意的見解。"名必有所分，稱必有所由"，是説名號要基於這一事物與別的事物相區分之點，稱謂則有賴於指稱這一事物的主觀意圖。既以形狀上相區分之點命名，那名號自不能賅括這一事物的全貌；既憑主觀上的意圖指稱一個事物，那稱謂自不能窮盡這一事物的内藴。這叫作"有分則有不兼，有由則有不盡"。這樣分析"名""稱"在表達上的局限性，對於理解"言不盡意"的原因，是很有啓發的。但他接下去説的"不兼則大殊其真，不盡則不可以名"兩語，就偏了。語詞雖不能表現一個事物的全貌，但一旦揭出一個事物與衆不同的特點，也就等於標明這一事物的本身。因爲語詞與所要表現的事物之間的關係，本來就帶有假定性的。

到了三國魏文學家、思想家嵇康（253—304），"言不盡意"論已從玄學波及藝術了。他在研究音樂的聲與情關係的《聲無哀樂論》裏，談及言意關係：

> 假令心志於馬，而誤言"鹿"。察者固當由鹿以弘馬也。此爲心不繫於所言，言或不足以證心也。若當關接而知言，此爲孺子學言於所師，然後知之。則何貴於聰明哉？夫言非自然一定之物，五方殊俗，同事異號，舉一名以爲標識耳。

"標識"猶言符號。他與王弼不同，不在探求抽象的哲理，而是從具體的語言生活中，選取失語或學話的現象，來説明"言或不足以證心"。因爲語詞祇是一種代表事物的約定符號罷了。

歐陽建《言盡意論》 嵇康以後,西晉初年出了一個哲學家歐陽建(？—300)。他以"違衆先生"自命,寫了《言盡意論》一文,來與"言不盡意"論相抗衡。

歐陽建認爲,客觀存在的事物,不以人們的名、言爲轉移。由此出發,他説明了名、言在辨别事物(辯物)、交流思想(暢志)上的作用：

> 理得於心,非言不暢;物定於彼,非名不辯。言不暢志,則無以相接;名不辯物,則鑒識不顯。鑒識顯而名品殊,言稱接而情志暢。

"相接"猶言相互交際。在此,他指出名、言是"辨物""暢志"的必要條件。接着,他更從名、言的産生、發展之中,指明"辯物""暢志"是名、言本身的性能：

> 原其所以,本其所由,非物有自然之名,理有必定之稱也。欲辯其實,則殊其名;欲宣其志,則立其稱。名逐物而遷,言因理而變,此猶聲發響應,形存影附,不得相與爲二矣。苟其不二,則無不盡。故吾以爲盡矣。

文章可貴之處在於揭示交際活動中言與意的合一：語詞的目的是"宣志",即表達思想;語詞的功能在"因理而變",説的是語詞要適應意思的變化而變化。問題在於"言因理而變"祇能説明言、意兩者"不得相與爲二",未能從根本上闡述語詞之所以能盡意的道理。一句話,《言盡意論》未能把重點放在一個"盡"字上。

陸機、劉勰論言、意、物三者關係 言意之辯在玄學裏開花,在文學裏結果。就在歐陽建的同時,文學家陸機已把言意之辯引進文學領域。他在《文賦》的小序裏提出：

> 恒患意不稱物,文不逮意;蓋非知之難,能之難也。

他擔心"意不稱物,文不逮意",得其反,是力求文能逮意,意能稱物。原來歐陽建説的名與物、言與理這兩對關係,到了《文賦》就變成"物—意—文"這三者的關係了。應該説,陸機這個提法比先秦古語"言以足志,文以足言"或"書不盡言,言不盡意"要高明得多,因爲他指出了文能否逮意,要以意能否稱物爲前提。

大批評家劉勰又把陸機説的"物—意—文",改稱"事—情—辭",給以總稱,叫作"三準"①,用來構成《文心雕龍》創作論的總框架。據此來考察言意關係,就有一個客觀的依據:語詞是盡意,還是不盡意,要看語詞所要表現的對象的性質而定。他在《夸飾》一文中深刻地指出:

> 夫形而上者謂之"道",形而下者謂之"器"。神道難摹,精言不能追其極;形器易寫,壯詞可得喻其真。

"形而上",指無形的或未成形體的東西;"形而下",指有形的或已成形體的東西。前者叫"道",後者叫"器"。語詞對"道"與"器"的表現,有着不同的效能:神妙的"道"難以摹寫,即使用精微的語詞也不能窮盡它的妙處;具體的"器"就易於描繪,用廓大的語詞可以顯示它的真實面貌。就是説,越到有形可見、有體可觸的範圍,語言的效能就越大;反之,越到無聲無色或未成形體的境域,如觸及變化不定的複雜情緒或深奧莫測的抽象哲理,語言的效能就越小。就這樣,劉勰給言意之辯,作了出色的總結:"神道難摹",就會"言不盡意";而"形器易寫",必是"言以足志"。

二、從俗字書到字樣學

文字原是爲了記録語言而發明的一種書寫符號系統。漢唐

---

① 《文心雕龍·鎔裁》。

之間,因中印文化的交流及國內南北文化的發展,而推動了漢語的發展,首先表現爲大批新詞的產生,相應地是大量的新字的增加。

新詞大批產生與《通俗文》 早在周秦,我國即已設立翻譯官,與鄰邦交往。《禮記·王制》説:"五方之民,言語不通,嗜欲不同。達其志,通其欲,東方曰寄,南方曰象,西方曰狄鞮,北方曰譯。""寄"、"象"、"狄鞮"、"譯"等翻譯官,是中外文化交流的使者。同外族交往,必吸取外來詞。外來詞可以作爲不同民族相互關係的歷史見證。如屈原《離騷》説的"攝提",意指寅年,大約借自巴比倫語①。這種來自外族的新詞,逐漸進入我國第一部百科辭典《爾雅》。但是,大量吸取外來文化,借用外來詞,還是漢武帝派遣張騫通西域之後。

張騫通西域,爲中外文化交流開闢一個新紀元。漢武帝元朔三年(前126),張騫回國,即從大宛(今烏兹別克斯坦費爾干納盆地)捎來我國所没有的"苜蓿"、"蒲陶"的種子。"蒲陶"即"葡萄","苜蓿"爲汗血馬(天馬)的草料。《史記·大宛列傳》稱:大宛"以蒲陶爲酒……俗嗜酒,馬嗜苜蓿。漢使取其實來,於是天子始種苜蓿、蒲陶肥饒地。及天馬多,外國使來衆,則離宫别觀旁盡種蒲陶、苜蓿"。從這兩個外來詞,可以窺見西漢與大宛政治上、文化上交往的一斑。但這種外來詞,却不見於許慎的《説文》,因《説文》衹收先秦古籍上的正字。至於漢代已經通行的新詞,如司馬相如《上林賦》用過的"㘞"字,《説文》没有收録;甚至有些已出現於先秦古籍的詞,如屈原《漁父》用過的"醒"字,《説文》也漏收了。於是到了漢末,一部專收代表新詞的俗文字、並補《説文》之缺的《通俗文》便應運而生。

《通俗文》相傳爲東漢古文經學家服虔所作。服虔字子慎,河

---

① 郭沫若《甲骨文字研究·釋干支》。

南榮陽人。北齊顏之推對此提出懷疑,說服虔是漢人,而叙裹却引魏人的說法;鄭玄以前,全不知反切,而書裏却有;書目又不見於晉人的著錄。其實,古代字書,爲後人竄改增補,乃是常見之事;服與鄭玄同時,他正是我國反切創始人之一(詳三章三節);古代目錄學家本來就輕視俗文字,如晉葛洪的《要用字苑》亦不見於六朝人的著錄。顏的懷疑,理由不太充足,但他對《通俗文》學術價值的認識,却是正確的:"文義允愜,實是高才。"[①] 大約《通俗文》出於服虔之手,又經後人補訂。原書已散失,清馬國翰《玉函山房輯佚書》有輯本。

從《通俗文》的輯本看,它有不同於《説文》的特色,就在專收新字。那新字不僅指外來字,主要是指漢代新造的通用字,當然也收《説文》漏收的先秦古籍上的正字。新字主要是單音字,如:

> 撞出曰打。
> 沉取曰撈。
> 辛甚曰辣。江南言辣,中國言辛。
> 魚臭曰腥。豭臭曰臊。豭音加。

同時也兼及雙音字:

> 慚恥謂之忸怩。
> 張帛避雨謂之繖蓋。〔繖,後作"傘"〕
> 織毛褥……細者謂氍毹。名"氍毹"者,施大牀之前,小榻之上,所以登上牀也。
> 匕首,劍屬,其頭類匕,故曰"匕首"。

凡此種種,均爲《説文》書上所無、語言生活裏所有。即就《通俗文》輯本看,它往往能爲探求俗文字的本義,提供了珍貴的歷史資料。如"弗",晉葛洪《要用字苑》釋爲:"初眼反,今之炙肉弗字

[①] 《顏氏家訓·書證》。

也。"南朝梁阮孝緒《文字集略》亦作:"弗,以簽貫肉臠也。"但説的都是引申義,它的本義當如《通俗文》説的:"門鍵曰弗,串門串也。"

《通俗文》的出現,就向重古輕今的傾向挑戰,開了字書中的俗字派。唐蘭提出:"俗文字在文字學史上應該有重要的地位","《通俗文》是這一類書裏最早發現的"。後來如王義《小學篇》、葛洪《要用字苑》、何承天《纂文》、阮孝緒《文字集略》,一直到敦煌所出唐人著的《俗務要名林》、《碎金》之類,都屬於這個系統,可惜不受重視,所以大部分材料都已散失湮滅了[①]。但俗字本來出自民間,宋元以降,簡體俗字從作爲賬簿、藥方之類的手寫體,隨後逐漸用作話本、小説的印刷體。據近人劉復、李家瑞編的《宋元以來俗字譜》所收十二種民間刻本統計,其簡體俗字竟有六千二百四十個!

《字林》與《字統》 隨着佛經的大量翻譯,北方少數民族語言同漢語的融合,而出現了大批代表新詞的新字,於是《字林》、《字統》、《玉篇》一類字書,隨着《通俗文》而一一問世了。

《字林》爲晉吕忱所作。吕忱,字伯雍,任城(今山東濟寧)人。也是《韻集》作者吕静之兄。他撰《字林》,一依《説文》部首,亦按五百四十部編次文字。唐人往往以《字林》與《説文》並稱。大約到南宋,《字林》就散失了。清任大椿輯有《字林考逸》八卷。任在《序》裏指出,《字林》的體制,大抵承襲《説文》而有所補缺。主要是:"有《説文》本無而增之者,如《五經文字》所云袱、襴、逍、遥是也。有《説文》有而文各異體者,如《説文》作'蠟',《字林》作'褅';《説文》作'珌',《字林》作'瑆'是也。"

《字統》與《玉篇》,可以看作是南北朝字書的代表。

先看北方。西晉末年,出現"十六國"之亂,後由鮮卑族創建

---

① 唐蘭《中國文字學・中國文字學史略》。

北魏而一統北方,文字的整頓工作也隨之而提到工作的日程上來。清人顧炎武在《金石文字記·孝文皇帝弔殷比干墓文》裏說:

> 又考《魏書》,道武皇帝天興四年(401)十二月,集博士儒生,比衆經文字,義類相從,凡四萬餘字,號曰《衆文經》。太武帝始光二年(425)三月,初造新字千餘,頒之遠近,以爲楷式。天興之所集者,經傳之所有也;始光之所造者,時俗之所行,而《衆文經》之不及收者也。則知《說文》所無,後人續添之字,大都出此。

前後相隔二十四年,所造新字就達千餘,這顯然是在黃河流域不同民族雜居、不同語言接觸後出現的新現象。北魏太武帝以行政的力量,使"時俗之所行"的新字"頒之遠近,以爲楷式",那已開了文字規範化的先聲。到北魏孝文帝,爲加速鮮卑族與漢族融合,就遷都洛陽,推行"斷諸北語,一從正音"[①]的語文政策,毅然禁用"北語"即鮮卑語,提倡說漢語,以洛陽音爲"正音"。太和十九年(495)六月"詔不得以北俗之語言於朝廷,若有違者,免所居官"[②]。在這樣的政治文化背景下,就出現了北平無終(今天津市薊縣)人陽承慶的《字統》二十卷。《字統》也已散失,清馬國翰《玉函山房輯佚書》有輯本。如說:

> 衍,水朝宗於海,故從水行。
> 窳,言懶人不能自起,如瓜瓠在地,不能自立,故字從瓜。又懶人恒在室中,故從穴。
> 便,人有不善,更之則安,故從更、從人。
> 規,丈夫識用,必合規矩,故規從夫也。

---

① 《魏書·咸陽王禧傳》。
② 《魏書·高祖孝文帝本紀》。

麤,警防也。鹿之性相背而食,慮人獸之害也,故從三鹿。

都偏重於會意,"詮解字義,新而不詭於理,王荆公〔王安石〕《字說》藍本於此,然不及其確當也"①。

江式《古今文字》的編纂計劃 在北魏,比《字統》更有價值的字書,應是江式計劃編寫的《古今文字》。江式,字法安,陳留濟陽(今河南蘭考)人。據《魏書·江式傳》稱,爲撰《古今文字》,他於宣武帝延昌三年(514)上表奏請。奏表裏,他批評當時文字混亂的種種現象:"世易風移,文字改變,篆形謬錯,隸體失真。俗學鄙習,復加虛巧,談辯之士,又以意說,炫惑於時,難以釐改。乃曰'追來爲歸,巧言爲辯,小兔爲魏,神蟲爲蠶'。如斯甚衆,皆不合孔氏古書、史籀大篆、許氏《說文》、石經三字也。"因而要有一部樹立文字規範化標準的《古今文字》。他給《古今文字》規定了明確的編纂方針:

> 以許慎《說文》爲主,爰采孔氏《尚書》、《五經》音注、《籀篇》、《爾雅》、《三倉》、《凡將》、《方言》、《通俗文》、《祖文宗》、《埤倉》、《廣雅》、《古今字詁》、《三字石經》、《字林》、《韻集》、諸賦文字有六書之誼者,皆以次類編聯,文無復重,糾爲一部。其古籀、奇惑、俗隸諸體,咸使班於篆下,各有區別。詁訓假借之誼,僉隨文而解;音讀楚夏之聲,並逐字而注。其所不知者,則闕如也。

如果照此編纂,那學術價值當與《說文》相抗衡,而規模則要大大超過。不幸江式於北魏孝明帝正光四年(523)即與世長辭,這部巨著未能完成,甚至沒有隻字留人間!惟有他的《古今文字表》,在小學史上打出了文字規範化的旗幟。

顧野王《玉篇》 再看南方,也是字書迭出的。就中最負盛名

---

① 馬國翰《字統序》(《玉函山房輯佚書》本)。

的,當推南朝梁顧野王的《玉篇》。顧野王(519—581),字希馮,吳郡吳(今江蘇吳縣)人。

《玉篇》在字體上不用篆文,而用楷書,這不同於《説文》。自秦始皇以小篆統一文字形體的時候,程邈已在搜求整理隸書了。隸書的結構,打破了"六書"的傳統,奠定楷書的基礎。到漢末,就有楷書出世,至魏晉南北朝,大爲流行,導致現存第一部楷書字典《玉篇》的誕生。

與江式一樣,顧野王撰《玉篇》,也是爲了文字的規範化。《玉篇序》説:"百家所談,差互不少;字書卷軸,舛錯尤多。難用尋求,易生疑惑。猥承明命,預纘過庭。總會衆篇,校讎群籍,以成一家之製,文字之訓備矣。"看來這不是他一人的主張,他説的"猥承明命",分別是秉承梁武帝父子的旨意。《梁書·蕭子顯傳》所附《蕭愷傳》説得明白:

> 先是時太學博士顧野王奉令撰《玉篇》,太宗嫌其書詳略未當,以愷博學,於文字尤善,使更與學士删改。

《玉篇》於梁武帝大同九年(543)成書,那時"太宗"(即簡文帝)還是太子,"奉令"顯然是指梁武帝的命令。但删改《玉篇》的主意,却出於簡文帝。

《玉篇》屢經修改,到唐高宗上元元年(674),又經孫強修訂增字,宋真宗大中祥符六年(1013),由陳彭年等重修,稱之爲《大廣益會玉篇》。那已不是顧野王原本的面貌。原本《玉篇》大部分散失,僅有日本所存的《玉篇零卷》,大約是原本《玉篇》的唐人寫本,至清光緒年間,又由黎庶昌傳摹翻刻,收入《古逸叢書》。

顧野王《玉篇》,確能成"一家之製",全書以楷書漢字爲收字對象,自與以小篆爲主的《説文》不同。楷書漢字同小篆的根本區別,即在不遵守"六書"的傳統,這就使《玉篇》在部首、釋義等方面,有了新的特色。在收字上,比《説文》以來任何一部字書都要多得多。如下表：

  東漢   《説文》 收字 9 353；

  晉   《字林》 收字 12 824，增 3 471 字；

  北魏   《字統》 收字 13 734，增 4 381 字；

  南朝梁 《玉篇》 收字 16 917，增 7 564 字。

新字的劇增，標志着新詞的劇增；新詞的劇增，反映着社會生活中新事物的劇增。儘管《玉篇》所增之字，不少無甚意義，不久就淘汰了，但毋庸置疑，其中也有很多仍活在人們的筆下。同是"食"部，《説文》僅有六十二字，《玉篇》就有一百四十四字（據《玉篇零卷》），如"飲"、"餛"、"飩"之類，均爲《説文》所無。"飲"字最早見於《詩·小雅·緜蠻》，係《説文》漏收；"餛飩"一類，則爲新字。《玉篇》正以豐富的新字，去適應並滿足表現社會生活的需要。

  在部首上，《玉篇》删去了《説文》的"哭"、"眉"、"教"、"後"等十二部，增加了"父"、"臬"、"處"、"兆"等十四部①，因而比《説文》多兩部，即有五百四十二部。部首的編排，往往不按《説文》序次，如卷三收"人、兒、父、臣、男、民、夫、予、我、身、兄、弟、女"等十三部，就不像《説文》那樣根據"六書"説法，以"據形繫聯"爲原則來編排，而是以義相從，把和人有關的名稱排在一起。"這種改法，雖不能説好，但對不懂六書的讀者來説，檢查起來，顯然是有了一些方便。"②

  在釋字上，《玉篇》只釋音義，不再像《説文》那樣用"六書"條例去分析字形了。如"級"字：

  《説文》：級，絲次弟也。从糸，及聲。

  《玉篇》(據《玉篇零卷》)：級，畸立反。《國語》：明等級以道之禮。賈逵曰：等級，上下等差也。《左氏傳》云：降一

---

① 陳炳迢《辭書概要》，福建人民出版社，1985 年，第 143 頁。

② 劉葉秋《中國字典史略》，中華書局，1983 年，第 69—70 頁。

第三章 小學的發展——六朝隋唐時代

> 級而辭。杜預曰：下階一級也。野王案：階之等數名曰"級"也；《禮記》"主人就東階，客就西階，涉級聚足，連步以上"是也。《禮記》又曰：授車以級。鄭玄曰：級，次也。《史記》秦始皇賜爵一級。野王案：官仕自卑之高，猶階梯而升，所以一命一等名爲"階級"也；《左氏傳》"加勞賜一級"是也。又曰：斬首廿三級。野王案：師旅斬賊首一人，賜爵一級，因名賜首爲級也。《說文》：絲次弟也。

《玉篇》先注音，後釋義；釋義又分義項，如"級"就有"等級"、"階級"、"首級"、"絲之次弟"四個義項；義項之下往往附有書證。這甚至比後出的宋本《玉篇》還要完備。宋本《玉篇》雖在收字上達二萬二千五百六十一字之多，但在釋字上反而不如原本《玉篇》，如釋"級"，僅有"幾立切。階級也，又次弟也"數字而已。再與《說文》比，《玉篇》的旨趣不在探求字的本義，因而對《說文》所釋的本義，僅是引證，備爲一說，相反，對字的常用義却甚爲重視，如"等級"、"階級"、"首級"，均爲"級"的常用義。其中"階級"一項，還由臺階義引申出官的品級義。凡此種種，都引書證，詳加詮釋。可見《玉篇》把字的常用義及引申義擺在首位。人們常說最早探求文字引申義的是五代南唐徐鍇，殊不知比徐早四百多年的顧野王已"導乎先路"了。

可以說，從《玉篇》開始，我國的字書才向着字典的方向發展。隋諸葛潁有《桂苑珠叢》一百卷，唐武則天有《字海》一百卷，像這麼巨大篇幅的字書，實在驚人，可惜都不傳，但那體例，也許屬於《玉篇》一系。

南北朝統一與字樣學 南北朝是文字劇增的時期，也是文字混亂的時期。由於政治分裂、南北阻隔，兼以字體上隸、楷、行、草均可通行，士大夫作書妄改筆畫，自造簡字，於是俗訛、異體不斷滋生，就是《玉篇》一類字書的編纂，也難以改變那種文字混亂的局面。北齊顔之推在《顔氏家訓·雜藝》篇裏，呼吁南北字體的統一。到了初唐，才有了整理異體、辨別俗訛、統一字體的運動，産生了一系列"字樣"之書。"字樣"書，可説是古代正字法手册。

唐代正值中印文化與南北文化匯流之際，更要求作爲民族文化符號的文字，有個統一的規範。文字有音、形、義三種要素。字音的統一，大體上由隋陸法言的《切韻》來完成（詳三章五節）；字義首先是經典釋義的統一，由孔穎達的《五經正義》作爲官方頒布的標準（詳三章七節）；字形的統一，則由顔師古的《字樣》奠定良好的基礎。

顔師古（581—645），名籀，以字行。原是京兆萬年（今陝西西安）人。他與孔穎達一樣，是初唐的文字訓詁學家。先是唐太宗以爲《五經》去聖久遠，文字訛謬，令顔去考定。顔亦多所訂正，撰成《五經定本》，爲諸儒嘆服。《五經定本》的頒行，使諸經文字完全統一，就不再有因文字不同而釋義各異的弊病。貞觀七年（633），顔"拜秘書少監，專典刊正，所有奇書難字，衆所惑者，隨宜剖析，曲盡其源"①。又據顔元孫《干禄字書序》追叙：

> 元孫伯祖〔指顔師古〕故秘書監貞觀中刊正經籍，因録字體數紙，以示讎校楷書。當代共傳，號爲顔氏《字樣》。

可知顔的《字樣》，大約作於唐太宗貞觀七年。自此以後，"字樣"書蜂出，有杜延業《群書新定字樣》、顔元孫《干禄字書》、歐陽融《經典分毫正字》、唐玄宗《開元文字音義》、張參《五經文字》、唐玄度《新加九經字樣》等，其中以顔元孫《干禄字書》最有名，近人羅振玉甚至説："此書當與'倉雅'並重。"②"倉雅"是《倉頡篇》和《爾雅》的合稱。

---

① 《舊唐書·顔師古傳》。
② 羅振玉《干禄字書箋證序》。

第三章 小學的發展——六朝隋唐時代

"字樣"書的出現,與顏氏家族的努力分不開。在顏之推呼吁南北文字統一之後,他的孫子顏師古首創《字樣》一書,開了唐代正字法的先河;顏師古的四世從孫顏元孫,又以《字樣》爲底本編定《干祿字書》;顏元孫的侄子、大書法家顏真卿,於唐代宗大曆九年(774)在湖州做官時,手書《干祿字書》鐫刻於石。對《干祿字書》的重視,實出於封建文人仕途的需要。唐代奉行科舉取士的文化政策,進士考試必用正字,不能用俗體。試卷上一有俗體就名落孫山,而金榜題名者總是盡寫正字的。此即顏元孫在《序》上説的"升沈是系,安可忽諸",他以《干祿字書》命名,就在告訴人們:寫正字,求祿位。

《干祿字書》的體例,是以平上去入四聲編次文字,大多數字都列俗、通、正三體。《序》裏解釋説:

> 所謂"俗"者,例皆淺近,惟籍帳、文案、券契、藥方,非涉雅言,用亦無爽,儻能改革,善不可加;所謂"通"者,相承久遠,可以施表、奏、箋、啓、尺牘、判狀,因免詆訶;所謂"正"者,並有憑據,可以施著述、文章、對策、碑碣,將爲允當。

現舉數例,以示一斑:

    床牀䊨   上俗中通下正
    虫蟲   上俗下正
    囙因   上俗下正
    伎技   上通下正

顏元孫最重視正字,正字即有來歷可以垂之久遠、寫入著作中的字;其次是通用字,即沿用已久,常見於公文的字;再次是俗字,即在日常生活中大家共同使用的後起字[①]。這種觀點,對唐代的文字規範起了很大的作用。但文字本是工具,以書寫便利爲貴,因

---

① 劉葉秋《中國字典史略》,中華書局,1983年,第83頁。

而後代的文字規範並不完全遵守唐人的標準,例如顏說的俗字或通用字,亦有轉化爲正字的可能。

不過,無論如何,字樣學的出現,給我國古代文字的規範以積極的影響,首先是楷書體成了漢字字體的正宗。唐玄宗在開元二十三年(735)作《開元文字音義序》説:

> 古文字惟《説文》《字林》最有品式,因備所遺缺,首定隸書,次存篆字,凡三百二十部,合爲三十卷。

"隸書"爲"楷書"的古稱。秦始皇以小篆統一文字,很快就失敗了,漢時行的是隸書;而唐玄宗以楷書統一文字,却成功了,雖然後代時有變化,但總的説來,仍是楷書體。楷書體的確定,不是一朝一夕的事,乃是漢末至唐玄宗之間大約五六百年文字發展的結果。字樣學出現的又一成果是正字法成了歷代文字工作的傳統。如宋郭忠恕《佩觿》、張有《復古編》、李從周《字通》,遼釋行均《龍龕手鑒》,元李文仲《字鑒》,明焦竑《俗書刊誤》、葉秉敬《字孿》,清龍啓瑞《字學舉隅》等書,都是旨在辨正筆畫疑似,糾正俗體訛字,無一不是《干禄字書》基本精神的發揚。

三、孫炎反切與梵文拼音學理

音韻學在漢唐之間興起,不僅給傳統小學增添一支生力軍,而且還開了中國詩學的新生面。音韻學研究的突破口在反切的發明,反切對漢語字音結構作出較爲精確的分析,引起了聲調、韻母、聲母等一系列研究的連鎖反應。從這個意義上,也可説,中國音韻學的研究史,也就是一部關於漢語字音特徵的發現史。

"反切"在漢魏衹叫"反",六朝兼稱"切",兩字連用合成一詞,大約始於宋魏了翁的《師友雅言》。

反切就是用兩個漢字拼音。如説"同,徒紅切",這用漢語拼

音方案來表示,就是:

$$tóng = t'u + hóng$$

反切的上字取聲母,反切的下字取韻母和聲調,拼切成一音。換句話說,反切上字與所切之字雙聲(徒、同),反切下字與所切之字疊韻、同調(紅、同)。一個漢字就是一個音節,所有音節都可分爲兩部分:聲母與韻母(包括聲調)。有些音節沒有聲母,如"恩,烏痕切",那"烏"算是"恩"的聲母了,實際上在反切中祇占一個虛位,並不具有聲母的實質,因而稱"零聲母"。這樣一來,反切就可用之於每個漢字,普遍地適用於漢字的注音。

梵文拼音學理的傳入　　反切的發明,與中印文化的交流、漢字梵文的比較有着密切的關係。

印度文化的傳入,是以西域爲通道的。西漢哀帝元壽元年(前2年),西域佛國教大月氏即派使臣來傳經。過六十多年,即到東漢永平八年(65),梵語借詞居然上了明帝賜楚王英的詔書:"楚王誦黃老之微言,尚浮屠之仁祠。絜齋三日,與神爲誓,何嫌何疑,當有悔吝?其還贖,以助伊蒲塞、桑門之盛饌。"①一迭連聲用了三個梵語借詞——"浮屠"〔同"佛陀"〕、"伊蒲塞"〔居士〕、"桑門"〔佛教僧侶〕,這正是朝廷提倡佛教的公開信號。永平十年(67),蔡愔從西域取佛經回國,標志着佛教正式傳入中國的開始。

與反切發明有直接關係的,是與佛經同時傳入中國的梵文拼音學理。據《隋書·經籍志》說:

　　自後漢佛法行於中國,又得西域胡書,能以十四字貫一切音,文省而義廣,謂之婆羅門書。與八體六文之義殊別。

要吸收印度文化,就得翻譯佛經;要翻譯佛經,就得進行漢字梵文

---

① 《後漢書·楚王英傳》。

的比較。在譯經之初,恐怕未必對梵文的拼音學理作過系統的介紹吧。如《隋志》説的能"貫一切音"的"十四字",只是梵文的元音系統而已;如把輔音系統也包括在内,那就非學"五十字母"不可。這"五十字母"能"貫一切音",相對於講究"八體六文"的漢字來説,真可謂"文省而義廣"的了。而明白了梵文的元音與輔音輾轉相拼,逐一切成不同的音節,也就懂得了梵文的拼音學理。南朝詩人謝靈運説:"《大涅槃經》中有五十字以爲一切字本。牽彼就此,反語成字。"[①]"反語成字",指梵文的元音與輔音相拼,切成一個音節。這"反語成字"的音理,不衹是謝靈運一人知道,早在梵文拼音學理傳入我國的東漢,就已有人明白"反語成字"的音理。他們是佛經譯者,是懂得民間反語的學者。

反切的起源 從形式上看,反切導源於民間反語。而"反語出於雙聲、疊韻,隨拈兩字,皆可成音。《世説新語·言語》'鬼子敢爾'注:鬼子名温休,温休者,温休爲幽,休温爲婚。此反語起於東漢中葉之證。又《三國志·諸葛恪傳》途人爲之謡曰:'如何相求常子閣?'反常閣爲石,閣常爲岡,可見三國時反語已通行"[②]。從這種民間雙反語中可以悟出利用聲韻切合之理來給漢字注音,那就成了反切了。當然,雙反語與反切有自發與自覺之分、天籟與人籟之别,但反切畢竟是從民間反語演變過來的。從民間反語向反切升華的過程中,梵文拼音學理起了催化劑的作用。梵文的元音與輔音拼切成音節的方法,爲我國反切制作者所攝取。

後世學者對反切起源的看法,約有兩派,一派認爲反切是中國自己創造的東西。宋沈括指出:

> 切韻之學,本出於西域。漢人訓字,止曰"讀如某字",未用反切。然古語已有二聲合爲一字者,如"不可"爲"叵","何

---

① 日僧安然《悉曇藏》卷五引。
② 黄侃述、黄焯編《文字聲韻訓詁筆記》,第 104 頁。

不"爲"盍","如是"爲"爾","而已"爲"耳","之乎"爲"諸"之類,似西域二合之音,蓋切字之原也。①

實際上是説反切源於"二合音"。到清代,顧炎武、王筠、陳澧等學者均以沈説爲是。

另一派認爲反切是受梵文影響的結果。宋鄭樵説:

> 切韻之學,起自西域。舊所傳十四字貫一切音,文省而音博,謂之婆羅門書;然猶未也,其後又得三十六字母,而音韻之道始備。②

清代紀昀、姚鼐等學者均從鄭説,姚鼐更點明:"孫炎所以悟切音之法,原本婆羅門之字母。"③

歷史是在矛盾的陳述中弄清楚的。沈、鄭二説,實相反而相成:沈説的是反切的形式,鄭指的是反切的方法;沈在探求反切産生的内因,而鄭在闡明反切産生的外因。但外因通過内因而起作用:漢人取梵文的元音與輔音相拼的方法,一結合漢字的實際,就成上下兩字的聲母與韻母(包括聲調)的相切。這是因爲那種標明漢語字音結構特點的"二合音"、雙反語,規定了漢字拼音采取有別於梵文拼音的特殊形式。一句話,反切的方法,無疑是出於梵文拼音學理的啓示,而反切的形式,却本之於我國古已有之的"二合音"、雙反語。

反切發明的經過　反切的發明,通常與孫炎的名字聯在一起④。

在孫炎之前,表示漢字音讀的方法,約有兩類,一是用漢字給漢字注音,一是從審音角度對漢字字音作出説明。講求給漢字注

---

① 沈括《夢溪筆談·藝文二》。
② 鄭樵《通志·藝文二·小學類》。
③ 姚鼐《惜抱軒筆記》。
④ 參看《顏氏家訓·音辭》。

音的,有以許慎爲代表的河南學者;重視對漢字的審音工作的,有以鄭玄爲代表的山東、河北學者。這兩派在反切的發明上均有貢獻。

從注音上看,先是有"讀若"、"直音"。"讀若"只是取音近之字來比擬而已,如許慎《説文》"珣讀若宣"就是。"直音"是用音同之字來比擬,就比"讀若"明確些,但完全音同之字很少,許多字没有相當的音同之字,有時即使有了音同之字也是艱深難認、不可用的,這樣,"直音"也跟着"讀若"到了"山窮水盡"的地步。

但從許慎起,便有生機。他用"二合音"解字,如《説文》:"鈴,令丁也。""令丁"二字正切一"鈴"字。又:"鳩,鶻鵃也。""鶻鵃"二字正切一"鳩"字。他還創"皆聲"一語,專指一個形聲字裏的兩個聲符一相拼合,就切成那形聲字的讀音。如《説文》米部:

　　竊:盗自中出曰竊。从穴从米,离廿皆聲。廿,古文疾;离,古文偰。

黄侃《聲韻略説》對"皆聲"説很贊賞,説"以兩聲作字,是作字時且含有反切之理矣"。

到了東漢末年,滎陽(今屬河南)人服虔創制反切來注音了。顔師古注《漢書》引服虔反切就有"憺、音章瑞反,鮏、音七垢反,臑、音奴溝反,痏、音於鬼反"等條。比服虔稍晚些,汝南南頓(今河南項城西南)人應劭,也對反切的創制作出貢獻。《漢書·地理志》注裏,引用應劭反切就有"墊、音徒浹反,沓、音長荅反"等條。反切的創制,實與以許慎爲代表的河南學者的長期努力分不開,而且服虔、應劭創制反切,也比孫炎至少要早半個世紀①。

差不多與服虔、應劭創制反切的同時,鄭玄、劉熙等山東、河

―――――――――

① 馬宗霍《音韻學通論》第五載章太炎語:"以其地考之,漢世作反語者:服虔,滎陽人;文穎、鄧展,皆南陽人;應劭,汝南南頓人;蘇林、陳留外黄人。皆在今河南南部……疑反語初起,但在汝潁之間,許君〔許慎〕亦汝南人也。"

第三章 小學的發展——六朝隋唐時代

北學者在審音上取得很大的成績。他們已知道古今音變之理,這促使他們從聲、韻、調等方面去審辨漢字的音讀。對此,周祖謨作了很好的概括:

> 東漢之末,學者已精於審音。論發音之部位,則有橫口在舌之法。論韻之洪細,則有内言外言急言緩言之目。論韻之開合,則有跂口籠口之名。論韻尾之開閉,則有開唇合唇閉口之說(橫口跂口開唇合唇,並見劉熙《釋名》)。論聲調之長短,則有長言短言(見《公羊傳》莊公二十年何休注)。剖析毫釐,分別黍累,斯可謂通聲音之理奧,而能精研極詣者矣。①

諸種學説,盡出於山東、河北的學者:"橫口、跂口、開唇、合唇"既爲北海(今山東濰坊西南)人劉熙的用語,"内言、外言、長言、短言"亦是任城樊(今山東曲阜)人何休的用語,"急言、緩言、籠口、閉口"則是涿郡涿(今河北涿縣)人高誘的用語。這些術語過於高深,難免"益使人疑",但"通聲音之理奧",却有助於反切注音質量的提高。因爲用反切注音,先要辨清語音的古今之變、雅俗之別,還要能夠分析漢語的字音結構。

孫炎的反切注音 特別是在語音系統發生轉變的漢魏之際,"音義"書也相應地增多,各家的反切用字也不一致,這時需要有通曉審音知識的人來給以整理、推廣,審音越精,所作的反切也越好。"東州大儒"孫炎便應運而出。孫炎字叔然,三國魏樂安(今山東博興)人。他是鄭玄的再傳弟子,從審音角度整理河南學者制作反切的成就,撰成《爾雅音義》,爲後世反切注音的發展奠定良好的基礎。如同一切文化現象一樣,反切的改進也如螺旋式的上升。創制反切是一回事,通曉審音知識再去創制反切又是一回事。從服虔等河南學者創制反切的嘗試,到鄭玄、劉熙等山東學

---

① 周祖謨《問學集》上册,中華書局,1981年,第409頁。

者對審音原理的探索,再到通曉審音知識的山東學者孫炎整理河南學者制作的反切,就把反切注音工作一浪高一浪地推向一個新的階段,以至後人把孫炎視爲創制反切之祖。這猶如把上古漢字整理者倉頡説成漢字的創造者一樣。也由於孫炎《爾雅音義》整理的反切,比他的前人優勝,因而多爲後世所遵循沿用。唐張守節《史記正義·論音例》聲明:"今並依孫(炎)反音,以傳後人";隋唐韻書也往往奉孫炎反切爲準則。據近人劉盼遂查考,《爾雅音義》中的反語,分別爲《經典釋文》、《初學記》、《詩經正義》、《晉書音義》、《文選》李善注、《太平御覽》等書所引,不下百餘條,證之陸法言《切韻》,除"大"、"輕"等字外,"餘則若合符節矣"[1]。於此可見孫炎在統一切語上的功勞。雖然《爾雅音義》已經散失,歷代對反切用字也有所改進,但孫炎所奠定的反切注音方法,終於打開了中國音韻學的大門。

四、四聲·平仄·詩律

漢末魏初,我國出現一個"文學的自覺時代"[2]。人們用反切來分析漢語字音結構,發現了漢語音樂美的奧秘。原來反切上字取聲,下字取韻(包括調),而漢語音樂美主要是從韻與調裏體現出來。

構成漢語音樂美的因素,約有三個:"音節組——每一個節奏單位的音節的數目——和押韻是漢語韻律裏的兩個控制因素。第三個因素,平聲音節和仄聲(升或降)音節的交替,是漢語特有的。"[3]在漢語裏,"音節組"體現詩歌語言的勻齊美,"押韻"體現詩

---

[1] 劉盼遂《文字音韻學論叢·反切不始於孫叔然辨》。
[2] 魯迅《而已集·魏晉風度及文章與藥及酒之關係》。
[3] 薩丕爾《語言論》,商務印書館,1964年,第142頁。

歌語言的回環美,"平仄交替"則體現詩歌語言的抑揚美。從《詩經》到漢賦,我國詩歌語言大抵講求押韻和音節組的藝術安排,到漢末魏初才有了平仄交替的嘗試。而要詩歌語言完美地表現平仄交替的法則,那先決條件就在辨明四聲。四聲,指古漢語有平、上、去、入四種聲調。四聲的二元化即是平仄(仄指上、去、入三聲)。

漢語聲調的探索 聲調本是漢語的一大特徵。古人對聲調的探索,大約經歷了從聲調別義、以韻賅調到調、韻分離這三個階段。

在孫炎之前,人們從訓詁的角度,已明白聲調的別義的功能。不過,那時往往與音訓混在一起。東漢初年,劉歆門人杜子春提出了一字異讀的現象。《周禮·春官·占夢》有句話:"遂令始難歐疫。"古書"難"或爲"儺"。杜説:"儺讀爲難問之難。"按難易之難爲形容詞,讀平聲;而難問之難爲動詞,要讀去聲[①]。聲調不同,意義有別。許慎亦有類似的説法。如《説文》目部:"睒,讀若'白蓋謂之苫'相似。""白蓋謂之苫",語出《爾雅·釋草》。"苫"音失冉切,自與"炎"不同音。對此,清王筠《説文釋例·讀若引經》作了分析:

> 睒讀若"白蓋謂之苫"相似,既言"讀若",又云"相似",《唐韻》固失冉切,不用炎之本音。以此推之,或四聲萌芽於漢乎?

較明確地指出聲調有長短之別的,是東漢末年的學者何休。《公羊傳·莊公二十八年》有兩句話説:"伐者爲客,伐者爲主。"何休注:"伐人者爲客,讀伐長言之……見伐者爲主,讀伐短言之。"即以聲調之長短,來辨別詞義的不同。

隨着服虔、孫炎等人反切的創製,人們逐漸從音韻上來考察

[①] 周祖謨《問學集·四聲別義釋例》。

聲調,這在字義上留下的遺迹,便是以"韻"字概括聲調①。孫炎的《爾雅音義》,所用的反切上字儘管不統一,反切下字亦然,但反切下字必與所切之字同一聲調,這却是十分明確的。如把反切下字依類歸納,那就成了韻書了。與孫炎同時的李登撰有《聲類》,這書已散失,據隋唐學者有關論述看,可知這書是從字書向韻書過渡的第一部著作。《隋書·潘徽傳》指出這書不同於《三蒼》《說文》一類字書,因爲"尋聲推韻",到這書"始判清濁,才分宫羽";封演《聞見記》把這書歸入"文字"一類,又説是"以五聲命字,不立諸部"。即以宫、商、角、徵、羽等"五聲"來統括文字,不立部首,那就不是一般意義上的字書了。看來《聲類》是借"五聲"這音樂術語,來比擬漢字韻調的類别。由此可見,在人們心目中,聲調已有逐步獨立的趨勢。到了"四聲"這名稱建立的時候,那聲調就與韻母分爲兩個概念了。

四聲的發現 通常以爲沈約發明"四聲",那是一種歷史的誤會。沈約(441—513),字休文,吴興武康(今浙江德清)人,爲南朝梁文學家。在他之前,已有"四聲"之說。清趙翼提出:"今按《隋書·經籍志》,晉有張諒撰《四聲韻林》二十八卷,則四聲實起晉人。"②即作保守的估計,"四聲"的出現,也不會晚於南朝宋代末年。就是沈約也認爲,以平、上、去、入爲"四聲",始於周顒③。周顒(?—485),字彦倫,汝南安成(今河南平輿)人。爲南朝齊音韻學家,著有《四聲切韻》。其實,這"四聲"是從那"五聲"蜕變來的。

---

① 關於"韻"字起源,約有三説:一是莫友芝《等韻源流》以爲"韻"字,始於晉陸機《文賦》;二是閻若璩《古文尚書疏證》第七十四斷言"韻"字興於漢末建安(196—219)中;三是阮元《文韻説》提出:"韻字不見於《説文》,而王復齋《楚公鐘》篆文内實有'韻'字。从音从勻,許氏所未收之古文也。"按,阮元甚是。但以"韻"賅調,當在東漢末年建安之時。

② 趙翼《陔餘叢考》卷十九《四聲不始於沈約》。

③ 日僧弘法大師《文鏡秘府論·四聲論》:"宋末以來,始有四聲之目。沈氏乃著其譜論,云起自周顒。"

據北齊李概（字季節）、唐元兢的研究，這兩者的關係是："宮商"相當於"平"，"徵"相當於"上"，"羽"相當於"去"，"角"相當於"入"①。周顒用平、上、去、入直接標示聲調的調類，不再借用宮商角徵羽來比擬，這就與當時詩歌上的詞與調久已分離的步伐相一致。朱光潛分析齊梁時代詩歌創作基本要求時提出："樂府衰亡以後，詩轉入有詞無調的時期，在詞調並立以前，詩的音樂在調上見出；詞既離調以後，詩的音樂要在詞的文字本身見出。音律的目的就是要在詞的文字本身見出詩的音樂。"②就是説，詩歌在漢代，原以樂調爲外在的音樂；到了齊梁時代，就要以聲律（即音律）爲内在的音樂。而要精聲律，先要通"四聲"。像"五聲"那種譬況説法自然不必采用了。

正如反切來自民間一樣，四聲也出於民間。北齊李概《音韻決疑序》説：

> 平、上、去、入，出行閭里。沈約取以和聲之，律吕相合。③

但從音理上説清"四聲"的道理，那還是漢梵語音比較的結果。陳寅恪論之甚詳："據天竺圍陀之聲明論，其所謂聲 Svara 者，適與中國四聲之所謂聲者類似。即指聲之高低言，英語所謂 Pitch accent 者是也。圍陀聲明論依其聲之高低，分別爲三：一曰 Udātta，二曰 Svarita，三曰 Anudātta。佛教輸入中國，其教徒轉讀經典時，此三聲之分別當亦隨之輸入。至當日佛教徒轉讀其經典所分別之三聲，是否即與中國之平上去三聲切合，今日固難詳知，然二者俱依聲之高下分爲三階則相同無疑也。中國語之入聲皆附有 k，p，t 等輔音之綴尾，可視爲一特殊種類，而最易與其他之聲分別。平上去則其聲響高低相互距離之間雖有分别，但應分别之爲若干

---

① 見《文鏡秘府論》天卷《四聲論》及《調聲》。
② 朱光潛《詩論·中國詩何以走上"律"的路（下）》。
③ 《文鏡秘府論·四聲論》引李概（字季節）語。

數之聲,殊不易定。故中國文士依據及模擬當日轉讀佛經之聲,分別定爲平上去之三聲,合入聲共計之,適成四聲。"①"四聲"名稱的出現,即標志着聲調與韻母區分的完成。從此,我國對聲調的研究,便從自發向自覺發展。到了南齊武帝永明七年(489)二月二十日,竟陵王蕭子良大集善聲沙門於京邸,造經唄新聲,公開發表四聲之説,使之得到社會的公認。這樣,周顒、沈約等人,就成爲四聲之説的代表人物。

沈約聲律論與四聲二元化　與孫炎之於反切一樣,沈約之於四聲,也被奉爲創始人。宋王應麟《玉海》小學類説:"世謂倉頡制字,孫炎作音,沈約撰韻,同爲椎輪之始。"其實,沈在四聲之説上,是集成者;而在詩歌聲律論上,倒可説是創始人。他把四聲之説用之於詩歌語言,提出了著名的聲律論。他在《宋書・謝靈運傳論》裏説:

> 夫五色相宣,八音協暢,由乎玄黄律吕,各適物宜。欲使宫羽相變,低昂互節;若前有浮聲,則後須切響。一簡之内,音韻盡殊;兩句之中,輕重悉異。妙達此旨,始可言文。

後來唐人的詩律説,實導源於此。自然,聲律論也不是沈約一人的思想閃光,而是整整一代學者智慧的結晶。《南史・陸厥傳》説:

> 時(永明年間)盛爲文章。吴興沈約、陳郡謝朓、琅邪王融,以氣類相推轂。汝南周顒,善識聲韻。約等爲文,皆用宫商,將平、上、去、入四聲,以此制韻,有平頭、上尾、蜂腰、鶴膝。五字之中,音韻悉異;兩句之内,角徵不同,不可增減。世呼爲"永明體"。

有了小學家周顒、詩人謝朓、王融等人的切磋,有了前代學者如陸機《文賦》説的"音聲迭代"等意見作爲參考,沈約的聲律論才能日臻完備。

---

① 陳寅恪《金明館叢稿初編・四聲三問》。

相比之下，沈約超越前人之處，就在於他的聲律論，明確地以音韻學作爲基礎，特別是以四聲説作爲立論支柱。聲律論的實質是追求語言音樂美，或者説"要在詞的文字本身見出詩的音樂"。這只有從音韻入手，才能發掘那種可以構成語言音樂美的資源。從他的理論經驗看，構成漢語音樂美的資源，首先是四聲，主要是四聲。他提出"宮羽相變，低昂互節；若前有浮聲，則後須切響"的著名原則，實以四聲二元化爲根柢："宮羽"、"低昂"以及"浮聲"、"切響"，均指聲調的高低抑揚，簡直可以看作是"平仄"的譬況用語，儘管"平仄"這名稱定於初唐。

沈約的"宮羽相變，低昂互節"的聲律原則，規定了他的"聲病之學"的重點。他的"聲病之學"，即是"八病"之説：平頭、上尾、蜂腰、鶴膝、大韻、小韻、旁紐、正紐。其中旁紐、正紐爲雙聲運用上的毛病；大韻、小韻爲疊韻運用上的毛病；平頭、上尾、蜂腰、鶴膝全屬四聲運用上的毛病①。他説的"一簡之内，音韻盡殊"，意在避免"大韻、小韻、旁紐、正紐"四病；"兩句之中，輕重悉異"，意在避免"平頭、上尾、蜂腰、鶴膝"四病。重點是要避免"平頭、上尾、蜂腰、鶴膝"這四種聲調運用上的毛病。

唐人詩律的制定　初唐詩人對沈約的聲律論，作了較大的改進，那主要的做法，如《新唐書·宋之問傳》總結的，是"回忌聲病，約句準篇"。

在"回忌聲病"上，先是把"四聲"明確地分爲"平仄"。南朝梁劉滔已提出："平聲賒緩，有用處最多，參彼三聲〔指上、去、入〕，殆爲大半。"②初唐詩僧有"平側不解壓"的詩句③。"平側"即"平仄"。以平仄論詩律自比以四聲論詩律更爲簡便，也更爲合理。接着是

---

① 詳郭紹虞《照隅室古典文學論集·永明聲病説》。
② 《文鏡秘府論·文二十八種病》引。
③ 參周法高《説平仄》，1948年歷史語言研究所集刊13本。

對"八病"進行合理的揚棄。元兢認爲：大韻、小韻、正紐、旁紐四病，是不必迴避的[①]，要迴避的是"平頭、上尾、蜂腰、鶴膝"四病，這四種盡是聲調上的問題：

回避"平頭"，下句開頭兩字就不與上句開頭兩字平仄相同；

回避"上尾"，下句末字就不與上句末字平仄相同；

回避"蜂腰"，就不會用"仄仄平仄仄"的格式；

回避"鶴膝"，就不會用"平平仄平平"的格式。

結果就產生了四種聲律格式："仄仄平平仄"；"平平仄仄平"；"平平平仄仄"；"仄仄仄平平"。這四種格式的排列組合，就形成律詩多樣而統一的旋律。

其次在"約句準篇"上，初唐詩人也作了三點改進：一是把兩句十字裏作四聲試驗，變爲在全篇八句裏定平仄格式。絕句，即是律詩的裁半。二是從吟誦出發，規定節奏的單位。沈約等人以字爲節奏單位，因而有"五字之中，音韻悉異"的說法。而初唐詩人逐漸改爲以頓來計算節奏單位。如三言爲兩頓，五言爲三頓，頓或稱"句"。《文鏡秘府論·詩章中用聲法式》説："凡上一字爲一句，下二字爲一句，或上二字爲一句，下一字爲一句（三言）。上二字爲一句，下三字爲一句（五言）。"據此，"綠水湧春波"可讀作"綠水—湧春—波"或"綠水—湧—春波"。三是從一聯的聲律安排擴張到兩聯或兩聯以上的聲律組合。沈約說的"兩句"，即是一聯。每聯的上句叫出句，下句叫對句。律詩有八句，計四聯。從聲律上說，律詩有三條法則。沈約等人提出了兩條：一句之内必須平仄遞換；一聯之中出句與對句必須平仄相反，即異聲相對。唐人又增添一條，就是同聲相粘，即下一聯的出句與上一聯的對句必須平仄相同。這樣，一句之中平仄遞換，一篇之内異聲相對與同聲相粘交替出現，就達到了令人驚嘆的多樣統一的聲律美。

[①] 《文鏡秘府論·文二十八種病》。

第三章 小學的發展——六朝隋唐時代　　137

在這"約句準篇"過程中,初唐詩人元兢提出"調聲三術",即所謂"換頭"、"護腰"、"相承"。"相承"是説上句仄聲過多,下句就"用三平承之"。"三平"爲古體詩的常用法式,後"近體詩"即律詩絕句就不采用。與律詩絕句創立有關的是"護腰"、"換頭"。"護腰"要求每聯上下句第三字平仄相間,交替出現。他以五言詩爲立論依據,自然特別看重第三字的作用。比"護腰"更爲重要的是"換頭"。"換頭"的實質,是律詩八句開頭兩字依次重現對粘規則。元兢舉他的《蓬州野望詩》爲例:

> 飄搖宕渠城,曠望蜀門隈。
> 水共三巴遠,山隨八陣開。
> 橋形疑漢接,石勢似煙回。
> 欲下他鄉泪,猿聲幾處催。

接着就作這樣的分析:

> 此篇第一句頭兩字平,次句頭兩字去上入;次句頭兩字去上入,次句頭兩字平;次句頭兩字又平,次句頭兩字去上入;次句頭兩字又去上入,次句頭兩字又平:如此輪轉,自初以終篇,名爲雙換頭,是最善也。①

"雙換頭"最好,寓有以頓(不以字)爲節奏單位的意思。與"平"對舉的"上去入",一本作"側",即仄聲。照他所説,全詩八句起首兩字依次下去,"飄搖"與"曠望"平仄相對,"曠望"與"水共"仄聲相粘,"水共"與"山隨"仄平相對,"山隨"與"橋形"平聲相粘,"橋形"與"石勢"平仄相對,"石勢"與"欲下"仄聲相粘,"欲下"與"猿聲"又是仄平相對。他重視"換頭",就因爲開頭兩字對於整句,正如首句對於全篇一樣,起着定調的作用。一旦確定首句的平仄格式,就能推求全篇的聲律結構。舉一反三,由點及面,在"換頭"裏

---

① "調聲三術"説,均見《文鏡秘府論·調聲》。

有整首律詩聲律結構的縮影。

元兢以降,沈佺期、宋之問確定律詩體裁,乃是水到渠成、瓜熟蒂落的了。後出的詞律雖在句式上有別於詩律,但在聲律結構上仍以詩律的對粘規則作爲基調①。就是曲律的制定,也以詩律作爲重要參考。凡此種種,都是小學,首先是音韻學在文學創作上奏出的美妙之琴聲。

五、《切韻》與南北讀書音的統一

小學家重視韻書在審音正音上的功能,詩人則從韻書裏選擇韻脚,以增添詩歌語言的和諧美感。而要檢韻,先得審音。韻書的編制,要兼及審音和檢韻這雙重目的。

韻書體例的變更　漢隋之間,韻書編纂原則有了三次變更。

先是"以五聲命字",魏李登的《聲類》,已開風氣之先。晉吕靜取法《聲類》,作《韻集》五卷,也以宫、商、角、徵、羽各爲一篇。雖比《聲類》更進一籌,已分列韻部,但在體例上,仍"以五聲命字"。

到南北朝,因"四聲"的發現,促使韻書體例的變革,就以"四聲"爲綱、以"韻目"爲經來編制了。如周彦倫〔周顒〕《四聲切韻》、沈約《四聲譜》等書就是。

但由於南北朝長期政治分裂,語言交際上也難有一種統一的語音規範。南朝與北朝的士人大抵有以我爲主的成見,向對方的語音投以輕蔑的眼光。北方人嘲笑南方口音,如《宋書·宗室傳》譏長沙景王道憐"素無才能,言音甚楚"。在此,"楚"字有粗俗、不雅的意思。南方人也鄙薄北方口音,如《梁書·盧廣傳》説北來學者崔靈恩等人"音辭鄙拙",《陳書·周鐵虎傳》謂其"梁世南渡,語

---

①　詳王力《漢語詩律學》、徐青《古典詩律史》及劉堯民《詞與音樂》。

音儕重"。在這方音分歧、南北觀點對立的社會環境中,所出現的韻書,亦以"各有土風,遞相非笑[①]"爲特點。

實際上,南北朝各國,各以自己的京都語音爲社會交際的標準。考漢隋之間,建都之地,僅有三處:一是洛陽,爲東漢、三國魏、西晉的京都,北魏孝文帝亦遷都洛陽,前後共有三百三十二年。二是鄴(今河北臨漳西南),爲十六國時後趙、前燕及北朝東魏、北齊的都城,歷時有九十年左右。三是建康,古稱"金陵"(今南京),爲三國吳、東晉、南朝宋、齊、梁、陳的京城,因稱六朝古都,歷時共三百三十年。在語言交際上,金陵音與洛陽音一南一北,平分秋色。

民族的融合及人口的遷徙,給語音的變化以較大的影響。在北方,漢族與少數民族長期雜處,以至相互融合,就在語音上留下了"北雜夷虜"的痕迹。而南方,由於晉室南渡,大批北方士大夫來到金陵,仍努力保持原來的洛陽音,而要在南國站穩脚跟,與南方士大夫建立統治聯盟,又不得不學習吳語;南方士大夫當然要向北方士大夫學習洛陽音,久而久之,金陵士大夫的語音也帶上"南染吳越"的色彩。這樣,南北朝所出的韻書,"各有土風",也不外乎南北兩大派:北人的韻書以洛陽音爲主,南人則以金陵音爲主。

隨着隋文帝一統天下大業的開展,經受數百年分裂苦難的人們,便從各個方面去響應,去配合。在語音方面,先要商定一個爲南北人士都能接受的語音規範的方案。在那方音極其分歧的社會裏,要統一全民的口語,顯然是不可能的,唯一可行的是先在文人的讀書音上確定一個大體通用的準則。這個準則由洞悉南北語音得失的顏之推提出,就是:"共以帝王都邑,參校方俗,考覈古今,爲之折衷。""帝王都邑",指帝王都邑地的語音。他認爲,當時

---

① 顏之推《顏氏家訓·音辭》。

已歷史地形成了讀書音的規範,因而接着就說:"權而量之,獨金陵與洛下耳。"① 這個新的編纂韻書的原則,像一條紅綫,貫穿在巨著《切韻》的始終。

《切韻》的撰寫 《切韻》的編纂,集中了隋代南北學者的智慧。大約在隋文帝開皇二年(582),劉臻、顏之推、盧思道、李若、蕭該、辛德源、薛道衡、魏澹等著名學者,在陸法言家,討論音韻問題。陸法言,名詞,以字行,《隋書·陸爽傳》稱爲"魏郡臨漳(今屬河北)人",實際上,他是鮮卑人步陸孤氏的後裔。

從顏之推八人成長地點(不是郡望)看,劉、顏、蕭三人是南人,代表"江東"的金陵,而盧、李、辛、薛、魏五人是北人,代表"河北"的鄴下。代表鄴下,實與代表洛陽無異。陸法言《切韻序》稱,八人都看到"古今聲韻既自有別,諸家取舍亦復不同"的問題,而"諸家取舍亦復不同",主要又是"江東取韻與河北復殊"。他們分析了祖國四面八方語音的特點,江南的"吳楚則時傷輕淺",北方的"燕趙則多傷重濁",西邊的"秦隴則去聲爲入",西北的"梁益則平聲似去",唯有以洛陽音爲主的中原地帶語音不在糾彈之列。但他們並不撇開金陵音,因爲在討論中"多所決定"的顏、蕭二人,正代表金陵。顏之推甚至認爲,金陵士大夫所操的語音,比洛陽士大夫與老百姓共同操用的語音來得純正一些②。顯然,他們把金陵音與洛陽音看成一個系統。標準既定,接着是"論南北是非,古今通塞,欲更捃選精切,除削疏緩",即分析南北音讀的正誤,古今書音的通行與否,以便從前代韻書裏選取精密的反切,削除那些不當之處。當天晚上,年已弱冠的陸法言就記下了討論的"綱紀"。後又"博問英辯,殆得精華",還未徹底弄通,就去做官去了。直到開皇二十年(600),他罷官歸里,因教諸弟聲韻,才要着手編

---

① 顏之推《顏氏家訓·音辭》。
② 顏之推《顏氏家訓·音辭》。

寫，可又遇到困難："屏居山野，交游阻絕，疑惑之所，質問無從。"就在這麼艱苦無援的境遇下，他"取諸家音韻，古今字書，以前所記者，定之爲《切韻》五卷"。寫定序言，已是"大隋仁壽元年（601）"了。

《切韻》原書已佚。據後人考證，《切韻》共五卷，平聲字多，占兩卷，上、去、入聲各一卷。收韻字一萬二千一百五十八，全書分一百九十三韻，其中平聲五十四韻，上聲五十一韻，去聲五十六韻，入聲三十二韻。爲唐宋韻書始祖。

《切韻》的編寫原則　一切小學名著的寫成，均要從前代所累積的語言文字資料出發。陸法言撰《切韻》，亦不例外。他取晉呂靜《韻集》、南朝梁夏侯該《韻略》、北齊陽休之《韻略》、北齊李概（字季節）《音譜》、北齊杜臺卿《韻略》等書，作爲編寫《切韻》的主要依據。他所取的韻書，並不限於北方音，而是兼顧南北語音，如夏侯書代表"江東"語音，陽、李、杜等書代表"河北"語音。這樣做，是爲了貫徹顏之推"共以帝王都邑，參校方俗，考覈古今，爲之折衷"的原則，求得可以通用於大江南北的讀書音。

鑒於前代韻書分合不同，疏密有別，陸法言從審音上"剖析毫釐，分別黍累"①的要求出發，采取了從分不從合的做法。《韻集》等六部韻書已散失，它們的韻目分合，僅可在唐王仁煦《刊謬補缺切韻》四聲韻目小注裏，窺見一斑。例如：

　　脂　呂、夏侯與"之""微"大亂雜，陽、李、杜別，今依陽、李、杜。

是説"脂"、"之"、"微"三韻的分立，采取陽、李、杜三家的意見。又如：

　　冬　陽與"鍾""江"同韻，呂、夏侯別，今依呂、夏侯。

---

① 陸法言《切韻序》。

就從呂、夏侯兩家韻書,把"冬"與"鍾"、"江"分爲三韻。如此下去,越分越細,全書就有一百九十三韻,其中平聲五十四,上聲五十一,去聲五十六,入聲三十二。王仁煦韻書增"儼"、"釅"兩韻,爲一百九十五韻①。至《廣韻》達二百零六韻之多。大約陸法言分韻,並非主觀拼凑,當有史實可據。如"脂"、"之"兩韻,"在劉宋時期一般是分用的,從謝靈運起'脂、之'兩韻已經有通押的現象,到齊梁時期,在南方作品中便逐漸成爲普遍的情形。可是謝朓、沈約二人絕不混用"②。再向上推,早在先秦,"脂"、"之"即不同部。

當然,這種從分不從合的做法,是不適於單純一地語音的記錄的,但陸法言的本意在正音,便於南北通用,如《切韻序》說的:"若賞知音,即須輕重有異"。這從分不從合的做法,並不從根本上改變整個語音系統,使用起來也較方便。後出的《廣韻》在韻目下注以"同用"、"獨用"的字樣,便是很好的例證。"同用",就是把一些窄韻合而用之,給作詩押韻有更大的回旋餘地。這又如《切韻序》說的:"欲廣文路,自可清濁皆通。"

《切韻》在實用上,既能便於"賞知音"(審音)與"廣文路"(檢韻),在正音上又可通於南北的音讀,這是由《切韻》的音系性質決定的。

《切韻》的音系性質 對《切韻》所代表的語音系統這個問題,歷來看法不同。約有兩派。

一是單一音系論,認爲《切韻》是一時一地之音,或者基本上是一時一地之音。單一音系論之中,最先出現的是"吳音說",晚唐李涪在《刊誤》裏指斥《切韻》"吳音乖舛",殊不知他所謂的"吳音,正是顏之推所說的金陵士族之音"③。其次出現的是"洛陽音

---

① 參看李榮《切韻音系》,科學出版社,1956年,第73—75頁。
② 周祖謨《問學集·切韻的性質和它的音系基礎》。
③ 洪誠《中國歷代語言文字學文選·〈刊誤〉說明》。

說",清閻若璩《古文尚書疏證》第七十四條提出,《切韻》代表"天下之中"的洛陽正音,是由洛陽音與金陵的洛陽舊音,在排除南北音中不純正成分之後,"參合"而成的。所論大體上本於顏之推之說,但亦有別,那關鍵在:顏説的"折衷"於金陵、洛下,而閻説的"參合南北",便把金陵與洛下合而爲一。

一是綜合音系論,認爲《切韻》是南北讀書音的綜合。此論發軔於清江永。江永以爲《廣韻》"雜合五方之音,……其源自先儒經傳子史音切諸書來"[1]。近人章太炎亦以《廣韻》"兼有古今方國之音"[2]。江、章關於《廣韻》性質的論述,適合於對《切韻》音系的分析。王國維還指出,唐代韻書"《韻英》反切以當時秦音爲據,與陸韻之據南北朝舊音者不同"[3]。

在現代,基本上能與綜合音系論匹敵的,是單一音系論中的"洛陽音説"。"洛陽音説"裏,有兩種意見,一是陳寅恪説的"乃東晉南渡以前,洛陽京畿舊音之系統"[4];一是王顯、邵榮芬説的以活的洛陽方音爲基礎,又在一定程度上吸收了金陵方音[5]。

綜合音系論,亦在發展。大體如王力説的《切韻》"祇代表一種被認爲文學語言的語音系統"[6],或如周祖謨説的"是六世紀文學語言的語音系統"[7]。具體地説,洪誠指出《切韻》"是以洛陽傳統的讀書音爲主,金陵傳統的讀書音爲輔。其來源應如江、王所説爲六朝舊音"[8]。

---

[1] 江永《古韻標準·例言》。
[2] 章太炎《國故論衡·音理論》。
[3] 王國維《觀堂集林·天寶韻英陳廷堅韻英張戩考聲切韻武玄之韻詮分部考》。
[4] 陳寅恪《金明館叢稿初編·從史實論切韻》。
[5] 王顯《〈切韻〉的命名和〈切韻〉的性質》;邵榮芬《〈切韻〉音系的性質和它在漢語語音史上的地位》,均載《中國語文》1961年第4期。
[6] 王力《漢語史稿》(上册),科學出版社,1958年,第49頁。
[7] 周祖謨《問學集·〈切韻〉的性質和它的音系基礎》。
[8] 洪誠《中國歷代語言文字學文選·〈刊誤〉説明》。

從歷史文獻看,綜合音系論比洛陽音説更爲接近隋唐人對於《切韻》性質的論述。顏之推的提法:"共以帝王都邑,參校方俗,考覈古今,爲之折衷";陸法言的自白:"遂取諸家音韻,古今字書,以前所記者,定爲《切韻》五卷";長孫訥言的贊語:"此製酌古沿今,無以加也";封演的見聞:"隋朝陸法言與顏、魏諸公定南北音,撰爲《切韻》。"① 就是李涪《刊誤》也承認:"至陸法言,采諸家纂述而爲己有。"足見《切韻》不是一時一地的方音韻書;它"折衷"金陵與洛下之音,實出於統一南北文人讀書音的需要。

正如秦始皇、李斯以小篆統一全國文字一樣,顏之推、陸法言等人以《切韻》作爲南北讀書音的準則。秦始皇提倡的小篆很快就被隸書所代替,而《切韻》到宋代更發展爲《廣韻》,成了唐宋詩韻的始祖,後世考求古音、調查方音的橋梁。

六、守溫字母與等韻源流

對於審音工作來説,"四聲"及"韻目"的制定,祇是完成任務的一半,還有一半任務是"字母"的創立。待到"字母"完成之日,就是那全面分析漢語字音結構的"等韻"正式產生之時。

作爲表意文字的漢字並不直接表示語音,要研究漢語字音,就得以拼音文字作爲鏡子,來進行比較。字母等韻之學的產生,也可説是漢字同梵文、藏文等拼音文字作長期的比較研究的結果。

雙聲語與紐字圖 創立字母等韻之學,經過了漫長的歲月:從"雙聲語"、"助紐字"到"字母"的創制,從"紐字圖"到"等韻圖"的產生,至少有四百年之久。

自東漢以來,隨着佛經的翻譯而傳入"悉曇"(siddham)。"悉

---

① 《封氏聞見記》卷二"聲韻"條。

第三章 小學的發展——六朝隋唐時代

曇"是梵文的元音與輔音輾轉相拼的音節表。元音舊稱"聲勢"，輔音舊稱"體文"，這兩者，大致與我國音韻學術語"韻母"、"聲母"相當。在梵書的"體文"、"聲勢"的影響下，南北朝時出現了"雙聲"、"疊韻"的名稱。《南史·謝莊傳》稱：

> 王玄謨問〔謝〕莊：何者爲雙聲，何者爲疊韻？答曰：玄、護①爲雙聲，磝、碻爲疊韻。

南朝文士"好爲體語"。"體語"來自梵書"體文"，主要是指"雙聲語"。自從好爲"體語"的周顒倡導"四聲"之說以後，沈約著《四聲譜》，以"四聲"、"雙聲"與"疊韻"綜合成一個簡單的"紐字圖"，來解釋反切的方法。《四聲譜》已散佚，那"紐字圖"保存在日僧弘法大師(774—835)的《文鏡秘府論》天卷《調四聲譜》裏。沈約説：

> 皇晃璜　鑊　禾禍和
> 滂旁傍　薄　婆澄綔
> 光廣珖　郭　戈果過
> 荒恍怳　霍　和火貨②
> 上三字，下三字，紐屬中央一字，是故名爲總歸一入。③

左三字、右三字各依平上去爲次，中間一字爲入聲。從反切上字看，每行七字均按雙聲的關係類聚一起，左右六字與中間一個入聲字同歸於一紐。"紐"，即聲母。沈約打算用"鑊"、"薄"、"郭"、"霍"之類入聲字作爲聲紐的代表字，這到了唐代守温字母，一一改爲"匣"[ɣ]、"并"[b]、"見"[k]、"曉"[x]等紐了。沈利用"雙聲

---

① "玄"、"護"古音同爲"匣"母字，因而説"玄、護爲雙聲"。
② "和"當讀如訶，與火、貨同在曉紐。
③ 原書係竪文，今改橫款，故"上""下"當讀作"左""右"。下面引文"竪""橫"當讀作"橫""竪"。按，"和火貨"之"和"，讀如訶。

語",作了歸併部分反切上字、選取代表字的嘗試,這與唐人正式創制字母還有一段距離:唐人是在通曉聲母的發音部位及發音方法的基礎上制定字母的。

沈約還說:

> 四聲紐字,配爲雙聲疊韻如後:
> 郎朗浪落　黎禮麗捩
> 剛㘝鋼各　笄併計結
> 羊養恙藥　夷以異逸
> 鄉響向𧮯　奚篿𡀔纚
> 良兩亮略　離邐詈栗
> 張長悵著　知伽智窒
>
> 凡四聲,豎讀爲紐,橫讀爲韻,亦當行下四字配上四字即爲雙聲。若解此法,即解反音法。

從縱讀,"郎剛羊鄉良張"均爲疊韻;從橫讀,"郎朗浪落"與"黎禮麗捩"各以平上去入爲次,這八字同屬"來"[1]紐,因而右四字與左四字中任何一字兩兩相配,如黎郎、禮朗、麗浪、捩落等等,都成雙聲。在這一縱一橫的簡圖裏,隱然有一個類似"悉曇"的格式存在。不過,這"紐字圖"與唐宋的等韻圖也還有一段距離,就是缺乏"等"的概念,"沒有'等'的概念來編制的語音圖表,不能算是典型的等韻圖"①。

五音說與"等"的概念　　自沈約至唐末和尚守溫,人們在聲母及等呼的探索上,取得了長足的進步。那主要的標誌有三條,一是"五音說"的提出,二是"等"的概念的形成;三是"助紐字"的制定。

"五音說"最早見於《玉篇》所載《五音聲論》,即在聲母的發音部位上,劃出了喉音、牙音、舌音、齒音、唇音五類。雖然這種劃分尚不精密,但却一直沿用到唐末。如孫愐《唐韻序》作於唐玄宗天寶十載

---

①　李新魁《漢語等韻學》,中華書局,1983年,第49頁。

(751),文中就有"又紐其脣、齒、喉、舌、牙部仵而次之"之語;神珙於憲宗元和(806—820)之後作《四聲五音九弄反紐圖》,以宫、商、角、徵、羽五聲來配合"喉、齒、牙、舌、脣"五音。到了宋代,"五音説"發展爲"七音説",即在"五音"之外,又增半舌音、半齒音兩類。

以"等"的觀念區分字音,始於唐代。

唐代對漢語字音的重視,絶不亞於六朝。首先是佛家"以參禪爲大悟,通音爲小悟"①,因而特别重視梵、漢字音的研究。如初唐義净的《梵唐千字文》、全真的《梵唐文字》,都是漢梵對照的梵文讀本。唐玄宗開元初年(716—720),密宗正式傳入我國。密宗,亦稱"真言宗",行巫術而重咒語,以爲咒語可以闢邪治病,祈壽求財,而念咒語,必用梵音,錯了一個音就失靈,因而密宗的傳播,必大興"悉曇"之學。"人們念熟了悉曇,免不了要分析唐音,並且斟酌用哪一個唐音對哪一個梵音才妥帖。日本釋安然《悉曇藏》五説:'上代翻譯,梵唐不定。真言對注,梵唐粗定。'可以説明唐朝人學悉曇的真正動力。像玄應《一切經音義》動不動説'舊譯××,訛也',那麽不肯'尊聞信古',没有極嚴肅的宗教熱忱作支柱是不成的。結果唐音表——等韻圖也造出來了,别看整整費了一個朝代的光陰。"②

而等韻圖出來之前,必先有"等"的觀念的萌發。

唐朝廷奉行以詩取士的政策,考試采用律詩體制。要作律詩,先明音韻:不僅押韻合轍,平仄入律,而且字音的輕重清濁也要調配得當。詩人王昌齡(約698—約756)的《詩格》,在聲母的發音方法上,已把輕重的區别分爲四等。他説:

> 律調其言,言無相妨,以字輕重清濁間之須穩。至如有輕重者,有輕中重,重中輕,當韻即見。且"莊"字全輕,"霜"

---

① 鄭樵《通志·七音略序》。
② 俞敏《等韻溯源》,載《音韻學研究》第一輯,中華書局,1984年。

字輕中重,"瘡"字重中輕,"牀"字全重;如"清"字全輕,"青"字全濁。①

這"輕""重"的概念,與宋人等韻學所說的"清""濁"相近。等韻學在聲母的發音方法上,分爲全清、次清、全濁、次濁四等。照此看來,王昌齡説的"莊"屬"照"[tɕ]紐,即以全清塞音爲"全輕";"霜"屬"審"[ɕ]紐,即以全清擦音爲"輕中重";"瘡"屬"穿"[tɕ']紐,即以次清爲"重中輕";"牀"屬"牀"[dʐ]紐,即以全濁爲"全重"。再看王昌齡所擧的"清""青"二字,均屬"清"[ts·]紐,有所區別只在韻類:"清"字屬三等韻,"青"字屬四等韻。可見,在王昌齡的時代,"等"的觀念主要用於聲母的分類,同時也兼及韻類的區別。

到唐末宋初,"等"的觀念才轉移到韻類上來。如羅常培説的:"所謂'等'者,即指介音[i]之有無及元音之弇侈而已。"②漢字的韻母,通常分爲韻頭(介音)、韻腹(主要元音)、韻尾三部分。如"天"[t'ien],[t']是聲母,[ien]是韻母。這韻母中,[i]是介音,即韻頭;[e]是主要元音,即韻腹;[n]是韻尾。"等"的劃分,視介音及主元音的發音狀況的差別而定。唐宋人往往把韻類分爲四個等列,即所謂"四等",如下表:

等	[i]介音的有無	主元音的洪細		例 字
		開口度	舌 位	
一	無	最 大	較 後	豪[-ɑu]
二	無	次 大	較 前	肴[-au]
三	有	較 小	在 前	宵[-iɛu]
四	有	最 小	最 前	蕭[-ieu]

① 《文鏡秘府論・調聲》(王利器校注),引文爲王昌齡《詩格》語,從任學良説。
② 羅常培《漢語音韻學導論》,中華書局,1956年,第62頁。

助紐字的制定　"助紐字"直接關係到聲母的歸類。這"助紐字"最早見於《玉篇》所載的《切字要法》,原指用來幫助反切拼讀字音的一組組雙聲字。《切字要法》論述古人拼讀字音的方法説:切語"上字喉聲,下二字即以喉聲應之(如'歌'字居何切,居經堅歌);上字唇音,下二字即以唇音接之(如'邦'字悲江切,悲賓邊邦)。"這裏的"經堅"和"賓邊",就是"助紐字"。如"邦,悲江切","悲""邦"二字雙聲,可是對一個不熟悉反切的人來説,他不一定能切出"邦"字的聲母。必要用"賓邊"之類助紐字來過接,念出"悲——賓邊——邦",才容易切出"邦"字的聲母[p]。同理,念出"居——經堅——歌"之後,就會切出"歌"字聲母[k]。大約用助紐字,即須辨別"五音"。不辨喉音,很難用"經堅"之類助紐字;不辨唇音,很難用"賓邊"之類助紐字。

《切字要法》把繁多的反切上字,歸併爲三十聲類,並用兩個雙聲字作爲一類聲母的特定標目。自比沈約"紐字圖"更爲進步了。現將《切字要法》的原文加注國際音標,臚列於次:

因煙[○]	人然[ŋz]	新鮮[s]	錫涎[z]
迎妍[ŋ]	零連[l]	清千[tsʻ]	賓邊[p]
經堅[k]	神禪[z]	秦前[dz]	寧年[n]
寅延[j]	真氈[tɕ]	娉偏[pʻ]	亭田[d]
陳纏[ɖ]	平便[b]	擎虔[g]	輕牽[kʻ]
稱燀[tɕʻ]	丁顛[t]	興掀[x]	汀天[tʻ]
精箋[ts]	民眠[m]	聲氊[ɕ]	刑賢[ɣ]

——(如上平一東韻風字,方中切,方——風[f])
——(如上平八微韻微字,無非切,無——微[ɱ])

除"方——風"、"無——微"兩類缺文,有助紐字的祇有二十八類。據羅常培《守温字母源流表》,可知這三十聲類,與梵文字母相同的有二十二類,其他"精箋"、"清千"、"秦前"、"神禪"、"錫涎"、"刑賢"、"方——風"、"無——微"八類爲梵文所無;與藏文字母相同的有二十七類,其他"陳纏"、"方——風"、"無——微"三類爲藏文所無。就以二十八類助紐字而言,除了"陳纏"一類参對梵文字母之外,其他二十七類,全與藏文字母一一對應。也許《切字要法》三十聲類的編制,是在藏文字母創制之後。藏文是吐蕃贊普松贊干布在位時(629—650),由通密繳布喇参照梵文(一説和闐文)字體創制而成的。

字母與守温和尚 在漢語聲母的發音部位及發音方法基本上弄清以後,再從助紐字向前推進一步,就導致"字母"的正式產生。李新魁説:"助紐字是用兩個字作爲一個聲母的固定標目(在作用上是幫助反切出切),字母則是用一個字來作爲一個聲母的固定標目(在作用上是代表聲母)。助紐字加以簡化,便可以成爲字母。"[①]這個爲漢語創制"字母"的任務,主要地落在唐末和尚守温的身上。

大約守温之前,已有"字母"這名目。敦煌唐寫本《歸三十字母例》(現藏英國倫敦博物館)所載的字母,已有三十個:

端透定泥　審穿禪日　心邪照
精清從喻　見溪群疑　曉匣影
知徹澄來　不芳並明

後出的守温字母的總數及標目均與之相同,但在類別及編次上體現了守温的匠心:

唇音　不芳並明
舌音　端透定泥是舌頭音
　　　知徹澄日是舌上音
牙音　見溪群來疑等字是也

---

① 李新魁《漢語等韻學》,中華書局,1983年,第32頁。

第三章 小學的發展——六朝隋唐時代

```
齒音    精清從是齒頭音
        審穿禪照是正齒音
喉音    心邪曉是喉中音清
        匣喻影亦是喉中音濁
```

與《切字要法》比，没有"方——風"、"無——微"兩類，却參對梵書體文，增入"知""徹"兩類，這是因爲守温衹是"類聚《切韻》反切上字而參對梵、藏體文，於梵、藏有而華音無者固皆删汰，於華音有而梵、藏無者亦付闕如"①。再與《歸三十字母例》比，却要優勝多了，如依唇、舌、牙、齒、喉五音排列，舌音又分舌頭、舌上，齒音又分齒頭、正齒。這麽編次，實在綱舉目張，條理分明。但也有欠當之處，主要是喉音的歸類，如心、邪兩紐不是喉音，是齒音，邪紐不是"喉中音清"，而是齒頭音濁；影紐不是"喉中音濁"，而是喉中音清。後來宋人對守温字母又作了增補及調整，增添"非敷奉微""娘""牀"六類，並以"七音"爲綱來編次三十六字母。如下表：

等韻的起源　"等韻"原在"悉曇"的影響下產生，但它已不是"悉曇"的中國翻版了，因爲用"等"的觀念來區分漢語的聲類和韻類，是包括高僧在内的中國學者的一大創造。

現存最古的等韻圖，是宋人編纂的《韻鏡》。宋張麟之《韻鏡序》説："其來也遠，不可得指名其人。"日本學者大矢透據藤原佐世《日本現在書目》所録《切韻圖》，推測《韻鏡》的原型早已成於隋代。俞敏則認爲武則天時，武玄之的《韻銓》可算得是"等韻的萌芽"②。《韻銓》把"尤"韻改成"周"韻，可知此書當作於武周時代，即武則天改换國號，以"唐"爲"周"的時代（690—704）。但《切韻圖》、《韻銓》均已散失，後人難知其詳。不過，有一條可以肯定："等"的觀念在王昌齡（約698—約756）的時代，還没有完全轉移到

---

① 《羅常培語言學論文選·敦煌寫本守温韻學殘卷跋》。
② 俞敏《等韻溯源》，載《音韻學研究》第一輯，中華書局，1984年。

發音部位新名	發音部位舊名		發音方法 全清	次清	全濁	次濁
雙脣	脣音	重脣	幫 p	滂 pʻ	並 b	明 m
脣齒		輕脣	非 f	敷 fʻ	奉 v	微 ɱ
舌尖中	舌音	舌頭	端 t	透 tʻ	定 d	泥 n
舌面前		舌上	知 ţ	徹 ţʻ	澄 ḍ	娘 ɳ
舌尖前	齒音	齒頭	精 ts 心 s	清 tsʻ	從 dz 邪 z	
舌面前		正齒	照 tɕ 審 ɕ	穿 tɕʻ	牀 dʑ 禪 ʑ	
舌根	牙音		見 k	溪 kʻ	群 g	疑 ŋ
舌根	喉音		影 ○ 曉 x		匣 ɣ	
舌面中						喻 j
舌尖中	半舌音					來 l
舌面前	半齒音					日 nʑ

韻類的區分上來。也許等韻圖的興起，要在王昌齡時代之後，即在唐玄宗開元、天寶之後。據宋鄭樵《通志·校讎略》記載，唐代已有《內外轉歸字圖》、《內外轉鈐指歸圖》、《切韻樞》之類韻圖，均由顏真卿（709—785）編入《韻海鏡源》三百六十卷內。可惜《韻海鏡源》也散失了。祇是從《內外轉歸字圖》之類的名稱上看，也夠令人尋味的：＂轉＂原出梵文《悉曇章》，取聲、韻輾轉輪流相拼之意；＂內轉＂指沒有獨立二等韻的韻攝；＂外轉＂指有獨立二等韻的韻攝。《內外轉歸字圖》之類的出現，說明兩層意思，一是這類韻圖脫胎於梵文《悉曇章》；二是這類韻圖已以＂等＂的觀念用之於韻類的區分。可見等韻的起源必在守溫之前，但從現存的文獻看，

典型的等韻圖的編制,要數守溫最早。

敦煌唐寫本《守溫韻學殘卷》(現藏法國巴黎國家圖書館)載有《四等重輕例》①,分平上去入"四聲",按一、二、三、四"四等"編次。現從"四聲"條舉一例,以示一斑:

平聲

　　　高_{古豪反}　交_肴　嬌_宵　澆_蕭

上聲

　　　杲_{古老反}　姣_巧　矯_小　皎_篠

去聲

　　　但_{徒旦反}　綻_襉　纏_綫　殿_霰

入聲

　　　特_{徒德反}　宅_陌　直_職　狄_錫

各等的分界均與宋人編纂的《韻鏡》符合。守溫不僅在字母的創制上作出貢獻,而且在等韻的建立上亦有功勞。

等韻的演變　從宋到清,等韻演變的基本趨勢是變等為呼,具體說,就是從唐宋韻圖開合各分四等,變成明清韻圖的四呼。這與漢語語音日趨簡化的規律恰好相應。從唐宋到明清,漢語語音有較大的變化,如韻母系統裏主要元音的刪併,介音(韻頭)的發展,韻尾如入聲韻尾的失落,聲調方面平聲分為陰、陽兩類,入聲分別歸入平、上、去三聲等等,就使得人們難以辨別唐宋韻圖的開合各分四等了。他們於是併開口一二等為"開口",合口一二等為"合口",開口三四等為"齊齒",合口三四等為"撮口",統稱"四呼"。吳文祺指出②,據現存材料看來,明代併等,始於袁子讓的《字學元元》,此書成於萬曆三十一年(1603);後二年,有萬曆三十

---

① 見周祖謨編《唐五代韻書集存》第 806—807 頁,中華書局 1983 年影印;又趙蔭棠《等韻源流》,商務印書館,1957 年,第 32—33 頁。

② 吳文祺《上古音中的幾個問題》,《中華文史論叢》增刊《語言文字研究專輯》下册,上海古籍出版社,1986 年,第 87 頁。

三年(1605)刻行的葉秉敬《韻表》,也變等爲呼。不過,他們所謂"呼"者,或指唇之形態,或指舌所抵觸,或狀韻頭性質,或併韻尾差別,如此等等,觀點不一,含義參差。到清初,顧炎武弟子潘耒撰《類音》,才明確地以唇的形狀作爲標準,定爲開口、合口、齊齒、撮口四呼。《類音》成於康熙壬辰(1712)。用現代語音學術語解釋:"開口呼"指沒有韻頭而韻腹不是[i][u][y]的韻母;"齊齒呼"指韻頭或韻腹是[i]的韻母;"合口呼"指韻頭或韻腹是[u]的韻母;"撮口呼"指韻頭或韻腹是[y]的韻母①。

從漢末的反切,齊梁的四聲,隋代的《切韻》,到唐末宋初的字母和等韻圖,說明我國學者從不同的角度,逐一揭示出漢語字音結構在聲調上、韻母上、聲母上的特徵,這結果是形成了有中國特色的音韻學。音韻學的研究,不僅是審音識字的依據,而且更是創作詩歌格律的準則。如神珙和尚《四聲五音九弄反紐圖序》說的:"爲於韻切之樞機,亦是詩人之鈐鍵也。"

七、從儒家義書到佛家義書

訓詁學在魏晉很興盛,南北朝時一度衰落,到隋唐更爲興盛,恰好呈現了兩頭高、中間低的"馬鞍形"。漢唐之間,訓詁學與音韻學不同,不是同詩學結合,而是依然同經學結合,以至擴大到同佛學結合。

張揖《廣雅》 《廣雅》是《爾雅》以後最先爲人推重的一部義書。在此之前,已有一部題爲漢孔鮒撰的《小爾雅》,也許是《漢書·藝文志》上說的《小雅》,但現存的《小爾雅》爲僞書《孔叢子》第十一篇。大約今本《小爾雅》爲後人編纂而成,已不是《漢書·藝文志》上說的原本了。而《廣雅》,取增廣《爾雅》之意,全書有一

---

① 《等韻源流》,詳李新魁《漢語等韻學》。

第三章 小學的發展——六朝隋唐時代

萬八千一百五十字,博采漢人經傳訓詁、辭賦注解及《三倉》、《方言》、《説文》等書,凡《爾雅》漏收的故訓,後代新出的詞義,均在增補之列。原書分上、中、下三卷,今本爲十卷。作者張揖,字稚讓,清河(今河北臨清)人。於魏太和(227—232)中爲博士。他向魏明帝上《廣雅》表即自稱"博士臣揖",可知《廣雅》作於魏太和間。

隨着社會的進步、發展,人們的思維漸趨細密複雜,詞義也相應地豐富起來。從《爾雅》到《廣雅》,詞義有所演變,從中可以窺見漢魏之間社會意識的變化。如《爾雅·釋詁》説:

> 昄昄、皇皇、藐藐、穆穆、休、嘉、珍、禕、懿、鑠,美也。

到《廣雅·釋詁》就不同了:

> 腜、儴、純、烈……皇、翼、滑、黨、貢、膚、熹、琇、甘、珍、旨、甜、蒸、將、英、晴、娥、媛、艶、珇、沃,美也。

就搜集了《爾雅》漏收的經注,如"膚",《詩·豳風·狼跋》:"公孫碩膚。"毛傳:"膚,美也。"還增補了後起的新義,如"珇",《方言》:"珇,美也。"古代"美"往往與"好"意同。如《公羊傳·莊公十二年》:"魯侯之美也。"何休注:"美,好也。"到張揖,就在《廣雅·釋詁》裏,與"美也"條並列,增"好也"一條,其中常用詞如"娃"、"麗"、"佳"、"姣"、"姝"、"娟"、"姗"、"窕窕"、"婉嬿"、"綽約"、"嫵媚"之類,大抵指形貌美。張揖分"美"與"好"兩條,正反映着經過兩漢經學之後,三國魏時人們美的意識的覺醒。即就詞義的增補看,《廣雅》亦有功於《爾雅》,如清王念孫《廣雅疏證序》説的:"周秦兩漢古義之存者,可據以證其得失;其散逸不傳者,可藉以窺其端緒。"

郭璞《爾雅注》、《方言注》 在《爾雅》的解釋上,當以東晉郭璞的貢獻最大。郭璞(276—324)字景純,河東聞喜(今屬山西)人。在他之前,給《爾雅》作注的,有漢犍爲文學、劉歆、樊光、李巡及三國魏孫炎等人。到了郭璞,作《爾雅注》、《爾雅音》、《爾雅圖》、《爾雅圖贊》,從各個不同的側面,研究同一對象,因而他的成就也比前人高得多。《爾雅音》、《圖》等早已散失,只有《爾雅注》傳之於世。在注釋《爾雅》的同時,他旁及《方言》、《三倉》,還有《楚辭》、《穆天子傳》、《山海經》及司馬相如《子虛賦》、《上林賦》,一一爲之作注。他所注釋的全部典籍有個共同的特點,"這就是,它們包含着關於動物、植物(少量的礦物)、器物、地理風土等方面的廣博知識"[①]。《方言注》與《爾雅注》一樣,引證了不少江東方言。從揚雄《方言》,可知漢代方言詞與通語之間的對應關係;從郭璞《方言注》、《爾雅注》,可知漢晉之間方言詞的沿革概況。

郭注正確地解決了古詞與今語的關係。郭往往以晉時方言爲根據,去解釋古代語詞。漢晉之間,同一事物常有不同的稱呼。《爾雅・釋鳥》:"鳲鳩、鴶鵴。"郭注:"今之布穀也。江東呼爲穫穀。"有時同一語詞却指稱不同事物。如《方言》卷六:"擘,楚謂之紉。"郭注:"今亦以綫貫針爲紉。"有時從一處方言擴展爲另一處方言。如《爾雅・釋詁》:"煤、憐、惠,愛也。"郭注:"煤,韓鄭語,今江東通呼爲憐。"有時由一地方言上升爲四方通語。如《方言》卷一:"好……趙、魏、燕、代之間曰姝。"郭注:"亦四方通語也。"這樣,就可大體上考見漢晉之間語詞的流變。

郭注還實行《爾雅》與《方言》互相證發。他幾乎同時鑽研《爾雅》與《方言》,如《方言序》說的"余少玩雅訓,旁味方言"。《方言》卷十三"远,迹也",不明確,他就注以"《爾雅》以爲兔迹";《爾雅・釋詁》"嫁,往也"也費解,他就注以"《方言》云:自家而出謂之嫁,猶女出爲嫁。"《方言》在保存古義的數量上,遠不及《爾雅》,而在釋義的方法上,却又超過《爾雅》。郭常用《方言》"語轉"之說,來分析《爾雅》裏的特殊詞義。如《爾雅・釋詁》:"卬,我也。"郭注:

---

① 周因夢《博聞强記的郭璞》,載《中國語文》1956 年第 7 期。

第三章 小學的發展——六朝隋唐時代

"印猶妶也,語之轉耳。"

不僅如此,郭注還多方面探求語詞得名的原委。如《方言》卷十三:"賦,動也。"郭注:"賦斂所以擾動民也。"又如《爾雅·釋言》:"髦,俊也。"郭注:"士中之俊如毛中之髦。"他還對"反訓"作了最早的解釋。《方言》卷二"苦,快也"注:"苦而爲快者,猶以臭爲香、治爲亂、徂爲存,此訓義之反覆用之是也。"到注釋《爾雅·釋詁》"徂,存也"時,就更清晰了:

> 以徂爲存,猶以亂爲治、以曩爲曏、以故爲今,此皆詁訓義有反覆旁通,美惡不嫌同名。

所釋較爲簡單,但已看到了語言上存在着正負兩義集於一詞的辯證現象。

郭注已有"語境"的朦朧意識,他一概稱之爲"隨事爲義。"《方言》卷一:"延、永,長也。凡施於年者謂之延,施於衆長謂之永。"郭注:"各隨事爲義"。《爾雅·釋言》:"濟,渡也;濟,成也;濟,益也。"郭注:"所以廣異訓,各隨事爲義。"

但智者的腦裏總有愚昧的一角,以"博物"著稱的郭璞,也難以全部解釋《爾雅》裏的疑難,留下一百四十二條待考。但從總體上看,如宋邢昺《爾雅疏序》説的:"甚得六經之旨,頗詳百物之形,學者祖焉,最爲稱首!"

陸德明《經典釋文》 在《爾雅》之外另闢蹊徑的義書,是陸德明的《經典釋文》。陸德明(約 550—630),名元朗,以字行,蘇州吳(今江蘇吳縣)人。南朝陳後主至德元年(583),他編纂《經典釋文》,書中引漢魏六朝二百三十餘家之説,止於梁、陳,而不及周、隋。據此推知,全書完成當在隋文帝統一全國(公元 589 年)之前。

《經典釋文》這書名標明小學與經學的合一。所謂"經典",與漢儒稍有區別,即在着重解釋儒家經典《周易》、《尚書》、《毛詩》、《周禮》、《儀禮》、《禮記》、《左傳》、《公羊傳》、《穀梁傳》、《孝經》、

《論語》、《爾雅》之外,兼及道家經典《老子》、《莊子》的解釋。所謂"釋文",與漢儒經注一樣,體現了小學爲解釋經籍服務的精神。

陸書不但解釋經典,而且還疏通經注,如《詩》,就附釋毛傳、鄭箋。《詩·周南·兔罝》有句名言:"赳赳武夫,公侯干城。"毛傳:"赳赳,武貌;干,扞也。"鄭箋:"干也,城也,皆以禦難也。"陸書依次作解:

> 赳赳(居黝反。武兒。《爾雅》云:勇也)。干城(如字。《爾雅》云:干,扞也。孫炎注云:干,楯所以自蔽扞也。鄭云:干也,城也,皆以禦難也。舊户旦反;沈音幹)。扞也(户旦反)。以禦(魚呂反)。難(乃旦反)。

由此可知陸書的體例:一是依經文先後的順序編次疑難的詞語;二是對疑難的詞語有時采取集注的方式(如"干城"釋義引孫炎、鄭玄兩家之説;"干"字注音有舊音、沈重注音兩種);三是所釋詞語首列字音,其次字義。此外,有時也作文字校勘。如通行本《老子》四十六章:"禍莫大於不知足。"陸書注:"河上本此句上有'罪莫大於可欲'一句。"近年湖南長沙馬王堆三號漢墓出土的《老子》甲、乙兩種帛書本與此並同。

陸書依附於經典,不能當作字典來使用,衹可作爲讀經時的案頭顧問,在讀經遇到疑難的時候,便可依次查檢陸書,以求得解答。

陸書在漢唐義書的發展上,起着樞紐的作用:它那別具一格的體例,成了唐代佛家《一切經音義》的先驅,而那種並存諸家之説的做法,到唐代,引出了《五經正義》定經義於一尊的逆反運動。

孔穎達《五經正義》 唐代士人的出路,主要是進士、明經兩科。明經自要專攻儒經,進士也要學習儒經。而學儒經,先要統一經文解釋。自漢代即有經今古文之爭,鄭(玄)學與王(肅)學之爭,到魏晉經注,一反漢人家法,南北朝之後又是師説多門,章句雜亂,與唐代一統天下的政治局面不相稱。於是唐太宗令才華出

第三章 小學的發展——六朝隋唐時代

衆、博通群經的孔穎達主持《五經》訓釋工作。

孔穎達(574—648),字冲遠,冀州衡水(今屬河北)人。他確定《五經》的注本,《周易》用王弼注,《尚書》用孔安國傳(實爲他人僞託),《詩》用毛傳、鄭箋,《禮記》用鄭注,《左傳》用杜(預)注。復又擬定疏不破注的原則,批評違注作疏是"木落不歸其本,狐死不首其丘"(《禮記正義序》)。孔穎達等《五經義訓》經唐太宗定名爲《五經正義》,至唐高宗永徽四年(653)頒行,作爲唐朝廷法定的經文釋義標準本。從此,東漢以來紛紜矛盾的師說一掃而空,儒家內部不同派別在釋義上的鬥爭也隨之熄滅。《五經正義》對儒家的影響,如范文瀾《中國通史》說的:"與漢武帝罷黜百家,獨尊儒學有同樣重大的意義。"

孔穎達等人恪守疏不破注的原則,在字義訓詁上,對漢魏經注作詳盡的發揮,祇是由於他們生活在文化發皇的唐代,又能提供一些爲前人不夠注意的有價值的新東西,如劉世儒指出的,即是"那些散見於全'疏'中的語法見解"[①]。"語法"一詞見於《左傳·昭公二十年》疏文[②],孔穎達稱詞的正確用法爲"語法",就是一個新的觀念。

我國古人往往用樸素的辯證法去剖析一切事物,在語法現象的考察上,也有運用"相反相成"觀點的。對漢語的詞類,孔穎達《詩·周南·關雎》疏裏分爲兩類:

> 然字之所用或全取以制義,"關關雎鳩"之類也;或假辭以爲助者,"乎、而、只、且"之類是也。

---

① 劉世儒《孔穎達的詞類說和實詞說》,載陸宗達主編《訓詁研究》第一輯,北京師範大學出版社,1981年。
② 傅傑來函告知:據孫良明考證,"語法"一詞首見鳩摩羅什(344—413)所譯《大智度論》:"天竺語法,衆字和合成語,衆語和合成句。"(《"語法"術語的出現》,香港《詞庫建設通訊》第15期,1988年)

就爲後世的實字、虛字之説所本。這"不但給漢語詞類的區分奠定了基礎,同時由此發展,對印歐語系的語法理論也給了一定的影響"①。

在實詞中,孔對動詞的探索尤其深刻。他繼《公羊傳》之後,明確地指出動詞有及物與不及物之分。《詩·鄘風·載馳序》疏:"滅"字有二義:當"勝國"講,是及物動詞,如"齊滅譚"、"狄滅温"之類,都要求有賓語"譚"、"温";當"死"講,是不及物動詞,如説"君自滅",並無賓語可及。他還認爲動詞有主動、被動之分。《詩·邶風·柏舟》:"覯閔既多,受侮不少。"孔疏:"又小人見困病於我既多,又我受小人侵侮不少。……言'覯',自彼加我之辭;言'受',從己受彼之稱耳。""覯""受"對舉,主動、被動分明,這是孔的一大發現。

漢語一詞多義的現象較爲突出,要確定具體的詞義,要看上下文語境而定。這語境,孔稱之爲"義勢"。《詩·小雅·伐木》:"伐木丁丁,鳥鳴嚶嚶……嚶其鳴矣,求其友聲。"鄭箋:"嚶嚶,兩鳥聲也。"孔疏:

> 言"嚶嚶兩鳥"者,以相切直;若一鳥,不得有相切,故郭璞曰:嚶嚶,兩鳥鳴,以喻朋友切磋相正。是以義勢便爲兩鳥,其實一鳥之鳴,亦"嚶嚶"也。故知"嚶其鳴矣",是一鳥也。

是説"嚶嚶"一詞本指鳥鳴聲,可指一鳥鳴,也可指兩鳥鳴,這是由"義勢"決定的。相對於"求其友聲"而言,"嚶其鳴矣"的"嚶"是指一鳥鳴聲。拿"義勢"的觀點看,同一個詞,用在不同的場合,可以有不同的具體意義。如"肅肅"一詞,《詩·周南·兔罝》疏:

---

① 劉世儒《孔穎達的詞類説和實詞説》,載陸宗達主編《訓詁研究》第一輯,北京師範大學出版社,1981年。

第三章 小學的發展——六朝隋唐時代

《小星》云：肅肅宵征。故傳曰：肅肅，疾貌。《鴇羽》、《鴻雁》説鳥飛，文連其羽，故傳曰：肅肅，羽聲也。《黍苗》説宮室，箋云：肅肅，嚴正之貌。——各隨文勢也。

"文勢"即"義勢"。從郭璞的"隨事爲義"到孔穎達的"各隨文勢"，標志着我國語境説的發展。因此，孔更在語句組織關係上確定具體詞義。《周易·无妄》："无妄之往，何之矣。"孔疏："上'之'是語辭，下'之'是適也。"就從"之"在句中的分布區域來推知，上"之"介於兩詞之間，不爲義，是虛字；下"之"同"何"組合，當"適"講，是實字。

與鄭玄一樣，孔穎達重視對古漢語特殊句式的揭示。除鄭説的"互文"、"省文"之外，他還發現了"倒言"即"倒文"[①]，指詩文中特意顛倒語序的現象；"變文"[②]，指詩文中特意變換文字的現象。

孔穎達的"語法"觀點，爲金王若虛所繼承，王以"語法"、"文法"、"句法"等詞並用，提出"凡解經，其論雖高，而於文勢語法不順者，亦未可遽從"[③]的準則，對古書、古注有所駁正。

顔師古《匡謬正俗》 與《五經正義》幾乎同時成書的一部義書，是顔師古的《匡謬正俗》，不過，那時他已去世，由他的兒子顔揚庭整理成書，編爲八卷，於唐高宗永徽二年（公元651）上表獻給朝廷。

顔師古（581—645），名籀，以字行，京兆萬年（今陝西西安）人。他原是文字訓詁學家，所撰《漢書注》、《急就章注》都很有名，他還與孔穎達一起編過《五經正義》，連《五經定本》也出於他之手，還因此開了"字樣"書的先例。《匡謬正俗》是他晚年未完成之作，在審音上偶有失誤，如《四庫全書總目》所評："惟拘於習俗，不

[①] 《毛詩·周南·葛覃》疏。
[②] 《毛詩序》疏。
[③] 王若虛《滹南遺老集》卷五《論語辨惑二》。

能知音有古今"，或以今韻讀古音，如說"反，音扶萬反，歌，音古賀反"，或以古音讀今韻，如說"先音西，逢音如字、不讀龐"之類。但在字義上，那長處正在知義有古今。顏在"烏乎"條指出："《古文尚書》悉爲'於戲'字，《今文尚書》悉爲'嗚呼'字，而《詩》皆云'於乎'字。中古以來，文籍皆爲'嗚呼'字。文有古今之變，義無美惡之別。"否定了那種"謂'嗚呼'爲哀傷、'於戲'爲嘆美"的說法（卷二）。他更注意把語詞的歷史演變與文物制度的更革結合起來考察。"便面"一條就是適例：

> 《張敞傳》云：自以便面拊馬。按所謂"便面"者，所執持以屏面，或有所避，或自整飾，藉其隱翳得之而安，故呼"便面"耳。今人所持縱自蔽者總謂之"扇"，蓋轉易之稱乎！原夫"扇"者，所用振揚塵氛、來風却暑，鳥羽篲可呼爲"扇"。至如歌者爲容，專用掩口；侍從擁執，義在障人，並得"扇"名，斯不精矣！今之車輿後提扇，蓋"便面"之遺事與！案桑門所持竹扇形不圓者，又"便面"之舊制矣。（卷五）

不僅指出"便面"與"扇"的異同，而且還揭示"便面"從漢至唐的種種演變。像這樣言之成理、持之有故的考釋，書中是很多的。

李善《文選注》　南朝梁武帝長子蕭統的《文選》，經隋唐學者的研究和注釋，逐漸成爲一門專門學問。先是蕭該的《文選音》導夫先路，而後是曹憲以教授文選學出名，再傳至高足李善（約630—689）。李幾乎以畢生精力去完成《文選注》，他在唐高宗顯慶三年（658）上表獻給朝廷。至唐玄宗開元六年（718），又有呂延祚將五臣（呂延濟、劉良、張銑、呂向、李周翰）合注的《文選》進表呈上，但五臣注不及李善注精審。

《文選》之有李善注，正如《詩》之有毛傳鄭箋。《文選注》引古代文集將近八百種，其中多已亡佚，甚有史料價值，但《文選注》的主要意義在訓詁上有了新的突破。

第三章 小學的發展——六朝隋唐時代

李善上承毛公、鄭玄以音求義的方法,較爲全面地揭示文字通假的規律。文字通假約有三種情況,一是形聲字與聲旁字相替代。顏延之《赭白馬賦》云:"長委離兮。"李注:"《禮記》曰'哲人其萎乎',《家語》爲'委'。'萎'與'委'古字通。"二是同聲旁的形聲字相替代。司馬相如《子虛賦》云:"怕乎無爲,憺乎自持。"李注:"'憺'與'澹'同,徒濫切;'怕'與'泊'同,蒲各切。"三是音同之字相替代。揚雄《長楊賦》云:"扶服蛾伏。"李注:"《説文》曰:'匍匐,手行也。''扶服'與'匍匐'音義同。"後人所揭同音假借的規律,亦不外乎此。

李善還比前人更爲重視典故的原始出處。齊梁以來,典故的引用,不僅作爲學識的一大標志,而且還作爲文采的一個標準。以"事出於沉思,義歸於翰藻"①爲宗旨的《文選》,幾乎篇篇有難解的典故。要通《文選》,就要着重探求典故的原委。班固《幽通賦》"北叟頗識其倚伏"的注文就較詳盡了:

> 《淮南子》曰:塞上之人,有善馬者。其馬無故亡而入胡。人皆吊之,其父曰:"此何遽不爲福?"居數月,其馬將胡駿馬而歸。人皆賀之,其父曰:"何遽不爲禍乎?"家富馬,其子好騎,墮而折髀。人皆吊之,其父曰:"此何遽不爲福乎?"居一年,胡人大出,丁壯者控弦而戰。塞上之人,死者十九。此獨以跛足故,父子相保。故福之爲禍,禍之爲福,變化不可測。《鶡冠子》曰:禍乎福所倚,福乎禍所伏。

這實例包括典故的兩大類別:凡來自前人詩文成句或熟語的,叫"語典",如"倚伏"語出《鶡冠子》,實則出於《老子》,指相互轉化着的禍福;凡來自歷史故事、古代神話傳說的,叫"事典",如"北叟"指《淮南子》説的那位善於辯證地思考問題的塞上老人。

古人十分重視典故的運用,劉勰《文心雕龍·事類》早已指

---

① 蕭統《文選序》。

出:"明理引乎成辭,徵義舉乎人事,乃聖賢之鴻謨,經籍之通矩也。""明理引乎成辭",就是"語典";而"徵義舉乎人事",即是"事典"。《文選注》考求"語典"或"事典",幾乎比比皆是。

唐代以《文選注》和《五經正義》同科舉取士的關係最深。大詩人杜甫向兒子傳授詩訣:一是"熟精《文選》理"[1],一是"應須飽經術"[2]。要懂"經術"及《文選》理",就得攻讀《五經正義》和《文選注》。於是,熱衷於功名的儒家文人對訓詁的興趣逐漸冷淡下去,反而讓正在與儒家、道家爭勝的佛家,去發展佛經的訓詁。

佛家義書代表作《慧琳音義》 佛教到隋唐,進入全盛的時期。人們往往以隋唐佛學與漢代經學、魏晉玄學並提,不是沒有道理的。即就佛經的翻譯而言,據唐釋智昇《開元釋教錄》記載,經、律、論三藏已共列一千零七十六部、五千零四十八卷,與現存大藏經(上海頻伽精舍本)一千九百一十六部、八千四百一十六卷相較,已超過半數以上[3]。正如梵文拼音學理的傳入,促使我國音韻學的創立一樣,佛經語詞的翻譯,也推動我國訓詁學的發展。隨着譯經數量的增加,各種意譯、音譯的名詞也多如牛毛了:"世界"、"因果"、"法寶"、"莊嚴"一類意譯詞,已與漢語原來詞彙融爲一體,不注音釋義也易懂得;"佛"(初譯"浮屠""佛陀")、"僧"(梵語"僧伽"的簡稱)、"尼"(梵語"比丘尼"的簡稱)之類中國化的音譯詞,較順利地在漢語詞彙裏流傳,也較容易明白所指的意思;"般若"(意爲智慧)、"伽藍"(意爲佛寺)之類意譯詞,要懂點佛學才能知道原意;"提婆達多"(意爲天授)、"首楞伽摩"(意爲健行)之類音譯詞,只有精通梵語的人才能知曉。這樣一來,佛經語詞的解釋者往往就由佛經翻譯家來擔任了。

---

[1] 《杜詩鏡銓》卷九《宗武生日》。
[2] 《杜詩鏡銓》卷十八《又示宗武》。
[3] 嚴北溟《談談一部古佛教辭典——〈一切經音義〉》,載《辭書研究》1980年第3輯。

第三章 小學的發展——六朝隋唐時代

據《大唐内典錄》,早在南北朝,已有北齊僧人道慧撰《一切經音》。"一切經"或叫大藏經,是佛教全部經典的總稱。道慧之作已散失,現存的佛家義書,以唐釋玄應《衆經音義》二十五卷爲最早,大約成書於唐高宗龍朔(661—663)年間[①]。接着而出的有玄奘門人窺基(亦稱大乘基)的《妙法蓮華經音義》一卷,有武則天時的翻譯僧慧苑的《新譯華嚴經音義》二卷,有唐玄宗時的翻譯僧雲公的《大般涅槃經音義》二卷,這些祇注一部佛經,自不能與玄應的《音義》相比。到了唐憲宗時,一部集佛經訓詁之大成的巨著出現了,那就是慧琳的《一切經音義》,簡稱《慧琳音義》。《慧琳音義》計一百卷,它把玄應、窺基、慧苑、雲公的《音義》經過刪補,盡行編進,約占全書的三分之一。

慧琳(737—820)爲唐京師西明寺翻譯僧,俗姓裴,疏勒國(今新疆喀什市)人,原是密宗高僧不空的弟子,對印度聲明、中國文字訓詁均甚精通。他在唐德宗貞元四年(788)開始撰《一切經音義》,至唐憲宗元和五年(810)完成。所釋佛經,始於大乘的《大般若波羅蜜多經》,終於小乘的《護命放生法》,共計一千三百部、五千七百餘卷,約六十萬字[②]。書成後,即藏稿本於京師西明寺。但這曠世名著的命運,却與《玉篇》相似。先是京師的本子亡於唐末戰火,幸有燕京的本子留存。遼聖宗統和五年(987)燕京沙門希麟撰《續一切經音義》十卷。後一並傳至朝鮮,再過海到日本。日本翻刻《一切經音義》正續本,正值清高宗乾隆二年(1737)。至清末,小學已成强弩之末,《音義》正續本才爲我國學者所得,到頻伽精舍復印時,已是民國元年(1912)了。

《慧琳音義》主要根據《説文》、《字林》、《玉篇》、《字統》、《古今

[①] 徐時儀《玄應〈衆經音義〉研究》,中華書局,2005年,第27—31頁。
[②] 姚永銘《慧琳〈一切經音義〉研究》(江蘇古籍出版社,2003年)第12頁稱:《慧琳音義》解釋的佛經始於《大般若波羅蜜多經》,終於《護命放生法》,共一千二百三十三部,五千二百五十卷,一百餘萬字。

正字》、《文字典説》、《開元文字音義》來釋義,參照《韻英》、《韻銓》、《考聲切韻》等書來注音,這些字書、韻書未備的,就廣泛徵引經傳注疏爲證,計有二百五十一種,其中又以久已散失的逸書居多,誠如丁福保説的:"皆兩漢之緒言,經師之訓詁,琳琅滿紙,如入琅嬛福地,惟嘆其奇博而已。"①

《慧琳音義》對小學的作用是很大的。例如,可以補正《説文》。如《説文·手部》:"挃,一指按也。""考《慧琳音義》卷六一'反挃'條云:'《經〔當作説〕文》:"以指按也。從手厭聲。"'又卷八一'挃在'條:'《説文》云:"以指按也。從手厭聲。"'足證《説文》本作'以指按也。"②按,《説文段注》"一"字未改,而朱駿聲《説文通訓定聲》則謂:"'一指'當作'以指'。"與《慧琳音義》暗合。又,可以校訂經注。如《詩·小雅·大田》:"有渰萋萋。"毛傳:"渰,雲興貌。"而慧琳則引作:"渰,陰雲貌。"③與《玉篇·水部》、《顔氏家訓·書證》所引相同。《説文》水部作"雨雲貌",與此相近。足見釋"渰"爲"雲興貌"不是毛公本意。再如,還可考訂古音。如"態",《説文》作"意也。从心从能";段玉裁改爲:"意態也,从心能,能亦聲。"意謂"能"不但表意,而且還表聲。慧琳引《説文》則作:"姿容見也,從心、能聲。"④"能"古音"耐",與"態"原以疊韻爲訓。如此看來,《慧琳音義》在保存古代小學資料上,已大大超過《經典釋文》。

從音韻訓詁通佛經義理　不過,《慧琳音義》的主要價值還不在史料上,而是在學術上。最先指出《音義》學術價值的,是撰寫序言的處士顧齊之及和尚景審。顧序作於唐文宗開成五年(840)。序文高度估價音義的作用:"文字之有音義,猶迷方而得

---

① 丁福保《一切經音義提要·補輯逸書》。
② 姚永銘《慧琳〈一切經音義〉研究》第 243—244 頁。
③ 《一切經音義》卷九十一《續高僧傳》音義。
④ 《一切經音義》卷十五《大寶積經》音義。

路,慧燈而破暗。"從此出發,他系統地提出了從音韻訓詁到入道成佛的路綫:

> 得其音則義通,義通則理圓,理圓則文無滯,文無滯則千經萬論如指掌而已矣。朝凡暮聖,豈假終日,所以"不離文字而得解脱"。

景審序文同樣强調:"無離文字解脱也。"他們與慧琳,同屬密宗一派,因此不約而同地通過《音義》宣揚"不離文字而得解脱"的道理,來同禪宗的不立文字、明心見性的主張相對抗。同是要成佛,而成佛的途徑各有不同:在禪宗是不立文字,而在密宗是不離文字。是不是不離文字,成了密宗同禪宗的分界綫。既要不離文字,就得從音韻入手。慧琳的法師不空,就譯了一部名叫《大方廣佛華嚴經入法界品四十二字觀門》的佛經。所謂"四十二字觀門",是以始於"阿"字而終於"荼"(或"佗")字的四十二個字母,爲一切字之根本,也就是入道成佛的法門[1]。這樣,必會從音韻通訓詁,由訓詁通佛理。顧齊之提出的從音韻訓詁通佛經義理的主張,實是鄭玄"就其原文字之聲類考訓詁、捃秘逸"的原則的進一步發展,而這,也是從玄應至慧琳的各種《音義》的理論概括。

在慧琳之前,玄應已有以音求義的範例。如鳩摩羅什譯《維摩經·菩薩品》有言"是爲魔來,嬈固汝耳"。歷來解經者,不明白"嬈固"的本意,甚至有人説爲魔所動曰嬈,魔不能動曰固。至玄應,才指明:"嬈固"爲"擾蠱"之通假,意謂"此魔作擾亂厭蠱也"[2]。可謂一語道破。

《慧琳音義》有爲《爾雅》、《説文》代替不了的獨特之處,就是着重解釋梵語音譯詞。既要解釋梵語音譯詞,自不能爲漢字形體

---

[1] 嚴北溟《談談一部古佛教辭典——〈一切經音義〉》。
[2] 見《一切經音義》卷二十八《維摩詰所説經上》音義。

所迷惑。如釋"琰魔王",舊云"閻羅王",經文作"剡魔王",實爲一詞,意譯爲平等王①。同理,他觀察漢字,往往也從音出發。如釋"忻樂",就指出,或作"訢樂",又作"欣樂",均爲喜笑貌②。從音求義,亦是《慧琳音義》的基本特點。

結合社會文化現象分析詞義　《慧琳音義》另一個特點,是結合社會文化現象來分析詞義。有些梵語音譯詞,已在漢語裏通用了,他也一一指出那詞的本義。如"刹那",原是梵語計時名稱:"一日一夜有三十須臾,每一須臾計有三十臘縛,又於一臘縛之中計有六十怛刹那,又於一怛刹那之中分爲一百二十刹那。時中迅促不過刹那。"接著又與中國計時法比較:"一日一夜有十二時,共分爲一百刻",如此算來,"一刻之中約有七萬刹那時也,言極迅疾,促於瞬息也"③。這種探本求源的精神,實在令人驚嘆!

慧琳不僅通梵語,而且也懂西域語。"蘇莫遮"的解釋,堪稱範例:

> 蘇莫遮,西戎胡語也。正云"颯磨遮"。此戲本出西龜慈國,至今由〔猶〕有此曲。此國渾脱大面撥頭之類也。或作獸面,或象鬼神,假作種種面具形狀;或以泥水霑灑行人,或持羂索搭鉤捉人爲戲。每年七月初,公行此戲,七日乃停。土俗相傳云:常以此法,攘〔禳〕厭驅趁羅刹惡鬼食啗人民之災也。④

"蘇莫遮"一詞,經他一解釋,就活現出一幅古代西域的風俗畫來。

慧琳還從語詞的歷史演變中,解釋佛教的抽象名詞。如"地獄"一詞,他先釋"獄"字的起因:"《急就章》云:皋陶始造獄。堯臣

---

① 《一切經音義》卷七《大般若波羅蜜多經》五百二十卷音義。
② 《一切經音義》卷三十二《彌勒下生成佛經》音義。
③ 《一切經音義》卷六《大般若波羅蜜多經》五百一十五卷音義。
④ 《一切經音義》卷四十一《大乘理趣六波羅蜜多經》音義。

名也。《玉篇》云:囚繫之所,因名爲獄。杜預注《周禮》云:争財曰訟,争罪曰獄。"接着指出"獄"字的歷史演變:"《風俗通》云:三王爲獄,夏曰夏臺,殷曰羑里,周曰囹圄。自秦漢已還,通名爲獄。《説文》云:獄,確也(確音苦角反),獄字從狱(魚斤反),二犬相嚙,中心言者訟也。會意字。二犬所以守也。"再轉而解釋佛經説的"地獄":"經言地獄者,冥司幽繫之所也。在世界之下,故云地獄。"這樣的解釋,反而叫人破除宗教迷信:原來陰間的"地獄",正是人間的牢獄的投影。

由此可見,《慧琳音義》是集佛教義書之大成,在唐代的訓詁中,可謂首屈一指。嚴北溟稱《慧琳音義》爲"當時世界上最高水平之作"[①]!

---

① 嚴北溟《談談一部古佛教辭典——〈一切經音義〉》。

第四章　小學的轉折——
宋元明時代

一、與近代白話文學相適應的語言觀

小學在宋元明三代的總趨勢,是逐級下降的。比較起來,以北宋較爲發達:《説文》的校注,《切韻》的增訂,古文字學及古音學的開創,均在北宋。到南宋,理學盛行,情況有所不同:理學的旨趣不在名物訓詁,而在闡釋義理,兼談性命。於是雅學中斷,"六書"之學代替了《説文》研究。就是較爲重視文字訓詁的理學大師朱熹,也不以"小學"指稱語言文字學,而用來稱呼童蒙倫理教育。但小學的演變,並不全由理學支配,近代文學特別是元曲、明代小説的興起,又給小學研究以新的刺激。這表現在語言觀上,是對言、意、文三者關係的再認識。

言意關係的再認識　自魏晉以來,對語言達意能力的看法,分爲"言盡意"與"言不盡意"兩大派,即在唐代詩人中亦然。杜甫《敬贈鄭諫議十韻》主張語言能夠"毫髮無遺憾"地表現意思,而劉禹錫《視刀環歌》卻認爲:"常恨言語淺,不如人意深。"到北宋,經學懷疑派崛起,首先對《周易·繫辭上》説的"言不盡意"提出質疑。歐陽修反駁説:

"書不盡言,言不盡意。"然自古聖賢之意,萬古得以推而求之者,豈非言之傳歟?聖人之意所以存者,得非書乎?然則書不盡言之煩而盡其要,言不盡意之委曲而盡其理。謂

第四章 小學的轉折——宋元明時代

"書不盡言,言不盡意"者,非深明之論也!①

"書不盡言之煩而盡其要,言不盡意之委曲而盡其理"兩語,比儒家經典上的論點高明:與"言以足志,文以足言"相比,是看到書不盡言之煩、言不盡意之委曲的一面;同"書不盡言,言不盡意"相比,是道出了書能盡言之要、言能盡意之理的主要之點。

繼歐陽修而出的蘇軾,對孔子的"辭達而已"一語作了新解,指出:"辭達而已"一語不僅是指"言以足志",而且還包括"文以足言","言之無文,行而不遠"一層意思在內:

> 孔子曰:"言之不文,行而不遠。"又曰:"辭達而已矣。"夫言止於達意,即疑若不文,是大不然。求物之妙,如係風捕影,能使是物了然於心者,蓋千萬人而不一遇也,而況能使了然於口與手者乎。是之謂"辭達"。辭至於能達,則文不可勝用矣。②

他把"辭達"理解爲語言表達的整個過程,一個從"了然於心"到"了然於口與手"的過程,即從"言以足志"到"文以足言"的過程。

到南宋,楊萬里與歐陽修、蘇軾不同,不是從語言表達的角度,而是從語言效果的角度,去領會"書不盡言,言不盡意"兩語的精神實質。他寫道:

> 聖人之言,非不能盡意也,能盡意而不盡也;聖人之書,非不能盡言也,能盡言而不盡也。曷爲不盡也?不敢盡也。《中庸》曰:"有餘不敢盡。"此《易》與《中庸》之妙也。然則曷爲不敢盡也?憂其言之盡而人之愚也。漁者之於魚也,有小其得者,有大其得者。小其得者,必澗溪者也;大其得者,必江海者也。江海之所以爲江海,夫豈若是澗溪然哉?水石鑿

---

① 《歐陽修全集·試筆·繫辭說》。
② 蘇軾《經進東坡文集事略》卷四十六《答謝民師書》。

然以明,而蟲魚歷然以見也;淵乎其茫也,黝乎其幽也,是故求者加深,則得者加大也。……人之常情,近則狎,遠則疑,故《易》之遠者,所以投天下以疑,而致天下之思也。①

認爲聖人垂教,重在啓發,因而書不敢盡言,言不敢盡意,就在"致天下之思",留下一些意思上的空白,讓人們自己去補充,去填補,此即所謂"思則見,見則悦,悦則研,研則詣"。他把"書不盡言,言不盡意"理解爲語言表達的特殊手段,要求用"暗示"的方法,調動人們積極的思索。

言文關係的再認識 元明以降,隨着近代白話文學的勃興,對"言、意、文"三者關係討論的重點,漸由言意關係轉爲言文關係。言意關係本是語言本身的形式與内容的關係,而言文關係,指的是語言存在形式上的口頭語與書面語的關係。

言文關係決定着文體改革的方向。早在東漢,哲學家王充已經提出"文字與言同趨"的主張,要求"形露易觀",反對"指意難覯"②。唐代史學家劉知幾亦發出"怯書今語,勇效昔言,不其惑乎"③的質問。自中唐,從民間萌發着接近口語的"變文"、"語録"一類文體,宋代更有話本,元代有雜劇,到明代民歌、章回小說的興起,連鼓吹文必秦漢、詩必盛唐之類復古口號的李夢陽,也不得不贊成"真詩在民間"④的論斷。到晚明,文學家袁宗道、袁宏道兄弟給復古主義以有力的打擊。袁宗道提出:

> 口舌代心者也,文章又代口舌者也。展轉隔礙,雖寫得暢顯,已恐不如口舌矣;況能如心之所存乎?故孔子論文曰:"辭達而已。"達不達,文不文之辨也。

---

① 楊萬里《誠齋集》卷八十四《六經論·易論》。
② 王充《論衡·自紀》。
③ 劉知幾《史通·言語》。
④ 《空同子集》卷首鄧雲霄《重刻空同先生集叙》。

他認爲,心意是否暢達地表述,要以言文能否合一爲前提。他還用歷史觀念去闡明語文的演變:"時有古今,語言亦有古今,今人所詫謂奇字奧句,安知非古之街談巷語耶?"①袁宏道更明確地斷言:"文之不能不古而今也,時使之也。"②他在《與馮琢庵師》裏,甚至發出"寧今寧俗,不肯拾人字詞"的口號。一句話,袁氏兄弟主張文章要用當代的語言、自己的語言,就比王充、劉知幾更勝一籌。

在袁氏兄弟之前,有徐渭論戲曲語言,"與其文而晦,曷若俗而鄙之易曉"③;在袁氏兄弟之後,有馮夢龍論小説語言,"話須通俗方傳遠,語必關風始動人"④。他們的主張,開了晚清至"五四"的白話文運動的先聲;同時,也對小學研究的革新是一個强有力的支援。如袁宗道説的"時有古今,語言亦有古今"與陳第説的"時有古今,地有南北,字有更革,音有轉移"⑤,均爲歷史觀念在語言文學上的醒覺。

二、由《廣韻》進而探求古音

宋元之間,音韻學一度與文字學取得了同步的進展:在北宋,一是發展"今音學"(中古音學),編定《廣韻》;一是重振《説文》之學,拿出《説文》校本;一是開創古音學,一是奠定古文字學;到元代,前者有北音學扛鼎之作《中原音韻》,後者有"六書"學代表作《六書故》。兩者幾乎是同時興起,相關變異,而成就較高的音韻學向文字學滲透,又逐步同訓詁學溝通,便是值得關注的學術動向。

從《廣韻》到"平水韻" 由《切韻》擴充編成《廣韻》,是宋元明

---

① 袁宗道《白蘇齋類集》卷二十《論文》。
② 袁宏道《袁中郎全集》卷一《雪濤閣集序》。
③ 徐渭《南詞叙錄》。
④ 馮夢龍《京本通俗小説·馮玉梅團圓》。
⑤ 陳第《毛詩古音考·序》。

音韻學上的一件大事。自從《切韻》散失、僅存殘卷以後,《廣韻》的歷史地位就更高了。如黃侃所說的:"音韻之學,必以《廣韻》爲宗,其與《說文》之在字書,輕重略等。"①

《廣韻》的成書,凝聚着唐宋學者的心血。從《切韻》的寫成(公元601年)到《廣韻》的編定(1011),前後經歷了四百一十年。其間對《切韻》的改進作出較大貢獻的,主要有德州司户參軍長孫訥言的箋注(公元677年),有衢州信安縣尉王仁煦的刊謬補缺(公元706年),有陳州司法孫愐的重爲刊定,改名《唐韻》(天寶十載,公元751年),後又有音韻學家李舟訂正《切韻》的韻部次序,"使各部皆以聲類相從",又"使四聲之次相配不紊"(王國維《李舟〈切韻〉考》),更爲宋人重修《廣韻》所本。但《廣韻》的反切,還是依據《切韻》的,因而從《廣韻》裏大體上可以考見《切韻》的反切。

宋人重修《廣韻》,大約還要經過兩代人的努力。近人王國維《論唐廣韻宋雍熙廣韻》指出:

> 釋文瑩《玉壺清話》云:"句中正有字學,同吴鉉、楊文舉同撰《廣韻》(《宋史·句中正傳》、《玉海》並同)。是宋雍熙中,曾修《廣韻》,故景德、祥符所修,名《大宋重修廣韻》。"(《觀堂集林》卷八)

"雍熙"(984—987)爲宋太宗的年號;"景德"(1004—1007)、"祥符"(1008—1016)是宋真宗的年號。雍熙間,修《廣韻》是句中正等人;景德、大中祥符年間,重修《廣韻》的,是陳彭年、邱雍等人。陳彭年(961—1017),字永年,撫州南城(今屬江西省)人。師事徐鉉,深得其傳。重修《廣韻》的卷首,載有景德四年(1007)及大中祥符元年(1008)的《敕牒》。祥符《敕牒》說得明白:

> 朕丕遵先志,導揚素風,設教崇文,懸科取士,考覈程準,

---

① 《黄侃論學雜著·與友人論治小學書》。

第四章 小學的轉折——宋元明時代

兹實用焉。

"朕",宋真宗自稱。他聲稱,要秉承宋太宗的遺志,勵行文治,以詩賦取士,把重修的《廣韻》作爲科舉考試的用韻標準。至大中祥符四年(1011),集隋唐韻書之大成的《大宋重修廣韻》編定。這是我國也是世界上至今仍然最完整地保存着的最早的一部韻書。

《廣韻》的宗旨,仍一似《切韻》,兼顧審音與作詩檢韻兩者。審音必須從嚴,作詩不妨求通,因而《廣韻》韻目下注以"同用""獨用"的字樣。這些注文,當出於邱雍等人之手。《玉海》卷四十五就説:"景德四年,龍圖待制戚綸等,承詔詳定考試聲韻。綸等以殿中丞邱雍所定《切韻》同用、獨用例,及新定條例參定。"

《廣韻》五卷,按四聲分部。平聲字多,分上下兩卷:上平二十八韻,下平二十九韻,實爲五十七韻。上、去、入三聲各一卷:上聲五十五韻,去聲六十韻,入聲三十四韻。全書共二百零六韻。其中一百九十三韻來自陸法言《切韻》,"儼、釅"兩韻采自王仁昫《刊謬補缺切韻》,"諄、準、稕、術,桓、緩、換、曷,戈、果、過"等十一韻采自孫愐天寶本《唐韻》。二百零六韻韻目排列次序,全按照李舟《切韻》。《廣韻》收字二萬六千一百九十四個,較陸法言《切韻》增加一萬四千零三十六個字。《廣韻》立二百零六韻目,雖然繁瑣,却也重要。因爲這些韻目已成爲中古漢語韻母的代表字了;離開這些韻目,就無法考求中古漢語的韻母系統。據清人戴震、段玉裁等人研究,這二百零六韻如下表所示:

平聲	上聲	去聲	入聲
東獨用	董獨用	送獨用	屋獨用
冬鍾同用	腫	宋用同用	沃燭同用
鍾	腫	用	燭
江獨用	講獨用	絳獨用	覺獨用
支脂之同用	紙旨止同用	寘至志同用	
脂	旨	至	

平聲	上聲	去聲	入聲
之	止	志	
微獨用	尾獨用	未獨用	
魚獨用	語獨用	御獨用	
虞模同用	麌姥同用	遇暮同用	
模	姥	暮	
齊獨用	薺獨用	霽祭同用	
		祭	
		泰獨用	
佳皆同用	蟹駭同用	卦怪夬同用	
皆	駭	怪	
		夬	
灰咍同用	賄海同用	隊代同用	
咍	海	代	
		廢獨用	
真諄臻同用	軫準同用	震稕同用	質術櫛同用
諄	準	稕	術
臻			櫛
文獨用	吻獨用	問獨用	物獨用
欣獨用	隱獨用	焮獨用	迄獨用
元魂痕同用	阮混很同用	願慁恨同用	月没同用
魂	混	慁	没
痕	很	恨	
寒桓同用	旱緩同用	翰換同用	曷末同用
桓	緩	換	末
删山同用	潸產同用	諫襉同用	黠鎋同用
山	產	襉	鎋
先仙同用	銑獮同用	霰線同用	屑薛同用
仙	獮	線	薛
蕭宵同用	篠小同用	嘯笑同用	
宵	小	笑	
肴獨用	巧獨用	效獨用	
豪獨用	晧獨用	號獨用	
歌戈同用	哿果同用	箇過同用	

第四章 小學的轉折——宋元明時代

平聲	上聲	去聲	入聲
戈	果	過	
麻獨用	馬獨用	禡獨用	
陽唐同用	養蕩同用	漾宕同用	藥鐸同用
唐	蕩	宕	鐸
庚耕清同用	梗耿靜同用	映諍勁同用	陌麥昔同用
耕	耿	諍	麥
清	靜	勁	昔
青獨用	迥獨用	徑獨用	錫獨用
蒸登同用	拯等同用	證嶝同用	職德同用
登	等	嶝	德
尤侯幽同用	有厚黝同用	宥候幼同用	
侯	厚	候	
幽	黝	幼	
侵獨用	寑獨用	沁獨用	緝獨用
覃談同用	感敢同用	勘闞同用	合盍同用
談	敢	闞	盍
鹽添同用	琰忝同用	豔㮇同用	葉怗同用
添	忝	㮇	怗
咸銜同用	豏檻同用	陷鑑同用	洽狎同用
銜	檻	鑑	狎
嚴凡同用	儼范同用	釅梵同用	業乏同用
凡	范	梵	乏

這些韻目下注上"同用"有七十三處,"獨用"有四十二處,説明《廣韻》的宗旨主要是爲了作詩叶韻,以利應試。

宋、金學者認爲《廣韻》分韻過細,不便掌握,就一再對可以合併的韻部,儘可能合併,這結果是演變成近代的詩韻。

宋景祐四年(1037),丁度(990—1053)等人以戚綸、邱雍的《韻略》(實爲《廣韻》的略本)爲基礎,酌收舉子詩賦常用九千五百九十字,改併《廣韻》注明"獨用"之韻十三處,成《禮部韻略》。"禮部"主管科舉取士,《禮部韻略》自是科舉作詩叶韻的官書。繼而金崇慶元年(1212),韓道昭編定《五音集韻》,把《廣韻》二百零六韻併爲一百六十韻,開了合併《廣韻》韻部的先例。大約與《五音集韻》同時或者稍後一些,金人毛麾編成《平水韻》①。

後起的《平水韻》有兩種。一種爲一百零六韻:平聲三十韻,上聲二十九韻,去聲三十韻,入聲十七韻。即是把宋代《禮部韻略》注明"同用"之韻盡行併合,又把原注明"獨用"的上聲"迥""拯"及去聲"徑""證"也各併爲一部。如金正大六年(1229)王文郁的《平水新刊禮部韻略》,正大八年(1231)張天錫的《草書韻會》。宋末元初陰時夫編的類書《韻府群玉》亦依一百零六韻編次。另一種爲一百零七韻,只有上聲"迥""拯"不併而已。如宋淳祐十二年(蒙古憲宗二年,1252)劉淵的《壬子新刊禮部韻略》即是。元初熊忠的《古今韻會舉要》也按劉淵韻目編次。特別是一百零六韻,更爲人們所樂用,成了元明清作近體詩者押韻的依據。

古音研究的開端 古音學研究是以《廣韻》爲階梯進入先秦西漢古音的探索的。古音學的可貴之處在於:透過漢字,發現本音。這就與現代語言學的觀點有些接近了。

但古音學的開創,却走了"之"字形的道路。

早在漢代,經學大師鄭玄已明白語音的古今差别。如戴震《聲韻考》指出的:

> 鄭康成箋《毛詩》云:古聲填、眞、塵同。及注他經,言古者聲某某同,古讀某爲某之類,不一而足。是古音之説,漢儒明知之,非後人創議也。

鄭玄弟子劉熙《釋名·釋車》也説過:"車,古者曰車,聲如居,言行所以居人也;今曰車,車、舍也,行者所處若車舍也。"鄭、劉都知道語音的古今流變。但六朝以降,經學衰微,古音失傳,文人學士讀《詩經》,每逢韻語不協之處,竟不知這出於古今音的變異,反而以

---

① 見謝啓昆《小學考》卷三十三録《山西通志》。

第四章 小學的轉折——宋元明時代

當時語音爲本,去改讀古音以求韻脚和諧。這做法,"六朝人謂之'協句',顏師古注《漢書》謂之'合韻'"①。如《詩·邶風·燕燕》:"燕燕于飛,下上其音。之子于歸,遠送于南。瞻望弗及,實勞我心。"沈重《毛詩音》於"南"字下注:"協句,宜乃林反。"强讀"南"字乃林切,來與"音""心"叶韻。陸德明《經典釋文·毛詩音義》雖引沈說,但也自有主意,特加說明:"今謂古人韻緩不煩改字。"意謂古人用韻較寬,不像後世那麼苛細,沒有必要改讀字音。這個很好的意見,唐人不重視,以致開了改經叶韻的惡習。開元十四年(726),唐玄宗讀《尚書·洪範》"無偏無頗,遵王之義",以爲"頗"、"義"不押韻,就改"頗"爲"陂"來協讀。直到宋宣和六年(1124),徽宗詔《洪範》復從舊文,仍用"頗"字②。這一改正,當與北宋學者的古音探索有關。

也就在宣和六年的進士行列裏,有一位名字與古音學相聯的人,他就是吳棫(約1100—1154),字才老,建安(今福建建甌)人。他受到陸德明的"古人韻緩不煩改字"一語的啓發,提出了古音韻部通轉之說。他研究《詩經》、《楚辭》,按照《廣韻》的韻目,把古代韻文的韻脚字統攝起來,在韻目下注明"古通某"、"古轉聲通某"、"古通某或轉入某"之類字樣,寫了《毛詩叶韻補音》、《楚辭釋音》、《韻補》等書。祇有《韻補》一書今存。他没有給古韻分部,後人依他所注明的通轉來歸類,才得出古韻九部(東、支、魚、真、先、蕭、歌、陽、尤)。他的同鄉親友徐蕆爲《韻補》作序,肯定古韻文"無不字順音叶",這便劃清了古韻通轉說與六朝"協句"說的界限。徐還提出"音韻之正,本諸字之諧聲",一語開了清人從文字的諧聲偏旁考求古本音的途徑。

陳第的古音發明 吳棫之後,項安世提出"古人呼字,其聲之

---

① 江永《古音標準·例言》。
② 《十三經校勘記》。

高下與今不同"①之説。宋元之間,戴侗在《六書故》卷十六"行"字下注:"書傳'行'皆户郎切,《易》與《詩》雖有合韻者,然'行'未嘗有協庚韻者;'慶'皆去羊切,未嘗有協映韻者;如'野'之上與切,'下'之後五切,皆古正音,與合異,非合韻也。"已有否定"叶韻"説的傾向。到明代,焦竑才旗幟鮮明地寫出了《古詩無叶音説》的專論②。陳第更提出了古本音不同今韻之説。這一學説,被王國維譽爲明清古音學上三大發明之一③。

陳第(1541—1617),字季立,號一齋,福建連江人。他在《毛詩古音考自序》裏宣稱:

> 蓋時有古今,地有南北,字有更革,音有轉移,亦勢所必至。故以今之音讀古之作,不免乖剌而不入。

同吴棫、焦竑等人相比,他已不是衹舉實例來駁斥"叶韻"説,而是從理論的高度,提出了語音隨着時代、地域而變遷的原理。他的《讀詩拙言》説得更明白:"一郡之内,聲有不同,繫乎地者也;百年之中,語有遞轉,繫乎時者也。"與此相關,古音研究的下限,也不推至唐宋,而要斷自秦漢,如《屈宋古音義跋》説的,"薈萃秦漢之先,究限上古必然之韻"。

陳第的語音觀是歷史的,他的方法論是比較的。在同一時代的橫截面上,他以《詩經》與《楚辭》互相證發,來定先秦的本音。由此撰成《毛詩古音考》及其姊妹篇《屈宋古音義》。《毛詩古音考》成於萬曆丙午(1606)之前,《屈宋古音義》於萬曆甲寅(1614)寫定。前者從《詩經》裏提出四百九十六字,後者從屈原、宋玉賦裏提出二百三十四字,這些字均"合於古而異於今",意在説明:先秦上古音不同於唐宋近古音。同時,在考求古音的方法上,也不像吴棫等人那樣逐字標韻、注明通轉,而是以本證、旁證

---

① 項安世《項氏家説》卷四《詩音》。
② 載《焦氏筆乘》卷三。
③ 王國維《觀堂集林・五聲説》。

互相結合進行考據。如《毛詩古音考自序》説的:"本證者,《詩》自相證也;旁證者,采之他書也。"自然,"他書"指與《詩經》差不多同時的古籍。如卷一"田"字條,就説:"音陳。《説文》:田,陳也。古'田''陳'通音,故陳敬仲奔齊後改爲'田'。宋玉《招魂》:鄭衛妖玩來雜陳些,激楚之結獨秀先些。是又以'陳'音'田',益以見其相通也。"注語之後,是"本證",以《詩經》裏《定之方中》、《叔于田》、《白華》、《崧高》、《江漢》等篇論證;再是"旁證",以《易乾九二》、《國語》及張衡《南都賦》等文來對證,恰如老吏斷獄。

古音學的開創,吳棫、陳第等福建學者有第一功。特別是陳第,從觀點上、方法上爲古音研究開闢一條新路,爾後顧炎武、江永、戴震等人給以發揚光大,把清代古音學推向一個高峰。

三、《中原音韻》是普通話音系的歷史源頭

學術的發展也是物極必反的。"隋唐的韻書,韻部分析極細,詩歌用韻無法遵守,於是立同用、獨用例來解決它在實際運用中的矛盾,但是,仍解決不了;平水韻大加省併,也不能解決;最後出現《中原音韻》,徹底推翻舊韻書的束縛。"①

《中原音韻》作者周德清,字挺齋,江西高安人。他善於音律,又長於散曲創作。在創作上,他自豪地宣稱:"篇篇句句靈芝,字字與人爲樣子。"②他的音韻學著作《中原音韻》亦然。明王驥德説:"作北曲者,守之兢兢,無敢出入。"③

小學與曲學的溝通 《中原音韻》分兩部分,前一部分是韻

---

① 洪誠《中國歷代語言文字學文選·〈韻補序〉説明》。
② 見瑣非復初《中原音韻序》。
③ 王驥德《曲律·論韻》。

譜,爲北曲押韻的標準;後一部分叫《正語作詞起例》,論北曲語言藝術的法則。這結構就表明音韻學與曲學的溝通。

韻譜分爲十九部。一般祇要韻腹、韻尾相同,即可歸爲同一韻部。同部中的字都可押韻。《中原音韻》裏,每個韻部往往包括一個到四個不同的韻母。現據唐作藩的擬音,把各部的韻母附以例字標示如次:

一、東鍾:uŋ(工、農);iuŋ(兄、龍)

二、江陽:aŋ(康、昌);iaŋ(良、祥);uaŋ(雙、創)

三、支思:ï(思、詩、耳)

四、齊微:i(衣、西、知);ei(梅、飛);uei(追、回)

五、魚模:u(夫、婦);iu(旅、居)

六、皆來:ai(開、才);iai(挨、街);uai(乖、快)

七、真文:ən(根、本);iən(親、人);uən(溫、敦);iuən(春、雲)

八、寒山:an(晚、安);ian(閑、晏);uan(還、彎)

九、桓歡:on(搬、盤)

十、先天:ien(天、年);iuen(專、權)

十一、蕭豪:ɑu(高、考);iɑu(交、敲);iau(苗、條)

十二、歌戈:o(可、我);io(樂、若);uo(戈、火)

十三、家麻:a(巴、大);ia(佳、霞);ua(花、華)

十四、車遮:ie(些、也);iue(瘸、靴)

十五、庚青:aŋ(爭、能);iəŋ(輕、盈);uəŋ(朋、閎);iuəŋ(扃、瓊)

十六、尤侯:əu(偷、搜);iəu(秋、收)

十七、侵尋:əm(怎、滲);iəm(深、林)

十八、監咸:am(南、站);iam(嵌、岩)

十九、廉纖:iem(尖、炎)①

---

① 唐作藩《〈中原音韻〉是普通話語音系統的歷史源頭(上)》,載《文字改革》1985年第5期。

計十九部四十六個韻母,與現代普通話三十六個韻母比,自要複雜些,但比起《切韻》音系來,却要簡化得多了。

《中原音韻》的《正語作詞起例》,介紹音韻、宮調、曲牌等知識,着重提出"作詞十法":知韻、造語、用事、用字、入聲作平聲、陰陽、務頭、對偶、末句、定格。除了分析佳句、樹立作曲"樣子"的定格以外,其他九法可分爲三類。

第一,造語、用字、用事(典故)、對偶講的是詞采。

第二,知韻、入聲作平聲、陰陽、末句講的是聲律。就是說,作曲先要"知韻";在曲韻裏,無入聲,祇有平、上、去三聲,因而要謹慎,注意"入聲作平聲";而平聲又分"陰陽",如"天地玄黃,宇宙洪荒"兩句,"荒"字陰平與"黃"字陽平相對;還要留神散曲的末句,末句是平聲還是仄聲(包括上、去)煞尾,不同曲調有不同的具體規定。

第三,聲律與詞采在篇中節骨眼上的表現,就是務頭。"務頭",指詞曲中聲文並美之處;曲中平上去三音聯串之處①。一旦在篇中務頭上下功夫,就好比"衆星顯一月之孤明"②。如定格載有元曲《梧葉兒·別情》一首:

> 別離易,相見難,何處鎖雕鞍?春將去,人未還,這其間,殃及殺愁眉淚眼。

周德清評論說:"如此方是樂府!音如破竹,語盡意盡,冠絶諸詞,妙在'這其間'三字,承上接下,了無瑕疵。'殃及殺'三字,俊哉語也!有言'六句俱對,非調也',殊不知第六句止用三字,歌至此,音促急,欲過聲以聽末句,不可加也。兼三字是務頭,字有顯對展才之調。'眼'字上聲,尤妙,平聲屬第二著。"於此可見"務頭"、聲

---

① 洪誠《中國歷代語言文字學文選·〈中原音韻·正語作詞起例〉說明》。
② 《中原音韻·正語作詞起例》。

律在曲中的妙用。

《中原音韻》與漢民族共同語 從《中原音韻》的歷史作用看，它已超出北曲語言藝術的範圍，直接關係到普通話即以北京語音爲標準音、以北方話爲基礎方言的現代漢民族共同語的形成。

元泰定甲子(1324)，周德清寫定《中原音韻自序》。他在序裏提出兩條原則，一是"欲作樂府，必正言語；欲正言語，必宗中原之音"；二是要掌握"平分陰陽"、"入派三聲"的規律。原來周顒、沈約等人發現中古音的聲調是平、上、去、入四聲，到周德清時，平聲已分爲陰平、陽平，入聲分別歸入平、上、去三聲了。這"平分陰陽"、"入派三聲"，是周德清的一大發現。《中原音韻》的聲調與現代北京音基本一致；韻類分爲十九部，也與現代北京音相差不遠。如果說"平分陰陽"、"入派三聲"道出了《中原音韻》音系有別於《切韻》、《廣韻》的特點，那麼，"欲正言語，必宗中原之音"，正是指出了《中原音韻》音系的基礎。

《中原音韻》是北音學奠基之作。但研究者對它的音系基礎的看法，却有些分歧。《中原音韻》記錄北方口語音系，這是十分明白的：漢族發源於黃河流域的中心地帶，周秦以來，我國的政治文化中心基本上在北方，因而北方話就歷史地成了漢民族共同語的基礎方言。但問題在於：基礎方言裏必有一個代表點，來作爲共同語的語音標準。這一落實到《中原音韻》上來，就出現兩種不同的看法：20世紀60年代，趙遐秋、曾慶瑞主張《中原音韻》代表當時的大都（北京）音[1]；李新魁則認爲是當時河南一帶以洛陽音爲主體的共同語音[2]。到了80年代，龍晦認爲《中原音韻》與《中原雅音》一樣，是以汴梁（開封）爲主的河南地區語音[3]，而

---

[1] 《〈中原音韻〉音系的基礎和'入派三聲'的性質》，載《中國語文》1962年第7期。
[2] 《關於〈中原音韻〉音系的基礎和'入派三聲'的性質》，載《中國語文》1963年第4期。
[3] 《釋〈中原雅音〉》，載《音韻學研究》第一輯，中華書局，1984年。

第四章 小學的轉折——宋元明時代

唐作藩則明確地指出:《中原音韻》是現代北京音的歷史源頭①。

在封建社會裏,往往借皇權推行王都之音。"雅言"、"通語"、"正音"、"天下通語"等等,實際上是歷代對王都之音的不同稱呼。歷代王朝的建都,有着從西向東北遷移的趨勢:西周在鎬京(西安),東周在洛邑(洛陽),秦在咸陽,西漢在長安(西安),東漢、西晉均在洛陽,隋唐在長安,北宋在汴京(開封),金在中都(北京),元在大都(北京)。周德清贊成用大都音寫戲曲,是出於王都"諸賢公論"。《正語作詞起例》說得很清楚:

> 余嘗於天下都會之所,聞人間通濟之言:"世之泥古非今、不達時變者衆;呼吸之間,動引《廣韻》爲證,寧甘受鴃舌之誚而不悔,亦不思混一日久,四海同音,上自縉紳講論治道,及國語〔按,元代稱蒙古語爲'國語'〕翻譯、國學教授、言語,下至訟庭理民,莫非中原之音。……"

身在"天下都會"的"諸賢",自會以王都之音爲"中原之音"。元曲繼唐詩宋詞而出,但在文體上、音系上均與唐詩宋詞有別。在文體上,元曲基本上屬於白話文作品,唐詩宋詞大抵是文言文作品。魯迅指出:"元諭用白話,我看大概是出於官意,然則元曲之雜用白話,恐怕與此種風氣有關,白話之位忽尊,便大踏步闖入文言營裏去了。"②既然元曲基本上屬於白話文作品,自會采用以大都音爲標準的北方口語音系。而唐詩宋詞大抵是文言文作品,因此要遵照《切韻》、《廣韻》、《禮部韻略》等韻書來叶韻。這些韻書的音系本以洛陽傳統讀書音爲主,金陵傳統讀書音爲輔,當然還保留着入聲,這在元代大都"諸賢"看來,簡直與有入聲的"閩海之言"無別③。因爲元代的大都音早已沒有入聲了。據唐鉞考證,入聲

---

① 《〈中原音韻〉是普通話語音系統的歷史源頭》。
② 《魯迅全集・書信・1933 年 9 月 29 日致鄭振鐸》。
③ 《中原音韻・正語作詞起例》。

派入三聲,起源很早,從金章宗時(1190—1208)起,入聲完全丟掉了[①]。自此以降,一百多年後,出了一本以大都爲主的北方口語音系《中原音韻》,那是歷史的必然。

周德清作《中原音韻》,以元曲大家"關、鄭、白、馬"(關漢卿、鄭光祖、白樸、馬致遠)等人所用的韻脚爲依據,歸納成一部曲韻譜。當然,歸納元曲韻脚,可以從元曲作品上去分析,而要發現元曲音韻的奧秘,那就要進一步從元曲作品的表演上考察、體會。他終於發現了元曲音韻的奧秘,就是"平分陰陽"、"入派三聲"。他在《自序》裏宣告,此"乃作詞之膏肓,用字之骨髓,皆不傳之妙,獨予知之,屢嘗揣其聲病於桃花扇影而得之也"。"桃花扇影"指戲曲表演的時候。在隋唐中古音向元明近代音轉變的關鍵時刻,周德清與關漢卿等元曲大家一樣,選中了以大都爲主的北方口語音系,這正好符合了漢民族共同語以北京音爲標準音、以北方話爲基礎方言的歷史發展趨勢。從這個意義上,關漢卿、周德清等人之於現代漢民族共同語的貢獻,可以與他們差不多同時的但丁、薄伽丘等人之於現代意大利語的貢獻相媲美。但丁、薄伽丘等人亦以他們的傑作,促使以多斯崗方言爲基礎、以佛羅倫薩語音爲標準音的現代意大利語的形成。

周德清之後,明初樂韶鳳、宋濂等奉詔撰成《洪武正韻》(1375),自稱"一以中原雅音爲定",但裏面摻雜南方方音,有濁音和入聲,爲曲韻南派的開創之作。隨之而出的韻書,如朱權《瓊林雅韻》(1398)、蘭茂《韻略易通》(1442)、畢拱辰《韻略匯通》(1642)等等,均爲近代北音系統的韻書。如蘭茂《韻略易通》的一首《早梅詩》:"東風破早梅,向暖一枝開,冰雪無人見,春從天上來。"其實是字母歌訣,代表着近代北方話的聲母系統:

---

① 《入聲變遷與詞曲發達的關係》,1926年《東方雜志》第23卷1期。

第四章　小學的轉折——宋元明時代

冰 p　破 pʻ　梅 m　風 f　無 v
東 t　天 tʻ　暖 n　　　來 l
見 k　開 kʻ　　　　向 x　一〇（零聲母）
枝 tʂ　春 tʂʻ　　　上 ʂ　人 ʐ
早 ts　從 tsʻ　　　雪 s

就與現代漢語聲母系統相差無幾。《韻略易通》一類韻書，爲研究漢民族共同語即普通話的歷史，提供了有用的參考資料。

四、古文字、六書學與民族文字的創制

從文化史角度看，自五代、北宋以降，契丹、党項、女真、蒙古等族自制文字，當與漢族在北宋興説文學、創古文字學，南宋元明行"六書"學一樣，要載之於我國的小學史。

民族文字的創制　明代之前，契丹、党項、女真、蒙古等族入主中原，先後建立遼（916—1125）、夏（1032—1227）、金（1115—1234）、元（1260—1368）等王朝。與魏晉南北朝時期的少數民族不同，他們在建立王朝之前，沒有與漢族雜居一起；建立王朝之後，就采取與北魏孝文帝不同的民族語文政策，即在本族之内反對學習漢語，主張使用本族語，相應地是創制本族的文字。到了明末，重新崛起的女真族，在未創建後金（清）王朝之前，就已着手創制滿文。

創制本族文字，是民族自覺的表徵。契丹原無文字，刻木契紀事。遼神册五年（920），遼太祖與從侄耶律魯不古等，以漢字隸書之半增損，作成契丹大字，有數千之多。後又有契丹小字"數少而該貫"①，乃取法回鶻文（古維吾爾字母）。

党項創制西夏文，亦仿照漢字。元昊（即夏景宗）主持創制工

———————
① 《遼史·皇子表》。

作,命野利仁榮演繹而成西夏"國書"十二卷①。西夏文形體方整,筆畫繁雜,多用會意、形聲造字,包括異體,將近七千。爲慶祝西夏文的制成,夏景宗特地改年號爲"大慶"(1036)。

女真族本來借用契丹大字。因國勢日强,金太祖命完顔希尹(本名"谷神")撰本族文字。希尹乃依仿漢人楷字,因契丹字制度,合本國語,製女真字②。至天輔三年(1119)製成,即行頒布,是爲女真大字。後金熙宗另製新字,皇統五年(1145)頒行,稱爲女真小字。金章宗明昌二年(1191),下詔停用契丹大字。這説明他們自己的女真字已完全代替契丹大字了。

蒙古族創制文字,走的是與契丹、党項、女真不同的道路。蒙古新字創制者八思巴(1235—1280),原是西藏喇嘛教薩迦派首領。中統元年(1260),元世祖即位,因鑒於"文治寖興而字書有闕,於一代制度,實爲未備。故特命國師八思巴創爲蒙古新字"。八思巴就參照藏文字母來制訂:"其字僅千餘,其母凡四十有一。其相關紐而成字者,則有韻關之法,其以二合、三合、四合而成字者,則有語韻之法;而大要則以諧聲爲宗也。"③一句話,蒙古新字是脱胎於藏文字母的拼音文字。至元六年(1269),元世祖下詔頒行天下。

隨着金亡元興,蒙古字逐漸成爲女真族的書面文字,到明朝中葉,女真人反而不懂金太祖、金熙宗時所創的女真字。明正統九年(1444),女真族出身的玄城衛指揮上奏英宗:"臣等四十衛無識女真字者,乞自後敕文之類第用達達字。"④"達達字"即蒙古字。到努爾哈赤(清太祖)之時,女真從東北重新崛起,更發覺説的女真語與用的蒙古文之間的矛盾,成爲滿族共同體形成的一大障

---

① 《宋史·夏國傳上》。
② 《金史·完顔希尹傳》。
③ 《元史·八思巴傳》。
④ 《明英宗實録》卷一百十三。

第四章 小學的轉折——宋元明時代

礙。明萬曆二十七年(1599),清太祖命額爾德尼和噶蓋創制滿文:"但以蒙古字,合我國之語音,聯綴成句,即可因文見義矣。"①到崇禎五年(後金天聰六年,1632),清太宗皇太極又命達海改進滿文,成了"因音而立字,合字而成語"②的新滿文。滿文也是一種拼音文字。到清朝,滿文字典《清文鑒》便赫然列入《四庫全書》經部小學類。

從契丹、党項到蒙古、滿族創制文字的過程,顯示文字改革上的一種趨勢,即從仿照漢字過渡到改用拼音文字。但自然,在他們統治的國度裏,行"雙文制",就是既用他們自創的本族文字,又用歷史悠久的漢字。

《説文》二徐 宋元明間的文字研究,首推二徐:徐鍇(920—974),字楚金,揚州廣陵(今江蘇揚州)人,著有《説文解字繫傳》四十卷;他的哥哥徐鉉(916—991),字鼎臣,因主持《説文解字》的校訂工作而名垂青史。兄弟二人,世稱"大小二徐"。而作爲二徐的先驅,恰恰是他們痛斥的唐人李陽冰。李陽冰,字少溫,趙郡(今河北趙縣)人。

唐代以詩取士,又定楷書爲字體正宗,《切韻》、《玉篇》應時行世,以小篆爲主體的《説文》反而漸趨湮廢泯没。唐代宗大曆年間(766—779),"獨冠古今"的篆書家李陽冰刊定《説文》,修正筆法,使得篆籀中興。他對《説文》裏一些解釋,還提出不同的看法。李的刊本風行一時,到五代南唐,徐鍇給以嚴厲的批駁。

徐鍇的《説文繫傳》,內有《通釋》三十卷,《部叙》二卷,《通論》三卷,《祛妄》、《類聚》、《錯綜》、《疑義》、《系述》各一卷,計四十卷。除了《系述》即自序、《疑義》爲存疑條目之外,全書可注意的有四條:

---

① 《清太祖高帝實錄》卷三。
② 《四庫全書總目》卷四十一《清文鑒》提要。

一是最先駁斥李陽冰,有《袪妄》一卷。徐對李采取一概否定的態度,其實應該一分爲二。如쿒(血),《說文》"從皿;一,血也";李說"從一聲"。徐斥之"此義最謬"。但如"日",《說文》"從口一",就不對了,李指出:"古人正圜,象日形,其中一點象烏,非口一。蓋篆籀方其外,引其點爾。"這豈能說是"誣妄"?

二是較全面地探求文字的引申義、假借義。《通釋》三十卷的主要貢獻,正在這裏。如"鶏"(難),《說文》"鳥也"。徐注:"借爲難易之難。"又"箇"(個),《說文》"竹枚也"。徐注:"人言一箇一枚,依竹木而言之也。"

三是常從聲音上推求字義。《通釋》三十卷的注語,常有"猶"、"之言"的字樣,即指音義相通。如"標",徐注:"標之言表也。《春秋左傳》謂路旁樹爲道表。謂遠望其標,以知其道也。"有時還注以"音同"。如"萊",《說文》"蔓華也,從艸、來聲"。徐注:"《爾雅》釐、蔓華,注未詳。釐與萊音同。"此即以雙聲爲訓。當然,徐鍇生在五代南唐,古音學尚未創立,自不知從古音求古義,他祇是從隋唐五代語音去推求字義而已。

四是用封建思想對《說文》部名及有關人事的專名作出解釋。《部叙》以《周易·序卦傳》說明《說文》五百四十部次序的先後。《類聚》作了按義類解釋"數目"、"干支"等字的嘗試。《通論》從禮教立場探求"天地"、"君臣"、"父子"、"忠孝"、"愛惡"之類得名的由來,如釋"𠂇"(父)就說:"君子曰:鞭樸不可廢於家,刑罰不可廢於國。家人有嚴君焉,父母之謂也。故於文:彐舉丨爲父;彐者,手也;丨,杖也。舉而威之也。"《錯綜》則用六書理論分析字形,以求合乎封建制度的字義。如說"爲上者正身以出令,蓋著於'君'(古文'君'爲𠁡,今文尹口,尹、正也)。爲下者鞠躬以事其上,蓋著於'臣'(曲身之狀)"。由此可見,文字本身雖然没有階級性,但從字義的解釋上有時可以瞥見階級的倒影。

宋太宗雍熙三年(986),徐鍇的哥哥徐鉉與句中正等人完成

第四章 小學的轉折——宋元明時代

《説文》校定本,後人稱之爲大徐本,以别於小徐本即徐鍇的《説文繫傳》。徐鉉等人的指導思想,見之於《進説文表》:

> 有宋膺運,人文國典,粲然復興,以爲文字者六藝之本,當由古法,乃詔取許慎《説文解字》,精加詳校,垂憲百代。

就是説,校定《説文》,出於宋太宗的"御意";復興人文國典,先抓"六藝之本"的文字;文字的準則當推合乎"古法"的《説文》;校定《説文》的要求是"精加詳校,垂憲百代"。

《説文》大徐本參考小徐本研究的成果,對全書傳寫上的訛謬、字句上的脱漏作了認真的補訂,給所收的文字,全部加上反切注音,還增收經籍常見而許慎漏收的或不見於經籍而時俗常用的字,共四百零二個,附於各部之後。《進説文表》説:"復有經典相承傳寫及時俗要用而《説文》不載者,詔承皆附益之。"增加新附字,也是宋太宗出的主意。

大徐本與小徐本的通病是私改形聲字。在漢字的發展中,字形變化較慢,實際讀音變化較快,而且在讀音上,又有古今音的變遷、各地方音的不同,因而字形就不能很好地成爲實際讀音的確切標志。到二徐時代,許多形聲字已不能從聲旁讀音了。如《説文》一部"元"字,本當作"从一,兀聲"。小徐注:"俗本有'聲'字,人妄加之也。"不過,他雖删去"聲"字,但還加注説明,使後人因此考見許慎原本的面貌。到了大徐的手下,乾脆删去"聲"字,甚至不作隻字説明。他們不知"古音元、兀相爲平入"[①]之理。清錢大昕評論説:"二徐校刊《説文》,既不審古音之異於今音,而於相近之聲全然不曉,故於'从某、某聲'之語,往往妄有刊落。然小徐猶疑而未盡改,大徐則毅然去之,其誣妄較乃弟尤甚。"[②]

---

① 《説文解字注》卷一篇上一部"元"字注。
② 《十駕齋養新録》卷四"二徐私改諧聲字"條。

儘管大徐本有不少缺點，但自宋以後，《説文》之學定於一尊，要明文字源流，祇有從大徐本入手了。

古文字學的開創 "古文字"一詞，最初見於《漢書·郊祀志》説的"張敞好古文字"，漢代通稱"古文"，有兩層意思，一指戰國時通行於六國的文字，即《説文序》説的"古文，孔子壁中書也"；一指銅器款識裏的古文，《説文序》又説："郡國亦往往於山川得鼎彝，其銘即前代之古文。"但張敞、許慎知有古文字而未能加以深入研究。漢魏以降，有竹簡出土，隋唐更有古刻石拓本流傳，如唐初在天興（今陝西寶鷄市）附近發現秦刻石"石鼓"，上刻籀文四言詩，韓愈還作《石鼓歌》來頌揚，雖然人們未考釋石上籀文，但較漢代是重視多了。到北宋，對古文字的譜錄及探索的步伐，就在緊鑼密鼓中進行：咸平三年（1000），乾州獻古銅鼎，上有古文二十一字，句中正和杜鎬詳其文；嘉祐（1056—1063）時，劉敞收藏古物，作《先秦古器記》，歐陽修寫《集古錄》；特別是"元祐（1086—1094）以後，地不愛寶，頹堤廢墓，埋鼎藏敦，所觸呈露，由是《考古》、《博古》之書生焉"①。吕大臨《考古圖》、王黼《博古圖錄》均有器形的圖，而趙明誠《古器物銘》、王俅《嘯堂集古錄》、薛尚功《歷代鐘鼎彝器款識法帖》就只錄銘文了。

宋人收集銅器銘文的譜錄，先是出於好奇，繼而進入研究。從現存文獻看，考釋古文字的第一人是北宋學者吕大臨。吕大臨字與叔，藍田（今屬陝西）人。元祐七年（1092），他作《考古圖記》，談了自己對金文從好奇到考釋的歷程。他把平日傳摹圖寫編次成書，"非敢以器爲玩也：觀其器，誦其言，形容髣髴，以追三代之遺風，如見其人矣；以意逆志，或探其制作之原，以補經傳之闕亡，正諸儒之謬誤"。寥寥數語，道出了古文字研究的旨趣。他還作了《考古圖釋文》，從金文與小篆的比較中，發現金文"同是一器，

---

① 曾槻《嘯堂集古錄跋》。

同是一字而筆畫多寡、偏旁位置左右上下不一"的現象。從這環入手,他概括出考釋古文的基本方法,就是:從小篆考古文,可得三四;再從別的途徑去考察,或"以形象得之",或"以義類得之",或從"筆畫省於小篆"上看,或從"筆畫多於小篆"上看,或從"左右反正上下不同"上看,如此等等,又可考釋六七。他用這些方法,認識數百個古字。不過,呂大臨以後,古文字研究沒有多大進展,直到清末甲骨文發現,這才進入古文字學的新紀元。

"六書"學與《六書故》 到南宋,研究文字的重心由《說文》轉向"六書"。

本來六書之學萌於先秦,《周禮》說的"六書",表示文字研究的開始。但自許慎之後,六書之學不傳,到南宋鄭樵,才有新的轉機。鄭的觀點,集中在《通志·六書略》裏。《六書序》提出"六書"在解經上的作用:"聖人之道惟藉六經,六經之作惟藉文言,文言之本在於六書。六書不分,何以見義?"以爲不懂"六書",就不能通六經。他對六書的次第也有自己的看法:

> 六書也者,象形爲本。形不可象,則屬諸事;事不可指,則屬諸意;意不可會,則屬諸聲。聲則無不諧矣,五不足而後假借生焉。

他其實是把轉注併入形聲:"諧聲轉注一也,諧聲別出爲轉注。"這段話,大約是爲班固說的"象形、象事、象意、象聲、轉注、假借"一語作注。不過,現在看來,亦有可議之處。臺灣學者李孝定擬作這樣的修正:"六書者,象形爲本,形不可象,則屬諸事,事不可指,則屬諸意,三不足而後假借生焉;假借者,以聲爲本,注之形而爲形聲,聲則無不諧矣。其或時地既殊,聲音或異,則別出爲轉注。"①這就較爲合理了。

---

① 李孝定《漢字史話》,臺北聯經出版事業公司,1977年,第41頁。

在六書中，鄭樵特別重視形聲與假借。他提出："小學之義，第一當識子母之相生。"所謂"子母"是就形聲字而言："母"指形符，"子"指聲符。在形聲組合的各種方式中，他又指出，以"聲兼意"（即諧聲而兼會意）一類字最多，如"珥"爲"耳瑱"，"唬"爲"虎鳴"，"返"爲"回行"，"姻"爲"女之所因"即"壻家"等等，均是。他説的"聲兼意"，與許慎的"亦聲"、王子韶的"右文説"（詳本章第九節），在精神上有相通之處。對假借，他更重視："六書之難明者爲假借之難明也"，"先儒所以顛沛淪於經籍之中，如泛一葦於溟渤靡所底止，皆爲假借之所魅也"。據此而斷言，解經的關鍵在假借。《六書略·假借》提出："六書明則六經如指諸掌，假借明則六書如指諸掌。"他認爲語詞（虛字）、干支之類都是假借；借音的字如"來，本麥也，因音借爲往來之來"，也是假借。不過，他有時把字的引申義與假借義混淆了，如"同音借義"一類説"初，裁衣之始而爲凡物之始"即是。

經鄭樵的倡導，"六書"學漸成風氣。宋元間戴侗《六書故》，元代楊桓《六書統》、《六書溯源》，周伯琦《説文字原》、《六書正譌》，元明間趙撝謙《六書本義》，明代魏校《六書精藴》等書相繼而出，便在《説文》之外，另闢一條門徑。崇尚《説文》的清代學者老是瞧不起這類著作，不過，其中也有不該輕視的，如戴侗的《六書故》。

戴侗字仲達，永嘉（今屬浙江）人。他以三十年的工夫，完成《六書故》三十三卷、《六書通釋》一卷（附於卷首）。後經門人校訂，至元延祐七年（1320）才刻印刊行。自此以後，對《六書故》的評價，毁譽不一。元吾邱衍《學古編》説是"形古字今，雜亂無法"，"六書到此，爲一厄矣！"而近人唐蘭《中國文字學》特爲提出：戴侗"對於文字的見解，是許慎以後，惟一的值得在文字學史上推舉的"。

看來，《六書故》的編纂體例與考釋文字方法之間存在着深刻

第四章 小學的轉折——宋元明時代

的矛盾。

從編纂體例上看，戴侗最先作了突破《說文》部首而另立門類的嘗試。全書的分部，先定爲數、天文、地理、人、動物、植物、工事、雜、疑（形體有懷疑的文字）九種；又立四百七十九個目（其中有一百八十個獨體文、二百四十五個合體字、四十五個疑文），各按字義分別歸入九部之中；每目之下，又以"六書"編次詞條。因取法類書，看來系統完密，而不按部首分類，檢字却很不便。再看詞條。詞條分詞目、注文兩部分。詞目不用楷書，不用小篆，而用金文，這大約是古文字學興起之後的一種風尚吧，但金文不能盡有，於是他就用小篆去補充；注文用楷書，却以篆書筆勢書寫。本來金文、小篆、楷書代表着漢字發展史上的不同階段，而在戴侗的編排下，竟變成一個平面上並列的字體了，甚至還把"屎""尿"一類俗字也裝扮成金文的字樣。怪不得《四庫全書總目》批評說："非今非古，頗礙施行。"

但在考釋文字的方法上，戴侗却有不少真知灼見。

首先，是"用金文作證，用新意來解說文字。如'鼓'象擊鼓，'壴'字才象鼓形之類，清代學者就不敢采用，一直到清末，像徐灝的《說文段注箋》等書才稱引"①。如卷一釋"帝"，就對證古文，采鄭樵之說："帝象華蒂之形，即'蒂'字也。借爲天帝、帝王之帝。"就比郭沫若從甲骨文上求得的相同結論早了六七百年②。

其次，詞條明確地列出本義、借義的義項。"本義"或稱"正義"。如卷三十一釋"常"字，本義是"上衣下裙也"，後借作"常久""尋常"之"常"，"正義奪於借義，故衣常之常別作'裳'"。戴把"借義"分爲引申義、假借義。凡說"借"的，指假借義；凡說"引而申之"、"引之"、"因之"的，均指引申義。如卷五釋"隱"："山阜深曲

---

① 唐蘭《中國文字學·中國文字學史略》。
② 《青銅時代·先秦天道觀之進展》。

隱蔽者也。廋語因謂之隱（別作'讔'）。借爲惻隱之隱、隱痛之隱，疾痛隱於中也。"

再次，明確地運用"一聲之轉"、"聲近義通"之類術語。卷九釋"女"字提出：

> 吾、卬、我、台、予，人所以自謂也；爾、女、而、若，所以謂人也；皆一聲之轉。

通常説"一聲之轉"爲清人用語，不對了，戴侗言之在先。他還看到聲音相通與文字假借之間的因果關係。卷八釋"但"字就説："假借之用與'第'同，又與'特'同。但、第、地、特，聲相通，故其假借之用略同。"

第四，找出"六書"與"因文求義"、"因聲求義"之間的對應關係。《六書通釋》明確地指出：

> 夫文，生於聲者也。有聲而後形之以文。義與聲俱然，非生於文也。

就否定了漢字直接標指概念之類陳舊説法。他一一衡量"六書"與聲音的關係，發現：象形、指事、會意三類字，都以義爲主，聲從之，因而"三者雖不求諸聲，猶未失其義也"；而形聲、假借就不同了："諧聲則非聲無以辨義矣。"至於假借，那是很明確的："求諸其聲則得，求諸其形則惑。"因爲"所謂假借者，義無所因，特借其聲，然後謂之假借"。宋元之間，假借加形聲，就占漢字總數百分之九十二以上。據此，他指出，祇知"因文以求義"而不知"因聲以求義"，就不能盡"文字之情"。祇是"轉注"，他説錯了："側山爲阜、反人爲匕"的形轉説，是沒有道理的。

"兔園册"的真價值　《六書故》對《説文》體例的改造，並沒有成功，倒是明末清初編的兩本不登大雅之堂的字書，出色地完成了編纂體例的革新。這兩本書是梅膺祚的《字彙》及張自烈的《正

第四章 小學的轉折——宋元明時代

字通》。

《説文》體例的更新,標志着字書編輯水平的提高。梅膺祚字誕生,宣城(今安徽宣城)人。他編的《字彙》,成書於明萬曆乙卯(1615)。他不取法南宋李燾,李燾《説文解字五音韻譜》按韻目編次,把原來始"一"終"亥"的序次,改爲自"東"至"甲"的序次;他更不依宋元之間的戴侗,戴侗《六書故》按意義分類,下統四百七十九目,於《説文》之外另起爐竈。他比較重視金代韓孝彦、韓道昭的《四聲篇海》。《四聲篇海》按三十六字母順序排列部首,同一字母的部首又以平上去入爲先後序次,他當然不沿用;但《四聲篇海》改併《説文》五百四十部爲四百四十四部,每部之内按筆畫多少編次詞目,這一點却爲他發揚光大了。

《字彙》在《四聲篇海》的基礎上,依據楷體,將《説文》部首,簡化爲二百十四部,差不多等於《説文》部首的二分之一;《字彙》不僅每部之内的詞目,而且連所有的部首,都按照筆畫從少到多的順序編次。"《字彙》以筆畫之多少分部列字,可謂爲檢字者開一方便之法門。"(胡樸安《中國文字學史》)全書正文還以十二地支——子、丑、寅、卯、辰、巳、午、未、申、酉、戌、亥來分集,再加上首卷及末卷的附録,共有十四卷,收三萬三千一百七十九個字。《字彙》以面向群衆、重在實用爲特色,還體現在卷末的附録上:《運筆》、《檢字》、《辨似》、《醒誤》、《韻法》等項,意在指導初學者寫字、查字、辨字、讀字;《從古》、《遵時》、《古今通用》三項,實爲正字法則。《從古》列出一百六十餘個當從的古字,如"凡,俗作几","岡,俗作崗",應按古體寫;《遵時》提出可資采用的一百二十餘個當時通用字,如"私,古作厶","冰,古作仌",要依通用的寫法;《古今通用》分别注明古今字體不同的一百三十餘個字,如"从(古)從(今)","厺(古)去(今)",可以"好古趨時,各隨其便"。這三條正字法則,妥善地處理了文字的繼承性與變動性之間的辯證關係。

《正字通》作者張自烈(1564—1650),字爾公,宜春(今屬江西省)人。他照《字彙》體例,增訂而成《正字通》,也風行一時。不過,清代學者往往輕視《字彙》和《正字通》,如朱彝尊《汗簡跋》就貶之爲"兔園册"。這其實反而道出了《字彙》、《正字通》的真價值:"兔園册者,鄉校俚儒教田夫牧子之所誦也。"《字彙》等書好就好在:把小學從神秘的廟堂送到"田夫牧子"之手。後來,連《康熙字典》也取法《字彙》、《正字通》,以之爲藍本而增訂成書。《四庫全書總目》却把《康熙字典》捧上天,譽之爲"六書之淵海,七音之準繩",那就不是實事求是的了。

五、從"右文説"到《通雅》

對任何事物的考察,要用兩隻眼睛。分析宋元明訓詁研究的傾向,就不僅要看到雅學的中衰,而且還要看到文字學、音韻學向訓詁學滲透的新的苗頭。

《字説》與"右文説"的對立 在北宋,出現了王安石的《字説》,也出現了王子韶的"右文説"。唐蘭《中國文字學》指出:"二王的文字學,按實是訓詁學。"

宋神宗熙寧九年(1076),王安石罷官退居金陵。在懷疑漢唐經學的風氣裏,他把批評的矛頭轉向小學,斷言《説文》"多舛",而他的高論,不過是説字形、字音都合乎天地萬物之理:"其聲之抑揚、開塞、合散、出入,其形之横從、曲直、邪正、上下、内外、左右,皆有義,皆本於自然,非人私智所能爲也。"①他據此而作《字説》二十卷,一概用會意説字,自多穿鑿附會之説,如"波者,水之皮","坡爲土皮","同田爲富","詩爲寺人之言","以竹鞭馬爲篤"等等,但偶爾亦有可取之説,如"人爲之謂僞","訟者,言之於公"之類。

---

① 王安石《字説自序》,見《文獻通考》卷一百九十《經籍考》十七。

第四章 小學的轉折——宋元明時代

與王安石不同，王子韶的着眼點在形聲字。形聲字的結構是聲符與意符並用，如"朦"字，"月"表意義，稱形旁；"蒙"表讀音，稱聲旁。通常把形旁叫"左文"，聲旁叫"右文"。王子韶字聖美，山西太原人。他研究形聲字的時候，提出一種從聲符求字義的"右文說"。宋人《宣和書譜》卷六稱："方王安石以字書行於天下，而子韶亦作《字解》二十卷，大抵與王安石之書相違背。故其解藏於家而不傳。"也許"右文說"出於《字解》，不過如今已很難找到佐證了。幸而"右文說"的要點，載之於沈括《夢溪筆談》卷十四：

> 王聖美治字學，演其義以爲右文。古之字書，皆從左文。凡字，其類在左，其義在右。如木類，其左皆從木。所謂右文者，如戔，小也。水之小者曰淺，金之小者曰錢，歹之小者曰殘，貝之小者曰賤，如此之類，皆以戔爲義也。

就寓有形聲字字義得之於右旁之聲的意思。東漢許慎把有曲義的"拘"、"笱"、"鉤"歸於"句"部，晉楊泉《物理論》論臤字"在金石曰堅，在草木曰緊，在人曰賢"，可看作是"右文說"的萌芽。

"右文說"自比一概用會意說字的《字說》優勝，因爲一抓住形聲字，就抓住了漢字發展的主流。漢字造字的程序，大體上從表意的象形、指事、會意，經過音化的假借、轉注，再來個"否定之否定"，出現了半取聲、半取意的形聲。形聲字不僅表意，而且還表音，自比祇是表意的會意字強得多。因此，秦漢以來，就大力發展形聲字，相應地，會意字就越來越少。如下表[①]：

	殷商甲骨文	漢代小篆	宋代楷書
會意	32.30%強	12.31%強	3.05%強
形聲	27.24%強	81.24%弱	90%弱

結果是漢字發展成意音文字。這樣，從形聲字入手，就可開拓訓

---

① 據李孝定《漢字史話》，臺北聯經出版事業公司，1977年，第41頁。

詁的新路;反之,再用會意說字,那要有背於意音文字的方向的。從這個意義上看,《字說》讓位於"右文說",表明文字訓詁研究的指導原則的轉變,即從以形求義過渡到以音求義。這個規律,宋末元初戴侗《六書故·六書通釋》已明確地表述出來了:

> 夫文字之用莫便於諧聲,莫變乎假借。因文以求義而不知因聲以求義,吾未見其能盡文字之情也!

《埤雅》與《爾雅翼》 宋代的《爾雅》研究,往往與王安石的《字說》有關;《字說》的存廢,又與王安石一派政治上的升沉相應。王安石在熙寧九年(1076)閒居金陵之後,寫成《字說》,即獻給宋神宗。朝廷便"用以取士,士莫得自名一說,先儒傳注,一切廢不用"①。元祐二年(1087),司馬光一派得勢,就禁止科舉用《字說》;紹聖元年(1094)宋哲宗起用新黨,又解禁,直至宋欽宗靖康元年(1126)復又禁用。在《字說》風行之時,王安石的學生陸佃寫了《爾雅新義》、《埤雅》等書,自會打上《字說》的烙印。

陸佃(1042—1102)字農師,山陰(今浙江紹興)人。他在元符二年(1099)寫《爾雅新義序》,揚言"雖使璞(郭璞)擁篲清道,跂望塵躅可也",但他一注釋《爾雅》,開口就不行:"初,氣之始。哉,事之始,亦物之始……"雖然書中也有可取之處,如揭示《爾雅》書中有"一名兩讀"之例,但總的說來,如陳振孫《直齋書錄解題》卷三所評:大率不出王氏之學,等於戲笑之語。

《埤雅》,取輔佐《爾雅》之意,它比《爾雅新義》好些。《埤雅》寫作的經過,見之於他的兒子陸宰在宣和七年(1125)作的序文:此書初名《物性門類》,前後寫了四十年。陸佃注釋物名,不僅博極群書,而且注重調查,"苟有所聞,必加試驗,然後紀錄"。因此,書中對所舉動植物的形狀、習性等,均有較為切實的描述,並且能

---

① 《宋史·王安石傳》。

從字音、字形上,去探求事物得名的由來。但也多引王安石《字說》,以自然現象比附社會現象,進行封建政治的說教。早在宋神宗時,他已完成《釋魚》、《釋木》兩篇獻上。《釋魚》的第一條是"龍"。釋"龍"字就點明:"今相家說龍,人臣得其一體,當至公相:曾公亮得龍之脊,王安石得龍之睛。"曾公亮是王安石的"伯樂",他把王推薦給宋神宗。再如《釋蟲》裏的"蜂"字,就扯上禮教制度。一開頭就說:"蜂有兩衙應朝其主之所在,衆蜂爲之旋繞如衛,誅罰徵令絶嚴,有君臣之義";接着說明"蜂"字得名的由來:"《化書》曰:蜂有君禮也,其毒在尾,垂穎如鋒,故謂之蜂";再次介紹蜂的功用、生活習性、主要類別;而後引《抱朴子》的"蜂有攻寡之計"指出蜂的特性,並以《自然論》説的"蜂無王而盡死"一語作結。他釋動物,作政治倫理的類比,往往詳於對動物本身的説明。

南宋羅願(1136—1185)字端良,號存齋,歙縣(今屬安徽)人。他作的《爾雅翼》三十二卷,便一反那種牽強附會、濫用禮教套語的不良文風。例如釋"鳳",陸佃説,鳳的"首文曰德,翼文曰禮,背文曰義,膺文曰仁,腹文曰信",而羅願却指明:"身文義、仁、智、禮、信之説,反覆無所據,皆不足取也!"但他並沒有否定陸佃的一切,他把陸佃重視調查的學風大大地發揚了。《自序》就用詩的語言表述:

> 觀實於秋,翫華於春。俯瞰淵魚,仰察鳥雲。山川臯壤,遇物而欣。不解者,謀及芻薪、農圃以爲師,釣弋則親,用相參伍,必得其真。

把自己實地觀察與向勞動群衆(芻薪、農圃)請教結合起來,這是他在鳥獸蟲魚之學上,取得較高成就的基本原因。

《爾雅翼》的精華在辨別類似之物。詩騷多借芳草抒情,人們解詩,往往不辨蘭、蕙之别,不知蘭有春蘭、秋蘭之分,如解《楚辭·九歌·少司命》"秋蘭兮青青,緑葉兮紫莖",便以爲"沅、澧所

生,花在春則黃,在秋則紫,春黃不若秋紫之芳馥"。對此,《釋草》"蘭"字條給以駁正:

> 其一幹一花而香有餘者,蘭;一幹五六華而香不足者,蕙。今野人謂蘭爲幽蘭,蕙爲蕙蘭,其名不變於古。然江南,蘭只春芳,荆楚及閩中者,秋復再芳,故有春蘭、秋蘭。至其"綠葉紫莖",則如今所見,大抵林愈深而莖愈紫爾。

羅願釋鳥獸草木之名,主旨在於説《詩》。《詩・秦風・晨風》的"六駁",毛公、鄭玄均以爲獸名,似馬,倨牙,能食虎豹,而陸機始定爲木名,即梓榆,"其樹皮青白駁犖,遥視似駁馬,故謂之駁馬"。因《晨風》首章作"山有苞櫟,隰有六駁",與之相應的次章詩句是"山有苞棣,隰有樹檖",如説"六駁"爲獸名,就與上下文的"苞櫟、棣、檖"等木名不相類。羅願從陸説,並在《釋木》"六駁"條給以補充發揮:

> 此木既以"六駁"爲號,故亦兼駁馬之名,又曰"馬梓"。今之檀木,皮正青而澤與莢蒾及此木相似,故里語曰:"斫檀不諦得莢蒾,莢蒾尚可得駁馬。"夫鳥獸草木之類,特爲難窮其形之相似者。雖山澤之人朝夕從事,有不能别其名之相亂者;雖博物君子習於風雅,有不能周。故野人伐檀而得駁,先儒訓駁而爲獸,其去本遠矣!

《爾雅翼》於宋孝宗淳熙元年(1174)編定,到宋度宗咸淳六年(1270),王應麟作《後序》,稱贊《爾雅翼》"即物精思,體用相涵,本末靡遺",書也隨之刻板行世。後有元洪焱祖爲之作音釋。但因元明盛行理學,科舉又以朱熹《四書集注》作爲釋義、作文的準則,以致雅學中斷,直到明末,方以智撰《通雅》,才重振《爾雅》之學,而賦以新的體系。

《通雅》的新體系　方以智(1611—1671),字密之,號曼公,桐城(今屬安徽)人。他在明末學者中有崇高的學術地位。自明中葉以來,相繼出現了楊慎、陳耀文、焦竑等以博洽著稱的學者,但他們均不如方以智。如《四庫全書總目》所評:"慎好僞説以售欺,耀文好蔓引以求勝",焦竑"動輒牽綴佛書,傷於蕪雜。惟以智崛起崇禎中,考據精核,迥出其上"。但《四庫全書總目》把《通雅》歸入子部雜家類,就不妥當了,《通雅·凡例》早已聲明:"此書本非類書","其意猶之《爾雅》之箋翼也"。

"《爾雅》之箋翼",是對《通雅》的謙稱。《爾雅》是百科辭典,《通雅》是考釋百科語詞的學術著作,性質上有相通之處。但對百科的分類,《通雅》却與《爾雅》有別。百科的分類,反映着社會文化知識的結構:產生《通雅》的明末,雖與《爾雅》成書的戰國末年同是封建社會,但明末畢竟與戰國末年有所區别,因爲已有了資本主義萌芽,並開始受到西方文化的影響。《通雅》的長處正在:依據當時社會文化發展的水平,對《爾雅》體例進行合理的揚棄。

《通雅》五十二卷,有自序兩篇,一作於辛巳(1641),一作於壬午(1642)。卷首有五篇論文:《音義雜論》、《讀書略論》、《小學大略》、《詩説》、《文章薪火》。後兩篇談辭章學,前三篇論小學,可視爲全書的"楔子"。書末有《切韻聲原》、《脈考》、《古方解》三篇,作爲附錄。正文分二十一類,對各種語詞進行精密的考釋。這二十一類是:疑始、釋詁、天文、地輿、身體、稱謂、姓名、官職、事制、禮儀、樂曲、樂舞、器用、衣服、宮室、飲食、算數、植物、動物、金石、諺原。總的説來,《通雅》的體例,仿照《爾雅》之處,僅是先普通語詞、後百科語詞而已,而不同之點,却在百科語詞的分類及編排上。《通雅·凡例》已提出:"古人不似後人之求詳整也。"既要"求詳整",自當分類更細密。《通雅》百科語詞似以天地、人類、萬物爲序來編次,有關人類的語詞又似分爲人的關係、典章制度、日常生活三個層次來編定。天地、萬物的語詞是自然科學的語詞,有關人類的語詞是社會科學的語詞。如下圖：

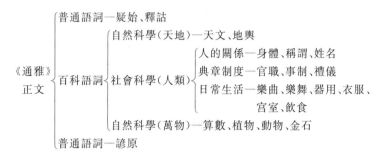

因音求義，推本溯源 《通雅》開創了有別於《爾雅》的新體系。這體系以"專論古篆古音"的《疑始》開頭，用考釋方言俗語的《諺原》煞尾，那是有很深寓意的。結合《疑始》、《諺原》來看，貫穿着一條原則：因音求義，推本溯源。這是《通雅》的可貴之處。

自漢代揚雄發現了古今詞、方言詞的差別由於"轉語"的奥秘之後，東晉郭璞即在訓詁時實行《爾雅》、《方言》的互相證發。到方以智，更進而探求方言詞與古語詞的內在關係。《諺原》小序説的話值得注意：

> 叔然〔孫炎〕作反切，本出於俚里常言，宋景文《筆記》之如鯽溜爲就、突欒爲團、鯽令爲精、窟籠爲孔，不可勝舉，訛失日已遠矣。然相沿各有其原，考之於古，頗有暗合。方音乃天地間自然而轉者，上古之變爲漢晉，漢晉之變爲宋元，勢也。記《諺原》者，因此推之。

這在《疑始》小序裏，説得更爲明確："經傳方言者，自然之氣也，以音通古義之原也。"這"以音通古義之原"，比通常説的從音韻通訓詁要深刻些。一部《通雅》，主要在"以音通古義之原"上下功夫。如《疑始》"鼠有施聲"條：

> 《史記·灌夫傳》"首鼠兩端"；《後漢〔書〕·鄧訓傳》"首施兩端"，注：猶首鼠也。《西羌傳》亦云"首施兩端"。按：古

已呼"鼠"爲"施"矣。今吴中呼"水"爲"矢",建昌人呼"水"爲"暑",即此可推古"鼠""施"之通聲。

又如《諺原》"妗"條:

> 妗,巨今切,亦作嬸,今人謂舅之妻曰嬸……張耒《明道雜志》曰:王聖美言經傳無"嬸"與"妗"字。考其說,"嬸"乃"世母"二合,"妗"乃"舅母"二合。

即"世母"二字切成"嬸","舅母"二字切成"妗",今浙江温州方言猶稱舅母爲"妗娘"。凡此種種,均從聲音出發,推求字義的本源。

"以音通古義之原",就得格外重視聯緜字的考釋。"聯緜字"的名稱,首見宋張有《復古編》。明朱謀㙔《駢雅》,是以《爾雅》體例編成的聯緜字典,如《釋詁》:"昳麗、邠盼、彪炳,光艷也。"到方以智,更在《釋詁》類裏立了"謰語"、"重言"兩個子目,如謰語"逶迤",就有"委蛇"、"威遲"等三十個同音異體字;重言"孳孳"、"孜孜"、"兹兹"、"滋滋",均有"汲汲生"的意思。這種做法,開了現代訓詁名著《辭通》、《聯緜字典》的先聲。

考釋語詞與社會文化科學結合 方以智生在西方文化開始傳入我國之時,他本人又對小學、文學、哲學、物理、醫學、天文地理等均有研究,因而考釋語詞,便左右逢源,時有創獲。

一方面,從詞源的探索,推知古代社會文化面貌。

《釋詁·古雋》:"輿譽、邪許,舉重唱呼也。……《吕覽·淫辭篇》:舉大木者,前呼輿譽,後亦應之。《淮南子》作'邪許'。""邪許"音邪虎,爲古代勞動號子。從中窺見先民在生產鬥爭中的艱苦情景。

《官制·仕進》:"覓舉、梯媒,言關節也。""關節"意爲通賄請託。從這條察知唐宋科舉中用金錢買舉人、進士的歪風邪氣。

《飲食》:"豆乳、脂酥,即豆腐也。……傳自淮南王以豆爲乳、脂爲酥。""淮南王"即西漢劉安。豆腐的發明,爲漢人食品上的一個創造。

《器用·雜用諸器》:"靉靆,眼鏡也。……滿剌加國出靉靆。""滿剌加國"爲馬來亞王國的古稱。眼鏡的引進,爲中外文化交流的一支有趣的插曲。

另一方面,從社會文化的角度,考求語詞的由來。

或者從客觀現象上看,如《地輿·方域》説"峨嵋"本以兩山相對如蛾眉,故名。字當從蟲,後改從山。

或者從歷史演變上看,如《釋詁·古雋》釋"行李"一詞,《左傳·僖公三十年》"行李之往來"注:"行李,使人也",古代"李""理"通用,"行李"的本義爲"行理",而使人行必有裝,後相沿以行李爲隨行之物。

或者從文物制度上看,如《天文·釋天》解釋《儀禮·士昏禮》"日入三商爲昏"的"商"字,便引《詩·齊風·東方未明》注疏爲證,指出"商"應作"刻"解,因爲"商乃漏箭所刻之處,古以刻鐫爲'商',所謂'商金''商銀'是也。刻漏者,刻其痕以驗水"。可見《儀禮》説的"三商",意爲"三刻"。

或者從修辭藝術上看,如《衣服·綠色》説,《爾雅》釋鳥有"竊脂、竊藍"之色,《釋獸》有"盜驪"之稱,造語新奇,其實"凡言'竊'言'盜',皆借色、淺色、間色也。古人善巧煉字,大率如此"。

如此等等,不能一一枚舉。《通雅》大體上如《四庫全書總目》説的,開了考據風氣,"顧炎武、閻若璩、朱彝尊等沿波而起,始一掃懸揣之空談"。如從小學上看,《通雅》爲清代學者作了一次通過文字訓詁去溝通自然科學、社會科學的示範;書中"以音通古義之原"一語,指示着清人以聲爲義、探求語源的學術方向。

六、文章作法裏的語法觀念

在我國,語法觀念產生很早,但獨立地、系統地進行研究却很晚。早在先秦,語法觀念即從名學研究中萌發,自秦以降,就依附着訓詁學而滋長;到了六朝,崇尚辭章之學,講求作文法則,自要從語詞的運用上探求遣詞造句的規律。這在南朝梁劉勰的《文心雕龍》裏,可見端倪。

語助與麗辭 《文心雕龍》強調與新的語法意識相關的兩個觀念,一是"語助",一是"麗辭",通稱對偶。對偶的學習叫"對課"。近人蔡元培指出:"對課與現在的造句法相近。……這種功課,不但是作文的開始,也是作詩的基礎。"[1]不過,那種古已有之的對偶,連同古人如毛公、鄭玄早已注意的語助,祇有到了劉勰的手裏,才作出了理論上的說明。

先看語助。自《墨子·經説上》分析"且"字語法作用之後,到西漢,毛公才把"且"一類字稱爲"辭",東漢鄭玄改稱"語助"。晉葛洪對語助的分析就更爲深入,指出同一語助的不同音訓,如"焉"字,"若訓何、訓安,當音於愆反;……若送句及助詞,當音矣愆反"[2]。劉勰發展了葛洪的觀點,在《文心雕龍·章句》裏,對"語助"作了出色的概括:

> 至於夫、惟、蓋、故者,發端之首唱;之、而、於、以者,乃劄句之舊體;乎、哉、矣、也,亦送末之常科。據事似閒,在用實切。巧者迴運,彌縫文體,將令數句之外,得一字之助矣。

指出語助在句首、句中、句尾三種分佈方式,就比葛洪説的"送句及助詞"多了句首一項,甚至比唐劉知幾説的"伊、惟、夫、蓋,發語之端也;焉、哉、矣、兮,斷句之助也"[3],還多了句中一項。他認爲,語助對文義來説好像是閒散的字眼,而從組字造句的作用上看,卻是切實重要的。

---

[1] 《蔡元培選集·我在教育界的經驗》。
[2] 《顏氏家訓·音辭》引。
[3] 《史通·浮詞》。

再看對偶。對偶出現於先秦,盛行於漢魏辭賦、駢文的時代。到南朝齊梁間,沈約等人發現:漢語形式美原由聲律及對偶構成。劉勰於是在《文心雕龍·麗辭》裏提出:"麗句與深采並流,偶意共逸韻俱發"。認爲對偶的成立要有思想上、語言上的條件,兩者缺一不可。

思想上的"偶意",來自辯證的觀點,首先是相反相成的觀點。我國古代盛行樸素的辯證法,出現了《老子》、《孫子兵法》、《周易·繫辭》那樣卓越的著作。英國科學家李約瑟說:"當希臘人和印度人很早就仔細地考慮形式邏輯的時候,中國人則一直傾向於發展辯證邏輯。"①辯證邏輯主要是教導人們從對立的統一上去認識事物。這就爲對偶的成立奠定了思想基礎。同時,要在語言上真正造成"麗句",更要靠語言本身具有便於成雙作對地隨意安排的性能。這在世界上,恐怕就要數漢語了。漢語在古代以單音節詞爲主導,雙音節詞爲次,又沒有詞的形態變化,用這種整齊勻稱的漢語語詞,去創造對偶句式,當然是得心應手的了。因此,《麗辭》說:"造化賦形,支體必雙,神理爲用,事不孤立。夫心生文辭,運裁百慮,高下相須,自然成對。"就把對偶成立的條件全面地端了出來。

《文心雕龍》以後,從對偶的學習到宋元間《對類》的出現,從語助的探索到元代《語助》一書的問世,便成了我國從中古到近代的語法研究的主綫。

"對課"與語法觀念 從語文教育上說,對課始於屬對,即以上下兩句綴成對偶。初學者通常從"的名對"入手。"的名對",又叫"正名對",要求用"天、地","日、月","去、來","進、退","東、西","南、北","長、短","大、小"之類反義詞上下相對。上下相對,指上下兩句的相應位置上安排同一義類的語詞。如云"送酒

---

① 李約瑟《中國科學技術史》第三册,科學出版社,1978年,第337頁。

東南去,迎琴西北來",上下正正相對:"琴、酒"爲名詞對名詞, "迎、送","來、去"各爲動詞對動詞;"西北"與"東南"爲方位詞對方位詞。古代沒有名詞、動詞一類術語,要在屬對之中,逐步領悟到詞類的不同。《文鏡秘府論・二十九種對》載唐人對"同類對"(也叫"同對")的說明:

> 同對者,若大谷、廣陵,薄雲、輕霧,此大與廣、薄與輕,其類是同,故謂之同對。同類對者,雲、霧,星、月,花、葉,風、煙,霜、雪……

這一論述,可用現代語言學說的從組合求聚合、從聚合定詞類的原理去作圖解:

	組合關係
聚	大──谷
合	廣──陵
關	薄──雲
係	輕──霧

"大、廣、薄、輕"爲一類,現稱形容詞;"谷、陵、雲、霧"爲一類,現稱名詞。事實上,正是在屬對之中,語法觀念逐步地形成了。請看《文鏡秘府論・二十九種對》裏保存的珍貴史料:

> 又曰:"日月光天德,山河壯帝居。"
> 有虛名實名。上對,實名也。

據《南史・陳後主紀》,"日月"一聯,爲陳後主從隋文帝東巡、登芒山時的詩句。由此推知,"虛名實名"的提出,當在由隋至初唐之間。"虛名實名"後來改稱"實字虛字"。通常認爲北宋始分"虛字、實字",其實初唐就已有了。當然,在辭章學裏,字分虛實,衹是從相對的意義上去理解的,如以名詞爲"實名",那麼,動詞、形容詞之類均屬"虛名"了。這與小學家說的虛字、實字還有所不同。

小學家的實字、虛字之說,大約萌發於初唐孔穎達,到五代北宋之際的徐鍇《說文繫傳》漸見分曉。在《繫傳》卷三十七《類聚》裏,徐把"於、者、亦、只、乃、曰、兮、于、粵、乎、可……"等字集中起來考察,指出:

> 凡此數者,皆虛也,無形可象,故擬其口氣之出入、舒疾、高下、聚散以爲之制也。

而且他更提出,這類字的本義"皆兼實名,則取象自別也,然則詞之虛立與實相扶,物之受名,依詞取義,'云'之出氣則紛然雲撓,'其'之發口則哆矣箕張,推此求之,餘可知矣"。

小學家對實字、虛字的研究成果,反過來推動辭章學的發展。北宋蘇軾教人作文,"或辭多而意寡,或虛字多、實字少,皆批諭之"[1]。實字、虛字之說到南宋,更進入詩話、詞話之類文學批評的專著,魏慶之拿來分析詩的語言藝術[2],張炎用來指導詞的創作[3]。朱熹還把動名詞後面的形容詞稱爲"半虛半實字"[4]。元代初年,程端禮《讀書分年日程》,更有"令記《對類》單字,使知虛實死活字"的說法。

《對類》裏的詞類 《對類》一書,當在程端禮之前,即宋元之間,就已問世。這種書,一般把字分爲"實字"、"虛字"、"助字"三類。實字下附有"半實",虛字分"活"或"死"兩小類,並附"半虛"。定義是:無形可見爲虛,有跡可指是實;體本乎靜爲死,用發乎動爲生;似有似無者,半虛半實。如把分類及例字編排一下,便見大概:

---

[1] 見周煇《清波雜志》卷七。
[2] 《詩人玉屑》卷三《唐人句法》。
[3] 《詞源》卷下《虛字》。
[4] 《朱子語類》卷五十二。

第四章　小學的轉折——宋元明時代　　　　　　　　　　211

1. 實字：天,地,樹,木,鳥,獸……
   半實：文,威,氣,力……
2. 虛字(活)：吹,騰,升,沉,奔,流……
3. 虛字(死)：高,長,清,新,堅,柔……
   半虛：上,下,裏,外,中,間……
4. 助字：者,乎,然,則,乃,於……

張志公分析說,所謂實字,都是名詞,半實是抽象名詞;虛字(活)是動詞;虛字(死)是形容詞;助字包括現在所說的連詞、介詞、助詞等各種關聯詞和語助詞。祇有所謂"半虛"比較雜亂,除方位詞之外,還有一些較爲抽象的形容詞和時間詞。半實一般併入實字用,半虛併入虛字用,實際上主要的分類是"實"、"虛活"、"虛死"、"助"四類,即現在所說的名詞、動詞、形容詞、關聯詞和語助詞。這顯然是一個很簡要的語法上的詞類系統,同現代語法學的分類基本上吻合①。

可見在古代,《對類》實際上起着語法課本的作用,屬對則是生動的語法練習。通過屬對,學會組字造句,而那基礎,就是《對類》指明的詞類。

在虛字、實字的用法上,《對類》仍唐人之舊,自與現代所理解的不同,如下表：

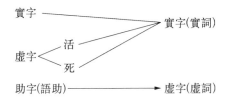

第一本虛字專著《語助》　對虛字研究的側重點,唐宋古文家

---

① 《對類》的分類、例字及分析,均據張志公《傳統語文教育初探》,上海教育出版社,1979年,第102—103頁。

與六朝駢文家有別。劉勰以"語助""彌縫文體"①,代表着駢文家的看法;而古文家認爲古文本於語氣,可用"語助"表示神氣。最早提出古文家見解的是柳宗元。

柳宗元《復杜溫夫書》指出杜"用助字不當律令",即不合虛字運用的規律。主要體現在混用兩種不同語氣的虛字,這兩種虛字是:

> 所謂乎、歟、耶、哉、夫者,疑辭也;矣、耳、焉、也者,決辭也。

他要求區分疑問語氣與肯定語氣。到南宋,人們對虛字更加重視了,陳騤《文則》提出:"文有'助辭',猶禮之有儐、樂之有相也。"甚至有人認爲:"文之隱顯起伏皆由'語助'。"②也就把運用虛字與寫好文章聯在一起,即諺語説的:"之乎者也已焉哉,用得來的好秀才。"再經過一段時間的努力,第一本以《語助》命名的虛字專著,在元代初年出現了③。

《語助》作者盧以緯,字允武,永嘉(今屬浙江)人。胡長孺在元泰定甲子(1324)爲書作序説:"是編也,匪語助之與明,乃文法之與授。"此處"文法"指文章作法。可知《語助》實應辭章需要而作。

《語助》計六十六個條目,分析單音虛字(如"也"、"矣"、"焉"),複音虛字(如"今夫"、"然則"、"至於")共一百二十多個。全書以辨析字義的差異見長。

或者沿用葛洪的方法,從聲音的不同去探求:

> "也"、"矣"、"焉",是句意結絕處。"也"意平,"矣"意直,"焉"意揚。發聲不同,意亦自別。

或者受劉勰的啓示,從句中分布位置的不同去考察:

---

① 《文心雕龍·章句》。
② 陳叔方《潁川語小》卷下。
③ 《陳望道語文論集·關於盧以緯的〈語助〉》。

第四章 小學的轉折——宋元明時代

> "夫"字在句首者,爲發語之端,雖與"蓋"字頗相近,但此"夫"字是爲將指此事物而發語爲不同;有在句中者,如"學夫詩"之類,與"乎"字似相近,但"夫"字意婉而聲衍;在句末者,爲句絶之餘聲,亦意婉而聲衍。

或者由於柳宗元的影響,從語氣的輕重緩急不同去分析:

> "嗚呼",嗟嘆之辭,其意重而切。"吁",其咨嗟之辭,其意稍輕。此皆先嘆息而後發語。

書中還開了以口語解釋文言虛字的先例:

> 若云"儼然"、"睟然"、"盼盼然"、"嘐嘐然",却是形容之語助,實有"恁地"之意。"唓爾"之"爾"字,"翕如"之"如"字,"沃若"之"若"字,義皆類此。

"形容之語助",即現在説的形容詞詞尾。

更有個別條目,發前人之所未發。如"于"與"於"的區别,即是適例。通常認爲瑞典漢學家高本漢在《〈左傳〉的真僞及其性質》裏提出,《左傳》"于"字多用在地名之前,"於"字多用在人名之前。其實,盧以緯在六百多年前就指出,"於"字俗語"向這個"的意思,"于"是指那事物或地名之類而言,故着一"于"字以指定之,與"於"字相類,微有輕重之别。"于"比"於"意略重[①]。

誠然,《語助》是虛字方面的草創之作,難免有搜羅不備、體例不周之處,自從清代《助字辨略》、《經傳釋詞》等書相繼問世之後,《語助》也就完成了它的歷史任務。不過,《語助》自有它的歷史意義,它是從訓詁學、辭章學裏分離出來、獨立進行虛字規律探索的第一本書,從這點上,可以說,《語助》一書的問世,便成了漢語語法學創立的一個朕兆。

---

① 何九盈《〈語助〉評述》,《辭書研究》1985 年第 1 期。

第五章　小學的終結——清代

一、由音韻文字通經子百家

好的散曲，在結構上有"鳳頭、猪肚、豹尾"①的層次。清代小學的歷史發展，亦與此相仿，就是開始像"鳳頭"那樣挺秀，中間像"猪肚"那樣充實、飽滿，結束像"豹尾"那樣有勁。這三階段，相當於經學上的"啓蒙"、"全盛"、"蜕變"②三時期。

清代小學發展三時期　啓蒙期約當順治、康熙、雍正三朝（1644—1735）。那時主要是反抗明末王陽明之學，恢復漢、宋之學。與之相應，小學有了新的轉機，方以智、顧炎武成了清代小學的啓蒙大師。他們都以考據學作爲治學的根底，但研究小學的着眼點有所不同：方長於訓詁，顧精於音韻，方最早進行文字改革的試驗，是近代語文新潮的先行者；而顧，給小學研究規定了樸學路綫，因此被奉爲清代小學的開山祖。

到乾隆、嘉慶二朝（1736—1820），經學進入全盛期。那主要任務是反對宋學（理學），恢復東漢古文經學。古文經學與小學息息相關。在漢代，小學因古文經學而創立；到清代，小學因古文經學而鼎盛。在乾嘉時代，幾乎小學的各個部門都開闢出新天地，出現了大師輩出、巨著矗立的大好局面。所謂"清代是小學的黄金時代"③，

---

① 陶宗儀《輟耕錄》載喬吉語。
② 《周予同經學史論著選集・"漢學"與"宋學"》。
③ 王力《中國語言學史》，山西人民出版社，1980年，第109頁。

當指乾嘉時代而言。就在這時代,成爲小學正宗的顧炎武一系分爲吳、皖兩派。吳派以保守漢人學說爲主,雖兼及小學,而專攻的人不多,就中可稱爲小學大師的,當推錢大昕。皖派就不同了,他們以文字學爲基點,從音韻入手研究學術,小學大師幾乎蟬聯而出:江永傳給"天下奇才"[①]戴震,戴震傳給段玉裁、王念孫,王念孫又傳給兒子王引之,簡直像接力賽一樣,以驚人的速度,登上了小學的最高峰。特別是段、王,取得了劃時代意義的業績,以至後人把乾嘉學派的小學,稱爲"段王之學"。

自道光、咸豐、同治至光緒、宣統五朝(1821—1911),經學到了蛻變期。那時經學研究的動向,是反對東漢古文經學而恢復西漢今文經學,漸及先秦諸子之學。今文經學與古文經學不同,不講求"名物訓詁",而偏重"微言大義",因而反對古文經學之日,就是小學衰落之時。再從小學本身看,自戴、錢、段、王的時代,已有向着現代語言學轉變的趨勢。道咸以降,那趨勢越發分明,就是:一方面,小學到了清末,在皖派最後大師俞樾、孫詒讓的手裏,得到了光輝的終結;一方面,清末以文體改革、文字改革爲旗幟的語文新潮,向着現代語言學作勝利的進軍。

從學術演變的迹象上看,清代小學與經學一樣,有一股不可遏止的向古代逐級回歸的傾向。這傾向,周予同早已在《"漢學"與"宋學"》一文指出,就是啓蒙期"反明而復於漢、宋",全盛期"反宋而復於後漢",蛻變期"反後漢,復於前漢,而漸及於先秦"。不僅如此,就連清代學者的治學道路也是這樣。阮元就說:"元少爲學,自宋人始,由宋而求唐、求晉魏、求漢,乃愈得其實。"[②]他們把"復古"作爲"求真"的手段。可以說,清代小學各個部門的研究,都打上了向古代回歸的烙印:音韻學以上古音爲研究中心,文字

---

① 錢大昕贊語,見江藩《漢學師承記》卷五《戴震》。
② 阮元《揅經室二集》卷七《西湖詁經精舍記》。

學以《說文》研究爲主體,訓詁學以考釋古義、探求語源爲目標,語法學以經傳虛詞爲研究重點,甚至方言、俗語的研究也不重於活語言的調查,而以考求古書上最早出處爲主要任務。

就清代小學而言,向古代回歸,主要是復興"許鄭之學"。但這已不是東漢小學的簡單重復了,而是在新的高度上,即在中印文化長期交流、中西文化初步接觸的高度上,把東漢"許鄭之學"發展爲"段王之學"。

小學指導思想的根本轉變 從許慎到段王一千七百多年間,我國語文的指導思想發生了根本的轉變:從主張以字形爲依據闡明本義到倡導以聲韻爲關鍵進行名物訓詁。

在段王之前,個別優秀學者已觸及以聲韻爲關鍵進行名物訓詁這個原則,如東漢鄭玄就已提出"就其原文字之聲類,考訓詁,捃秘逸"[1],不過,這一天才的思想閃光,並沒有引起人們普遍的關注。隨着印度梵文拼音學理的傳入,我國音韻學的建立,一些目光敏銳的學者看出漢字並不直接標指概念,而是語音與詞義直接聯繫。唐顧齊之説:"得其音則義通,義通則理圓"[2];宋元之際戴侗指出:"夫文,生於聲者也。……義與聲俱然,非生於文也。"[3]到明末,西方拼音方法隨着西方科學文化傳入我國,一下子就解開漢語字音結構的奧秘,這更激起人們研究音韻的熱忱,力求以音韻爲鑰匙,去打開古書字義考釋的大門。

顧炎武提出:

> 讀九經自考文始,考文自知音始。以至諸子百家之書,亦莫不然。[4]

---

[1] 賈公彥《序周禮廢興》引。
[2] 顧齊之《慧琳一切經音義序》。
[3] 戴侗《六書故·六書通釋》。
[4] 《顧亭林詩文集·答李子德書》。

由音韻文字通經子百家,這雖由顧炎武申明,但已不是一兩個人的意見,而成爲整個小學界的共同主張,成爲有清一代的樸學路綫。對這樸學路綫的要點,戴震作了詳盡的闡述。一方面,他指明小學的外部規律,主要是小學與經學的密切關係:

> 經之至者,道也;所以明道者,其詞也;所以成詞者,字也;未有能外小學文字者也。由文字以通乎語言,由語言以通乎古聖賢之心志。①

另一方面,他又提出小學的内部規律,即文字、音韻、訓詁三者的内在關係:

> 而字學、故訓、音聲,未始相離,聲與音又經緯衡從宜辨。②

以音韻作爲貫穿文字、訓詁的主綫,這是戴震的一大創見。到段玉裁,更在《王懷祖廣雅注序》裏,把顧、戴的思想錘煉成爲警句:

> 治經莫重乎得義,得義莫切於得音!

他端出了清代小學的基本綱領。

段王最明白他們的小學研究原則與許慎的不同。他們有意地重復許慎引用過的話,以顯示從漢至清在語言研究方法論上的轉變。

許慎《説文序》引用《易‧繫辭》"至賾而不可亂"一語,説明"分別部居,不相雜厠也"的條例。他以五百四十部編次文字,反映出就字形以説音義的思想。而段玉裁,着重研究占漢字總數百分之九十以上的形聲字,他發現同聲符字,讀音也相同,以此來貫徹由音韻以通訓詁的原則。他在《六書音均表‧古十七部諧聲

---

① 《戴東原先生集‧古經解鉤沉序》(安徽叢書本)。
② 《戴東原集‧與是仲明論學書》。

表》裏,也引用"至賾而不可亂"一語,説明"同諧聲必同部也"的道理。王念孫亦然。他在《廣雅疏證序》裏,也引用"至賾而不可亂"一語,來説明"詁訓之旨,本於聲音。……今則就古音以求古義,引伸觸類,不限形體"的原理。引語相同,用意有別,爲的是區分"段王之學"與"許鄭之學"的基本界限。

語言研究方法論的轉變,取決於語言觀的轉變。在清代學者看來,語言往往"多於文字,亦先於文字"①,也重於文字:異字同義,異義同字,"其源皆在音均"②;"絶代異語、别國方言,無非一聲之轉"③。由此出發,他們提出了歷史演變原則、體系原則、聲義互求原則、語境即"上下文"原則(詳五章三節及五節),使上古音、詞源、虚字與《説文》的研究,開了新生面。清代學者的語言觀及其方法論,體現了近代的科學精神。

研究古典文獻語言的原因　由音韻文字通經子百家,也是清代研究小學的中心課題。它要求用近代的語言研究方法,去解決古代的文獻語言的實際問題。他們不是解決近代語言的實際問題,而是解決古代文獻語言的實際問題,那是有時代的原因的。

明末妄改古書,蔚然成風。顧炎武從社會學的角度,考察妄改古書的危害,指出:"萬曆間人,多好改竄古書。人心之邪,風氣之變,自此而始。"④在他看來,人心、風氣的變壞,是亂世的朕兆。針對明人好刻古書而古書亡的弊端,他指斥:"以甚精之刻,而行其徑改之文,無怪乎舊本之日微,而新説之愈鑿也。"就這樣,他提出了由音韻文字通經子百家的路綫⑤。他的本意在恢復古書原貌,以探究古今文化的源流。他不主張信古非今,相反,要求"引

---

① 《戴東原先生集·經考附録》卷一《易象象三字皆六書之假借》(安徽叢書本)。
② 段玉裁《六書音均表·六書説》。
③ 王念孫《王石臞先生遺文·程易疇果贏轉語記跋》。
④ 顧炎武《日知録》卷十八"改書"條。
⑤ 《顧亭林詩文集·答李子德書》。

古籒今"①,達到經世致用的目的:"君子之爲學,以明道也,以救世也。"②他生在明末清初,痛感滿族對漢族人民的蹂躪。儘管漢族在政治上失敗了,但他仍要維護漢族在文化上的優勢,作爲反清復明的精神支柱。他治小學,"意在撥亂滌污,法古用夏;啓多聞於來學,待一治於后王"③。很清楚,他說的通經子百家,不僅指考釋古代文獻語言,恢復古書的原貌,而且還指保存漢族的古代文化遺產,以求重新恢復漢族的政治地位。

自康熙至雍正、乾隆,對漢族學者實行軟硬兼施的政策,即一手抓文字獄,一手抓古代文獻整理,如康熙十八年(1679)開明史館,乾隆三十七年(1772)開四庫全書館。這兩手有效,也有限:爲了文字獄,學者不敢治文史,尤其不敢言近代事,但不治史,便昧於掌故,不久又把原先"銷燬"的禁書,當作寶典了④;整理古代文獻,自要秉承滿族皇帝的旨意,大凡涉及金元之處,便一一加以修改,作爲"定本",但集中全國各地人才,整理古今圖書,却是文化昌盛、學術繁榮的先決條件,因此,四庫全書館也成了漢學的大本營。這文字獄、古文獻整理同雍正、乾隆實行的閉關鎖國政策一湊合,就決定漢族學者不能探討漢語與外語的一般規律,祇能研究漢語本身的實際問題,把目光從近代漢語轉向古代漢語。

就漢族學者來說,也祇有抓住由音韻文字通經子百家這條路綫了。原來顧炎武搞小學,爲了"明道"、"救世",但在清政府軟硬兼施、日益加厲的條件下,連戴震那樣敢於痛斥後儒"以理殺人"⑤的學者,也不再公開講"救世"了,不過,他還主張"明道",通過語詞的訓詁,宣傳唯物主義觀點,寫出傳世名著《孟子字義疏

---

① 《顧亭林詩文集·與人書八》。
② 《顧亭林詩文集·與人書二十五》。
③ 《顧亭林詩文集·與楊雪臣》。
④ 魯迅《且介亭雜文·買〈小學大全〉記》。
⑤ 《戴東原集·與某書》。

證》。祇有他一人,由文字訓詁達到哲學大道。他的弟子段玉裁企圖由小學通"古聖賢之心志",但到晚年,依然停留在小學上。他嘆息說:

> ……又喜言訓故考核,尋其枝葉,略其本根,老大無成,追悔已晚。①

他的悲嘆,不妨看作小學從經學母胎裏來到人世的第一聲啼哭。戴震另一弟子王念孫則坦率地自白:"説經者,期於得經意而已。"②到王引之,乾脆連"明道"的旗幟也收起來了:

> 吾治經,於大道不敢承,獨好小學……其大歸曰:用小學説經、用小學校經而已。③

很清楚,他們是我國第一批進行文字、音韻、訓詁綜合研究的小學家。這樣,他們的學術旨趣自與顧炎武有別:顧把由音韻文字通經子百家作爲"明道"、"救世"的手段,而段王他們却把由音韻文字通經子百家作爲自己治學的目的。他們不提"明道"、"救世",却始終抓住由音韻文字通訓詁的路綫不放。此中奧秘,到章太炎才點破。章作了形象的說明:

> 民族主義如稼穡然,要以史籍所載人物、制度、地理、風俗之類爲之灌漑,則蔚然以興矣。④

凡此種種,均有賴於小學。看來,清代學者是以民族精神作爲治學的動力,采取近代的科學方法,發揚求實、創新、鍥而不舍的學風,才在中國小學史上寫下光輝篇章的。

---

① 《經韻樓集》卷八《博陵尹師所賜朱子小學恭跋》。
② 見王引之《經義述聞序》引。
③ 龔自珍《工部尚書高郵王文簡公墓表銘》引。
④ 《太炎文錄・別錄・答鐵錚》。

二、古音學的發明：從顧炎武到章太炎

漢字與拼音文字不一樣，不能從字形上直接拼切出實際的語音。透過漢字形體求出上古的實際讀音，這本身就是一種發現。

清人在古音研究上的成就，體現在古韻的分部上，體現在古音特徵的揭示上。

古韻的分部 宋吳棫開始研究古音，但他還沒有作古音的分部。而研究古音，恰恰是要從古韻分部上突破。一般認爲古韻分部始於宋鄭庠的《古音辨》。鄭書早已散佚，據有關記載看，他祇是把《廣韻》各韻歸併爲六類而已，可是《廣韻》代表的是中古音，不是上古音。段玉裁指出，鄭說"合於漢魏及唐之杜甫、韓愈所用，而於周秦未能合也"[①]。清人說的"古音"，指以《詩經》爲代表的上古音。

依據《詩經》押韻，離析《廣韻》以求古音韻部，當始於顧炎武。顧炎武(1613—1682)，字寧人，江蘇崑山亭林鎮人。他從《詩經》用韻的研究上，找到了探求上古音的路子。在《詩經》裏，互相押韻的字總是韻母相同或相近的。如《詩·周南·關雎》："關關雎鳩，在河之洲。窈窕淑女，君子好逑。""鳩、洲、逑"是互相押韻的字，即韻脚。要是把《詩經》裏所有的韻脚加以分析、歸納，那就可以大體上考見上古音的韻母系統。顧炎武正是這樣做了，他撰《古音表》，就分古韻爲十部，雖然粗疏些，但研究古音的基礎却由此奠定。後有長於審音的江永，進而考求，作《古韻標準》，分爲十三部，比顧細密些。

到段玉裁，古韻分部進入一個新階段，那就是作爲古韻分部的依據除了《詩經》押韻之外，更多了《說文》諧聲。在造字之初，諧聲字(即形聲字)的聲符代表實際讀音，從同一聲符得聲的諧聲

---

① 《六書音均表·今韻古分十七部表》。

字,那讀音往往相同或相近。由此推衍,自會得出"同諧聲者必同部"①的結論。事實證明,從《詩經》韻脚的分析得到的結果,與《説文》諧聲系統大體一致。如《詩·豳風·東山》:"鸛鳴於垤,婦嘆於室。灑掃穹窒,我征聿至。"韻脚"垤、室、窒、至",均從"至"得聲,即屬同部②。《説文》諧聲與《詩經》用韻一結合,就使段的古韻分部比前人更爲準確嚴密些。他作的《六書音均表》,分古韻爲十七部,確把古韻系統的框架給勾畫出來。江有誥讚嘆地説:"古韻一事至今日,幾如日麗中天矣。取而譬之,吳才老(棫)古音之先導也,陳季立(第)得其門而入也,顧氏、江氏則升堂矣,段氏則入室矣!"③

在段之外別開生面的,是他的老師戴震。戴作的《聲類表》,成書在《六書音均表》之後。他以陰、陽、入三分的理論(詳見下文),剖析古韻系統,分爲九類二十五部,計有陰聲七部,陽聲九部,入聲亦九部。他的弟子孔廣森因以提出陰陽對轉之説,在《詩聲類》裏分古韻爲十八部,其中陰聲、陽聲各爲九部。

比段的分部更爲精密的是王念孫、江有誥的古韻二十一部之説。他們幾乎同時得出古韻二十一部的結論,而内容稍有不同,僅在王以"至"部獨立,江以孔廣森説的"冬"部獨立、改稱"中"部而已。王説在《與李方伯論韻書》④裏提出;江説見之於《音學十書》。江有誥(?—1851),字晉三,安徽歙縣人。夏炘即采取江的二十一部,加上王的"至"部,撰成《詩古韻表二十二部集説》,爲清代學者關於古韻分部意見的總匯。這二十二部的韻目如下:

之	幽(尤)	宵(蕭)	侯	魚	歌
支	脂	至	祭	元	文(諄)

----

① 《六書音均表·古十七部諧聲表》。
② 《六書音均表·詩經韻分十七部表》第十二部。
③ 江有誥《音學十書·古韻凡例》。
④ 見王引之《經義述聞》卷三十一。

第五章 小學的終結——清代

| 真 | 耕 | 陽 | 東 | 中(冬) | 蒸 |
| 侵 | 談(覃) | 叶(艓) | 緝(邑) | | |

其中，顧炎武設立十部：宵(蕭)、魚、歌、支、真、耕、陽、東、蒸、侵；江永增設三部：幽(尤)、元、談(覃)；段玉裁又增四部：之、侯、脂、文(諄)；戴震古韻分部爲江、夏所采用的有二部：叶(艓)、緝(邑)；孔廣森增一部：中(冬)；王念孫增設二部：至、祭。"祭"部實由戴震創立，稱爲"靄"，祇是分而未密，至王念孫才完成。因此，黃侃說："曷部〔即王的'祭'部〕爲王念孫所立。"①古韻二十二部，爲清代學者心血的結晶。對此，王國維評論說：

> 古韻之學，自崑山顧氏而婺源江氏，而休寧戴氏，而金壇段氏，而曲阜孔氏，而高郵王氏，而歙縣江氏，作者不過七人，然古音廿二部之目，遂令後世無可增損。……謂之前無古人，後無來者，可也。②

其實是前無古人，後啓來者。清末民初，章太炎就在二十二部之外，又從"脂"部分出"隊"部，撰成《二十三部音準》一文③；他的弟子黃侃又以他的二十三部，加上戴震的入聲五部，定古韻爲二十八部，計有陰聲八部，陽聲十部，入聲十部④，重新恢復了戴震的陰、陽、入三分的體系。雖然説這是集清代學者古韻分部之大成，但也不能視爲止境。因爲近人王力、羅常培、周祖謨等又做更爲精密的分部了⑤。

古音特徵的揭示 比古韻分部更爲重要的是古音特徵的揭

---

① 《黃侃論學雜著・音略》。
② 《觀堂集林・周代金石文韻讀序》。
③ 文載《國故論衡》卷上。
④ 《黃侃論學雜著・音略》。
⑤ 王力《音韻學初步》考定《詩經》時代古韻二十九部，《楚辭》時代古韻三十部；羅常培、周祖謨《漢魏晉南北朝韻部演變研究》確定周秦古韻爲三十一部。

示。王國維提出：

> 自明以來，古韻學之發明有三：一爲連江陳氏古本音不同今韻之説；二爲戴氏陰陽二聲相配之説；三爲段氏古四聲不同今韻之説。而部目之分析，其小者也。①

文中專談古韻學上的"發明"，而不及古聲母研究上的發現。要叙述清代古音學上的"發明"，當把古聲母研究上的發現包括在內。

實際上，古韻分部的過程，必然是古音特徵揭示的過程。揭示古音的特徵，大抵從古音外部關係的考察深入到古音內部結構的探索；探索古音的內部結構，又得從韻母、聲調而及聲母。因此，揭示古音特性的學説出現的程序，就是先有陳第的古本音不同今韻之説，復經江永的發揮，成了古音與方音對應演變説。到戴震、段玉裁，更明白古韻母系統不同於後世，因而有段玉裁的古四聲不同今韻之説，戴震的陰陽入相配説及孔廣森的陰陽對轉説，戴孔之説後由章太炎發展成爲古韻通轉理論。同時，錢大昕首先發現古聲母系統不同於後世，連續發表了古無輕唇音説及古無舌頭、舌上之分説，到清末民初，章太炎又提出古音娘日二紐歸泥説。

現將清代學者揭示古音特徵的學説，作一簡單的叙述。

第一，古本音不同今韻説

明末陳第提出的古本音不同今韻説，正如"鳳鳴高岡而啁噍之喙盡息也"②。他主要是從"時有古今，地有南北"的背景上，探索了古音不同於今音的特徵（詳四章二節），但他來不及研究古音與方音對應的關係。在陳第之前，觸及古音與方音相關變異的現象的，有漢揚雄、晉郭璞。《方言》卷一：

---

① 《觀堂集林·五聲説》。
② 段玉裁《六書音均表·古十七部本音説》。

第五章　小學的終結——清代　　　　　　　　　　　　225

> 秦晉之間，凡人之大謂之"獎"，或謂之"壯"；燕之北鄙、齊楚之郊或曰"京"，或曰"將"：皆古今語也。

郭璞注："語聲轉耳。"這種現象，亦爲宋明間學者所覺察。如南宋詩人陸游，以《詩韻》爲準，來評論各地方音説：

> 四方之音有訛者，則一韻盡訛。如閩人訛"高"字，則謂"高"爲"歌"，謂"勞"爲"羅"；秦人訛"青"字，則謂"青"爲"萋"，謂"經"爲"稽"；蜀人訛"登"字，則一韻皆合口；吴人訛"魚"字，則一韻皆開口。①

而從理論的角度，提出古音與方音對應演變説的，是清江永。江永（1681—1762），字慎修，婺源（今屬江西）人。他在《古韻標準·平聲第八部總論》裏指出：

> 凡一韻之音變，則同類之音皆隨之變。雖變，而古音未嘗不存，各處方音往往有古音存焉。……大抵古音今音之異，由唇吻有侈弇，聲音有轉紐。而其所以異者，水土風氣爲之，習俗漸染爲之。人能通古今之音，則亦可以辨方音。入其地，聽其一兩字之不同，則其它字可類推也。

這段重要的論述，包括三層意思："首先，江永認識到古今語音變化是有規律的。其次，江永認識到方音與古音是有對應規律的，方音的變化，也是按類變化的。可以由一兩字的變化類推。古音與方音的對應關係，正如現代方言調查字表所反映的那樣。"②第三，江永認爲古音方音類變的原因是聲母、韻母的變異，即所謂"唇吻有侈弇，聲音有轉紐"。"侈弇"二字，尤宜注意。王力説，"侈是開，弇是閉"，指開口元音和閉口元音。漢語的語音，從古到今，都有 a（開口元音）系統與 ə（閉口元音）系統的對立。江

---

① 陸游《老學庵筆記》卷六。
② 李行傑《江永音韻學思想初探》，載《青島師專學報》1984年第1期。

永區別幽與宵、真與元、侵與談等部，就因爲宵、元、談三部是 a 系統，而幽、真、侵三部是 ə 系統。這是重要的發現①。

第二，古四聲不同今韻説

對古聲調的探索，早在唐宋就已經開始了，如吳棫提出了"四聲互用"之説②。明末陳第發表不同的看法，他在《讀詩拙言》裏反駁："四聲之辨，古人未有，……舊説必以平叶平，仄叶仄也，無亦以今而泥古乎？"他還認爲，"四聲之説起於後世，古人之詩取其可歌可咏，豈屑屑毫釐若經生爲邪？"③他没有説"古無四聲"，説的是"古無四聲之辨"：古人寫詩純屬天籟，自與後人重在人爲、講究平上去入之别不同。顧炎武的看法又與陳第不同，他認爲古人有四聲之别，而寫詩，平、仄可以並用，没有定準，惟"在歌者之抑揚高下而已"，此即所謂"四聲一貫"説④。江永更肯定古人實有四聲，"不容增減"，上古"平自韻平、上去入自韻上去入者，恒也"，有時異調相諧，也如後世詞曲，"正以雜用四聲爲節奏"⑤。

及至乾隆乙未(1775)，段玉裁完成《六書音均表》，才對古聲調提出總的看法，就是："古四聲不同今韻，猶古本音不同今韻也。"具體説："古平、上爲一類，去、入爲一類：上與平一也，去與入一也"，因而有"古無去聲"説：

  考周秦漢初之文，有平上入而無去；洎乎魏晉，上入多轉而爲去聲，平聲多轉爲仄聲，於是乎四聲大備，而與古不侔。⑥

章太炎對此深表贊同，説"非閉門思之十年弗能憭"⑦。但此中道

---

① 王力《中國語言學史》，山西人民出版社，1980 年，第 146—147 頁。
② 引自江永《古韻標準·例言》。
③ 《毛詩古音考》卷一怒字下注。
④ 《音論》卷中。
⑤ 江永《古韻標準·例言》。
⑥ 《六書音均表·古四聲説》。
⑦ 《國故論衡·二十三部音準》。

理,到王力才説清楚。王認爲,段説的"洎乎魏晉,上入聲多轉而爲去聲"一語,換言之,是説中古的去聲來自上古的上聲和入聲。這可以拿諧聲偏旁作爲標準來説明。"凡從平上聲字得聲,或此字作爲平上聲字的諧聲偏旁者,應認爲古上聲。例如'怒'從奴聲,《廣韻》'怒'字有上去兩讀,應以上聲爲古讀。'恕'字從如得聲,'恕'字在上古應屬上聲。'顧'字從雇得聲,'顧'字在上古應屬上聲。凡從入聲字得聲,或此字作爲入聲字的諧聲偏旁者,應認爲古入聲。例如'代'從弋聲,應以入聲爲古讀。'極'從亟聲,《廣韻》'亟'字去入兩讀,應以入聲爲古讀。'察'從祭聲,'祭'在上古應屬入聲。"①

與段説相抗衡的,是江有誥的古人所讀之四聲與今不同説。江有誥《再寄王石臞先生書》説:"古人實有四聲,特古人所讀之聲與後人不同。"②王念孫也引爲同調,説是"與鄙見幾如桴鼓相應"③。而段玉裁《答江晉三論韻》則重申自己的學術主張:

> 古四聲之道有二無四。二者,平、入也。平稍揚之則爲上,入稍重之則爲去,故平、上一類也,去、入一類也。抑之、揚之,舒之、促之,順逆交遞而四聲成。古者創爲文字,因乎人之語言爲之音讀,曰"平上",曰"去入":一陽一陰之謂道也。

大體説來,從聲調的客觀存在看,如王、江所説,實有讀音與後世不同的四聲;而從古人對聲調的辨别而言,以段説的古四聲分爲平、入兩類爲妥。林尹説:"因古人實際語音已有四聲區别之存在,故《詩》中四聲分用畫然,又因其觀念上惟辨舒促,故平每與上韻,去每與入

---

① 王力《漢語語音史》,中國社會科學出版社,1985年,第70—71頁。
② 《音學十書·唐韻四聲正》卷首。
③ 《王石臞先生遺文·與江晉三書》。

韻。"①"平、入"兩類,即是"舒、促"兩調。後世所謂平上,在古人即爲"舒"調;後世所謂去入,在古人即爲"促"調。因而段説,上古"平、上一類也,去、入一類也"。當然,段與王、江所説尚有不盡完美之處,但"古四聲不同今韻"之説,終究是古音學上一條公理。

第三,陰陽入相配説及陰陽對轉説

"陰陽入"是陰聲韻、陽聲韻、入聲韻的簡稱。用現代術語説,陰聲韻,是以元音收尾的韻部;陽聲韻,是以鼻音 m、n、ŋ 收尾的韻部;入聲韻,是以清塞音 p、t、k 收尾的韻部。清代學者以"陰、陽、入"的觀念,去剖析古韻母系統。

起先是顧炎武,發現了中古音韻母系統與上古音不同。中古音《切韻》、《廣韻》,以入聲韻與陽聲韻相配,如"平聲一東二冬、入聲一屋二沃",即以"屋"承"東",以"沃"承"冬",也就是以收舌根塞音〔-k〕的入聲韻與收舌根鼻音〔-ŋ〕的陽聲韻相配。但在上古音《詩經》裏,却不同了:

> "屋"之平聲爲"烏",故《小戎》以韻"驅""馵",不協於"東"、"董"、"送"可知也;"沃"之平聲爲"夭",故《揚之水》以韻"鑿"、"襮"、"樂",不協於"冬"、"腫"、"宋"可知也。②

"驅"、"鑿"之類,均爲陰聲韻字。如此看來,在上古音裏,入聲韻不與陽聲韻相配,而與陰聲韻相配。只是顧尚未立"陰、陽"的名目。

江永長於審音,看得也較清楚。《四聲切韻表・凡例》提出:"曷、末又同爲泰韻之入,皆音呼等列同,得以相轉也;寒、桓與歌、戈音每相轉,如'難'字得通'儺'……"上句説陰、入相轉,下句説陰、陽相轉。"泰"、"歌、戈"均爲陰聲韻;"曷、末"爲入聲韻;"寒、桓"爲陽聲韻。他在《凡例》裏,還創立了"有入"、"無入"的術語,

---

① 見陳新雄《古音學發微》,臺北文史哲出版社,1983年,第1273—1274頁。
② 《音論》卷中《近代入聲之誤》。

提出"數韻同一入"之説。"有入"指陽聲,"無入"指陰聲。段玉裁《六書音均表》改稱"數韻同一入"爲"異平同入"。因此,章太炎《重刊古韻標準序》説:"同入相配,已肇陰陽對轉之端。"

戴震傳江永之學,沿用老師江永"有入、無入"的術語,對陰陽入相配的道理,作了小學史上第一次精彩的表述。乾隆四十一年(1776),他在《答段若膺論韻》裏提出:

> "有入"者,如氣之陽,如物之雄,如衣之表;"無入"者,如氣之陰,如物之雌,如衣之裏。又平上去三聲,近乎氣之陽、物之雄、衣之表;入聲近乎氣之陰、物之雌、衣之裏。故"有入"之入,與"無入"之去近,從此得其陰陽、雌雄、表裏之相配。

雖然没有明確使用"陰聲、陽聲"的名稱,但陰聲、陽聲的特徵已給描寫出來了。他比江永更進一步指出:陰聲陽聲"兩兩相配,以入聲爲相配之樞紐"。他的《聲類表》,以陰、陽、入三分作爲古韻九類二十五部的框架,就是陰陽相配、以入聲爲樞紐的思想的體現。

《答段若膺論韻》的精華,在提出陰陽入相配之説,並指出陰陽入相配有"正轉"、"旁轉"的法式,可是發現戴説精華的,却是段玉裁師弟孔廣森。孔廣森(1752—1786),字衆仲,一字撝約,號顨軒,山東曲阜人。他在《詩聲類序》里正式提出"陰陽對轉"之説。"陰、陽"實爲戴震"無入,如氣之陰"、"有入,如氣之陽"之類説法的理論概括。孔承戴説,以爲"入聲者,陰陽互轉之樞紐,而古今變遷之原委也",但對古韻的整體看法,又與戴不同。孔主張陰陽兩分法,戴提倡陰陽入三分法。大體説來,陰陽入三分,意在反映出上古音韻母系統的整齊和諧的特徵,而陰陽兩分,祇是依據先秦韻文客觀地歸納出古音韻部而已。從漢語字音結構上看,"陰陽"或"陰陽入"的差别均在韻尾上,只要韻腹(主元音)相同,就可以互相轉化。所謂"陰陽對轉",就是陽聲失去鼻音韻尾變爲陰聲,陰聲加上鼻音韻尾變爲陽聲。"陰、陽、入相配",亦與此同理。

戴、孔之説到清末民初,爲章太炎所發展。章太炎(1869—1936),名炳麟,後改名絳,字枚叔,號太炎,浙江餘杭人。章以"對轉"、"旁轉"、"次對轉"、"次旁轉"之類術語,構擬成一個龐大的古韻通轉理論體系。這理論體系先見於《國故論衡·小學集説》,接着在《文始》裏進一步完善。《文始》卷首《成均圖》是韻轉的公式。據魏建功概括[1],其轉法有六:

正聲 { 旁轉 { 近旁轉——同列相比。
次旁轉——同列相遠。
對轉 { 正對轉——陰陽相對。
次對轉——自旁轉而成對轉。

變聲 { 交紐轉——陰陽非相轉而以比鄰相出入。
隔越轉——隔軸聲不得轉,間有以軸聲隔五相轉。

如撥開韻轉理論裏一些非科學的成分,那基本精神就如靳華所説:"章氏韻轉論的主要價值不在於用以説明作詩押韻的權通應變,而在於用以説明同源詞、方言詞以及歷史音變的聲音轉變規律。章太炎認爲,語音的變化主要通過對轉的途徑,同源詞的孳乳也主要通過對轉的途徑,意義相近、相關、相反、相對的字(詞)之間也往往是一韻之轉的關係。因此,他對於韻轉論極爲重視,認爲韻轉是小學研究的關鍵。"[2]

第四,古無輕唇音説與古無舌頭舌上之分説

古今聲母的差異,唐、宋人已發覺了:《廣韻》每卷後面附有"新添類隔,今更音和切"的説明。如上平聲卷一,把"卑、府移切"改爲"必移切";上聲卷三,把"貯、丁吕切"改爲"知吕切"。按"三十六字母"來看,"府"屬輕唇音非〔f〕母,而"必"屬重唇音幫〔p〕母;"知"屬舌上音知〔t̠〕母,而"丁"屬舌頭音端〔t〕母。本來陸法言撰

---

[1] 參魏建功《古音系研究》,北京大學出版組,1935年,第244—245頁。
[2] 靳華《論章太炎的古音學》,《研究生論文選集·語言文字分册(一)》,江蘇古籍出版社,1985年,第9頁。

《切韻》,沿用古代反語"卑、府移切","貯、丁吕切"之類,在漢人制作之時,均是反切上字與所切之字聲母相同,即皆取"音和"。可是唐宋人讀來,却不同了:那反切上字與所切之字有了重唇、輕唇或舌頭、舌上的差異,他們不明古音,稱之爲"類隔",就是把重唇、輕唇或舌頭、舌上看作在古代也是兩種不同的聲類,這其實是出於誤解。

到元代,似有所進步。邵光祖爲《切韻指掌圖》作《檢例》,論及字母的通轉,有"類隔"二十六字圖。鈔録於次:

唇重	幫	滂	並	明	
唇輕	非	敷	奉	微	
舌頭	端	透	定	泥	
舌上	知	徹	澄	娘	
齒頭	精	清	從	心	邪
正齒	照	穿	牀	審	禪

在《檢例》裏,邵還提出:"幫、滂、並、明,非、敷、奉、微,皆唇音;端、透、定、泥,知、徹、澄、娘,皆舌音;精、清、從、心、邪,照、穿、牀、審、禪,皆齒音。但分清濁輕重耳。"他列的是"類隔"二十六字圖,説的是輕唇、重唇或舌頭、舌上等的歸類,幫與非、端與知之類的通轉相切,這種看似矛盾的言論裏,已含有解決矛盾的看法。"類隔"二十六字圖,實爲古聲母特徵發現的導火綫。

古聲母的研究,自比有大量韻文作爲依據的古韻母研究,要難一些,再加上赫赫有名的江永在《四聲切韻表·凡例》裏宣稱:"三十六字母"不可增,不可減,不可移動。這又多了一道人爲的障礙。幸而錢大昕破門而出,在古聲母研究上,打出一條通路。

錢大昕(1728—1804),字曉徵,一字辛楣,號竹汀,江蘇嘉定(今屬上海)人。在錢以前,方以智已指出"'俯伏',輕唇;'匍匐',重唇。故古人之字通轉"[1]。他明白古音輕唇、重唇不分的道理,

---

[1] 《通雅》卷六《釋詁·謰語》。

但語焉不詳。而錢的《古無輕唇音》一文却不同了。全文以古今聲母不同的歷史觀點,從"類隔切"的分析,從諧聲偏旁、異文、文字通假、方音、梵語譯音等方面的比較,來證實"凡輕唇之音,古讀皆爲重唇"這個中心論題。他還寫《舌音類隔之説不可信》一文①,亦以同樣方法證明:"古無舌頭、舌上之分。知、徹、澄三母,以今音讀之,與照、穿、牀無別也;求之古音,則與端、透、定無異。"兩文一出,即成定論。錢大昕之於古聲母,猶如段玉裁之於古聲調,戴震、孔廣森之於古韻母,各在自己研究的課題上作出卓越的貢獻。

但錢在舌上音的四母裏,尚有"娘"母未作充分的討論。鄒漢勛已知"泥""娘""日"三母一聲②,但具體論證已散佚。到章太炎,撰《古音娘日二紐歸泥説》③,作詳盡的討論。但古聲母系統的研究並没有結束,正在深入之中。

上古音上的重大發現,反過來推動"今音學"即中古音的研究。清末廣東番禺人陳澧(1810—1882)作《切韻考》,創反切繫聯法,從《廣韻》裏考析陸法言《切韻》的聲韻系統原貌,給中古音研究開闢一條新路。上古音的研究,更促進文字學、訓詁學研究水平的提高。戴震、段玉裁、王念孫在小學園地裏開拓了從音韻通訓詁、以音韻證字形的新局面。

三、戴震與詞源研究的演進

古音學向訓詁學的滲透,促進了對詞源的研究④。戴震倡導

---

① 《舌音類隔之説不可信》、《古無輕唇音》兩文收在《十駕齋養新録》卷五。
② 鄒漢勛《五均論》僅存《論泥、娘、日一聲》的綱目。
③ 王力《漢語語音史》認爲,説古無娘母是對的,説古無日母是錯誤的。
④ 按照傳統的看法,小學裏除文字學、音韻學之外,都算是訓詁學。訓詁學的範圍很廣,那主體是雅學,還有方言學、俗語學、詞源學、虛字辭例之學。虛字辭例之學則是語法學的先導。

"轉語説",表現出通過古音追溯詞與詞的淵源關係的旨趣。

戴震轉語説的三大原則 戴震(1723—1777),字東原,安徽休寧人。他從揚雄《方言》裏攝取"轉語"之意,發展成爲指導詞源研究的"轉語説"。

轉語説貫徹歷史演變原則。本來音與義在造詞之初,並没有絶對的聯繫,但經過社會約定的詞語,在不同時代、不同地域,却可以孳生分化爲一組組語音相近、意義相通的同源詞。這種現象,揚雄有所覺察,稱之爲"轉語"或"語轉",鄭玄改叫"聲轉"①。戴震比揚、鄭更進一步,明確地以江永的古音與方音對應演變説作爲理論指導。

更重要的,是戴震"轉語説"貫徹了體系原則。劉熙《釋名》衹對語詞作逐一的音訓;揚雄《方言》也僅有"轉語"的示例説明,而戴震,却已明白語言是一個系統的原理②,就是説,他能從發音部位、發音方法上探索古聲母系統,同時還能擬定依據聲母系統推求語詞通轉的法則。他因此提出,要作《轉語》二十章,來補《爾雅》、《方言》、《釋名》之缺。

《轉語》是否已成書,可説是一個小學史之謎。段玉裁惋惜"未成",孔廣森説是"未見"③,而近人曾運乾則指出:

> 戴氏《轉語》二十章,章氏《新方言·亭》,謂其書軼不傳,後昆能繼其志。實則戴氏《聲類表》即其轉語二十章也。④

《聲類表》作於乾隆丁酉(1777),爲戴氏絶筆。如今探索戴震"轉語説",最可靠的憑據還是《轉語二十章序》。

---

① 《詩·周頌·有聲》鄭玄箋。
② 王力《我的治學經驗》,見北京市語言學會編《語言學論文集》。
③ 均見段玉裁《戴東原先生年譜》。
④ 曾運乾《音韻學講義》,中華書局,1996年,第492頁。又郭晉稀《聲類疏證·前言》(上海古籍出版社,1993年)。

《轉語二十章序》作於乾隆丁卯(1747)。序裏，戴分聲母爲五類(按發音部位分)，每類又分四位(按發音方法分)。兩者一縱一横，顯示"轉語"的規律："凡同位爲正轉，位同爲變轉。""同位"，指聲母發音部位相同；"位同"，指聲母發音方法相同：

> 凡同位則同聲，同聲則可以通乎其義；位同則聲變而同，聲變而同則其義亦可以比之而通。

大約"同位"一詞出自江永《四聲切韻表·凡例》，戴未舉例說明，亦無須舉例：同聲義通，這有雙聲爲訓作證。至於"位同"，那是戴的創造。他提出："台、余、予、陽，自稱之詞"，古聲爲喻母；"吾、卬、言、我，亦自稱之詞"，古聲爲疑母。從發音方法看，喻母、疑母均爲次濁音，即帶音的半元音和鼻音，因聲變相通，就稱作"位同"[1]。一句話，戴以爲古音聲母相同、相近，意義亦可相通。這樣就可貫徹聲義互求的原則："疑於義者，以聲求之；疑於聲者，以義正之。"

聲義互求原則的提出，意味着詞源探索的深入，因爲不貫徹聲義互求的原則，就無法在一個體系裏確定詞與詞的淵源關係。但聲義互求，不能祇講聲類，還要兼及韻部。這點，戴震後來發覺了，有《與王内翰鳳喈書》(1755)一文爲證。信裏提出，《尚書·堯典》"光被四表，格于上下"裏的"光"字，原有兩種解釋：鄭玄釋爲光耀，"孔安國"(後人僞託)訓作"充"。雖然"孔傳"出於魏晉人之手，但"光，充也"却本於《爾雅》。"光"當作"桄"，證之《禮記·孔子閒居》鄭注，即是"横"。因而又密合"古人屬詞之法"。具體説，

---

[1] 曾運乾認爲："戴氏轉語之法，其根據戴未明言，實則其同位正轉、位同變轉之例，全據揚子《方言》。"正轉例，如《方言》卷十："㷄(呼隗反)，火也。楚轉語也。猶齊言：烓(音毀)，火也。"變轉例，如《方言》卷一："凡人之大謂之奘，或謂之壯(按側亮切)，燕之北鄙、齊楚之郊或曰京(按舉卿切)，或曰將(按即良切)，皆古今語也。"詳《音韻學講義》第491—492頁。

"橫四表"與"格上下"對舉:"溥遍所及曰橫,貫通所至曰格";"被"與"於"又對舉:"'四表'言'被',以德加民物言也;'上下'言'于',以德及天地言也。"古音"光"、"桄"、"橫"爲韻同之字,意義亦可相通,這就給聲義互求原則提供了新的内容。在此先提一筆:戴説的要密合"古人屬詞之法",是王念孫上下文原則的先聲。

聲義互求原則在《論韻書中字義答秦尚書蕙田》(1763)一文裏,得到了全面的發揮。全文的要義在揭示音與義的對立統一:

> 字書主於故訓,韻書主於音聲,然二者恒相因。音聲有不隨故訓變者,則一音或數義;音聲有隨故訓而變者,則一字或數音。大致一字既定其本義,則外此音義引伸咸六書之假借。

他從形、音、義三者的關係中,着重考察音義二者又一致又矛盾的關係,這樣,他的見解比他同時代的人都要高明。他總結出六種情況:

一、"義由聲出"。指詞義由語音表示。以"轉語之法"求之,"胡、遐、何一聲之轉",即"胡、遐"與"何"聲母相同,隨着聲轉而借用作"何"。

二、"聲同義别"。即同音異義。如"蜥易"之"易"借爲"變易"之"易"。

三、"聲義各别"。一字異讀,義亦不同。同一"關"字,"户關"之"關",音古還切,義爲閉門木,而"關弓"之"關",音烏關切,就是"彎"的假借。

四、異字異音絶不相通,而傳訛致溷。如"懆,采老切,愁不安也",而《詩·大雅·抑》等篇却誤作"慘",音七感反。

五、本無其字,因訛成字。如"鍊"訛爲"鍊",遂與東同音。

六、本無其音,因訛成音。如"鮦"從"同"得聲,音紂紅反,而《廣韻》等書收入"有"部,遂與"紂"同音。

"前三項不辨,容易緣詞生訓;後三項不辨,容易守訛傳謬。"①因此,考釋字義,探求詞源,都要以校勘開路,進而辨明"古人屬詞之法",才能較爲有效地貫徹聲義互求的原則。

戴震"轉語説",直接影響到他的師弟程瑶田以及他的弟子王念孫,從而在詞源研究上開出了《果蠃轉語記》、《釋大》那樣的奇葩。

程瑶田《果蠃轉語記》 程瑶田(1725—1814),字易疇,安徽歙縣人。他的《果蠃轉語記》,與戴震的《轉語》稍有不同,就在"推明雙聲疊韻的複音詞的聲音組織"以求轉語②。戴説的"轉語",指音近義通的單音字,而程,指的却是複音詞。漢語複音詞以聯緜詞最多,聯緜詞的特點是二字相連不可分訓,如"果蠃"就是。從"果蠃"二字入手考求與之相關的同源詞,那是詞源研究上的一大創舉。

"果蠃"是個摹聲詞,古人常用來指稱帶有圓形的東西。這在《爾雅》、《方言》等書裏,還可窺見一二:

> 《釋草》:果蠃之實,栝樓。注:今齊人呼之爲天瓜。
> 《釋蟲》:果蠃,蒲盧。注:即細腰蠭也。
> 《方言》卷八:桑飛(注:即鷦鷯也),自關而東謂之工爵,或謂之過蠃。

字體各異,所稱實物亦不同,而語音則一,均能唤起那種物體圓轉滾動 gululu 的聲音意象。因此,程又説:"雖婦人孺子,見物之果蠃然〔按,猶言'圓滾滾'的樣子〕者,皆知以'果蠃'呼之。"③從這裏推而廣之,他貫通二百多個實例,説明"果蠃"一音乃是"肖物形而名之,非一物之專名"。這就道出了文章的目的,不在於專釋"果

---

① 洪誠《中國歷代語言文字學文選·〈論韻書中字義答秦尚書蕙田〉説明》。
② 齊佩瑢《訓詁學概論》,中華書局,1984年,第126頁。
③ 程瑶田《解字小記·果蠃通義説》(安徽叢書本)。

蠃"一詞，而"在於借這個詞來闡發音義通轉的道理和事物命名的規律"①。文章開頭就點明主旨：

> 雙聲疊韻之不可爲典要，而惟變所適也。聲隨形命，字依聲立：屢變其物而不易其名，屢易其文而弗離其聲。物不相類也，而名或不得不類，形不相似，而天下之人皆得以是聲形之，亦遂靡或弗似也。

雙聲疊韻，是漢語不同於印歐語的一大特點。講古音通轉，"以雙聲、疊韻二理可賅括無餘也"②。而聯緜詞又以雙聲疊韻居多。這種聯緜詞經常處在不斷變化之中，但萬變不離其宗，那就是："聲隨形命，字依聲立。"給事物命名，往往隨着事物形狀而賦以相應的名稱，而同一名稱却不一定用同樣字體表示。如"天瓜、細腰蠭（蜂）"之類帶有圓形的東西，可稱之爲"果蠃"、"果蠃"，這叫作"屢變其物而不易其名"；再看字體，"果蠃"、"果蠃"有別，祇是所標指事物的聲音却完全相同，因而説"屢易其文而弗離其聲"。儘管文中所舉兩百多個例證中確有欠當之處，但透過變化不定的字體，抓住從聲音考求同源詞的總綱，這却是程的獨到之處。王念孫《果蠃轉語記跋》讚嘆地説："蓋雙聲疊韻出於天籟，不學而能，由經典以及謠俗，如出一軌。而先生獨能觀其會通，窮其變化，使學者讀之而知絶代異語、列國方言，無非一聲之轉，則觸類旁通，而天下之能事畢矣！"

王念孫《釋大》 王念孫的詞源研究，主要有未完成的傑作《釋大》。據王國維考證，王念孫認爲古音祇有二十三個聲母，每一聲母爲一篇，《釋大》當有二十三篇。真遺憾，現存僅有見、溪、群、疑、影、喻、曉、匣八篇，其中匣母一篇爲王國維從草書初稿整理而成③。

---

① 周大璞《訓詁學要略》，湖北人民出版社，1984年，第96頁。
② 《黄侃論學雜著·音略·略例》。
③ 《觀堂集林·高郵王懷祖先生訓詁音韻書稿叙録》。

與《果嬴轉語記》一樣,《釋大》的寫作,也是由於《爾雅》的觸發。《爾雅·釋詁》說:

> 弘、廓、宏、溥、介、純、夏、幠、厖、墳、嘏、丕、弈、洪、誕、戎、駿、假、京、碩、濯、訏、宇、穹、壬、路、淫、甫、景、廢、壯、冢、簡、箌、昄、晊、將、業、席,大也。

這原是類義詞的匯編,可是一到王念孫手裏,就成了探求同源字的綫索。他的做法是:把《爾雅》等書裏有"大"義的字搜集起來,各按所屬字母分類編定,一一給以解釋,難字還注上反切。這簡直可說是同源字典的雛形。

全文體例,是先以四聲爲次排列同母之字,如"見"母一篇同母之字就有:

> 岡緪(古恒切)皋灝(古老切)舸(古我切)剴(古哀切)〇絳簡監覺嘏佳夰(音介)〇京景矜喬(音驕)曆(音幾)〇堅叫(音叫)

再按字逐一解釋與之相關的同源字。以"岡"字爲例:

> 岡,山脊也,(《爾雅·釋山》山脊,岡。)亢,人頸也,(《說文》:亢,人頸也。從大省,象頸脈形。):二者皆有大義。故山脊謂之岡,亦謂之嶺;人頸謂之領,亦謂之亢。彊謂之剛,大網謂之綱,特牛謂之犅,(音岡。《說文》:犅,特牛也。《公羊傳·文十三年》:周公用白牡,魯公用騂犅。通作剛。《詩·閟宮》四章:白牡騂剛。)大貝謂之魧,(音岡。《爾雅·釋魚》:貝大者,魧。《說文》讀若岡。)大甕謂之瓨,(音岡。《方言》:甖,靈桂之郊謂之瓨。郭注:今江東通名大甕爲瓨。)其義一也。岡、頸、勁,聲之轉。故彊謂之剛,亦謂之勁;領謂之頸,亦謂之亢。

既言同聲,又及聲轉,真是觸類旁通,左右逢源,確能"示聲義相通之理,使學者推而用之"①。

章太炎"語根説" 但詞源的研究,不能停留在作平面的聲義相通的説明,更要進一步作縱面上的聲義遞衍的探求。到辛亥革命的前夕,學貫中西的章太炎揭出"語根説",才開創了全面研究漢語同源字的新階段。"語根"一詞在《新方言序》裏提出,實即《國故論衡·轉注假借説》裏説的"語基"。在章的筆下,"語根"與西方語言學説的"root"(詞根)相近②,可指體現最初的基本意義的詞素,但又不完全相等,他説的"語根"還包含着"初文"一層意思在內。"初文"指《説文》裏的獨體字,表現同一個字的初期寫法。這是章太炎語根説的獨特之處。因此,他談到語源的問題,往往把"詞根"(root)與"初文"混在一起。如《國故論衡·語言緣起説》一方面指出"諸言語皆有根",一方面又主張以《説文》獨體字爲語根,説"立'乍'字以爲根",可引申出有"始"義的"作"、有"僞"義的"詐"等字來;《文始·叙例》一方面認爲探求語源,應該依附聲音,不要"拘牽形體",一方面又以"初文"、"準初文"作爲語源的根據。其實,"初文"、"準初文"之類《説文》獨體,已不盡是原始漢字了,因爲《説文》距離漢字最初創制的時代,至少有三四千年之久。但章太炎却以爲《説文》獨體相當於表示最初基本意義的"詞根",由此出發,《文始》把語言文字的演變歸納爲"變易"、"孳乳"兩大條例。黃侃《聲韻通例》解釋説:"變易者,形異而聲、義俱通;孳乳者,聲通而形、義小變。試爲取譬,變易,譬之一字重文;孳乳,譬之一聲數字。"可知"變易"與"孳乳"兼指文字及語言的演變而言。如果説"變易"道出了文字增加浸多的原因,那麼,"孳乳"就着重説明語詞孳生分化的原因了。正是在探求語言孳生分化的原因的時候,他充分地發揮了他的古韻通轉理論的作

---

① 王國維《觀堂集林·高郵王懷祖先生訓詁音韻書稿叙錄》。
② 周法高《論中國語言學》,香港中文大學出版社,1980年,第6頁。

用。《文始·略例》指出:"觀夫語言遷變,多以對轉爲紐。……古語有陰聲者,多有陽者與之對構。由是聲義互治,不閒翻忽。"自此以後,用語音演變的觀點考察聲義遞衍的歷史軌迹,成了詞源研究的基本課題。章太炎"語根説"的最大貢獻,就在這裏。

詞源的探索,集中體現了訓詁學研究的最高水平,正如古音上的發明,集中體現了音韻學研究的最高水平一樣。就詞源探索的文化意義上看,可用德國學者恩斯特·卡西爾的話來表述:

> 如果我們想要發現把語詞及其對象聯繫起來的紐帶,我們就必須追溯到語詞的起源。我們必須從衍生詞追溯到根詞,必須去發現詞根,發現每個詞的真正的和最初的形式。根據這個原理,詞源學不僅成了語言學的中心,而且也成了語言哲學的基石。①

當然,從戴震到章太炎的詞源研究,還没有達到把詞源學當作"語言學的中心"那樣的高度,但他們對詞源的探索,却一步一個脚印地顯示出從小學向現代語言學進行歷史性轉變的歷程。更由於乾嘉學者的努力,詞源研究向説文學、雅學等部門推進,出現了段玉裁的"以聲爲義説"、王念孫的"以音求義、不限形體説",到阮元,還寫出了從詞源考求古代文化的嶄新一頁。

四、以段玉裁爲代表的文字學研究

清代漢學的根柢在文字學,文字學的中心是《説文》研究。研究《説文》二百餘人②裏,在專題探討上作出貢獻的有五十人左右,進行全面考釋、卓然成爲大家的僅有四人,即段玉裁、桂馥、朱駿

---

① 恩斯特·卡西爾《人論》,上海譯文出版社,1986年,第145頁。
② 據丁福保《説文解字詁林》卷首《引用諸書姓氏録》。

聲、王筠,這"説文四大家"裏最優秀的代表,就是段玉裁。

段玉裁《説文注》的特點 段玉裁(1735—1815)字若膺,號茂堂,江蘇金壇人。他攻小學,從音韻入手,寫出了被錢大昕譽爲"鑿破混沌"①之作的《六書音均表》,後因他的老師戴震的影響,才踏上研究許慎《説文》的征途。他是研究《説文》最爲理想的人選。他撰《詩經小學》,已爲研究《説文》打下基礎。爲注釋《説文》,他寫成《汲古閣説文訂》一卷,對《説文》作了文字校勘。接着轉入《説文》的注釋工作。這工作分爲兩個階段進行:從乾隆四十一年(1776)至乾隆五十九年(1794),先成長編《説文解字讀》五百四十卷;繼而以此爲基礎,進行隱括、提煉,到嘉慶十二年(1807),終於完成了《説文解字注》三十一篇。這部不朽巨著在嘉慶二十年(1815)刊行問世。王念孫作序讚嘆説,自許慎之後,"千七百年來無此作矣"!

在段看來,《説文》是比《爾雅》還要寶貴的經典。他主張在《十三經》之外,增加《大戴禮記》、《國語》、《史記》、《漢書》、《資治通鑒》、《説文解字》、《九章算經》、《周髀算經》等八種,合稱"二十一經"②;提出要以《説文》爲綱,《爾雅》、《方言》、《釋名》、《廣雅》諸書爲目③。他不以《十三經》之一的《爾雅》爲綱,而以他自己定的"二十一經"之一的《説文》爲綱,正基於他對《説文》性質的深刻認識:

> 其書以形爲主,經之爲五百四十部,以義緯之,又以音緯之。後儒苟取其義之相同相近者,各以其類爲一書,其條理精密勝於《爾雅》遠矣;後儒苟各類其同聲者,介以《三百篇》古音之部分,如是爲一書,周秦漢之韻具在此矣。故許一書,

---

① 見《六書音均表》卷首《寄戴東原先生書》。
② 《經韻樓集》卷九《十經齋記》。
③ 《經韻樓集補編·爾雅匡名序》。

可以爲三書。①

這段論述,恰好與戴震的"字學、故訓、音聲未始相離"②的主張相吻合。小學的中心問題正是形、音、義的關係問題。段在《王懷祖廣雅注序》裏提出:

> 小學有形、有音、有義,三者互相求,舉一可得其二;有古形、有今形,有古音、有今音、有古義、有今義,六者互相求,舉一可得其五。

文中還提出"治經莫重乎得義,得義莫切於得音"的綱領。據此看來,所謂"三者互相求",是要闡明形、音、義的内在聯繫;所謂"六者互相求",是要考求形、音、義的歷史演變。一作平面的分析,一作縱面的考察,這兩方面貫之以音韻,就構成了他的小學理論的核心,姑稱之爲"形、音、義三位一體觀"。

他的"形、音、義三位一體觀"是以字音爲樞紐的:

> 聖人之造字,有義以有音,有音以有形。學者之識字,必審形以知音,審音以知義。③

就從造字、識字兩個角度,説明了"音"是"形"、"義"之間的中心環節。這種看法,本於"文字起於聲音"④的學説。文字直接記録"聲音";標指概念的不是文字,而是"聲音"。因而他在"《説文》十五篇之後,附《六書音均表》五篇,俾形聲相表裏,因專推究,於古形、古音、古義可互推求焉"⑤。

雖然他用"文字起於聲音"的學説,給《説文》作了出色的總體

---

① 《説文注》卷十五下"知此者稀"句注。
② 《戴東原集・與是仲明論學書》。
③ 《説文注》卷十五上"分别部居不相雜厠也"句注。
④ 《六書音均表・六書説》。
⑤ 《説文注》卷一篇上"一"字注。

設計,但他説的"聲音"往往因上下文的不同而有不同的涵義:他説的"聲音",相對於"文字"而言,是指有聲語言;而相對於"意義"來説,就有兩種情況:見之於他的理論,是指"韻"(即以同部疊韻爲訓);見之於他的考釋,時常是指"聲"(即以同部雙聲爲訓)。如王國維説的,"然其言訓詁也,亦往往舍其所謂韻而用雙聲"①。如此看來,段已用近似語言學的觀點來研究《説文》了,這是他超越前人之處,但這還不能説是徹底的語言學觀點,因爲從語言學觀點出發,就意味着從社會交際的功能上分析"聲音"與意義的關係,而"聲音",在漢字裏又須兼具聲、韻、調這三種要素。

　文字的研究,一用上語言學觀點,就會出現與以往不同的新見解。如説"六書",歷來以《漢書·藝文志》最有權威:"象形、象事、象意、象聲、轉注、假借,造字之本也。"但段玉裁却以新説取而代之:"有義而後有聲,有聲而後有形,造字之本也。"②他要通過音韻去説明"六書"之所以然:

　　　　不以六律不能正五音,不以十七部不能分別象形、指事、會意、諧聲四者文字之聲韻鴻殺(洪細),而得其轉注、假借。③

"十七部"指他所定的古韻部,言"韻"而不兼言"聲",是他立論欠嚴之處,但他把音韻的觀念引入文字研究的領域,却使文字研究引起了根本的變革:從許慎到段玉裁,研究文字的角度已從文字學觀點向語言學觀點過渡,相應地,研究文字的主要方法也由就形以説音義轉向就音以説形義。所謂就音以説形義,即指以音韻證字形、從音韻通訓詁而言。他的可貴之處在善於把"文字起於聲音"的學説,同《説文》"以形爲主"的特點相結合,力求用語言學觀點分析漢字的性質,以音韻爲骨幹,進行形、音、義的互相推求。

---

① 《海寧王静安先生遺書》第十六册《觀堂別集》卷四《爾雅草木蟲魚鳥獸釋例序》。
② 《説文注》卷九篇上"詞"字注。
③ 《六書音均表·六書説》。

以經注許，以鄭注許　段玉裁對自己研究《説文》的經驗，作了高度的概括，説是"其要在以經注許，以鄭注許，而尤要在以許注許"①。這兩句話，爲我們探索博大精深的《説文注》的奥秘，提供了一把鑰匙。

先看"以經注許，以鄭注許"。"許"指許慎《説文》，"經"指以十三經爲中心的古籍；"鄭"指鄭玄的經注，可泛指以鄭玄爲代表的漢代經傳。段對鄭很尊敬，稱之爲"漢之素王"②。他説的"以經注許，以鄭注許"，實脱胎於戴震的治學名言"以字考經，以經考字"③。

像戴震一樣，段把《説文》與十三經進行比較，結果也同樣發現，經傳多用引申假借義，《説文》多用本義。作爲義源的本義，不僅給字義引申規定了衍生的綫索，而且也爲字義假借的辨别提供了標尺。對此，他在"髳"字下作了精要的闡明：

> 凡説字必用其本義。凡説經必因文求義，則於字或取本義，或取引伸假借，有不可得而必者矣。故許於毛傳，有直用其文者，凡毛許説同是也。有相近而不同者，如毛曰"鬖，好貌"，許曰"髮好貌"……是也。此引伸之説也。有全違者，如……毛曰"幹，澗也"，許曰"犯也"，是也。此假借之説也。

引申義、假借義，段一概稱爲"餘義"。他説："守其本義而棄其餘義者，其失也固；習其餘義而忘其本義者，其失也蔽。"④因此，他注《説文》，必儘量補充引申、假借的義項。如"比，密也"注：

> 其本義謂相親密也。餘義俌也、及也、次也、校也、例也、類也、頻也、擇善而從之也、阿黨也，皆其所引伸。許書無"篦"字，古只作"比"，見《蒼頡篇》。《釋名》、《漢書·匈奴

---

① 《經韻樓集補編·與劉端臨第二十三書》。
② 《經韻樓集·經義雜記序》。
③ 見陳焕《説文解字注跋》。
④ 《經韻樓集》卷一《濟盈不濡軌傳曰由輈以下曰軌》。

第五章　小學的終結——清代　　　　　　　　　　　245

傳》、《周禮》或假"比"爲"庀"。

這一補注,就清晰、具體地顯示了"比"字從本義向借義(餘義)演變的軌迹。

不過,僅以此來評論《説文注》釋義上的成就,未免過低了,因爲宋元學者如徐鍇、戴侗早已發現本義、引申義、假借義了。段在釋義上的獨到之處,在於對字義作歷史的邏輯的分析,具體説,就是不僅從縱面上研究由本義向借義的演變,而且還從橫面上辨析同義詞的細微差別。如"氓,民也",他據《孟子》"則天下之民皆悦而願爲之氓矣"一語,知"氓"與"民"小別:"蓋自他歸往之民則謂之氓,故字從民亡。"有時還用"統言、析言"或"散文、對文"之類術語,來説明詞義解釋所以異同的原因。如"瞍"與"瞽",通常解作盲人,實際上,"瞽者,才有朕〔朕〕而中有珠子;瞍者,才有朕〔朕〕而中無珠子:此又瞽與瞍之別。凡若此等皆對文則別、散文則通。如《詩》箋云'瞽,矇也',《史記》云'瞽叟盲',皆是散文則通也。……《國語》'瞽獻曲、瞍獻賦、矇誦',此對文則別也。"①對字義作縱橫的透視,自然會分析得淋漓盡致。

《説文》研究的水平主要體現在精確的釋義上,爲求釋義的精確,段以經書、經傳的典範用法作爲釋義的依據。

以許注許　再看"以許注許"。段認爲,這比"以經注許、以鄭注許"更有意義:

　　"以許注許",一經拈出,無人不稱快。如"但,裼也",故"裼,但也"、"裸,但也"、"裎,但也",今衣部皆誤作"袒"也。②

可見"以許注許",實即從《説文》揭示行文義例來校注《説文》。古代經師爲更好地解釋經典,往往就原著揭示義例,如何休解《公羊

---

① 《説文注》卷四篇上"瞍"字注。
② 《經韻樓集補編·與劉端臨第二十四書》。

傳》、杜預注《春秋左傳》以至戴震校《水經注》,往往如此。段注《說文》亦然。他發現,《說文》"經後人妄竄,蓋不可數計。獨其義例精密,迄今將二千年,猶可推尋,以復其舊"①。他於是揭示《說文》的行文義例。行文義例,指用詞造句的相同法式。所揭的義例,或用來校勘文字,或借以闡發《說文》本旨。

從行文義例上校讀文字,實取法於清初考據大師閻若璩。

閻若璩《古文尚書疏證》卷一,以《君陳》篇"孝乎惟孝"爲一句,此與《素問》"神乎神"、揚雄《法言》"習乎習"、"雜乎雜"、"辰乎辰"、"才乎才"用的是同一句法,而《君陳》篇以"孝乎"二字屬上,當是誤讀。段解《論語》"使乎使乎"句,就用閻的觀點,認爲"當以'使乎使'三字爲逗,下一'乎'字爲永嘆之語助。曰:何也?曰:是《尚書》'孝乎惟孝'、《禮記·仲尼燕居》'禮乎禮'之句法也"②。

段以《說文》行文義例來補訂《說文》,表現在各個方面:

或者是校正《說文》篆字,如許書以古文"上"作"⊥",段則指出:

> 古文"上"作"二",故"帝"下、"旁"下、"示"下皆云:从古文上。可以證古文本作"二",篆作"⊥",各本誤以"⊥"爲古文。

證之甲骨文、金文,"上"字正作"二"。

或者是補充許慎釋文。如"鼻,所以引氣自畀也",段注:

> "所以"二字,今補。"口"下曰:所以言食也;"舌"下曰:所以言別味也。是其例。

或者是訂正許慎注語。如"鬥,兩士相對,兵杖在後,象鬥之形"。段注:

---

① 《說文注》卷八篇下"欲"字注。
② 《經韻樓集》卷十二《使乎使乎解》。

> 按此非許語也。許之分部次弟,自云"據形繫聯"。丮、
> 虱在前部,故受之以鬥。然則當云:爭也,兩虱相對,象形,謂
> 兩人手持相對也。乃云"兩士相對,兵杖在後",與前部説自
> 相戾,且文从兩手,非兩士也。

證之甲骨文,"鬥"字正作𨷖、𠬞,與段説同。像這樣"以子之矛,攻子之盾",去補訂《説文》,實在令人心折。

借《説文》義例闡明《説文》本旨,這是段注《説文》的着力點。

段揭示《説文》義例近四百條,幾乎涉及文字學的各方面的問題,其中主要有三類。

一是關於《説文》編輯體例的説明,如"詞"字下以"意内而言外"爲"全書之凡例","一"字下論分部歸字之例,"凡"字下論字體先後之例,"元"字下論説解之例,"湳"字下論"《説文》屬詞之法";

二是關於文字訓詁術語的解釋,如"吏"字下解"亦聲":"凡言亦聲者,會意兼形聲也","工"字下解"同意":"凡言某與某同意者,皆謂字形之意有相似者","纍"字下論"讀若""讀爲"之分:"凡言讀若者,皆擬其音也;凡傳注言讀爲者,皆易其字也";

三是關於文字形音義關係的闡發,這一類就占一百三十條左右,不少條目簡直像語文短論,要言不煩而鞭辟入裏,特別是"以聲爲義"説,更爲精彩,大抵發前人之所未發。

以聲爲義　在漢字研究裏,形聲字是帶着戰略意義的一着:形聲字占漢字總數百分之九十以上。段從形聲字的研究裏,引出了"形聲多兼會意"之説,特於"禛"字下發其凡:

> 聲與義同原,故諧聲之偏旁多與字義相近。此會意、形
> 聲兩兼之字致多也。

後向外孫龔自珍傳授小學時,改稱"以聲爲義説":

> 古今先有聲音而後有文字,是故九千字之中,從某爲聲

者,必同是某義。如從非聲者定是赤義,從番聲者定是白義,從于聲者定是大義,從酉聲者定是臭義,從力聲者定是文理之義,從姦聲者定是和義。全書八九十端,此可以窺上古之語言。①

這一學說,典型地體現了段玉裁語言學思想的特色。就思想的淵源看,來自漢許慎的"亦聲說"及宋王子韶的"右文說"。"右文說"認爲,"戔",小也,"淺、錢、殘、賤"等字皆以"戔"爲義也。這似乎可説是"以某字爲聲者,必同是某義"吧,但兩者貌似而神異:王囿於形聲的右旁,段則本於"聲與義同原"及"文字起於聲音"之説;王從字形上推求,而段更能從古韻歸類的事實中,引出"同諧聲者必同部"②的結論,作爲"以聲爲義説"的依據。這樣,"以'戔'爲義"的"右文説"理所當然要讓位於"以聲爲義説"。

從王子韶到段玉裁之間,特別要提一提明末清初的黃生。黃生(1622—?),字扶孟,安徽歙縣人。他寫的《字詁》、《義府》二書的稿本,至乾隆時由他的同鄉後輩戴震采入《四庫全書》。《四庫全書總目》對《義府》評價尤其高,以爲不在方以智《通雅》之下。但黃生二書在戴、段時代,並沒有刊行,到道光時,才由黃生族從孫黃承吉加上按語,改名《字詁義府合按》問世。二書主要精神是聯繫諧聲偏旁説明字義。如《字詁》"紛雰鷃衯棼"條:

> 物分則亂,故諸字從分者皆有亂義。紛,絲亂也。(《左傳》:"猶治絲而棼之也",借用棼。)雰,雨雪之亂也。(《詩》:"雨雪雰雰。")衯,衣亂也。(《上林賦》:"衯衯裶裶。")鷃,鳥聚而亂也。(或作翁〔按,似應作"鴒"〕。《莊子》:"鴒鴒鉠鉠。")棼棼,亂貌也。(《書》:"泯泯棼棼。"此借用字。)

---

① 見《龔自珍全集·最錄段先生定本許氏〈説文〉》。
② 《六書音均表·古十七部諧聲表》。

黃承吉按："凡諧聲字以所從之聲爲綱義，而偏旁其逐事逐物形迹之目，此則公已先見及之。"又《義府》卷下"諸於綉鬠"條：

> 《通雅》云："《廣記》載，韓晉公見少年單練鬠，即段成式之單練鬠，與䩞同謂今之半臂也。"予謂此字當作裾，蓋裾從屈，有短義，半臂之式必短也。

黃承吉按："觀此條，則凡字以聲爲義，及諧聲字重於右旁聲義之説，實已自公發之。"照他看來，黃生之説成了段玉裁"以聲爲義説"的先驅了。

"以聲爲義"之説體現了聲義相因的原則，正如"以形爲義"①之説體現形義密合的原則一樣。就《説文注》看，"以聲爲義説"的具體提法，約有十種。

（1）凡形聲多兼會意。如"犫"字注："凡形聲多兼會意。讎从言，故牛息聲之字从之。"

（2）凡同聲多同義。如"嘶"字注："斯，析也。澌，水索也。凡同聲多同義。鍇曰：今謂馬悲鳴爲嘶。"

（3）凡從某聲多有某義。如"騢"字注："蝦略有紅色。凡叚聲多有紅義。是以瑕爲玉小赤色。"

（4）凡從某義字多從某聲。如"鍠"字注："按皇，大也；故聲之大，字多从皇。《詩》曰：其泣喤喤；喤喤厥聲。玉部曰：瑝，玉聲也，執競以鼓統於鐘，總言鍠鍠。"

（5）某字有某義，故言某義之字從之爲聲。如"悒"字注："《蒼頡篇》曰：悒悒，不暢之貌也。其字古通作'邑'，俗作'唈'。……邑者，人所聚也；故凡鬱積之義从之。"

（6）某字有某義，故從某聲字皆用以會意。如"枼"字注："凡木片之薄者，謂之'枼'；故'葉''牒''鍱''箑''偞'等字，皆用以

---

① 《説文注》卷九篇上"覞"字注。

會意。"

(7) 凡同聲之義必相近。如"晤"字注："晤者,啓之明也。心部之悟、寢部之寤,皆訓覺,覺亦明也。同聲之義必相近。"

(8) 凡字之義必得諸字之聲。如"鏓"字注："大鑿入木曰鏓,與種植舂杵聲義皆略同。……囪者多孔,蔥者空中,聰者耳順,義皆相類。凡字之義必得諸字之聲者如此。"

(9) 凡從某聲皆有某義。如"娠"字注："凡从辰之字皆有動意:震、振是也;妊而身動曰娠。"

(10) 凡言某義者皆從某聲。如"侈"字注："凡言盛之字從多。"

凡此種種,均以"聲與義同原"爲總則。

"以聲爲義"種種具體提法,約可分爲兩類:前六種,如說"凡從某義字多從某聲"、"某字有某義,故從某聲字皆用以會意"之類,爲特稱判斷,這些與"禛"字注說的"諧聲之偏旁多與字義相近"如出一轍;後四種,如說"凡從某聲皆有某義"之類,爲全稱判斷,這些與龔自珍所記的"從某爲聲者,必同是某義"毫無二致。

"以某爲聲者,必同是某義"這個全稱判斷,如用語文事實檢驗,失之過寬,有以偏賅全的弊病。大概段玉裁有時也發覺此弊,因而又有"諧聲之偏旁多與字義相近"這個特稱判斷。如龔自珍所記,段說的是"從于聲者定是大義",而在《說文注》裏寫的却是:"凡于聲字多訓大"[①]。不用"必"、"同"一類措辭,而用"多"字,說明尚有例外。事實上,確是如此。"芋"、"宇"、"盱"、"訏"等字均有"大"義,這是駁不倒的,但例外也有,如"汙"字,就有"小池爲汙"一說。這個例外,竟是意義與之相反的。後錢繹《方言箋疏》,就多次論及字義相反,亦從一聲而變(詳五章七節)。應該說,"諧聲之偏旁多與字義相近"這個特稱判斷,是較爲妥當的。就中尤

---

① 《說文注》卷一篇下"芋"字注。

以"某字有某義,故從某聲字皆用以會意"或"某字有某義,故言某義之字從之爲聲"的提法,更爲科學,這提法本之"聲與義同源"之説,先肯定某字有某義,繼而指出從某字的爲數有限的特定的形聲字與之音義皆同,這裏已進入同源字的探討了[①]。

以聲爲義與探求詞源 段玉裁倡"以聲爲義",旨在"窺上古之語言"。這一思想,是他進行文字研究的努力目標。從這個意義上說,他的"以聲爲義説"的各種提法,大體上都可作爲人們探求同源字的初階。

段的"以聲爲義説",除了爲數衆多的拘於諧聲偏旁、於聲得義的表述形式之外,還有少量的不限形體、於聲得義的表述形式。這在他對實字、虛字的解釋中,均有所涉及。

實字:段往往貫徹"義存乎音"[②]的觀點,來訓釋字義。"象"字注指出:"用'象'爲想象之義,如用'易'爲简易、變易之義,皆於聲得義,非於字形得義也。"

虛字:段認爲,虛字不能用就形以說音義之法,因爲"凡古語詞,皆取諸字音,不取字本義:皆假借之法也"[③]。

更爲突出的是,他有時甚至擺脱諧聲偏旁的束縛了:

《説文》:犥,牛黄白色。从牛,麃聲。

段注:黄馬發白色曰"驃"。票、麃同聲。然則"犥"者,黄牛發白色也。《内則》:"鳥皫色。"亦謂發白色。

《説文》:蘳,苕之黄華也。从艸,票聲。

段注:許君"苃"字下云:"一曰草之白華爲苃",不云"苕之白華",則"蘳"字下亦當云"草之黄華"。……金部之"鏢"、

---

① 詳沈兼士《右文説在訓詁學上之沿革及其推闡》,載《慶祝蔡元培先生六十五歲論文集》。
② 《説文注》卷一篇下"屮"字注。
③ 《説文注》卷十三篇上"緹"字注。

木部之"標",皆訓末;"薰"當訓草末。禾部曰:"秒,禾芒也,秋分而秒定。"按《淮南〔子〕·天文訓》作"秋分薰定"。此"薰"爲末之證也。

這兩個相關的例子說明兩層意思:首先,"票、麃同聲",因而"驃、犧、薰"等字也同義,均有"發黃白色"義。此即不限形體,於聲得義。其次,"薰"有"發黃白色"義,又有"末"義,說明同一諧聲偏旁可以表示兩種(甚至兩種以上)的不同意義。這就全從有聲語言出發去分析文字了。這一類表述形式,在《説文注》裏寥若晨星,但確能給人們的語文研究投以一綫光明[1]。就是在這一表述形式上,段與王念孫"以音求義,不限形體"的主張相一致了。

"以聲爲義説",經王念孫、阮元、郝懿行等人的發揮,到黃承吉才有了理論上的小結。他撰的《字義起於右旁之聲説》[2],是"以聲爲義説"的力作:

> 顧欲知一字之聲義,又不徒求之於本字。字者,孳乳而生,凡制一字,必先有一字爲其所起之鼻祖,爲其制字之所以然。如予曩以著《正揚論》而窮溯招、標、杓三字之源。招字則起於刀之上指,標字則起於火之上飛,杓字則起於勺之曲出。則刀、火、勺三字乃招、標、杓三字之鼻祖,而上指、上飛、曲出乃三字從出之所以然。是以召字、票字、勺字以及凡從召、票、勺之字,其訓義無不究竟歸於爲末、爲鋭、爲纖,總不離乎上指、上飛、曲出之義。而招、標、杓三字皆爲同聲,是以同義。

就對段玉裁"以聲爲義,可以窺上古之語言"的論題,作了很好的闡

---

[1] 參胡奇光《試論段玉裁語言學思想的特點》,《復旦學報》增刊語言文字專輯,1980年。

[2] 《夢陔堂文集》卷二。

發。僅此一端,也足以説明,黄承吉之意,已"入乎語源之證發矣"①。

求文字古今之變 段玉裁上承陳第的語文發展觀點,對文字的歷史沿革作了出色的説明。他看到"古曰履,今曰屨;古曰屨,今曰鞋;名之隨時不同者也"②的事實,更發現"古字少而義晐,今字多而義别"③的發展趨勢。因而對文字形、音、義的古今差異,均一一指出。如"屈"字下注古今字形不同,"芈"字下注古今音不同,"瞻"字下注古今義不同,"佻"字下注古今形音義的不同。他説明文字的古今演變,往往以確鑿的史實作爲立論根據。如"鵑"字注:

《曲禮》釋文:"嬰"本或作"鸚","母"本或作"鵡",同音武。諸葛恪:茂後反。按裴松之引《江表傳》曰:恪呼殿前鳥爲白頭翁,張昭欲使恪復求白頭母,恪亦以鳥名鸚母未有鸚父相難。此陸氏所謂茂後反也。據此知彼時作"母",作"鵑",不作"鵡"。至唐武后時,狄仁傑對云:"鵡者,陛下之姓;起二子則兩翼振矣。"其字其音皆與三國時不同。此古今語言文字變移之證也。

更可貴的,是他在"但"字下,揭示"古今字不同類"的現象:"但"原是實字,本義爲肉外無衣,後"袒"字取而代之,"但"就袛作虚字用了。這裏已有語法意識的萌發。因此,他對字的古今不同用法,就倍加重視,往往不厭其煩地反復申説。如楊倞注《荀子》,説"疇,當爲儔",可見他不知先秦訓"類"的字本當用"疇",段便在"疇"字下詳加辨正:

許謂耕治之田爲疇。耕治必有耦,且必非一耦。故賈逵

---

① 黄永武《形聲多兼會意考》,臺北市文史哲出版社,1976年,第32頁。
② 《説文注》卷八篇下"履"字注。
③ 《説文注》卷八篇上"監"字注。

注《國語》曰：一井爲疇。杜預注《左傳》曰：并畔爲疇。并畔則二井也。引申之，高注《國策》、韋注《漢書》：疇，類也。王逸注《楚辭》：二人爲匹，四人爲疇。張晏注《漢書》：疇，等也。如淳曰：家業世世相傳爲疇。考《國語》：人與人相疇。家與家相疇。《戰國策》曰：夫物各有疇。《漢書》曰：疇人子弟。疇其爵邑。王粲賦：顯儆寡疇。曹植賦：命疇嘯侶。蓋自唐以前無不用從田之"疇"，絕無用從人之"儔"訓類者。此古今之變，不可不知也。

一條注語，等於一篇論文。像這樣的解釋，書中俯拾即是。

《說文注》的地位　　在《說文注》裏，段玉裁"形、音、義三位一體觀"得到了充分的體現。首先是貫徹聲義互求的原則，以音韻通訓詁，這與桂馥《說文義證》、王筠《說文句讀》不同，而與朱駿聲《說文通訓定聲》相近，朱書更以古韻爲綱重新編次《說文》所收的全部文字；同時，《說文注》又應用形義密合的原則，就字形推求字義，這就與朱書有別了，而與桂、王之作有相仿之處。至於《說文注》創通義例的做法，又爲王筠《說文釋例》從不同角度給以發展。大體說來，《說文義證》旨在釋義，《說文釋例》、《說文句讀》長於說形，《說文通訓定聲》重在音義，唯有最先成書的《說文注》最爲全面，以"形、聲、義三者合爲一體"[①]。章太炎評論說：

凡治小學，非專辨章形體，要於推尋故言，得其經脈；不明音韻，不知一字數義所由生——此段氏獨以爲桀。[②]

正在這個意義上，後人才把《說文注》奉爲許愼《說文》的正注。

段玉裁把《說文》尊爲經典，勢必采取解經釋典的手段來注《說文》。《說文注》的長處在這裏，短處也在這裏。江沅《說文解

---

① 殷孟倫《段玉裁和他的說文解字注》，《中國語文》1961年第8期。
② 《國故論衡·小學略說》。

字注後叙》説:"許書之要,在明文字之本義而已;先生發明許書之要,在善推許書每字之本義而已。"本義明,而後引申義、假借義明,這是顛撲不破的。但拘泥本字,以爲《説文》裏字字講本義,那是不可能的,也無必要的。正如沈兼士説的,"表示語言的文字,本不一定都用本字。……言語是隨着時代孳生愈多的,所以後起的語言,不必古書中都有本字"①。同時,也由於尊《説文》爲經典,就認定《説文》不會有錯,如有,那是淺人妄改的結果。對此,他就來個否定,一一給以改正,其中難免有武斷之處。因而《説文注》問世之後,就出了一系列訂段之書,如徐承慶《説文解字注匡謬》、鈕樹玉《段氏説文注訂》、王紹蘭《説文段注訂補》、徐灝《説文解字注箋》,等等。事實上,訂段的人正是尊段的人。朱駿聲《説文段注拈誤》的表白可作爲代表,他説:"治《説文》者,精審無過段氏玉裁,而千慮一失,時亦有焉。特爲拈出,非敢譏彈其書。蓋尺璧之珍,不欲其有微玷也。"②訂段之作,大抵得失參半。馮桂芬《段注説文考正》給《説文注》作了認真的文字校勘,實有功於《説文注》。

桂馥與王筠 "説文四大家"裏,段玉裁、朱駿聲是革新派,重在聲義關係的研究,而桂馥、王筠則是正統派,重在形義關係的探求。從對小學發展的意義上看,自然首推段、朱,尤以段爲最,在《説文注》裏,初步實現"字書、故訓、音聲"的有機結合;但桂、王之作亦不可等閒視之,他們的長處在力求按照《説文》本來面目研究《説文》。

桂馥(1736—1805),字冬卉,一字未谷,山東曲阜人。他花了四十餘年的功夫,撰成《説文義證》五十卷。全書的《附説》裏,他指出治《説文》的要領:"讀《説文》者,不習舊聞,則古訓難通;逞其私智,則妄加改易。"這就決定了他的編寫原則,一是以古書文義

---

① 《段硯齋雜文・今後研究方言之新趨勢》。
② 《稷香館叢書》第八册《説文段注拈誤》。

參證《説文》釋義,二是寓取舍之意於例證的編次之中。王筠《説文釋例序》說:"桂氏徵引雖富,脈絡貫通。前說未盡,則以後說補苴之;前說有誤,則以後說辨正之。凡所稱引,皆有次第,取足達許說而止。故專臚古籍,不下已意也。"

桂書大抵先引古書證明某字有某義(限於本義),然後再引古書證明許慎的說解,所舉例證幾乎遍及經史子集各部。他臚列古籍,編次例證,好讓讀者自己去分析判斷。有時亦表示一下自己的看法。如"宧,從宀,㠯聲,音良久。"段玉裁認爲《説文》少言"音",當作"讀若"。桂却有不同的看法,他說,《説文》少言"音",而此有"音良久"之文;鄭玄注經亦少言"音",而《儀禮·士昏禮》注有"壻音細"之文;此皆二書之僅見者。這就比段說得中肯。不過,總的說來,他的創見遠不如段。如"吏"字下注:"'從史,史亦聲'者,當言'史聲',後人加'亦'字。凡言亦聲,皆從部首之字得聲,既爲偏旁,又爲聲者,故加'亦'字。'吏'不從部首得聲,何言'亦聲'?"這就不如段說的"凡言亦聲者,會意兼形聲也"之說闊通①。至於"曩"字下注:"'讀如'主於說音,'讀爲'主於更字說義,'當爲'主於糾正誤字。'如'者比方之詞,'爲'者變化之詞,'當爲'者糾正之詞。《説文》者,說字之書,故有'讀如',無'讀爲'。"就暗用了段玉裁《周禮漢讀考序》的意思。

桂書的特點不在獨到的見解,而在豐富的例證。它是一部訓詁資料匯編。後經王筠的推重,張之洞的宣傳,一向寂寞的桂書漸與段注並舉,一時出現了段、桂齊名的局面。其實,桂書不能與段注相比。桂書僅在形義上下功夫,以古書文義作例證,最多祇能明訓詁之所以,而段注以音韻爲骨幹,進行形音義互相推求,能言訓詁之所以然。段注好就好在這裏。

王筠(1784—1854),字貫山,號菉友,山東安丘人。他治《說

---

① 參看羅君惕《漢文字學要籍概述》,中華書局,1982年,第82頁。

文》的特點是"博觀約取",參以己見。道光丁酉(1837),他寫定《説文釋例》二十卷,前十四卷説明"六書"及《説文》的條例、體制,後六卷爲《説文》的存疑條目,可説是清人的文字學概論。他在揭示《説文》義例上,與《説文注》不同之處,是重點不放在音義上,而放在形義上,雖然他很明白"義寄於聲,誠爲造字之本,亦爲用字之權"①的道理。書中以"異部重文"、"分別文,累增字"等篇説得最爲精彩,黃侃稱之爲"不朽之論"②。

從道光辛丑(1841)起,他着重吸收段玉裁(《説文注》)、桂馥(《説文義證》)、嚴可均(《説文校議》)三家的解説,兼及鈕樹玉、王煦、王玉樹等人的研究成果,於道光庚戌(1850)撰成《説文句讀》三十卷。全書的宗旨是便於初學誦習,因而講求釋義的知識性、趣味性。如《説文》:"甾,甾田,易居也。"説的是古代輪流休耕制,初學者就不懂。王筠博引群書詳加解釋:

> 《左傳十五年傳》:晉於是乎作爰田。《晉語》則云"作轅田"。韋昭引賈侍中云:轅,易也,爲易田之法,賞衆以田,易疆界也。案此固爲許説所本,然意自不同。甾田即爰田,名目自晉起,實則古制也。《大司徒》:不易之地家百晦,一易之地家二百晦,再易之地家三百晦。《公羊》何注説其義曰:司空謹別田之高下美惡,分爲三品:上田一歲一墾,中田二歲一墾,下田三歲一墾。肥饒不得獨樂,墝埆不得獨苦,故三年一換主易居,財均力平,兵車素定。是謂均民力,强國家。案此即許意也。

把古代按休耕需要分配土地的制度,説得一清二楚。又如"楷模"的本義是"木也",一生在孔子冢上,一生在周公冢上,而兩字連

---

① 《説文釋例》卷三《形聲》。
② 黃侃述、黃焯編《文字聲韻訓詁筆記》,第94頁。

用,意爲典範。此中道理,王筠作了有趣的解釋。"楷"字下引《水東日記》說:

> 吳澄問吳正道曰:"楷模"二字,假借乎?吳舉淮南王安《草木譜》以對曰:昔模樹生周公冢上,其葉春青夏赤、秋白冬黑,以色得其正也;楷木生孔子冢上,其餘枝疏而不屈,以質得其直也。若正與直,可爲法則,況在周公、孔子冢乎?

從這傳說裏,可以看出我國古代以正直爲崇高品德。

此外,還有值得注意的苗頭:一是較爲自覺地求證於金文。如"鬲",小篆作鬲,許慎解作"鼎屬也⋯⋯象腹交文。"王筠引金文作形象說明:

> 金刻有鬲、鬲、鬲諸體,皆外象其形,內象其文,下象其足。小篆斷爲三截,不甚象也。

顯然,這對於清末學者用金文、甲骨文來訂正《說文》,是有促進作用的。二是較爲自覺地用語法術語來解釋。如"略"字用法,經他分析,就比許慎更爲細緻了:

> 《左傳隱五年》吾將略地焉,《僖十六年》會于淮,謀鄫,且東略地,《宣十一年》略基址,《十五年》晉侯治兵於稷,以略狄土:皆動字也,與許說同。《莊二十一年》王與之武公之略,《僖十五年》東盡虢略,《成二年》侵敗王略,《昭七年》天子經略,諸侯正封,封略之內,何非君土:皆借動字爲靜字也。

"靜字",此處指名詞,有時也兼指形容詞。到《馬氏文通》才用"靜字"專指形容詞。

朱駿聲《說文通訓定聲》 朱駿聲(1788—1858),字豐芑,號允倩,江蘇吳縣人。他是錢大昕的得意門生。一生從事著述,主要精力撲在所撰《說文通訓定聲》上。《說文通訓定聲》十八卷,書成於道光十三年(1833),比王筠《說文句讀》成書早十七年。

書名,據朱駿聲自己解釋:"題曰說文,表所宗也;曰通訓,發明轉注、假借之例也;曰定聲,證《廣韻》今韻之非古而導其源也。"①在他看來,"說文"是"通訓"的基礎:"不明六書,則字無由識";"定聲"又是"說文"的前提:"不知古韻,則六書亦無由通。"

定聲、說文、通訓,也是全書的體例。

"定聲"有兩層意思。就全書而言,指文字的歸類全依古韻而不用《說文》部首。《凡例》說:"就許書五百四十部舍形取聲,貫穿聯綴,離之爲一千一百三十七母,比之爲十八部,以箸文字聲音之原。""母"指形聲字聲符,"部"爲韻部。以古韻十八部及一千一百三十七個聲符來排比所有文字,這是朱書的一大特點。古韻十八部係采取段玉裁、王念孫之說,但韻部名稱却不用傳統韻部標目,而用《周易》的卦名,即豐、升、臨、謙、頤、孚、小、需、豫、隨、解、履、泰、乾、屯、坤、鼎、壯。這種做法造成文字檢索的不便,朱後來也發覺了,就在道光戊申(1848)采取傳統韻部標目,撰《古今韻準》,附於全書之後。如"中"字,編在"豐部"第一;而按《古今韻準》,則列在平聲"一東"。再就每字而言,"定聲"指以上古韻文的用韻證明古代韻讀。因此,每字往往附有"古韻"、"轉音"的說法。如"中"字,"古韻"《詩·采蘩》叶"中"、"宫",即指同部相押;"轉音"《詩·召旻》叶"頻"、"中","頻,讀如真也",即指鄰韻相押。這樣做,意在"證《廣韻》今韻之非古而導其源也"。

"說文",大體沿用許慎的說解,時有補充、訂正,也是爲了文字本義的探求。《凡例》說:"此書宗許爲主。誼若隱略,間予發明;確有未安,乃参己意。"如"中"字,先說"和也,從口丨,上下通",即爲許慎釋文,但朱認爲許說的不是"中"字本義,就提出自己的看法:"駿按,《白虎通·五行》:中,和也。古訓'中'爲和者,

---

① 《進說文通訓定聲呈》,轉引自羅君惕《漢文字學要籍概述》,中華書局,1984年,第82頁。

乃'中'字之轉注,其本訓〔本義〕當爲'矢箸正也'。"就以射中當作"中"字本義。有時還講"別義",即另一種本義,相當於《説文》的"一曰"。

"通訓",爲朱書精華所在。朱書以"定聲"爲基點,以"説文"爲起點,以"通訓"爲重點。"通訓"主要是賦予"轉注"、"假借"以新的涵義。許慎説:"建類一首,同意相受,考、老是也";"本無其字,依聲託事,令、長是也"。原是最早對"轉注"、"假借"作出的權威解釋,但"書約而弟子辯"①,後人從"考、老"、"令、長"之類例字,衍生出種種不同的説法。到朱駿聲,乾脆重新作解:

> 轉注者,體不改造,引意相受,令、長是也。
> 假借者,本無其意,依聲託字,朋、來是也。②

這樣,在朱書裏,"轉注"應讀作字義引申,"假借"應讀作同音通假了。如"中"字,轉注訓"穿"、訓"擊"、訓"傷"、訓"正"、訓"得"、訓"當"之類,實屬字義引申;假借爲"康"、爲"充"、爲"躬"、爲"仲"、爲"忡"、"忠"等等,均爲同音通假。由於"訓詁之旨與聲音同條共貫"(凡例),因而朱書把"聲訓"也歸入"假借"之列。

朱對"假借"甚有研究,提出"假借"有三原、四例、八用之説③。

"三原"是:有後有正字、先無正字之假借,如"爰",古爲車轅;有本有正字、偶書他字之假借,如古以"聖"爲"疾";有承用已久、習訛不改、廢其本字、專用別字之假借,如"草"爲"艸"。

"四例"是:同音假借,如"德"之爲"惪";疊韻假借,如"冰"之爲"掤";雙聲假借,如"利"之爲"賴";合音假借,如"蒺藜"爲"茨"。

"八用"是:一、同聲通寫字,如"气"作"氣","誼"用"義";二、託名標識字,即專有名詞的假借,如"戊癸"借爲干支名,已與

---

① 《韓非子·八説》。
② 《説文通訓定聲》卷首《轉注》。
③ 《説文通訓定聲》卷首《假借》。

本義"戈兵"無關;三、單辭形況字,即性態副詞的假借,如"率爾"、"幡然";四、重言形況字,如形容鷄叫的"朱朱",仿擬鳥鳴的"關關";五、疊韻連語,如"窈窕"、"蒙戎";六、雙聲連語,如"次且"(同"趑趄")、"叢脞";七、助語之詞,如"能"、"爲"、"於"、"焉";八、發聲之詞,如作爲"爾汝"解的"乃"、"若"。這就擺脱了字形的束縛,直接從語言上探求文字的原意。

《説文通訓定聲》對《説文》研究的貢獻,大體如胡適《辭通序》上説的:"其體例與方法都稍勝前人:體例是一部表示聲音與訓詁變遷滋生的字典,是一部有創見的辭書;方法是特別注重'轉注'與'假借',用爲訓詁演變與形聲變異的原則。"

朱駿聲對形聲字的研究 與段玉裁一樣,朱駿聲特別重視形聲字的研究。他以古韻及形聲聲符排比文字,就有助於對詞與詞的淵源關係的探求。如"坤"部第十六"侖"字後,收了以"侖"爲聲符的"論"、"睔"、"棆"、"倫"、"惀"、"淪"、"捨"、"綸"、"蜦"、"輪"、"陯"等字,如此編排,使人們悟到從"侖"得聲者多有條理分析之意,但不能説皆有條理分析之意,因"睔"訓"目大也",可算例外。

朱對段玉裁"以聲爲義説",也很感興趣。他在《小學識餘》(編入《稷香館叢書》)裏,特列"形聲多兼會意之字"一條,總結他的研究心得:

  從及(多急意) 從喬(多高意) 從賁(多大意) 從于(多大意) 從句(多曲意) 從丮(多垂意) 從尨(多雜意) 從柔(多偄意) 從勻(有少意) 從枼(多薄意) 從夗(多屈意) 從恩(多空意) 從云(多回轉意) 從畾(多回轉意) 從卓(多高大意) 從奇(多偏意) 從斯(多散意) 從康(多空意) 從農(多厚意) 從皮(多析意) 從寸(多法度意) 從力(多紋理意) 從眞(多充實意) 從票(多飛升意) 從甬(多涌起意) 從兀(多孤高意) 從厥(多發起

意) 從叕(多少意) 從八(多分别意) 從兪(多空意) 從叚(多紅意) 從曾(多增意) 從匕(多比意) 從吉(多堅意) 從沓(多重迭意)

"從及(多急意)",應讀作:凡從及聲者多有急意。餘類推。朱所臚列諸條,大多數出自《説文注》,於此可見段的影響。

綜觀朱書,釋字的程序由本義而轉注(實爲字義引申)、而假借(指同音通假),原也本於《説文注》,祇是比《説文注》更有條理罷了。他對本義的看法,比段更爲通達,有他的假借"三原"説爲證;而他以音求義,往往濫用"一聲之轉",就比段更甚了。因此,他與桂馥、王筠一樣,不能取代段玉裁在文字學上的崇高地位。

五、以王念孫父子爲代表的訓詁學研究

歷來小學的研究,側重在小學的外部規律,講究小學與經學、小學與名學、小學與詩學等等關係,到戴震提出"字學、故訓、音聲"三結合的學説,才揭開了探求小學內部規律的序幕。經段玉裁、王念孫等人的努力,戴震學説在説文學、雅學裏結出了有劃時代意義的學術成果。尤其是王念孫的《廣雅疏證》,更是雅學的輝煌巨著。段玉裁爲之作序,稱譽王念孫"尤能以古音得經義,蓋天下一人而已矣"!

《爾雅》研究與邵晉涵 清人雅學研究,實出於戴震。大約在乾隆己巳(1749)[①],他作《爾雅文字考序》,已給清代的雅學研究,作了總體設計:"儒者治經,宜自《爾雅》始。"爲此,就必須"援《爾雅》以釋《詩》《書》,據《詩》《書》以證《爾雅》,由是旁及先秦已上,

---

① 《爾雅文字考序》寫作年代,據段玉裁《戴東原先生年譜》。

凡古籍之存者,綜覈條貫,而又本之六書,音聲確然,於故訓之原庶幾可與!"他本想"俟諸異日"修訂《爾雅文字考》,但後來轉向《方言》等書的研究,也許《方言》說的"轉語",更與他探求"訓詁之原"的旨趣相合拍。

對《爾雅》作全面研究的清代學者,首推吳派經學家邵晉涵。邵晉涵(1743—1796)字與桐,又字二雲,號南江,浙江餘姚人。鑒於宋邢昺《爾雅疏》較爲粗略,他便以郭璞《爾雅注》爲宗,撰《爾雅正義》二十卷。全書體例有六:一、校補訛脱;二、廣采舊注;三、補郭未詳;四、引經爲證;五、推明音義;六、辨別名物。清人研究《爾雅》著作"有如雨後春笋,分門別類,各有專精,然其規模法度,大抵不出邵氏的範圍"①。如盧文弨《爾雅音義考證》、阮元《爾雅注疏校勘記》、張宗泰《爾雅注疏本正誤》、龍啓瑞《爾雅經注集證》,類同於邵的"校補訛脱";臧鏞堂《爾雅漢注》、黃奭《爾雅古義》、余蕭客《爾雅古經解鉤沈》之類輯佚書,與邵的"廣采舊注"無異;翟灝《爾雅補郭》、周春《爾雅補注》、王樹枏《爾雅郭注佚存補注》,同於邵的"補郭未詳";戴震《釋車》,程瑤田《釋宮小記》、《九穀考》、《釋草小記》、《釋蟲小記》,錢坫《爾雅釋地四篇注》,宋翔鳳《釋服》,任大椿《釋繒》,劉寶楠《釋穀》、《釋穀考正》,孫星衍《釋人》,于鬯《爾雅釋親宗族考》等,也不外乎邵的"辨別名物"。超出"邵氏的範圍"的僅是廣續《爾雅》之作,如吳玉搢《別雅》、洪亮吉《比雅》、程際盛《駢字分箋》、夏味堂《拾雅》、史夢蘭《疊雅》、劉燦《支雅》等書,從不同的角度,以專題的形式,來補《爾雅》之所未備。

邵晉涵爲戴震友人,他的《爾雅正義》是清人《十三經》新疏的第一本,早在乾隆五十年(1785)就已成書。雖然亦有可議之處,但王念孫不會再去箋釋的。梁啓超說,"以石臞的身分,本該疏

---

① 齊佩瑢《訓詁學概論》,中華書局,1984年,第234頁。

《爾雅》才配得上,因爲邵疏在前,耻於蹈襲"①,就去疏證《廣雅》了。從雅學的地位而言,《廣雅》僅次於《爾雅》;而從雅學研究的水平來說,當以《廣雅疏證》爲第一,不僅超過《爾雅正義》,而且也比後出的郝懿行《爾雅義疏》優勝。

王念孫父子研究小學的基本經驗　王念孫(1744—1832),字懷祖,號石臞,江蘇高郵人;他的兒子引之(1766—1834),字伯申,號曼卿,也以小學名聞天下,世稱高郵王氏父子。父子二人,以主要精力完成四大名著:嘉慶元年(1796),王念孫寫成《廣雅疏證》十卷二十篇②;嘉慶二年(1797),王引之編定《經義述聞》三十二卷;嘉慶三年(1798),王引之《經傳釋詞》十卷成書;嘉慶十三年(1808)起,王念孫《讀書雜志》八十二卷陸續付梓,他去世後,王引之編遺稿爲《餘編》二卷,附於全書之後。

王念孫通過著書立說,來培育英才:或者交下任務,如《廣雅疏證》卷十上下兩篇,即讓王引之注釋;或提供觀點,如《經義述聞》計二千零四十五條,其中用王念孫說,就有六百八十七條,占全書百分之三十三強;《經傳釋詞》計一百六十條,其中二十八條用王念孫說,徵引語錄四十二則。但培育英才最重要的是昭示治學途徑。

乾隆庚戌(1790),王引之二十五歲了,漸對小學產生興趣,王念孫就向他傳授自己專攻小學的基本經驗。據《經義述聞序》,計有兩條。一是以音求義,不限形體:

> 大人曰:詁訓之指存乎聲音。字之聲同、聲近者,經傳往往假借;學者以聲求義,破其假借之字而讀以本字,則渙然冰釋。

---

① 《中國近三百年學術史》,《梁啓超論清學史二種》(朱維錚校注),復旦大學出版社,1985年,第332頁。
② 王念孫還有《廣雅疏證補正》,由羅振玉編入《殷禮在斯堂叢書》。

二是據上下文校字釋義：

> 大人又曰：説經者，期於得經意而已。前人傳注不皆合於經，則擇其合經者從之；其皆不合，則以己意逆經意，而參之他經，證以成訓，雖別爲之説，亦無不可。

"擇其合經者從之"，具體説，就是"揆之本句及上下文"①。這與"參之他經，證以成訓"等語一結合，就成了王引之《經傳釋詞序》所概括的原則："揆之本文而協，驗之他卷而通。"

在王氏父子看來，古書訓詁上主要有兩大難題：

一是通假。《經義述聞序》説："如其假借之字而強爲之解，則詰籲爲病矣。"據此，解決的方法應是以音求義，不拘形體："學者以聲求義，破其假借之字而讀以本字，則渙然冰釋。"

二是虛字。《經傳釋詞序》説："其詞之發句、助句者，昔人以實義釋之，往往詰籲爲病。"據此，解決的方法除了以音求義、不限形體之外，還要據上下文釋義："及聞大人論《毛詩》'終風且暴'、《禮記》'此若義也'諸條，發明意恉，渙若冰釋。"這諸條，正是王念孫運用上下文訓釋虛字的範例（詳五章九節）。王引之有意重復使用"詰籲爲病"及"渙然冰釋"等語，意在申明堅持以音求義、據上下文釋義的理由。

長期以來，對王念孫訓詁經驗的總結，祇看到他在《廣雅疏證序》裏提出的"就古音以求古義，引伸觸類，不限形體"這個原則，以爲這是王念孫的治學法寶。誠然，他在《廣雅疏證》裏常用以音求義，可是在《讀書雜志》裏，他就經常據上下文校字釋義了。較爲全面的提法是：以音求義以及與之密切聯繫的據上下文校字釋義，才是高郵王氏父子的訓詁的精髓。

在"以音求義"即"就古音以求古義"上，王念孫與段玉裁基本

---

① 《讀書雜志》四之十《漢書·司馬相如傳》"揚旌拽"條。

一致,有所差異僅在對"不限形體"四字的理解上。這當然與他們所研究的不同對象有關:段注釋"形書"——《說文》,必倡導形音義三位一體觀,要求兼顧語言與文字兩個方面,而王疏證"義書"——《廣雅》,自要主張音義統一觀,要求直接從語言出發,不要爲形體所束縛。與此相應,段把以音求義放在主導地位,據形說義居於次要地位,而王就不必據形說義,而要就古音求古義。爲了有所區別起見,我們試稱段玉裁之法是以音韻爲骨幹進行訓詁,王念孫之法是以音韻爲鈐鍵進行訓詁①。至於據上下文校字釋義,與段的揭示《說文》行文義例來校注《說文》,是一脈相通的,祇是在提法上,更爲全面、更爲明確罷了。

據上下文校字釋義 《經傳釋詞》通常用上下文釋義,而《經義述聞》、《讀書雜志》往往先用於校字,而後才是釋義。因爲王氏父子的主要工作在校讀古書,整理祖國的文化遺產,必以考見古書的本來面目爲急務。一旦諟正文字,也就爲字義訓釋提供了更好的基礎。

在王氏父子的著作裏,"上下文"的一般用法,是指文中的上下句及句中的上下字。他們據上下文校字釋義,都要求文義相稱,先看意義的通不通,兼看上下文的合不合,在不少地方,看上下文的合不合,又與看行文義例上的同不同緊密地聯繫起來。這表現在兩個方面。

一方面是"揆之本文而協"。這又包括兩層意思。

其一,是揭示"本文"內同一段中相鄰接的上句與下句的用詞造句的相同法式。如《晏子春秋·內篇問下》:"夫偪邇於君之側者,距本朝之勢,國之所以治也;左右讒諛,相與塞善,行之所以衰也;士者持祿,游者養交,身之所以危也。"既說近臣專權,又云"國之所以治也",兩相矛盾。王念孫斷言,"治"上當有"不"字:

---

① 對段、王的不同提法,係於1963年分別爲吳文祺、周予同先生所示。

下文"行之所以衰也"、"身之所以危也",並與此文同一例。上文"魯不免於亂","亂"即"不治也"。今本脱"不"字,則義不可通,且與上下文不合。①

其二,是從"本文"或"本書"内不同段裏抽象出此句與彼句之間相同的用詞造句法式。如王念孫訂正《老子》上的誤字"佳兵",向爲人們所稱道。《老子》三十一章:"夫佳兵者不祥之器;物或惡之,故有道者不處。"古人釋"佳"爲"善"或"飾",均不通。王念孫指出:"佳"當作"佳",字之誤也。"佳",古"唯"字:

上言"夫唯",下言"故",文義正相承也。八章云:夫唯不争,故無尤;十五章云:夫唯不可識,故强爲之容;又云:夫唯不盈,故能蔽不新成;二十二章云:夫唯不争,故天下莫能與之争,皆其證也。②

這種"夫唯……故……"的句式,是建立在語文規律基礎上的"上下文":"上言'夫唯',下言'故',文義正相承也。"

另一方面是"驗之他卷而通"。即在同一時代的"本文"的此句與"他書"的彼句之間,以相同的用詞造句法式相互印證。如《禮記·射義》:"射者,仁之道也。射求正諸己,己正而後發。發而不中,則不怨勝己者,反求諸己而已矣。""反求諸己"四字,"唐石經"即唐代朝廷頒布的儒經標準本子,却作"求反諸己"。王念孫批評"唐石經"文義不順:

蓋涉上文"求正諸己"而誤也。據《正義》云:唯内求諸己,不病害於物。則正文本作"反求諸己"甚明。《中庸》云:失諸正鵠,反求諸其身。《孟子·公孫丑篇》亦云:反求諸己而已矣。《小雅·賓之初筵》正義、《白帖》八十五引《射義》,

---

① 《讀書雜志》六之一《晏子春秋·内篇問下》"國之所以治也"條。
② 《讀書雜志》餘編上《老子》三十一章"夫佳兵者不祥之器"條。

皆作"反求諸己"。①

據上下文校字的方法,同樣可用之於釋義。如《論語·顏淵篇》的名言:"非禮勿動。"這"動"字,一般解作"行事",但王引之不以爲然,指出:"非禮勿動"與"非禮勿視,非禮勿聽,非禮勿言"並列,當解作"動容貌"。因爲:

> 經文數句平列,義多相類。如其類以解之,則較若畫一;否則,上下參差而失其本指矣。②

在王氏父子的著作裹,"上下文"更有特殊用法,是指詞句的意義所反映的客觀事物某一側面。舉兩例説明。

宋玉《風賦》"緣於泰山之阿"的"泰"字,經王念孫考定,本作"大":

> 今合上下文讀之:風生於地,起於青蘋之末,侵淫谿谷,盛怒於土囊之口,緣於大山之阿,舞於松柏之下。此其由卑而高,由谷而山,所在皆然,不獨泰山也。若此句獨指泰山言之,則與上下文不類矣。③

說的是作者想象中的一個"所在皆然"的自然環境,以"風"的去向爲綫索,由低而高地逐一呈現出"地"、"青蘋"、"谿谷"、"土囊"等物,均爲泛指(普通名詞),因而著一"大山",就顯得文義協調;要是改作"泰山",那便是專稱(專有名稱),當然"與上下文不類"!

《漢書·陳勝項籍列傳》載賈誼《過秦論》,有句話作"躡足行伍之間而俛起阡陌之中"。王念孫説,"阡陌"本作"什伯"。古代兵制,以十人爲"什",百人爲"伯":

---

① 見《經義述聞》卷十六《禮記》下"求反諸己"條。
② 《經義述聞》卷三十二《通説下》"經文數句平列上下不當歧異"條。
③ 《讀書雜志》餘編下《文選》"緣於泰山之阿"條。

第五章 小學的終結——清代

> 上言"行伍",故下言"什伯",《淮南〔子〕・兵略篇》所謂"正行伍,連什伯"也。或謂陳涉起於田間,當以作"阡陌"者爲是,不知陳涉起於大澤,乃爲屯長時事,非爲耕夫時事。上文先言"甿隸之人",後言"遷徙之徒"。此文"行伍"、"什伯",皆承"遷徙之徒"言之;下文適戍之衆,又承"行伍"、"什伯"言之:"躡足行伍之間,俛起什伯之中,率罷散之卒,將數百之衆。"四句一意相承,皆謂戍卒也。若作"阡陌",則與上下文不類矣!①

説的是一個特定的歷史環境,着重寫陳涉由"甿隸之人"成爲"遷徙之徒"以後的活動。由此出發,便可知祗能用"什伯"而不可用"阡陌",除了文脈"一意相承"等理由之外,主要理由是著一"什伯",才切合陳涉當時的實際身份:"陳涉起於大澤",已不是"耕夫"而是"屯長"。"屯長"是秦代戍邊軍中的領隊,因而說他"俛(俯)起什伯之中",且與下文"將數百之衆"相合。若作"阡陌","則與上下文不類矣!"

王念孫的長處,即在從內容與形式的關係上看待"上下文"。如側重於內容所決定的形式看,"上下文"是指文中的上下句及句中的上下字;如側重於形式所表現的內容看,就是指詞句的意義所反映的客觀事物某一側面。合兩者而觀之,他的所指,與現代語言學說的"語境"(context)較爲接近。尤其在不少場合裏,考察"上下文"上的合不合,與行文義例上的同不同緊密結合。這更爲可貴。從行文義例上看問題,就是從語文規律上看問題。由此而與"以音求義"等法結合起來校字釋義,往往能達到準確無誤的境地,以至成功地解決古書文字上不少的千古疑難。

以音求義,不限形體 據上下文校字釋義,可確定具體字義;

---

① 《讀書雜志》四之八《漢書・陳勝項籍列傳》"阡陌"條。

而以音求義，能發明古義。這兩者實爲語境原則及聲義互求原則。比較起來，以音求義起着主導的作用。《經義述聞序》對此已作了說明：從理論上看，是"詁訓之指存乎聲音"；從事實上看，又是"字之聲同、聲近者，經傳往往假借"；從方法上看，"破其假借之字而讀以本字"，就能一語破的，渙然冰釋。因此，以音求義必先於據上下文釋義，也重於據上下文釋義。這麼說，意在分清主次，却不能厚此而薄彼。

清代小學與現代語言學直接溝通的學說，要數音義關係學說了。清代音義關係學說萌發於漢代。戴震、段玉裁、王念孫各從自己的角度向漢人攝取自己所需要的理論資料：戴震取揚雄的"轉語"之意而創立"轉語說"，以闡明古今音義的演變；段玉裁把許慎的"亦聲說"及宋王子韶的"右文說"改造成"以聲爲義說"，去分析形聲字的音義規律；王念孫從毛公、鄭玄經注的"破字"做法裏，提煉出"以音求義，不限形體"之說。這三者殊途同歸，一齊通向作爲訓詁學尖端的詞源研究。

與戴震的"轉語說"一樣，王念孫"以音求義說"即"就古音以求古義"說的旨趣不在本字，而在語根。探求語根，是王念孫"以音求義說"的基本特點。《廣雅疏證》就是一部由訓詁學向詞源學推進的巨著。卷五上《釋言》"漂，澈也"條疏：

《漢書·韓信傳》：有一漂母哀之。韋昭注云：以水擊絮曰漂。《說文》：澈，於水中擊絮也。《莊子·逍遥游篇》：世世以洴澼絖爲事。李頤注云：洴澼絖者，漂絮於水上。絖，絮也。漂、澈、洴、澼，一聲之轉。漂之言摽，澈之言擊，洴之言拼，澼之言擗，皆謂擊也。

"漂、澼、洴、澈"，就是由同一語根衍生的音義相關的同源字。他用"之言"一詞，表示音義相通，簡直可視爲對同源字的提示。因此，徐復《廣雅疏證·弁言》說："王氏以聲音通訓詁，語多獨創，其詞源、詞族之研究尤微至。書中屢言'某之言某也',妙達神恉,可謂有卓見灼識者。"

王念孫"以音求義說"以探求語根作爲目標,這與段玉裁說的"以聲爲義,可以窺上古之語言",在本質上是一致的。段的"以聲爲義說"有兩種表述形式:絕大多數是拘於諧聲偏旁、於聲得義,而不限形體、於聲得義却爲數甚少。王的"以音求義說"恰恰是全部采用不限形體、於聲得義的表述形式。從這個角度看,王念孫"以音求義說"是段玉裁"以聲爲義說"的一大發展。

不消說,不限形體、於聲得義自比拘於諧聲偏旁、於聲得義更爲通達,也更爲接近語根的探求。現舉段、王的實例來說明。

段在"裣,交衽也"下注:

> 裣本衽之稱,因以爲正幅之稱;正幅統於領,因以爲領之稱。此其推移之漸。許必原其本義爲言。凡金聲、今聲之字皆有禁制之義。禁制於領與禁制前後之不相屬,不妨同用一字。①

王於"琴,禁也"下疏:

> 琴者,《白虎通義》云:琴者,禁也,所以禁止淫邪、正人心也。《文選·長門賦》注引《七略》云:雅琴者,琴之言禁也,雅之言正也;君子守正以自禁也。《說文》:欽,持也,讀若琴。捡,急持衣衿也。李鼎祚《周易集解》引《白虎通義》云:禽者何?鳥獸之總名,明爲人所禽制也。是凡與琴同聲者,皆有禁義也。②

相比較,便可發現有兩種形似實異的提法:王說的"是凡與琴同聲者,皆有禁義也"與段說的"凡金聲、今聲之字皆有禁制之義"

---

① 《說文注》八篇上"裣"字注。
② 《廣雅疏證》卷四上《釋詁》"禁也"條。

有所不同。段用演繹口氣提出論題，王則用歸納口氣，並在論斷之前冠以"是"字，就限於嚴格的範圍之内。再看《廣雅疏證》卷三下《釋詁》"霝，空也"條注釋，就更清楚了：

> 霝之言瓏玲也。《説文》：櫺，楯間子也。徐鍇傳云：即今人闌楯下爲橫櫺也。《説文》：軨，車轐間橫木也。《楚辭‧九辯》：倚結軨兮長太息。字亦作"笭"。《釋名》：笭，橫在車前，織竹作之，孔笭笭也。定九年《左傳》：載蔥靈。賈逵注云：蔥靈，衣車也。有蔥有靈。蔥與窗同。靈與櫺同。《楚辭‧九章》：乘舲船余上沅兮。王逸注云：舲船，船有牕牖者。《説文》：籠，笭也。是凡言霝者，皆中空之義也。

"是凡言霝者，皆中空之義"的"是"，意即上述種種，細加分析，有兩層意思：其一，即使從霝聲之字，也祇限於"櫺"、"靈"等字；其二，言"霝"聲同時包括"令"聲的"玲、軨、笭"等字在内。如用段的提法，祇能説"從霝聲如櫺、靈等字有中空之義"，而這，僅是王説的一部分。由此可見，王説的"是凡言某聲者皆有某義"，還不等於段説的"凡從某聲皆有某義"。就因爲"不限形體"是王念孫以音求義説的又一特點。

實際上，王念孫的"以音求義，不限形體"説，取法於西漢毛公。《毛詩‧柏舟》："如有隱憂。"毛傳："隱，痛也。"按，"隱"無"痛"義。《説文》："慇，痛也。"知"隱"即"慇"之假借。又，《毛詩‧載馳》："言采其蝱。"毛傳："蝱，貝母也。"按，"蝱"無"貝母"義。貝母是一種草藥。《爾雅‧釋草》："茵，貝母。"知"蝱"即"茵"之假借。"隱"之於"慇"，"蝱"之於"茵"，均已不限形體，要在於聲得義。毛傳成了"以音求義，不限形體"的先導。

王念孫從語根上考察語詞的流變，因而以音求義，往往是環環緊扣，觸類旁通。這是他的以音求義説的第三個特點。如卷一上《釋詁》"奄，大也"條疏：

第五章 小學的終結——清代

> 奄者,《説文》:奄,大有餘也。從大申;申,展也。《大雅·皇矣》篇:奄有四方。毛傳云:奄,大也。《説文》:俺,大也。俺與奄亦聲近義同。大則無所不覆,無所不有,故大謂之幠,亦謂之奄;覆謂之奄,亦謂之幠;有謂之幠,亦謂之撫,亦謂之奄,矜憐謂之撫掩:義並相因也。

像這樣聲義互求,連環推究,舉一反三,在我國小學史上還是第一次。

王念孫"以音求義説",以"不限形體"爲出發點,以連環訓釋、觸類旁通爲着力點,以探求語根爲歸宿點,因而比戴、段之説還要閎通。

以音求義與據上下文校字釋義的結合　但王念孫並没有把以音求義作爲惟一的方法,相反,他經常用别的方法如據上下文校字釋義之類來補充、證發。如《尚書·盤庚上》"則惟汝衆,自作弗靖",王念孫認爲,古人釋"靖"爲"安",或解作"謀",均不妥:"靖,善也。言是汝自作不善所致也。不善即上文所云'先惡於民'也。靖通作竫,又通作静。《藝文類聚》引韓詩曰:東門之栗,有静家室。静,善也。《廣雅》曰:竫,善也。《堯典》'静言庸違',《史記·五帝紀》作'善言',《漢書·王尊傳》作'靖言':是'靖'與'善'同義。"①

王引之傳王念孫之學,也經常結合以音求義與據上下文校字釋義,來解決經典字義的難題。《經義述聞》卷五《毛詩上》"有紀有堂"條,堪稱範例。

《詩·秦風·終南》計二章,一章首句:"終南何有?有條有梅";二章首句:"終南何有?有紀有堂。"毛傳:"紀,基也;堂,畢道平如堂也。"鄭玄箋、孔穎達疏均據此發揮。王引之却不以爲然:

---

①　見《經義述聞》卷三"自作弗靖"條。

"終南何有？設問山所有之物耳。山基與畢道仍是山，非山之所有也。"他就用上下文校字釋義法來考察全詩行文義例，得知"凡云山有某物者，皆指山中之草木而言"；再分析每首詩首章與二章、三章的用詞造句法式，更知"凡首章言草木者，二章三章四章五章亦皆言草木，此不易之例也"。而《終南》篇毛公釋"紀"、"堂"爲山基、畢道，就不當了："今首章言木而二章乃言山，則既與首章不合，又與全詩之例不符矣。"顯然，詩中"紀"、"堂"是用假借字，應予改讀："紀"讀爲"杞"，"堂"讀爲"棠"。《左傳》、《公羊》等經籍裏，本有"杞、紀，棠、堂，古字並通"的實例，柳宗元《終南山祠堂碑》以"紀堂"爲終南之物產，也證明讀"紀"爲"杞"、讀"堂"爲"棠"的正確。考《白帖》終南山類引《詩》正作"有杞有棠"。再看全詩文例，"且首章言有條有梅，二章言有紀有堂，首章言錦衣狐裘，二章言黻衣繡裳：條、梅、紀、堂之皆爲木，亦猶錦衣黻衣之皆爲衣也。"如此解來，真是無懈可擊。

當然，王氏父子的訓詁經驗不止以音求義及上下文校字釋義兩條，他們還與段玉裁一樣，常從歷史演變上考察字義。如《廣雅疏證》卷四《釋詁》"黔首，民也"條：

> 黔首者，《説文》：秦謂民爲黔首，謂黑色也，周謂之黎民。《史記·秦始皇帝紀》更名"民"曰"黔首"。案：《祭義》云：明命鬼神以爲黔首則。鄭注：黔首，謂民也。《魏策》云：撫社稷，安黔首。《吕氏春秋·大樂篇》云：和遠近，説黔首。《韓非子·忠孝篇》云：古者黔首悗密蠢愚。諸書皆在六國未滅之前。蓋舊有此稱，而至秦遂以爲定，非始皇創爲之也。

這樣探本求源，訂正了《説文》以後一千七百多年的誤傳，實在令人心服。但從王氏父子對小學發展的推動來說，主要還不是從歷史演變上考察字義，而是以音求義及據上下文校字釋義。據上下文校字釋義，是從一字一句的離析性考釋通向語文組織規律研究的過渡橋

第五章 小學的終結——清代　　　　　　　　　　　　　　277

　　周";《書》載采采,《史記‧夏紀》作"始事事";《詩》載見辟王,
　　傳亦云：載,始也。是"載"、"哉"通。《爾雅‧釋文》"哉"亦作
　　"栽",《中庸》栽者培之,鄭注：栽讀如文王初載之載。"栽"或
　　爲"兹"。"兹"、"栽"、"哉"古皆音同字通也。

以大量例證,詳盡地論證"才"爲"哉"的本字,"哉"、"載"、"栽"、
"兹"四字爲同音假借。近人黃侃亦以"才"爲其餘諸字的語根①。
可見郝説確鑿可信。因爲他明白"凡聲同、聲近、聲轉之字,其義
多存乎聲"②的道理。

　　但郝在古音學上是登堂而來入室,他也有自知之明。因而在
成書之日,即向段玉裁弟子陳奐提出希望："草木蟲魚,多出親驗；
訓詁必通聲音,余則疏於聲音,子盍爲我訂之?"③後因《皇清經解》
要把郝疏編入,先請王念孫校讀。王對郝疏失誤之處,逐一加上
批語④,計有一百十三條,其中主要還是誤用聲轉訓釋字義的問
題。如《釋鳥》"鶌鶉,其雄鶛牝庳"條,郝疏：

　　　　按鶛之言介也,雄者足高,介然特立也。庳之言比也,雌
　　者足卑,比順於雄也。

王念孫批語：

　　　　"鶛"於古音屬脂部,若"介"字則屬祭部。周秦兩漢之文
　　非但無與脂部通用者,並無與平上聲通用者。不得言"鶛之
　　言介"。若"庳"字即取卑小之意,不必轉訓爲比。

凡此之類,"非精於三代兩漢之音者,固不能辯之"⑤。當然,失誤

---

① 見林尹《蘄春黃季剛先生研究〈説文〉所發明之條例》,載謝雲飛《中國文字學通論》,臺灣學生書局,1978 年,第 383 頁。
② 《爾雅義疏》上之一《釋詁上》"大也"條。
③ 陳奐《爾雅義疏跋》,轉引自張永言《論郝懿行的〈爾雅義疏〉》。
④ 羅振玉輯録王念孫批語,並題爲《爾雅郝注刊誤》,收入《殷禮在斯堂叢書》。
⑤ 《爾雅郝注刊誤‧釋詁》"逮,與也"條批語。

或牽强之處都盡行刪除。因而郝疏有兩個版本:《皇清經解》本爲刪節本;郝氏家刊本爲足本。

在清代,《爾雅》研究是訓詁學的主體,正如《説文》研究是文字學的主幹一樣。王念孫之於訓詁學,段玉裁之於文字學,各在自己的領域裏,達到了一代學術的最高峰。他們的著作成了小學研究的典範,如阮元説的:"懷祖先生之於《廣雅》,若膺先生之於《説文》,皆注《爾雅》之矩矱。"①他們在文字學、訓詁學上作出超人一等的貢獻,實與他們古音學造詣分不開。段、王是清代小學的雙子星,正如李白、杜甫是唐代詩歌的雙子星一樣。

六、阮元論語言與文化

文字與語言一樣,是"活的社會化石"。借助文字,表現社會生活的語言才能傳於異地,留於異時。在"寓義於形"的古文字裏,殘存着古代文化觀念的痕跡。率先發現這個秘密的,大約是阮元:"吾謂欲觀三代以上之道與器,九經之外,舍鐘鼎之屬,曷由觀之!"②

阮元(1764—1849)字伯元,號芸臺,江蘇儀徵人。他主編的《經籍籑詁》,是一部訓詁名著:"展一韻而衆字畢備,檢一字而諸訓皆存,尋一訓而原書可識。"③但他的真本領不在這裏,而在從語言文字考求古代文化。對他説來,"鐘鼎"與"九經"在考古上有同樣意義,他還撰有《積古齋鐘鼎彝器款識》十卷。他探求古代文化的做法是:從聲音出發,結合文字的考釋一起進行,並以文字古義作爲考定古代文化的一個依據。實際上,他是把顧、戴制定的樸

---

① 《揅經室一集》卷五《與高郵宋定之論爾雅書》。
② 《揅經室三集》卷三《商周銅器説上》。
③ 王引之《經籍籑詁序》。

第五章 小學的終結——清代

學路綫創造性地用之於金文考古。

研究語言與文化關係的前提 在阮元之前,戴震的師弟程瑤田已指出,口口相傳的古代遺語有時甚至比書本上的陳言更有考古的價值:

> 夫簡策之陳言,固有存人口中之所亡者也;而其在人口中者,雖經數千百年,非有兵燹所能劫,易姓改物所能變……①

因此,他通過語言文字,考求古代名物制度,寫成《釋宮小記》、《釋草小記》、《釋蟲小記》、《九穀考》等論著。王念孫《果嬴轉語記跋》稱譽程瑤田"立物之醇,爲學之勤,持論之精,所見之卓,一時罕有其匹"。

阮元繼承戴、程的傳統,研究語言文字與古代文化的關係。首先當然是語言與文字的關係。在阮元看來,語言比文字更爲重要,不僅文字起於聲音,就是意義也出於聲音:

> 義從音生也,字從音義造也。②

這就走上了王念孫的道路,從聲音出發,去追究詞與詞的同源關係。在這方面,他的《釋門》一文,是一個範例:

> 凡事物有間可進,進而靡已者,其音皆讀若門,或讀若免、若每、若敏、若孟,而其義皆同。

具體説,"凡物中有間隙可進者,莫首於門矣",而"門"字當與"黽"同音。"黽"從"黽"得聲,"黽"、"門"古韻同部。"黽"又隸變爲"亹"、"亹"、"璺"。《周禮》太卜注:"璺,玉之圻也。"《方言》亦云:"器破而未離謂之璺。"《釋文》注:"亹本作璺。""玉中破未有不赤

---
① 《通藝録・釋蟲小記・螟蛉蜾蠃異聞記》。
② 《揅經室一集》卷一《釋矢》。

者,故'釁'爲以血涂物之間隙,音轉而爲盟,盟誓者亦涂血也。其音亦同也。""若夫進而靡已之義之音,則爲勉,勉轉音爲每。亹亹文王,當讀若'每每文王'。""亹字或作斖,再轉爲敏,爲罼,雙其聲則爲罼勉,收其聲則爲罠没,又爲密勿,没乃門之入聲,密乃敏之入聲。"如此看來,"門"首先是從人類活動的感覺,即"有間可進"的門音,其次轉爲表象,即離合之義,最後轉爲判斷,即道德觀念的罼勉不已之義①。

研究語言文字與古代文化的關係,那理論基礎還是名與實的關係,即語言與天地萬物的關係。文字通過語言而標指天地萬物,給天地萬物命名的正是有聲語言:

> 古人於天地萬物皆有以名之。故《説文》曰:"名,自命也,从口从夕。夕者冥也。冥不相見,故以口自名。"然則古人命名之義,任口耳者多,任目者少,更可見矣。名也者,所以從目所不及者而以口耳傳之者也。②

有聲語言與天地萬物的關係,正是探求語言文字與古代文化關係的前提。

從語言文字看古代文藝　與語言文字關係最密切的是文學。阮元認爲,文體的産生,先有韻文。據他解釋,"以用韻比偶之法,錯綜其言",才叫作"文"。因爲"古人以簡策傳事者少,以口舌傳事者多;以目治事者少,以口耳治事者多","是必寡其詞,協其音,以文其言,使人易於記憶,無能增改,且無方言俗語雜於其間,始能達意,始能行遠"③。韻文的出現先於散文,這是符合文學發生的規律的。

我國韻文以《詩經》最早。《詩經》有"風、雅、頌"三種體裁。

---

① 侯外廬《中國早期啓蒙思想史》,人民出版社,1956年,第586頁。
② 《揅經室三集》卷二《名説》。
③ 《揅經室三集》卷二《文言説》。

第五章 小學的終結——清代

阮元説,"頌"字即是"容"字,它與"風、雅"的區别在於:

> 三頌〔指商頌、周頌、魯頌〕各章皆是舞容,故稱爲"頌",若元以後戲曲,歌者舞者與樂器全動作也;風雅則但若南宋人之歌詞、彈詞而已,不必鼓舞以應鏗鏘之節也。①

"頌"比"風、雅"先出,咏唱時又配合舞蹈動作,這可爲詩歌、音樂、舞蹈同時導源於勞動節奏的學説,提供了文字上的證據。

從語言文字看古代社會 人類社會由蒙昧時代,經野蠻時代而進入文明時代。我國亦然。在蒙昧時代高級階段,弓箭是生存鬥争的決定性武器。阮元《釋矢》從聲音上説明"矢"(弓箭)得名由來。他説,開口直發其聲曰"施",重讀之曰"矢"。"矢"與"施"的聲音寓有"自此直施而去之彼"的意思:

> 矢爲弓弩之矢,象形字,而義生於音。凡人引弓發矢,未有不平引延陳而去止於彼者(《爾雅》:矢、雉、引、延,陳也):此義即此音也。

用"矢"所獲得的野鷄叫"雉":"其飛形平直而去,每如矢矣。"因而以"矢"加"佳"(鳥)而成"雉"字。"雉有度量之義",爲古代計算城牆面積的單位,通"絠"(牽牛繩):"凡物自此止彼,平引延陳而度之,約略如矢雉之去曰雉,以繩則曰絠。"大約都是"用長繩平引度物"的名稱。"遇城邑則量百雉〔城牆〕之絠,遇祭祀則供牛鼻之繩。"②"矢"、"雉"、"絠"之類同音字,均與先民的勞動生活有關。到了用"雉"(絠)度量城牆的時候,那已從野蠻進入文明的時代了。

弓箭之外,尚有斧頭。先民用斧頭與弓箭,贏得了向自然開戰的第一仗。殷周以降,禮服上綉的花紋,就以斧頭與弓箭作爲

---

① 《揅經室一集》卷一《釋頌》。
② 均見《揅經室一集》卷一《釋矢》。

圖形：黑白相間的斧形花紋，叫"黼"；青黑相間作亞形的花紋，叫"黻"。但歷來傳注，均以"黻"爲"兩己相背戾"。阮元《釋黻》指出：

> 自古畫象則作亞形，明兩弓相背戾，非兩己相背戾也。兩弓相背，義取於物與斧同類。

用斧與弓作爲禮服花紋的圖案，大約是爲了顯示征服者的威嚴吧。

至於殷周的土地制度，是行井田制。對此，阮元《釋郵表畷》通過文字的考釋給以具體的描述。

"郵表畷"一語，出自《禮記・郊特牲》。鄭玄注："郵表畷，謂田畯〔即所謂勸農之官〕所以督約百姓於井間之處也。"阮元進而指出："郵乃爲井田上道里，可以傳書之舍也；表乃井田間分界之木也；畷乃田兩陌之間道也。"從文字上看，"郵從邑從垂"，"垂"即"草木華葉"的邊遠地方：

> 蓋古者邊垂疆界，其始必正其四至焉。四至之邊，必立木爲表，垂綴物於上，以準遠近之望，而分疆界焉。

疆界木表上，通常掛有毛物爲標志。《詩・商頌・長發》："受小球大球，爲下國綴旒。""球"通"裘"，指木表上的毛物；"綴旒，是言受地於天子爲諸侯之封疆，樹立聯綴之裘，以定四界也"。又"叕"與"役"音義相近。《說文》說："城郭市里高縣羊皮，有不當入而欲入者，暫下以驚牛馬曰役"，此乃以木綴裘的明證。總之，"郵表畷之古義，皆以立木綴毛裘之物垂之分間界、行列、遠近，使人可準視望、止行步而命名者也"。經他一詮釋，數千年前的井田就浮現於眼前。

阮元《考工記車制圖解》還運用段玉裁"以聲爲義說"，分析形聲字從某得聲可有某義，如說"輒"從耴聲有下垂意，"軛"從厄聲

第五章 小學的終結——清代

多有半規曲形意,等等,就以聲音描畫出古代車制的形象。

從語言文字看古代思想 宋明理學往往主觀地解釋古人術語,以致失去原意,阮元則通過文字考釋,"要求將各時代的思想還原於各自時代的面目"①。他對作爲儒家思想核心的"仁"字,倍加重視,接連寫了《論語論仁論》、《孟子論仁論》二文。他先就"仁"字的歷史作一鳥瞰:夏商以前無"仁"字。"仁"字也不見於《尚書》的《虞書》、《夏書》、《商書》,《詩經》的《雅》、《頌》及《周易》的卦爻辭。"此字明是周人始因'相人偶'之恒言而造爲'仁'字。"②"相人偶"一語,見之於鄭玄爲《禮記‧中庸》"仁者,人也"一句的注語:"人也,讀如相人偶之人,以人意相存問之言。"指人與人之間相互親切致意。從這裏入手,就可考見"仁"字制作的原意:

> 人耦猶言爾我親愛之辭,獨則無耦,耦則相親,故其字從人二。
> 凡仁必於身所行者驗之而始見,亦必有二人而仁乃見。③

證之經籍,《論語‧雍也》説的"夫仁者,己欲立而立人,己欲達而達人";《曾子‧制言》説的"人非人不濟,馬非馬不走,土非土不高,水非水不流",都是"必人與人相偶,而仁乃見也"。他因此批評宋明理學:"若一人閉户齋居,瞑目靜坐,雖有德理在心,終不得指爲聖門所謂之'仁'矣。"④

搞得比"仁"字更爲混亂的術語是"性"字。佛家與理學好談心性理氣,把"性"字説得玄之又玄。阮元恢復"性"字的本義,先考定"性"字的最早出處。"性"字首見於《尚書‧召誥》之"節性":

---

① 侯外廬《中國早期啓蒙思想史》,人民出版社,1956年,第599頁。
② 《揅經室一集》卷九《孟子論仁論》。
③ 均見《揅經室一集》卷八《論語論仁論》。
④ 均見《揅經室一集》卷八《論語論仁論》。

> "性"字之造於周召之前,從心則包仁義禮智等在內,從生則包味臭聲色等在內。是故周召之時解"性"字者樸實不亂,何也?字如此實造,事亦如此實講。周召知性中有欲,必須節之。節者,如有所節制,使不逾尺寸也。①

但"性"字從心從生,還不是古訓。古訓應是:"先有'生'字,後造'性'字。商周古人造此字時,即已諧聲,聲亦意也。"照此看來,告子與孟子辯論時說的"生之謂性",便是古訓了。因而阮元就為孟子辯護,說"孟子非辟其'生之謂性'之古說也",而是批他的性無善惡說。至於晉唐人以"味色聲臭安逸為欲",要別之於"性"之外,"此釋氏所謂佛性,非聖經所言天性"②。就在"性"字理解上,劃清了漢學與玄學、佛學、理學的不同界限。

阮元關於語言文字與古代文化的論述,自然不能成為思想史的科學研究,但對文化史的研究也有一定的意義。一般說來,考求古代文化,主要是憑藉書面文獻及地下文物,而文字考釋祇是提供必要的佐證而已。但是,到了連孔子也嘆息"文獻不足"的夏商以前,探求古代文化的遺迹,就得借助於詞源的考求,就得通過古文字的考釋。從語言文字上探索古代文化,這條航道是由阮元開闢的。

七、姓氏、稱謂、避諱

在重視處理人與人關係的古代中國,姓氏、稱謂、避諱的研究,成了探索語言與文化關係的重要問題。在這方面,顧炎武、錢大昕、王引之、梁章鉅等人,都有專門的論述。

姓氏之學 古人研究姓氏之學,原因之一是與婚姻大事有

---

① 《揅經室再續集》卷一《節性齋主人小象跋》。
② 《揅經室一集》卷十《性命古訓》。

第五章　小學的終結——清代

關。《左傳·襄公二十三年》早已提出優生學原則："男女同姓,其生不蕃。"由於對姓氏的重視,便陸續出了有關的著作,如唐林寶《元和姓纂》、宋鄭樵《通志·氏族略》、明陳士元《姓觹》。至明清之際,顧炎武擬從姓氏歷史演變的角度來編《姓氏書》,分爲八目:姓本第一,封國第二,氏別第三,秦漢以來姓氏合併第四,代北姓第五,遼金元姓第六,雜改姓第七,無徵第八[1]。後因故未成,但有關的言論,編入《日知錄》。

秦漢以前,姓與氏分。"姓"是同一血統的强大氏族的徽號。顧炎武指出,"言姓者本於五帝,見於《春秋》者得二十有二",如"嬀虞姓出顓頊,封於陳妀","姬周姓出黄帝,封於管蔡"[2]。"嬀"、"姬"等大姓之下,還有"氏":姓表家族關係,氏表貴賤身份,合稱"姓氏"。古代有"因生以賜姓,胙之土而命之氏"[3]的説法。顧炎武還説,稱"氏"的方法,因同姓、異姓而别。如果是同姓,就命"公之子曰公子,公子之子曰公孫",到公孫之子,就"以王父爲氏"[4];如果是異姓,或者"以官爲氏",如司馬、馬城,或者"以邑爲氏",如韓、趙、魏[5]。還有,如果出奔他國,就"以本國爲氏"[6]。在戰國以前,"姓氏"的觀念與"血親"(種族)、封邑(土地)等社會現實緊密地聯在一起。

秦漢以後,姓與氏合。以氏爲姓,成了一代的制度。大約"姓氏之稱,自太史公始混而爲一"[7]。姓氏由分而合的趨勢,反映着我國社會性質的轉變。錢大昕對此作過分析:"秦滅六雄,廢封建,雖公族亦無議貴之律;匹夫編户,知有氏不知有姓久矣。漢高

---

[1] 《日知錄》卷二十三"姓氏書"條。
[2] 《日知錄》卷二十三"姓"條。
[3] 《左傳·隱公八年》。
[4] 例如,無駭是公子展之孫,故爲展氏。見《左傳·隱公八年》。
[5] 《日知錄》卷二十三"氏族"條。
[6] 《日知錄》卷二十三"以國爲氏"條。
[7] 《日知錄》卷二十三"氏族"條。

帝起於布衣,太公以上,名字且無可考,況能知其族姓所出耶?"①

與姓氏相關的是名字。古人並非人人都有姓,同樣,也並非人人都有名字的。名字只限於貴族。貴族出生三月,就給起名,二十歲成人又加以字。"名以正體,字以表德"②,正說明古代貴族對名字的重視③。字與名相應,聞名即知其字,聞字即知其名。此中規律,到王引之作《春秋名字解詁》才揭示出來。《序》裏提出五條:

一是同訓,如魯國宰予字子我,"我"與"予"義同;

二是對文,如晉國閻没字明,"没"、"昧"通,有"暗"義,自與"明"相反;

三是連類,如楚公子側字子反,《尚書·洪範》有"無反無側"語,因連類而及;

四是指實,如楚公子啓字子閭,"閭"意爲里門,啓字子閭,即取開門之義;

五是辨物,如魯國孔鯉字伯魚,即以"鯉"爲魚中之一種。

正由於名之與字相比附,因而《説文》屢引古人名字發明古義,王引之還用以推求古制,如"據紀裂繻字子帛、鄭公子睔〔引者案,當讀爲"綸"〕字子印,證裂繻爲符,居官佩印,春秋時皆已有之,不始於漢世,因名字之微,推明古人之制度,尤爲精絶"④。

春秋時名字不及百姓,而漢代,一般有功之臣,也像春秋時代貴族那樣有姓有名了。錢大昕指出:"三代以上,男子未有系姓於名者,漢武帝元鼎四年〔公元前113年〕,封姬嘉爲周子南君,此男子冠姓於名之始。"⑤

---

① 《十駕齋養新錄》卷十二"姓氏"條。
② 顔之推《顔氏家訓·風操》。
③ 詳馬來西亞蕭遥天《中國人名的研究》,國際文化出版公司,1987年。
④ 楊樹達《積微居小學金石論叢·讀春秋名字解詁書後》。
⑤ 《十駕齋養新錄》卷十二"姓氏"條。

唐宋以降，仍很重視姓氏之學。連《唐韻》、《廣韻》那樣韻書的注文，也特別詳細説明姓氏源流。如《廣韻》卷一"鍾韻"注："亦姓，出潁川。又漢複姓，有鍾離氏。《世本》云：與秦同祖，其後因封爲姓。"像這樣詳注姓氏的文字，書中比比皆是，這實有助於推求文化制度的變遷。錢大昕説："古姓氏書，今多失傳。唯《廣韻》所采，多唐以前書：蓋取孫愐《唐韻》之舊，徵引最爲該洽。"①大約自宋代開始，姓氏書更向兒童普及，《百家姓》、《千家姓》成了童蒙識字課本。

梁章鉅《稱謂録》 與姓氏一樣，稱謂也是禮教制度在語言上的倒影。"古人稱謂，各有等差，不相假借，其名號蓋定於周公制禮之時。"②在尊天敬祖的古代中國，最先重視的是親屬稱謂，見之於《爾雅·釋親》，而後逐步推及社會上種種關係的稱謂，這大約以北周盧辯《稱謂》五卷（見《隋書·經籍志》）最早。可惜《稱謂》一書已散佚，到清代，梁章鉅著《稱謂録》三十二卷集其大成。

梁章鉅(1755—1849)字閎中，一字茝林，晚號退庵，福建長樂人。《稱謂録》成書於道光二十八年(1848)。《凡例》説明編次的原則：先列父母家族，因爲"親，本也"；次列天子宗室，實"由親而尊天子"，體現了濃烈的封建意識；再次是職官銜署，指上層官員；最後是奴僕書役、三教九流，爲下層民眾。這樣的層次結構，恰好是封建社會關係在編輯體例上的反映。

匯集同一稱謂的各種異稱，是《稱謂録》的一大特點。以"天子"與"僕"兩個稱呼來看。封建社會裏，稱謂之尊莫過於"天子"。書中分三項來陳述：一是天子自稱，有"朕、小子、冲人、孤、寡、不穀"等語；二是天子古稱，有"后、元后、王、天王、君王、后王、素王、孝王、嗣王、君、大君、社君、天、天辟、天皇、君天、上帝、素皇内帝、

---

① 《十駕齋養新録》卷十二"《廣韻》述氏姓"條。
② 梁章鉅《稱謂録·自序》。

大官、縣官、官家、官、宅家、天家、大家、真主、鉅公、天公、崖公、太上、大宗、大尊、先民、禾絹、朝廷、車駕、乘輿、至尊、元首、荃宰、九重、萬歲、萬乘、人牧、人主、上、明上、主上、林、烝、辟、一丈夫、黄中君、黄天子、皇天子、新皇帝"等稱呼；三是外域稱天子，匈奴稱爲"撐犁孤塗"，西域稱"可汗"，又稱"單于"，梵語稱"震旦"，北俗稱"宇文"等等（卷九），幾乎囊括了中外歷史上對"天子"的種種異稱。與之相反，稱謂之卑莫過於"僕"。書中記載了種種鄙稱，諸如"家吏"、"長隨"、"臧獲"、"底下人"、"守舍兒"、"私屬"、"走使者"、"驅口"、"脚力"、"家生兒"、"奴産子"之類（卷二十五）。稱謂上尊卑之别，實由封建等級制度所致。

但稱謂上的"謙稱"、"尊稱"，却出於社會交往的禮節，雖然這些稱呼往往染上了等級的色彩。對自己的謙稱，如"僕、蒙、愚、下走、鄙人、不佞、不才、賤子、末學、小生、下官、門下小厮"等語；對別人的尊稱，如"君、公、明公、叟、老、大雅、高明、尊、賢、卿、子、足下、閣下、執事、座前、相公"之類（卷三十二），實際上把自己當作下層民衆，把人家奉爲上層官員。由此連及家屬的稱謂，對人自稱妻，是"内子、内人、室人、荆婦、山妻"，而稱人之妻，是"德配、令閣、令室、令妻、邑君、夫人、孺人"（卷五）。

《稱謂録》對每一稱謂，均注明詳細出處，有時，還説明稱謂的源流。如"八八、巴巴、爸"一條，注："《正字通》：夷語稱老者爲'八八'或'巴巴'。後人加'父'作'爸'字。吴人稱父曰'爸'。《廣雅》：爸，父也。"（卷一）這樣，便可通過稱謂去考求文化思想的演變。

錢大昕與避諱學 避諱與姓名相關。孟子説過："諱名不諱姓。姓所同也，名所獨也。"[①]當然，所諱的不是一般人的名字，而是君主及家長的名字："凡文字上不得直書當代君主或所尊之名，

---

① 《孟子·盡心下》。

第五章　小學的終結——清代

必須用其他方法以避之,是謂之避諱。"①自周秦到宋代,避諱的風氣變本加厲,正象徵着封建專制主義的日益加强。這就促使學者們的關注。從宋洪邁《容齋隨筆》、王楙《野客叢書》、王觀國《學林》、周密《齊東野語》,到清顧炎武《日知錄》、錢大昕《十駕齋養新錄》及《廿二史考異》、趙翼《陔餘叢考》、王鳴盛《十七史商榷》、王昶《金石萃編》等書,都在不同程度上對避諱作了專門的探討。特別是錢大昕,創獲更多②。

《禮記·曲禮》把避諱分爲"公諱"(帝王廟諱)、"私諱"(祖先家諱)兩種。到北宋,避諱的範圍擴大了。據錢大昕等人考查,不僅當代君主要避諱,就是中華民族始祖軒轅氏也在避諱之列。據説是"大中祥符五年十月戊午,九天司命上卿保生天尊降於延恩殿,自言吾人皇九人中一也,是趙之始祖,再降乃軒轅黄帝"③。爲了君權的强化,宋真宗不惜乞靈於鬼神。不僅如此,他們的避諱更由政治上的至尊皇帝連及文化上的開山祖師,要避孔子諱④,到了以"道君皇帝"自稱的宋徽宗,連老子名字也捎上了⑤。本來"公諱"限於當代君主的名字,到政和八年(1118),宋徽宗把與皇帝相關的稱號都當作避諱字來禁用:先是禁用"君、皇、聖"三字爲名字,而後擴充到"不許以龍、天、君、玉、帝、上、聖、皇等字爲名字"⑥。同時,他更嘉許臣子關於禁人名寓僭竊義的荒唐奏議,那奏議説吏部有人名"徐大明",便是"有取王者之實以寓其名",因爲"大明者,文王之德";饒州樂平縣有人名"孫權"、"劉項",更是"有取霸者之迹以寓其名"。這分明在編織"莫須有"的罪名,而宋徽宗却

---

① 陳垣《史諱舉例序》。
② 詳嚴修《避諱義例是錢大昕訓詁之鑰》,《復旦學報》1986 年第 5 期。
③ 《十駕齋養新錄》卷七"宋人避軒轅号"條。
④ 《十駕齋養新錄》卷七"孔子諱"條。
⑤ 《十駕齋養新錄》卷七"避老子名字"條。
⑥ 《十駕齋養新錄》卷七"政和禁聖天等字命名"條。

認爲"所言可行",下令禁止①。這説明那時的君主專制主義已滲透到思想文化的各個領域了。

通過避諱義例,不僅從文化上暴露了封建專制主義的罪惡,而且還有助於從文字上恢復古籍的原來面目。避諱所用的方法有改字、空字、缺筆、改音等形式,造成了古籍文字上的混亂,給後人留下了災難。尤其是人姓、人名、諡號、官名、地名、年號、書名之類,常常因避諱而改字,一改字就亂了歷史事實。錢大昕等人就撥亂反正,一一考定原來的名稱。例如,"以諱改年號",顧炎武指出,"唐中宗諱顯,玄宗諱隆基。唐人凡追稱高宗顯慶年號多云'明慶','永隆'年號多云'永崇'"②;"避諱改郡縣名",錢大昕説,"吳大帝孫權立子和爲太子,改'禾興縣'曰'嘉興';景帝孫休立,避諱改'休陽縣'曰'海寧'"③;"避諱改姓",錢大昕又説:"賀氏本姓慶,避漢安帝父名,改賀氏。唐憲宗名淳,改淳于氏爲于氏。陶穀本姓唐,詩人彦謙之孫,避石晉諱〔按,五代後晉高祖名石敬瑭〕改陶氏。湯悦本姓殷,名崇義,初仕南唐,入宋避諱〔按,宋太祖趙匡胤父名弘殷〕改今姓名。"④因避諱,有時甚至出現同諱異稱、一物異名的古怪事例。錢大昕在《北史一·周本紀上》條指出:

> 遺儀同李諱,……皆謂李虎也。《周本紀》天和六年,以大將軍李諱爲柱國,皆謂李昞也。⑤

前一"李諱",指唐高祖李淵祖父李虎;後一"李諱",指李淵之父李昞。再如《宋史一·藝文志》條説:

> 顏師古《刊謬正俗》八卷,已見經解類,而儒家類又有顏

---

① 《十駕齋養新錄》卷七"禁人名寓僭竊"條。
② 《日知錄》卷二十三"以諱改年號"條。
③ 《十駕齋養新錄》卷十一"避諱改郡縣名"。
④ 《十駕齋養新餘錄》卷下"避諱改姓"條。
⑤ 《廿二史考異》卷三十八。

師古《糾謬正俗》八卷,此書本名《匡謬正俗》。宋人避諱,或改爲"刊",或改爲"糾",其實一書也。①

祇因避諱,避宋太祖趙匡胤之諱,才鬧出了一本書變成三本書的笑話。

但不避諱,却要判刑的:"諸上書若奏事,誤犯宗廟諱者,杖八十;口誤及公文書誤犯者,笞五十。即爲名字觸犯者,徒三年。"②這種誤犯"公諱"而受罰,與文字獄的陷害在性質上有所不同,文字獄純屬捕風捉影,蓄意殺人,但從語言觀上分析,却有相一致的地方,就是錯誤地認爲名字與人(指皇帝)之間存在着神秘的不可分離的直接關係,似乎一呼皇帝的名字,就等於褻瀆皇帝本人;一説出與皇帝名字諧音的語詞,也就在影射皇帝本人了。趙翼指出,明太祖"覽天下章奏,動生疑忌,而文字之禍起"。他的"疑忌",就是猜忌文章裏有影射自己的言語。如杭州一位教授的賀表裏,有"光天之下"、"天生聖人,爲世作則"等語,他看了勃然大怒:"'生'者,僧也,以我嘗爲僧也;'光'則薙髮也;'則'字音近'賊'也。"就喝令斬首。又有一位和尚,寫詩謝恩,有"殊域"③及"自慚無德頌陶唐"二句,他看了就罵:"汝用'殊'字,是謂我'歹朱'也;又言'無德頌陶唐',是謂我無德,雖欲以陶唐頌我而不能也。"也殺掉了④。其實,不是人家搞文字影射,而是明太祖朱元璋在玩弄流血的文字把戲:"殊"爲"歹朱",貌似析字;"生者,僧也","則"音近"賊",强作諧音;"光"指剃光頭,曲解字義。正是欲置之死,何患無辭?清代雍正、乾隆搞文字獄,同樣在玩弄流血的文字把戲。

---

① 《廿二史考異》卷七十二。
② 《唐律疏議》卷十《職制篇》。
③ 全句作"金盤蘇合來殊域"。
④ 《廿二史札記》卷三十二"明初文字之禍"條。

八、方言俗語的"尋源"

方言俗語的活泉源在民衆口語,可是清人研究方言俗語往往從古書上考求最早出處,稱之爲"尋源"。

清代方言著作三種類型 從對揚雄《方言》的態度看,清代方言著作可分爲三類。

第一類,是對揚書的續補。始於杭世駿《續方言》。杭世駿(1696—1773),字大宗,浙江仁和(今杭州)人。他采經史傳注、小學字書裏的古代方言語詞,來補揚雄《方言》所未備。如:

秦晉謂好曰娙,南楚之外謂好曰嬬,吳楚之間謂好曰娃。(《説文》)

古謂之娣姒,今關中俗呼爲先後,吳楚俗呼爲妯娌,音軸里。(師古注《漢書·郊祀志》)

每一條目,均注明出處。後有程際盛《續方言補》、徐乃昌《續方言又補》、程先甲《廣續方言及拾遺》、張慎儀《續方言新校補》等書,又補杭書的遺漏。

第二類,是對揚書的校注。戴震在這方面起着帶頭作用。他撰《方言疏證》重在校補,釐正文字,有時也以音釋字。如卷六"閻、苦,開也"條注:"案《廣雅》'閻、苦,開也',本此。今《方言》各本'苦'譌作'笘'……苦、開亦一聲之轉。據《廣雅》訂正。"還有盧文弨《重校方言》、劉台拱《方言補校》、顧震福《方言校補》等,遂使充斥古文奇字的《方言》稍稍可讀。

在對揚書校注方面,以錢繹《方言箋疏》較爲特出。錢繹(1770—1855),字以成,一字孫,江蘇嘉定(今屬上海市)人。咸豐元年(1851),他在弟弟錢侗遺稿的基礎上,完成《方言箋疏》十三卷。全書旨在詮釋字義,尤以聲義互求別開生面。主要有兩條:

第一條是證明字義相近、相通,多爲一聲之轉。這又體現在兩個方面,一方面是分析形聲字,指出從某聲之字有某義。如卷二"嫢,細也"條指出,從"規"得聲之字,如嫢、規、䂓、窺、闚等都有"細小"義;另一方面是不拘形體,認爲凡是與某同聲者便有某義。如卷十三"梗,覺也"條,論證"桔與覺同聲",提出"梗、覺、桔並語之轉耳"。第二條是證明字義相反,也多爲一聲之轉。如卷一"黨,知也"條疏:

> 今人謂知爲懂,其黨聲之轉歟?知謂之黨,不知亦謂之儻,以相反爲義也。《莊子·山木篇》"侗乎其無識,儻乎其疑怠"是也。……解寤謂之黨,昏昧亦謂之矘。《説文》:"矘,目無精直視也。"光明謂之黨朗,不明亦謂之儻朗。潘岳《射雉賦》:"畏映日之儻朗。"徐爰注:儻朗,不明之狀。《楚辭·遠游》:"時曖曃其矘莽兮。"王逸注:日月晻黮而無光也。矘莽與儻朗同,亦以相反爲義也。

錢繹兄弟在方言的領域裏,運用段、王以音求義的方法,取得較大成功。《方言箋疏》之於方言研究,猶如郝懿行《爾雅義疏》之於《爾雅》研究。

第三類方言著作,是於揚書之外另編新書。這有李調元《方言藻》、胡文英《吳下方言考》、茹敦和《越言釋》等書。

李調元(1734—1802)字羹堂、贊庵、鶴洲,號雨村,羅江(今四川德陽)人。他用文學家的眼光看待方言,《自序》説:

> 《方言藻》者,古今詩詞中所用之方言也。方言不可以言文,而文非方言則又不能曲折之盡意。故不知方言者,不可以言文也。……揚子《方言》炳於世矣,而復從詩詞中求所謂"方言藻"者,何也?方者,鄙俗之謂。方言而適於文之用,則謂之藻也固宜。

既然方言作爲辭藻須"適於文之用",那麼,方言的涵義也要"於文之用"中探求。如卷上"格是"條:

> 白香山詩:如今格是頭成雪。元微之詩:隔是身如夢。洪容齋《隨筆》云:格、隔義同,猶云"已是"也。

從句子上下文裏考求方言詞的原意,這是李常用的方法,有時,他還對方言詞作歷史的考察。如卷下"這"條:

> 蜀主王衍《醉妝詞》:者邊走,那邊走。毛晃云:凡稱此箇爲"者箇",俗多改用"這"字。這,乃迎也。按,"這"音彥,今借作"者",讀作"者"去聲。韋縠《才調集》載無名氏詩云:三十六峰猶不見,況伊如燕這身材。唐詩用"這"字始此。

像這樣溝通方言詞與詩歌的關係,在清代是獨樹一幟的。

清代研究方言的一部力作,是胡文英《吳下方言考》。胡文英字繩崖,江蘇武進人。乾隆二十五年(1760),他寫定《吳下方言考》。錢人麟爲之作序,說明全書宗旨:"若夫以吳音證之經史諸書,以參其離合,此亦吾輩稽古審音者之責也。"

胡書但注吳音,有時亦以北方方言來印證。如卷三:

> 夃(音沽) 許氏《說文》:秦人市買多得爲夃。案多得,都得也,總得也。吳中謂木石類總計而盡買之爲夃。夃,猶估也,籠也,估計其物而盡籠買不遺也。……北方謂總在其內曰"一夃腦兒"。

"一夃腦兒"現作"一股腦兒"或"一古腦兒"。胡以吳音證古籍,往往好用《說文》本字。如卷十一:

> 八 許氏《說文》:八,別(音必)也,象分別相背之形。案八,別其爲屬彼、屬此也。未八之前,則彼此有分〔份〕;已八之後,則物有專屬也。吳諺謂與〔給予〕爲八,如"八我"、"八

他"是也。

他重視活的口語,自與《續方言》等書不同,而他研究活的口語,必要從古書上考出字字的來歷,甚至《凡例》說:"字書愈久愈繁失。如'但民',見《淮南子》'使但吹竽,使氏厭竅'。後世乃作'蜑',柳柳州又作'蛋'……人不考古而競用僞字,僞者行,則真者廢矣。余之爲《方言考》,所以止後世之僞字也。"把俗字斥爲"僞字",就與荀子的"約定俗成"說相背了。"一股腦兒",如今誰再寫作"一及腦兒"呢?

事實上,清人的種種方言著作,幾乎都是爲了古書訓詁,而不是爲了活的語言規律的探求。俗語研究亦不例外。

俗語研究,郝懿行認爲始於東漢《通俗文》[①]。《通俗文》與其說是俗語書,不如說是俗字書。沈濤《邇言序》說,俗語研究始於南朝齊梁沈約的《俗説》,幾乎同時還有劉霽的《釋俗語》,但二書均不傳。現存最早的俗語書,是宋龔頤正《釋常談》。到明代,有陳士元《俚言解》、張存紳《雅俗稽言》、陸噓雲《世事通考》、周夢旸《常談考誤》等種,往往考證俗語出處,兼釋俗語意思,因而在初創時期,難免有體例未善、考據欠嚴之處。這樣,俗語研究在明代開花,到清代結果。

清代俗語著作很多,有翟灝《通俗編》、梁同書《直語補證》、錢大昕《恒言錄》、錢大昭《邇言》、陳鱣《恒言廣證》、顧張思《土風錄》、郝懿行《證俗文》、鄭志鴻《常語尋源》、平步青《釋諺》、胡式鈺《語竇》等。其中,以內容繁富的《通俗編》、體例謹嚴的《恒言錄》與考證詳盡的《證俗文》鼎足而三,成了清代俗語學的奠基之作。

翟灝《通俗編》 翟灝(1736—1788),字大川,後字晴江,浙江杭州人。乾隆十六年(1751),周天度《通俗編序》說翟"往來南北

---

① 郝懿行《證俗文述首》。

十許年，五方風土，靡所不涉"。因而能以俗語作爲考察社會文化的窗口。《通俗編》分爲三十八類：天文、地理、時序、倫常、仕進、政治、文學、武功、儀節、祝誦、品目、行事、交際、境遇、性情、身體、言笑、稱謂、神鬼、釋道、藝術、婦女、貨財、居處、服飾、器用、飲食、獸畜、禽魚、草木、俳優、數目、語辭、狀貌、聲音、雜字、故事、識餘。共收五千多條詞語。可說是百科性的俗語辭書。

現僅從民間風俗、宮廷文化、社會方言三點來叙述。

古代民間風俗，最重視婚、喪兩件大事。《通俗編》説得格外詳細。如卷九：

> **撒帳**　《夢華錄》：凡娶婦，男女對拜畢就床。男向右、女向左坐。婦女以金錢、綵菓撒擲，謂之"撒帳"。《戊辰雜抄》：撒帳始於漢武帝。李夫人初至，帝迎入帳中，共坐，飲合卺酒。預戒宮人遙散五色同心花果。帝與夫人以衣裾盛之，云得多，得子多也。

> **買路錢**　《留青日札》：高子臯曰：買道而葬，後難繼也。今人出喪，柩行之道，於前抛金銀紙錢，名曰"買路錢"。即高季買道之遺意也。按《日本考》：凡殯出，殯前設香亭一座，名曰"設孤臺"。令一人在前撒銅錢而行，名曰"買路錢"，任其貧乞者拾之。似此俗又自日本流及中國矣。

一經考釋，就描繪出古代紅白喜事的風俗畫，並點明行動的支配意識：撒花果，爲多得子；撒紙錢，爲買道安魂。

古代宮廷生活，亦可從俗語窺測一斑。如卷三十一：

> **溜冰**　《宋史·禮志》：故事齋宿，幸後苑作冰戲。按，此即北方溜冰之戲，始自宋時。

> **字舞**　《舊唐書·音樂志》：上元〔公元674—676年〕聖壽樂，武后作也。舞者百四十人，行列必成字，十六變而畢，有"聖超千古、道泰百王、皇帝萬年、寶祚彌昌"字。《樂錄》：

第五章　小學的終結——清代　　　　　　　　　　　　297

> 舞人亞身於地而成字,謂之"字舞"。王建《宫詞》:每遇舞頭分兩向,"太平萬歲"字當中。按,今劇場中擺列"天下太平"等字,乃其具體。

如此探本溯源的條目,書中屢見不鮮。

爲考求各地社會風貌,《通俗編》還注意社會方言的搜集,以至把社會方言也納入俗語之中。初創之作,歸類欠當在所難免。通常説的"俗語",祇包括常用成語、俚語、諺語在内。但社會方言確能反映各地方各階層的思想動向。

一是禁忌語,不僅衣冠忌"白",年歲忌"九"(均見卷三),而且各地還有各地的禁忌。如卷三十八:

> **地諱**　《鷄肋編》:天下方俗,各有所諱:渭州諱"賴",常州諱"打爺娘",楚州諱"烏龜頭",泗州諱"靠山子",真州諱"火柴頭",蘇州諱"賊",秀州諱"佛種"。按,此宋時俗也。元明以來,所諱又不同。《堅瓠集》云:畿輔曰"響馬",陕西曰"豹",山西曰"瓜",山東曰"胯",河南曰"驢",江南曰"水蟹",浙及徽州曰"鹽豆",浙又曰"獸",江西曰"臘鷄",福建曰"癩",四川曰"鼠",湖廣曰"乾魚",兩廣曰"蛇",雲貴曰"象"……

古人所謂"入鄉問俗",地諱即其一。

二是隱語。《通俗編》卷三十八"市語"條指出,杭州三百六十行,"各有市語,不相通用",米行、絲行、紬綾行、綫行、銅行、藥行、典當、故衣鋪、道家星卜、雜貨鋪、優伶、江湖雜流各有自己的數字隱語,或作字形離析,如"雜貨鋪:一平頭,二空工,三眠川,四睡目,五缺丑,六斷大,七皂底,八分頭,九未丸";或以物名指代,如"藥行:一羌、二獨、三前、四柴、五梗、六參、七苓、八殼、九草、十芎"。特别是江湖雜流"市語"尤多,幾乎事事、物物,都有"隱稱",其中通行於市井者,如夫曰蓋老、妻曰底老、銀曰琴公、錢曰把兒、米曰軟珠、餅曰匾食、鞋曰踢土、鏡曰照兒、坐曰打墩、拜曰蔿拂、揖曰丟圈子、叩頭曰丟匾子、寫字曰搠黑、說話曰吐剛、被欺曰上當，如此等等，"誠所謂惑亂聽聞，無足采也"。但"上當"一詞，已進入全民語了。

錢大昕《恒言錄》 《恒言錄》收俗語常言八百餘條，篇幅比《通俗編》少，分類却比《通俗編》嚴，計有吉語、人身、交際、毀譽、常語、單字、疊字、親屬稱謂、仕宦、選舉、法禁、貨財、俗儀、居處器用、飲食衣飾、文翰、方術、成語、俗諺有出等十九類。現代說的"俗語"，包括常用成語、俚語、諺語在內，就是從《恒言錄》開始的。《恒言錄》在錢大昕逝世後一年(1805)才刻成。

《恒言錄》以雙音節詞爲收詞的基調，釋義確切，詳注出處，引文也不像《通俗編》那樣任意取舍，因而有"實事求是，考證精明"①的好評。當然，《恒言錄》更發揚《通俗編》的優點，把俗語的考釋與社會歷史的研究結合一起。如：

> **喫茶** 女子受聘，謂之"喫茶"。蓋起於明代，宋以前未之聞也。《七修類稿》：種茶下子，不可移植。移植則不復生。故女子受聘，謂之"喫茶"。又聘以茶爲禮，取其從一之義。（卷五）
>
> **護身符** 宋人謂僧道度牒爲護身符。陸放翁《求僧疏》：搭袈裟，展鉢盂，却要護身符子。又云：護身符少伊不得。（卷六）

更重要的，是《恒言錄》參照前人的說法，揭示了俗語形成的基本途徑。

錢大昕在卷六"閭巷常諺"條指明，俗語來自民間。他贊同顧起元《客座贅語》的觀點，閭巷常諺"往往有麄俚而可味者"，如：

---

① 陳鱣《恒言廣證叙》。

第五章 小學的終結——清代

曰惱一惱,老一老,笑一笑,少一少;曰牡丹雖好,綠葉扶持;曰鍋頭飯好喫,過頭話難説;曰家雞打的團團轉,野雞打的貼天飛;曰爛泥搖樁,越搖越深。此言雖俚,然於人情世事有至理存焉。邇言所以當察也。死人頭邊有活鬼,強將手下無弱兵,皆俗語。

其次,指出有些俗語來自唐詩名句。卷六"俗諺有出"條説:

《老學庵筆記》:今世所道俗語,多唐以來人詩。……"但有路可上,更高人也行",龔霖語也。"忍事敵災星",司空圖詩也。"一朝權入手,看取令行時",朱灣詩也。

復次,指出有些俗語來自佛教語錄。卷六"俗語"條説:

俗語多出於釋氏語錄。如"弄巧成拙",龐居士語也。"竿木隨身,逢場作戲",鄧隱峰語也。"抛磚引玉",趙州禪師語也。……"五更侵早起,更有夜行人",古寺行者語也。"龍生龍子,鳳生鳳兒",丹霞禪師語也。

對俗語形成途徑的探求,標誌着俗語研究進入新的階段。《恒言錄》的主要意義,就在這裏。

郝懿行《證俗文》 《恒言錄》以後,當以《證俗文》最好。郝懿行《證俗文·述首》説書的命名,"蓋慕服子慎《通俗文》,兼取《儒林傳》疏通證明之意"。《證俗文》成書於嘉慶十八年(1813),至光緒十年(1884)有曬書堂刊本。全書計十九卷,依次爲:飲食、服飾、用具、稱謂、歲時、名物、量詞、典制、官署、雜論、神廟、草木鳥獸、俗語、奇字、別字、誤字、方言、外國、梵語。就體例説,把奇字、別字、誤字之類也囊括進去,就不及《恒言錄》謹嚴,但從釋義言,却要"超過《通俗編》,較《恒言錄》亦勝一籌"[①],尤其是前九卷,寫

---

① 劉葉秋《中國字典史略》,中華書局,1983年,第165頁。

得很精彩，往往能提供所釋詞目的全面而系統的知識，許多注文簡直是專題論文。

着重從日常生活裏選取俗語，進行詳盡的歷史考證，這是《證俗文》的一大特色。

郝説，如今"煙茶二物，幾不可須臾離矣"①，因而以"煙"、"荼"（"茶"字古體）二字冠於全書。"煙本自海外移根中土"②，而"茶"，却由我國傳到世界各地。郝對"茶"字考釋，堪稱範例。

卷一"荼"條先是釋名：《爾雅》：檟，苦荼。郭璞注：樹小如梔子，冬生葉，可煮作羹飲。今呼早采者爲"荼"，晚取者爲"茗"，一名"荈"，蜀人名之"苦荼"。本來説得很明白，而宋人却不甚了了：一是蘇軾，他説"周詩記苦荼，茗飲出近世"。那是"誤以荼菜爲茗，不知荼是木非菜也"；二是魏了翁，他説唐代"陸羽、盧仝以後則遂易'荼'爲'茶'"，殊不知《漢書·地理志》有"茶陵"，荼音弋奢反，又音丈加反，又《年表》有"茶陵"，荼音涂，可見"漢時已有荼、茶兩字，非至陸羽後始易'荼'爲'茶'也"。

接着考證歷史上關於"茶"的記載：考茗飲之法始見於漢末，"蜀吴之人始造茗飲"；"茶"有荼音，"萌牙於前漢，司馬相如《凡將篇》有'荈詫'，即茶也"；茶事見經，始於《詩·唐風·椒聊》，陸機疏云："椒，蜀人作茶，吴人作茗，皆合煮其葉以爲香"；茶事見史，始於《三國志·吴書·韋曜傳》：孫皓酗酒，率以七升爲限，韋曜不善飲，"或賜茶荈以當酒"；茶事見詩歌，始於晉，張載《登成都白菟樓詩》云："芳茶冠六清"，孫楚詩云："薑桂茶荈出巴蜀"；茶充貢，也始於晉，"寇宗奭《本草衍義》：晉温嶠上表貢茶千斤、茗三百斤"。自唐代陸羽撰《茶經》三篇之後，社會上尚茶成風；唐明間均有主管茶事的官吏。

---

① 《證俗文》卷一"茶"條。
② 《證俗文》卷一"煙"條。

最後講了飲茶的利弊及名茶產地。

就這樣,郝多角度、多層次地解釋了"茶"字,對我國茶業的發展作了歷史鳥瞰。那內容,比他的《爾雅義疏》裏"檟,苦茶"的注文要多兩倍,而在寫法上,已與現代百科全書條目有些接近。

《證俗文》還在釋義上,力求做到知識性、科學性與趣味性的結合,因而常引詩歌、逸事來作例證。如"髻頭"條,依據《儀禮》、《急就篇》、《說文》等書,指出"古之小兒有髻頭髮者",大人則"鬑拔眉髮,去其不整齊者耳,未有髻去頭髮者也"。接着是一則趣事:

> 《太平御覽》九百五十一卷引《東觀漢記》曰:馬援擊陽縣山賊,上書曰:"除其竹木,譬如嬰兒頭多蟣蝨而剃之(案剃,俗髻字),蕩蕩然蟣蝨無所復依。"書奏,上大悅,因出小黄門頭有蝨者皆剃之。

讀了,也令人"大悅"。

可以說,到了錢大昕、郝懿行的時代,俗語研究已從方言學裏分離出來,成了一門獨立的學問。包括常用成語、俚語、諺語在內的俗語研究,是促使近代字典向現代辭書發展的中心環節。

九、虛字・辭例・《馬氏文通》

從清代的情況看,我國語法學的創立,經歷了三個階段:先是劉淇以《助字辨略》,奠定了文言虛字研究的基礎;接着是王引之,更由虛字研究過渡到辭例的探索;最後,馬建忠參照泰西"葛郎瑪"(Grammar),使中國語法學從辭章學、訓詁學裏脫胎而出,成爲一門獨立的學問。

袁仁林《虛字説》 作爲清代虛字研究的前奏,是比《助字辨略》成書(1711)早一年的《虛字説》。作者袁仁林,字振千,三原

(今屬陝西)人。在這本爲蒙童編寫的小册子裏,却也不乏獨到見解。主要有兩條。

第一,是從傳聲見情的性能上體察虛字的意義。他認爲:"凡書文發語、語助等字,皆屬口吻。口吻,神情聲氣也。"虛字並無實義,祇是傳聲的工具而已,但它的長處也在這裏:"聲傳而情見焉。"明白了虛字的性能之後,就可進而考察虛字在辭章裏的作用:"古詩歌所用語辭,大概取其聲之長以寫欣戚意也。"如《詩經》:"河水清且漣猗","猗"與"兮"同,"聊樂我員","員"與"云"同,都是語助,分別表示不同的語氣情態。

第二,從上下文裏分析虛字的用法。例如"而"字,"有承上啓下之能,有蒙上輥下之情。惟其善輥,故不拘一處,無乎不可,一切去來、起伏、出入、周折、反正、過接,任其所輥無滯"。約有四種用法:

上下截同類相引,則遞輥向前,有"又"字意,故"而又"二字相連;

上下截兩般相反,則曲輥掞轉,有"然"字意,即有拗轉之"乃"字意,故"然而"二字與"而乃"二字常各相連;

上下截一理並舉,則平輥齊來,有直指"乃"字意;

上下截一意相因,則順輥直下,有"因"字意,故"因而"二字相連。

從上下文看,才能説清虛字的用法。不僅虛字,就是"實字虛用,死字活用",也都"由上下文知之,若單字獨出,則無從見矣"。

這兩條見解,同出於一源,即出於他的虛字觀。袁提出,虛字"本爲語中襯貼之聲,離語則不能自立"。正由於虛字"本爲語中襯貼之聲",因而要從傳聲見情的性能上體察虛字的意義;由於虛字"離語則不能自立",因而就要從上下文裏分析虛字的用法。

劉淇《助字辨略》 《虛字説》收字百餘,祇作虛字的示例説明,而對虛字進行全面研究的,當推《助字辨略》了。作者劉淇,字武仲,號南泉,確山(今屬河南)人。他從先秦到宋元間的經、子、史及詩詞、小説裏,收録了四百七十六個虛字,一一爲之詮釋,"引據該洽,實爲小學書之創例"①。

劉淇《自序》聲明,研究虛字利於作文。他對虛字的訓釋,幾乎用盡訓詁學上的解數:

一是"正訓",用音同之字解釋,如"仁者人也";

二是"反訓",用反義字解釋,如"故"訓"今";

三是"通訓",即以此字擬彼字,如"本猶根也",是説"根"與"本"意義相通;

四是"借訓",用假借字解釋,如"學之爲言效也",是説"學"可以假借作"效"解;

五是"互訓",用同義文字互相訓釋,如"安"訓"何","何"亦訓"安";

六是"轉訓",即甲字有某義,則可與該義相近的乙字展轉相訓,如"容"有"許"義,故訓"可"。

虛字的訓釋,從《語助》至《虛字説》,大抵從辭章學角度去分析,但自《助字辨略》開始,又求之於訓詁學了。

特別重要的,是劉淇《自序》在小學史上第一次作了虛字分類的嘗試。現代説的"虛字",指介詞、連詞、助詞之類,但劉淇説的,要比這複雜得多。他一共列了三十種:重言、省文、助語、斷辭、疑辭、詠嘆辭、急辭、緩辭、發語辭、語已辭、設辭、別異之辭、繼事之辭、或然之辭、原起之辭、終竟之辭、頓挫之辭、承上、轉下、語辭、通用、專辭、僅辭、嘆辭、幾辭、極辭、總括之辭、方言、倒文、實字虛用。顯然,"通用"(音同或音近義通)、"方言"(如"格是")、"實字虛用"(指詞性活用)、"重言"(指同義複合語)、"省文"(特意省略

---

① 《助字辨略》附録錢泰吉《曝書雜志》。

字句)、"倒文"(特意顛倒語序)等,不能視爲虛字的類別。除此之外,其他二十四種,可分爲四類。

一是代詞,僅有一種,即"別異之辭"(指示代詞);

二是副詞,有九種,可分爲三小類:其一是時間副詞,即"原起之辭"(表示開始)、"終竟之辭"(表示結束)、"幾辭"(又稱"幾及之辭",表示逼近);其二是情狀副詞,即"急辭"(表示承接之快速)、"緩辭"(表示承接之稍慢);其三是範圍、程度副詞,即"專辭"(表示單一)、"僅辭"(表示範圍有限或程度輕微)、"極辭"(表示程度或範圍達到極限)、"總括之辭"(表示某一範圍的全部情況);

三是連詞,有四種,即"設辭"(表示推拓關係和假設關係)、"繼事之辭"(表示繼續關係)、"承上"(又稱"承上之辭",表示順承關係)、"轉下"(又稱"殊上之辭",表示轉折關係)。此外,書中還提到"連及之辭"(表示並列關係);

四是助詞,有十種,即"助語"(指語中助詞,如"無寧蓄患"之"寧"、"介之推"之"之")、"語辭"(如"夥頤"之類)、"斷辭"(又稱"決辭",表示直陳句斷定語氣)、"疑辭"(又稱"問辭",表示疑問語氣)、"或然之辭"(表示測度語氣)、"咏嘆辭"、"嘆辭"(表示感嘆語氣)、"頓挫之辭"(表示語氣的提頓)、"發語辭"(句首語氣辭)、"語已辭"(句末語氣辭)。

用現代眼光看,指示代詞及副詞種種,均屬實字;祇有連詞、助詞才是虛字。雖然劉淇宣稱,要區分實字、虛字兩端,但"虛字"這概念本來與"實字"相對而言,帶有一定的模糊性。大體說來,模糊現象出現在概念的邊緣區域,而在中心區域,那概念還是明確的。因此,他雖然把爲數不少的實字(如指示代詞及副詞種種)劃進虛字的界限之內,但他畢竟明白:連詞、助詞(主要是語氣詞)構成了虛字的基本內容。張世禄說,劉淇"當時已經很注意於虛詞所表示的意義是語氣和關係兩方面的現象,各種虛詞就是用來表示各種不同的語氣和關係"的①。《助字辨略》的主要意義正在於此。

王引之《經傳釋詞》 "文法之學,篳路藍縷於劉淇,王氏繼之,大備於丹徒馬氏。"②在我國語法學的創立上,王引之起着承上啓下的歷史作用。他遵照父親王念孫的教導,把聲義互求原則、上下文原則用到虛字研究上來,即不但以音求義,考釋虛字,而且還依據辭例來推究虛字的意義和用法。後一條,是他超越劉淇的地方。他的研究成果,主要是《經傳釋詞》(1798)。

《經傳釋詞》收字一百六十個,專釋周秦西漢古籍裏的虛字。雖在內容上不及《助字辨略》豐贍,而在體例上卻更爲精善,尤能揭示虛字的原委。

虛字研究的尖端在先秦古籍。大凡虛字均來自實字,元周伯琦《六書正訛》已提出:

> 大氐古人制字多自事物始,後之修辭者每借實字爲虛字,用以達其意。

先秦正值實字虛化的時候,那用法自然不如後世那樣確定,出現了"同詞異類"和"同類異用"的情況③。對此,毛公、鄭玄那樣經學大師也不甚理解,他們照樣解以實義,就出紕漏了。如《詩·邶風·終風》首句:"終風且暴。"毛傳:"終日風爲終風。"自此以降,兩千多年間,學者一直把"終"誤解爲"終竟"之"終",到王念孫才發現"終"字古義。在《詩經》裏,除《終風》篇外,還有《燕燕》篇"終溫且惠"、《北門》篇"終窶且貧"、《伐木》篇"終和且平"、《甫田》篇"終善且有"、《正月》篇"終其永懷,又窘陰雨",所提及的"終"字,都不能解作"終竟"。王念孫指出:"終"應訓爲"既"。"僖二十四

---

① 《古代漢語》,上海教育出版社,1978年,第224頁。
② 楊樹達《詞詮·序例》。
③ 參張世祿《古代漢語》,第231頁。

年《左傳》注曰：'終，猶已也。'已止之已曰'終'，因而已然之已亦曰'終'。故曰：詞之既也。"這樣，《終風》等篇"終"字的疑難，便渙然冰釋：

> "終"與"既"同義，故或上言"終"而下言"且"，或上言"終"而下言"又"。說者皆以"終"爲"終竟"之"終"，而經文上下相因之指，遂不可尋矣。①

他從《詩經》裏，概括出"終……且……"、"終……又……"的辭例，這才發現"終"字古義。他的方法是從上下文裏考察，據辭例來推究。乾隆庚戌（1790），他把自己的心得傳給王引之，爲解決九經、三傳上實字虛化的疑難，打開一條通路。

據辭例推究虛字字義，是《經傳釋詞》的一個突出的特點。錢熙祚《經傳釋詞跋》裏早已指出：

> 有舉兩文以比例者：如據《趙策》"與秦城何如不與"，以證《齊策》"救趙孰與勿救"，"孰與"之猶"何如"；
>
> 有因互文而知其同訓者：如據《檀弓》"古者冠縮縫，今也衡縫"，《孟子》"無不知愛其親者，無不知敬其兄也"，證"也"之猶"者"；
>
> 有因古注以互推者：如據宣六年《公羊傳》何注"焉者，於也"，證《孟子》"人莫大焉無親戚君臣上下"之"焉"亦當訓"於"；據《孟子》"將爲君子焉，將爲小人焉"趙注："爲，有也"，證《左傳》"何福之爲"、"何臣之爲"、"何衛之爲"、"何國之爲"、"何免之爲"諸"爲"字皆當訓"有"。

凡此種種，是把語法結構與虛字用法結合起來進行研究，從辭例上，即從用詞造句慣用法式上考見虛字的字義。

當然，《經傳釋詞》常用以音求義，考釋虛字，有時也與據上下

---

① 見《經傳釋詞》卷九"終衆"條。

文釋義結合起來。如卷一"用"字條：

> "用"，詞之"以"也。《一切經音義》七引《蒼頡篇》曰：用，以也。"以""用"一聲之轉。凡《春秋公羊傳》之釋經，皆言"何以"，《穀梁》則或言"何用"，……其實一也。《書·皋陶謨》曰：侯以明之，撻以記之，書用識哉。"用"亦"以"也；互文耳。

辭例的探索 結合《經義述聞》看，王引之已有意識地從虛字的研究，進入辭例的探索。《經義述聞》卷三十二《通説下》，提出了訓詁準則十二條，其中關於辭例的，就有五條：

> 語詞誤解以實義——經典之文，字各有義，而字之爲語詞者，則無義之可言，但以足句耳。語詞而以實義解之，則扞格難通。
>
> 經傳平列二字上下同義——古人訓詁，不避重復，往往有平列二字、上下同義者，解者分爲二義，反失其指。
>
> 經文數句平列，上下不當歧異——經文數句平列，義多相類，如其類以解之，則較若畫一，否則，上下參差而失其本指矣。
>
> 經文上下兩義不可合解——經文上下兩義者，分之則各得其所，合之則扞格難通。
>
> 上文因下文而省——古人之文，有下文因上而省者，亦有上文因下而省者。

"語詞誤解以實義"一條，可說是先秦實字虛化研究的總結；"上文因下文而省"一條，是對鄭玄"省文"之説的具體闡發；"經傳平列二字上下同義"一條，説的是不要把同義複合語當作兩個單音節詞來解釋；"經文上下兩義不可合解"一條，主要是説不要把兩個相連的單音節詞當作一個同義複合語來對待；"經文數句平列，上下不當歧異"一條，則揭示一條原理：在相似的上下文裏，相同句式所用的詞義大抵有類似之處。

可是，《經傳釋詞》的後繼者，如孫經世的《經傳釋詞補》、《再補》，吳昌瑩的《經詞衍釋》，都不能超越它的範圍，衹有俞樾的《古書疑義舉例》，才把王引之的辭例研究，推向一個新的高度。

俞樾（1821—1907）字蔭甫，號曲園，浙江德清人。在這部"懸之日月而不刊"[1]的著作裏，他揭示古今辭例的不同，有八十八例，其中有關詞法、句法的結構的，有五十一例，尤以"上下文異字同義例"、"上下文同字異義例"、"倒句例"、"倒序例"、"兩語似平而實側例"、"兩句似異而實同例"、"倒文協韻例"、"變文協韻例"、"語急例"、"語緩例"、"以大名冠小名例"、"以大名代小名例"、"以小名代大名例"、"美惡同辭例"、"實字活用例"、"語詞疊用例"、"語詞復用例"、"句中用虛字例"、"上下文變換虛字例"、"古書發端之詞例"、"古書連及之詞例"等等説得尤其精辟。即使這樣，也還有遺漏、失誤之處，因而有劉師培、楊樹達等人的續補，馬叙倫等人的校訂[2]，但從歷史上看，自戴震提出探求"古人屬詞之法"以來，到俞樾才算有了一個出色的總結。俞書以辭例的形式，對古漢語語法的特殊現象作了大量的揭示，這在《馬氏文通》以前，可説是水平頂高的了。

馬建忠《馬氏文通》 我國第一部語法學巨著《馬氏文通》誕生在光緒二十四年（1898）。《馬氏文通》是我國小學向現代語言學發展的第一個里程碑。作者馬建忠（1845—1900）字眉叔，江蘇丹徒人。在寫作過程中，得到他的大哥馬相伯的幫助。馬相伯（1840—1939），是上海復旦大學的創辦人[3]。

---

[1] 馬叙倫《古書疑義舉例校録·小序》。
[2] 近有周斌武《〈古書疑義舉例〉札記》上、下篇，收在吴文祺主編的《中華文史論叢》增刊《語言文字研究專輯》上、下兩輯。
[3] 林玉山《漢語語法學史》以爲《文通》係馬建忠兄弟合作寫成。姚小平《〈馬氏文通〉的作者到底是誰？》（《中華讀書報》2000年2月16日）認爲林説"較爲妥帖"。

第五章　小學的終結——清代

在近代的語文新潮裏,有覺悟的中國知識分子意識到,要富強祖國、挽救民族危亡,就得學習西方先進的科學文化;要學習西方先進的科學文化,就得縮短學習本國語文的年限。"工欲善其事,必先利其器。"在這方面,人們各顯神通:盧戇章、王照等人倡導文字改革,裘廷梁等人主張文體改革,而馬建忠則從文法研究入手。

在馬建忠看來,"華文"雖比西文難學,但"華文之字法句法"却比"西文之部分類別"要簡易得多。《文通·後序》接着就提出:一旦把"隱寓"在"華文"裏的"規矩"揭開出來,供童蒙學習,"其成就之速必無遜於西人";要不,中國人的智慧、才力一一"消磨"在那種"道無由載、理不暇明"的文字裏,去與"達道明理之西人相角逐",必顯出賢愚優劣的不齊。於是,馬建忠就以周秦西漢的古籍為分析材料,參照拉丁文法,儘量考慮中文特點,積十餘年的勤求探討,寫成《馬氏文通》,以開啟"自有文字以來至今未宣之秘奧"。

《文通》寫作的年代,正是從洋務運動到戊戌變法的年代,自然要打上了"中學為體,西學為用"的時代烙印。《文通》的本旨,在專論"句讀"(句法);為了説明"句讀",必先得弄清"字類"(詞類)。而在篇幅上,全書十卷,第一卷"正名",第二至九卷全講詞類,祇有第十卷是講句法的。

詞類的區分,是中西語法比較研究的一大成果。《文通》采取唐宋以來實字、虛字之説,作為"字法之大宗"。但歷來"虛、實"相對而言,並無確定的涵義,到《文通》卷一《正名》才給以明確的定義:"凡字有事理可解者,曰實字,無解而惟以助實字之情態者,曰虛字。"

實字,自宋元就有"死活"、"動靜"之分,可也是相對而言,並無確定的涵義的,甚至到朱駿聲、王筠還以"靜字"兼指名詞、形容詞二者①,而在《文通》裏,才作為形容詞的專稱。《文通》的實字下

---

① 參看楊樹達《高等國文法·總論》。按,楊説朱駿聲創立動字、靜字之名,非是。"動、靜"之名,始於元劉鑑《經史動靜字音》。

設名字、代字、静字、動字、狀字(副詞)五類,就比前人清晰有條理。

虛字的分類,尤爲出色。古人對虛字的分類,如劉淇分三十類,陳鱣也分三十類,劉燦分爲三十六類①,大抵從意義出發,越分越雜,未能切中要害。《文通》却不同了,祇在虛字下設介字、連字、助字、嘆字四類,就行了。其中介字的設立,尤具匠心。馬比照西方語法術語 preposition,却不名之爲"前置詞",而名之爲"介字",如《虛字》卷七説的:"中國文字無變化,乃以介字濟其窮。《文心雕龍〔·章句〕》有云:'之、而、於、以者,劄句之舊體。''劄句'也者,蓋以爲實字之介紹耳。"

《文通》以虛、實爲綱,把詞分爲九類,大體上是合理的。時至今日,漢語語法研究,已有長足的進步,就詞類而言,不過在實詞裏獨立一類量詞,並從形容詞裏分出一類數詞而已,至於虛字,則一仍其舊。

句子成分的分析,也是《文通》參照拉丁文法、探索漢語句法的一大成果。《文通》主要是把句子成分分爲"起詞"(主語)、"語詞"(謂語)、"止詞"(賓語)等項,相應地,還立了"主次"、"賓次"等名目,"作爲分析句子時的一套輔助性術語"②。簡單説,"主次"與主語相應,"賓次"與賓語相應。《正名》説:"凡名、代諸字爲句讀之起詞者,其所處位曰主次";"凡名、代諸字爲止詞者,其所處位曰賓次"。所有這些,均不見於小學著作。

《文通·例言》更提出三問,向傳統小學挑戰:

    嘗謂《孟子》:"親之欲其貴也,愛之欲其富也。"兩句中

---

① 陳鱣《簡莊集·對策》分爲發詞、頓詞、疑詞、急詞、緩詞、設詞、斷詞、僅詞、幾詞、專詞、別詞、繼詞、承詞、轉詞、單詞、總詞、嘆詞、餘詞、極詞、或詞、原詞、複詞、信詞、擬詞、到詞、互詞、省詞、增詞、進詞、竟詞三十類。劉燦《支雅·釋詞》復增概詞、戒詞、願詞、問詞、應詞、反詞成三十六類。

② 吕叔湘、王海棻《〈馬氏文通〉評述》,《中國語文》1984 年第 1—2 期。

第五章 小學的終結——清代

"之""其"兩字,皆指象言,何以不能相易?《論語》:"愛之能勿勞乎?忠焉能勿誨乎?"兩句之法相似,何爲"之"、"焉"二字變用而不得相通?"俎豆之事則嘗聞之矣,軍旅之事未之學也。"兩句之法亦同,"矣"、"也"二字何亦不能互變?凡此之類,曾以叩攻小學者,則皆知其如是而不知其所以如是。

要瞭解"之""其"之類不能變用的原因,那答案不在浩如烟海的小學書裏,而在《文通》之中。

"親之欲其貴也,愛之欲其富也"兩句,據《文通》解釋:"'其貴''其富',乃'欲'之止詞。蓋所欲者非其人也,乃欲其人之富也。……句中'之'、'其'兩字,同指一人,而兩字卒不可互易者,則'之'必賓次,而'其'必主次之故耳。"[①]

"愛之能勿勞乎?忠焉能勿誨乎"兩句,《文通》也作了解釋:"'忠焉'者,忠於君也,'忠'爲內動字,不若'愛'爲外動字也。上云'愛之',則下句當云'忠於是'矣。而'於是'不習用,故'焉'代焉。"[②]"內動字"、"外動字",現稱不及物動詞、及物動詞。

"俎豆之事則嘗聞之矣,軍旅之事未之學也"兩句,《文通》雖未作直接解釋,但對"也""矣"不能變用,已作詳細説明:"'也'字所以助論斷之辭氣,'矣'字惟以助叙説之辭氣。故凡句意之爲當然者,'也'字結之;已然者,'矣'字結之。所謂當然者,決是非、斷可否耳;所謂已然者,陳其事、必其效而已。"[③]"辭氣"現稱"語氣"。

這樣,馬建忠的三問,就成了傳統小學向現代語言學轉變的起點。這三問證明語法學有自己的優越性,完全可以在文字學、訓詁學、音韻學之外獨樹一幟。事實證明,現代語言學實際上是以語法學作爲主要支柱的。

---

① 《馬氏文通·實字卷二·指名代字二之三》。
② 《馬氏文通·實字卷二·指名代字二之三》。
③ 《馬氏文通·虛字卷九·傳信助字九之一》。

不言而喻，像《文通》那樣"特創之書"，在陳述上自有相互矛盾之處，如字類假借說與字無定類說就是一對矛盾。但正如呂叔湘說的："《馬氏文通》之可貴，就在於它充分提供矛盾，我們現在談《文通》主要也是爲了揭露矛盾。通過這一揭露，更深入地探索這些矛盾的根源，瞭解問題的本質，提到方法論的高度來研討。這樣就有可能把我們引導到解決漢語語法體系問題的正確道路上去，《馬氏文通》也就在這個意義上起了積極的作用。"①

十、小學後殿孫詒讓與古文字學

晚清語言文字學有了新的氣象，主要表現於三個方面，一是沿着樸學路綫而發展的經子訓詁；二是因甲骨發現而推動的古文字研究；三是由中西文化接觸而激起的語文新潮。其中經子訓詁和古文字研究的成績，是跟孫詒讓的名字連在一起的②。

經子訓詁 孫詒讓（1848—1908）字仲容，號籀高（廎），浙江瑞安人。他是清代最後一位樸學大師。

在經子訓詁上，孫的代表作是《墨子閒詁》（1893）和《周禮正義》（1899）。《周禮》的研究一向寂寞，到了孫的手裏，忽然光焰萬丈，但這却是清代小學的回光返照了。從學術質量上說，如梁啓超《中國近三百年學術史》所說，爲清代《十三經》新疏之冠。不過，時代不同了，《周禮正義叙》描繪的從政教入手、比附中西政體以富民強國的藍圖，終究不合時宜，過了二十年，給"五四"運動的電火一擊，就灰飛煙滅了。《墨子閒詁》却不然：《墨子》一書早在秦漢就打入道藏之中，二千年間成了絕學，可是，清代畢沅等人的

---

① 呂叔湘語，引自孫玄常《〈馬氏文通〉札記》，吳文祺主編《中華文史論叢》增刊《語言文字研究專輯》（上），第261頁。
② 詳周予同、胡奇光《孫詒讓與中國近代語文學》，編入《周予同經學史論著選集》。

校注,一經孫的集解,就成了可供人們閲讀的善本,成了近代的顯學。書中與近代西學相通的名學、光學、力學等知識的闡發,均與孫的努力分不開。由《墨子》領頭的"'先秦諸子學'之復活,實爲思想解放一大關鍵"①,從這個意義上看,《墨子閒詁》是近代的一本合時之書。

孫的經子訓詁,傳承戴、王之學。他從分析語言與文字的關係入手,提出:"自文字肇興,而邃古語言得著於竹帛。"②換言之,文字所標指的有聲實體是語言,語言賴以傳達的書面符號是文字。據此,他在《札迻序》裏指出,考釋古書字義,應"以聲類通轉爲之鈐鍵",但這種以音求義的方法又不能濫用,一濫用就有"穿穴形聲,掯撼新異,憑臆改易,以是爲非"的流弊。反之,要正確使用以音求義的方法,就要精校:"以舊刊精校爲據依而究其微恉,通其大例,精思博考,不參成見";還要互證:"或求之於本書,或旁證之它籍及援引之類書"。他的互證,相當於王氏父子的據上下文校字釋義:"揆之本文而協,驗之他卷而通。"孫詒讓以精校、互證作爲以音求義的前提,就給經子訓詁提供了新的經驗。這在《墨子閒詁》得到完美的體現。

《墨子·經説上》:"故言也者,諸口能之出民者也。"王引之説:"當作'故言也者,出諸口,能之民者也。''出'字誤倒在下,'能'下又脱一字。'能'與'而'通。謂言出諸口而加之民也。《繫辭傳》曰:'言出乎身,加乎民。'"雖然"能"與"而"古通,但在這裏,却不合文義,即使引《繫辭傳》作旁證,也無濟於事,顯然是濫用以音求義的方法。因而孫指出:

> 王説移易太多,似未塙。竊疑"口能",即謂口之所能,猶《經上》云:"言,口之利也。""民"當爲"名"之誤。後文云:"聲

---

① 《中國近三百年學術史》,《梁啓超論清學史二種》(朱維錚校注)第382頁。
② 《尚書駢枝序》。

出口,俱有名。""出名",亦謂言出而有名,猶《經》云:"出,舉也。"

用的全是本證,以《墨經》解《墨經》,而且從學理上考釋字義,以名學觀點闡明《墨經》名言的定義,據此提出"民當爲名之誤",就較好地體現了"以聲類通轉爲之鈐鍵"的思想。

與此相關,孫認識到語文代變,古今不同,便申明從古字校古書、從古義釋古經的原則;他認識到語文內部有雅、質之分,而且雅辭又有"詭名奧誼,不越厥宗"①的特點,又提出了難讀古典參互比較、以求良詁的方法。凡此種種,與"以聲類通轉爲之鈐鍵"的原則綜合運用,就在經子訓詁上多有創獲,往往能發前人之所未發。難怪章太炎讚嘆地説:"詒讓治六藝,旁理墨氏,其精愽足以摩撖姬漢,三百年絶等雙矣!"②

古文字研究 孫研究古文字的成績,雖不如經子訓詁那樣出色,但對後世的影響,要比經子訓詁大得多。

自北宋吕大臨開始辨識金文,到清代,段玉裁已用金文釋《詩》,提出金文"可以通古六書之條理,爲六經輔翼。"③阮元更主張"鐘鼎"與"九經"並重,去考求古代史。晚清吴大澂(1835—1902)便借助金文,去發明古義。如"文"字,金文作 ,與"寧"字形體近似。古書"文"字有時訛作"寧"字。吴大澂《字説》指出,《尚書·大誥》裏的"寧王"、"寧考"、"寧武"、"前寧人"的"寧"字,都是"文"字的誤寫,這就訂正了數千年間傳本上的錯字。祇是他"常有些臆説,像因'出'字的作足形,就説'反'字也應從足之類,不免爲白圭之玷"④。

---

① 孫詒讓《尚書駢枝序》。
② 《太炎文録》卷二《孫詒讓傳》。
③ 《經韻樓集·薛尚功歷代鐘鼎彝器款識法帖二十卷寫本書後》。
④ 唐蘭《古文字學導論》,齊魯書社,1981年,第64頁。

孫詒讓繼阮元、吳大澂而出。他研究古文字,先攻金文,著有《古籀拾遺》(1888)、《古籀餘論》(1903);後又考釋甲骨文,有《契文舉例》(1904),還有他個人研究金文、甲骨文的小結《名原》,便是現代古文字學的開山之作。從孫開始,掃除了隨意推測的習氣,全"以分析、綜合之術爲經緯"①,通過不同時期古文偏旁的辨析,追尋古文字的歷史演變規律。1904年,《契文舉例序》説:"今就所通者,略事甄述,用補有商一代書名之佚,兼以尋究倉後籀前文字流變之迹。"次年,《名原序》更提出"以商、周文字展轉變易之迹,上推書契之初軌"的主張,具體方法如下:

> 今略摭金文、龜甲文、石鼓文、貴州紅巖古刻,與《説文》古籀互相勘校,揭其歧異,以著渻變之原,而會最比屬,以尋古文大小篆沿革之大例。

在追溯"書契之初軌"的同時,他與阮元一樣,也探求古文字所反映的古代社會。《契文舉例》分爲月日、貞卜、卜事、鬼神、卜人、官氏、方國、典禮、文字、雜例十類,開了古字考釋與古史考證相結合的先例。唐蘭《甲骨文編序》概括孫詒讓研究古文字的道路,就是:

> 溯其本原,本其流變,湮晦者發明之,訛誤者校正之,合之可以徵社會之演化,析之可以考一字之歷史。

孫對古文字學的最大貢獻,就在這裏。具體説來,這條研究古文字的道路,有三個要點,即以古文字作爲探求文字早期歷史的依據,以古文字作爲證經説字的憑藉,以古文字作爲考古制、訂古史的手段。

以古文字作爲探求文字早期歷史的依據 孫詒讓認爲,文字起源於圖畫。他根據甲骨文、金文"從火字則皆作 ψ"的事實,參證《考工記》'畫繪之事火以圜',鄭康成注云:'形如半環然'"的

---

① 《馬叙倫學術論文集·孫籀廎先生校攈古録金文逡記叙》。

解釋,而提出"古原始象形字與繪畫同出一原"①的命題。由此出發,他更進一步指出,象形字的發展可分爲原始象形字、省變象形字、後定象形字三個階段:起初是"畫成其物,全如作繪",像今所傳巴比倫、埃及古石刻文那樣,叫"原始象形字"。隨後因字形奇詭,不便書寫,又不能畫一,於是"或改文就質,微具匡郭;或刪繁成簡,粗寫大意;或舉偏賅全,略規一律",就成了"省變象形字"。最後"整齊之,以就篆引之體,而後文字之與繪畫,其界乃截然別異",這就是"後定象形字",如《説文》所載象形字,大體如此②。例如,"星"的本字是"晶",原始象形字當作品,象星之小而衆,又〇與日同,後增益作曐(曑),又省作星③。象形字發展三階段説,是孫的一個創見。

以古文字作爲證經説字的憑藉　在孫看來,金文之學早在秦漢之際,即已萌發。《古籀拾遺叙》提出:《禮記·祭統》"述孔悝鼎銘,此以金文證經之始;漢許君作《説文》,據郡國山川所出鼎彝銘款,以修古文,此以金文説字之始"。孔悝、許慎大約沒有把以金文"證經""説字"的願望化爲行動,而孫却切切實實地以古文字來"證經説字"了。

孫的"證經説字",首先在補訂《説文》,因爲甲骨文、金文比《説文》更有權威。《名原·説文補闕第七》説:

　　　今就新考定古文,甄其形聲確可推繹合於經詁字例者,略舉一二,以補許書之遺闕。

他認爲,《説文》不僅在收字上尚未"甄録"金文裏常見的"寰"、"妥"、"愈"、"嬾"等字,而且在説解上亦有欠妥之處。如"爲",《説文》解作"母猴也",孫却説:"爲者,作也。""爲"字金文作象,有人

---

① 《名原·象形原始第三》。
② 《名原·象形原始第三》。
③ 《名原·古章原象第二》。

誤釋爲"象"，其實，此字"從爪，其非'象'字審矣。此當即爲'爲'字"①。即是羅振玉釋"爲"爲以手牽象所本。

不僅如此，孫更由訂正《說文》而兼及校正經文。《名原》釋"🀰"，即是範例。他從金文《錄白敲》發現一句"金車之飾有金🀰"，認爲"🀰當爲'軛'，原始象形字。蓋古乘車，兵車，並以靷持衡；衡箸兩軛，以輓兩服馬頸。🀰，上從一，以象衡；中從卪，以象軓；下從∩，以象軛。其義甚精。"於是用來訂正《說文》了："《說文·車部》云：'軛，轅前也。從車，戹聲。'則變爲形聲字而無古文🀰。蓋許君未見此字，故不免遺漏也。"接着，孫又來校定經文，指出《詩·大雅·韓奕》"金厄"當作"金🀰"。因爲《說文·卪部》："'厄，科厄，木卪也。從卪，厂聲。'與車軛義異。以金文證之詩文，當亦作🀰，與厄形近而誤。學者不知古文自有🀰字，遂以厄爲軛之借字矣。"

以古文字作爲考古制、訂古史的手段 本來，孫長於名物訓詁。他在《周禮正義叙》裏，回顧自己成長的歷程說："既長，略窺漢儒治經家法，乃以《爾雅》、《說文》正其詁訓，以《禮經》、《大小戴記》證其制度，研撢累載，於經注微義，略有所窺。"因此，當他接觸到古文字時，就會與阮元一樣，提出通過古文字考求古代史的主張。《古籀拾遺叙》說：

> 古文廢於秦，籀缺於漢，至魏晉而益微。學者欲窺三代遺迹，舍金文奚取哉！

同時，他的視野比阮元更廣，即不僅研究中國的古文字，而且也留意外國的古文字。他看到埃及石刻拓本的時候，就賦詩宣傳："一拳古石見鴻荒。"②要求從古字考古史。

---

① 《古籀拾遺》卷中《象鱓》。
② 《籀廎遺文·題埃及古刻拓本》。

在這方面,他的代表作是《籀文車字説》。文中指出:金文"車"字作𨊠,"本象駟馬車之全形":"左兩中,象兩輪;旁兩畫,象轂耑之鍵而軸貫之;其中畫特長,夾於兩輪與軸午交者,輈也。輈曲爲梁形,前出而連於衡,故右爲羊形。長畫與輈午交者,衡也。兩旁短畫下岐如半月者,軏與軜也。蓋衡縛於輈,軏縛於衡,而軜又縛於軏。"再證之甲骨文,車形正與金文同。據此,"不徒可正《説文》之訛,且可考正古駟馬車制"①。經他一考釋,數千年前車形鮮明如畫。朱芳圃讚嘆説:"先生之釋車制,王國維之説俎形,證之詩書,考之禮制,皆能遥契冥合,實爲考古學上重要之作。"②

孫詒讓之後,出現了古文字考釋與古代史考證互相促進的局面。羅振玉撰《殷虚書契考釋》(1915),奠定甲骨文考釋的基礎;王國維更以《殷卜辭中所見先公先王考》及《續考》(1917),樹立了從古字考古史的典範。王在《古史新證·總論》裏,還提出"二重證據法",即地下考古材料與紙上歷史記載相互印證,由此確立了古代史考證的途徑。到郭沫若,便用歷史唯物主義觀點結合古文字和古代史以探求中國社會的演變了。再回過頭去,孫詒讓在古文字考釋上的局限性就看得更清楚了:他著《契文舉例》,僅根據劉鶚《鐵雲藏龜》上的甲骨拓片而已,而且所釋之字也未曾放在辭句的上下文關係裏驗證是否正確,因而一些本來不應説錯的字却説錯了,特別是把"王"字釋作"立"字。陳夢家感慨地説:"因爲他不認得'王'字,故不知卜辭爲殷代王室的卜辭",因此《契文舉例》上卷"列了祖乙、祖丁、祖辛、祖甲、祖庚、大甲、大丁、大戊、羌甲、南庚的名號,以爲不一定是《殷本紀》中的祖乙、祖辛、祖丁而可以是殷代諸侯臣民的名號,如此功虧一簣,令人嘆息"③! 不過,如從

---

① 《籀廎述林·籀文車字説》。
② 朱芳圃《孫詒讓年譜》。
③ 陳夢家《殷虚卜辭綜述》,科學出版社,1956年,第56頁。

第五章　小學的終結——清代

古文字研究的方向、體例、方法上看,孫詒讓還不愧於"許慎以後第一人"①的稱號。在清末,章太炎與孫詒讓一樣名震學壇。梁啓超説章是"現代音韻學第一人"②,而於孫,則讚嘆地説:"得此後殿,清學有光矣!"③

---

① 唐蘭《古文字學導論》,齊魯書社,1981年,第65頁。
② 《中國近三百年學術史》,《梁啓超論清學史二種》,第351頁。
③ 《清代學術概論》,《梁啓超論清學史二種》,第6頁。

結語　奔向現代的語文新潮

西洋文化的衝擊，更加速了我國的小學向現代語言學轉變的進程。1906年，國學大師章太炎宣稱："小學"要改稱"語言文字學"。這正表明我國學者創建現代語言學的歷史自覺。面對着當今蓬勃發展的現代語言學，有必要叙述一下它的來龍去脉，來作爲一部小學史的尾聲。

中西語言學的接觸　語言學在我國，是一門又古老又年輕的學科。在古代，我國語言文字的研究，一直居於世界先進國家之列。早在先秦兩漢，我國在語言文字上取得的成就，足可與印度、希臘相媲美。自東漢至南宋，正是歐洲進入中世紀黑暗時代；在這長逾千年的歷史時期裏，光明聚照在東亞，我國固有文化與東來的印度文化一匯合，便涌現出世界文化上的高峰，相應地，我國語言文字的研究也占了領先的地位。但自元代以來，我國研究語言文字的步子與歐洲相比，是放慢了，這一方面是恪守古代傳統的我國小學受到了理學的嚴重干擾，另一方面是歐洲語言研究因偉大的文藝復興運動的促進而得到飛速的發展。到明末，以古希臘、羅馬文化爲源頭的西學，傳入我國，就揭開了中西文化接觸的第一頁。

中西文化的接觸，以漢字與西文的比較作爲先導。最早來華傳教的意大利學者利瑪竇，爲便於外國人學漢字，開始用羅馬（拉丁）字母給漢字注音，編制"音韻字彙"（1598）。隨後，法國傳教士金尼閣用利瑪竇的辦法，寫成《西儒耳目資》（1626）一書。誰知在古雅的漢字旁邊一注音，却暴露了漢字的弱點。

原來漢字是表意文字,實爲語素文字;而西文(拉丁文、法文、英文)同梵文一樣,都是拼音文字,即音位文字。漢字同漢語語素的單音節性相對應,一個漢字相當於漢語裏的一個音節,而且作爲語素的音節又可粗分爲聲母、韻母(包括聲調)兩大部分,因而歷來用反切表示漢字的音讀,大體上行得通。如果用音位文字的觀點來看漢字,就像用 X 光透視肺腑那樣清晰:漢字音韻結構形式應是聲母+介音(韻頭)+主元音(韻腹)+韻尾+聲調①。相比之下,反切就顯得含混了。這樣,利瑪竇等人用羅馬字母分析漢字的音位,就使向來被視爲繁難的反切,一下子變成了簡易的東西。

事實促使我國學者的反思。方以智在《通雅》(1639)裏提出:

> 字之紛也,即緣通與借耳。若事屬一字,字各一義,如遠西因事乃合音,因音而成字,不重不共,不尤愈乎!②

他撞響了漢字拼音化的晨鐘。可貴的是他不但有意識地提倡漢字拼音化,而且還有目的地實踐漢字拼音化,他作了擬定新字母的嘗試③。隨之而起的,有楊選杞的《聲韻同然集》(1659)、劉獻廷的《新韻譜》(1692)。尤以劉獻廷最爲突出。

劉獻廷(1648—1695)字繼莊,別號廣陽子,順天大興(今屬北京市)人。劉的主張,比方以智更爲激進,也更爲全面,他以製造音字與統一國語、方音研究同時進行,開了現代語文運動的先聲,因此,錢玄同稱劉爲"國語元祖"④。劉製音字,先作中外語音的比較,自華嚴字母入,參之以天竺《陀羅尼》、小西天梵書、泰西蠟頂(拉丁)話及天方(阿拉伯)、蒙古、女真等多種語言,而後擬定"三十二音,爲韻父〔現稱'韻母'〕;韻歷二十二位,則韻母〔現稱

---

① 參邢公畹《中國的語言研究》,《語文現代化》第 9 輯,知識出版社,1990 年。
② 《通雅》卷一《疑始》。
③ 參《通雅》卷五十《切韻聲原》。
④ 見黎錦熙《國語運動史綱》,商務印書館,1935 年,第 7 頁。

'聲母'冂也"①。不僅如此,他還打算作京音與方音的比較,即以《新韻譜》爲主,進行方音調查,"以諸方土音填之,各郡自爲一本,逢人即可印證。以此法授諸門人子弟,隨地可譜,不三四年,九州之音畢矣"②。合兩方面而觀之,劉的所作,實可稱爲"比較音韻學的楷模"③。劉寫定《新韻譜》(1692)甚至比歐洲歷史比較語言學奠基人格里木(1785—1863)、拉斯克(1787—1832)的誕生,還要早九十多年呢;比辛亥革命以後制定的"注音字母"(1913)要早二百二十一年!

誰知《新韻譜》編定十多年之後,羅馬教皇發布禁止祀天敬祖的教令,觸怒了祀天敬祖的康熙皇帝。這"龍顏大怒",竟成導致閉關政策的一個誘因。但從利瑪竇來華(1582)到羅馬教皇觸怒清廷(1707)一百二十五年間,西方文化科技知識已在我國知識分子中間傳授。

在清廷鎖國之初,精通西方天文、曆算之學的江永、戴震、錢大昕等樸學大師,還能憑藉着我國小學遺産的暫時優勢,創造出驚人的業績來;再從歐洲人來看,那時還處在"對中國文化研究、崇拜、模仿的時期"④。但自道光(1821—1850)以降,我國的小學逐漸衰落下去了,而歐洲的歷史比較語言學却是方興未艾。論研究語言文字的實績,乾嘉學派足可與後起的歷史比較語言學派平分秋色,甚至一些專題(如音義關係)的探索比他們還深些,但對後世語言研究的作用,却不如他們了,因爲乾嘉學派在總結過去,而歷史比較語言學派正在開拓未來。

---

① 引自周有光《劉獻廷與他的〈新韻譜〉》,北京市語言學會編《語言論文集》,商務印書館,1985年,第264頁。
② 《廣陽雜記》卷三,轉引自周有光《劉獻廷與他的〈新韻譜〉》。
③ 羅常培《耶穌會士在音韻學上的貢獻》,歷史語言研究所集刊1本3分,1930年。
④ 王立達編譯《漢語研究小史》,商務印書館,1964年,第125頁。按,此書從日本出版的《中國語學研究史》翻譯改編而成。

即以標音工具而論,乾嘉學者仍用東漢發明的反切,劉獻廷創制的《新韻譜》也没有傳承下來,而歐洲,則從音位字母進而創制"國際音標"(1888)。這研究工具的改進,正反映着研究對象的擴大:歐洲"語言學史整個早期的轉折點,就是以許多巨卷的多種語言辭典的産生爲特徵的"①。第一部以《全球語言比較辭匯》爲名的巨著,早在 1786—1789 年就問世了。可是,在閉關自守的清代,乾嘉學者已不能像劉獻廷那樣廣集域外語言進行語音比較,也不必像李光地撰《音韻闡微》那樣參照滿文來改良漢字反切,祇有一心撲在古代文獻語言的考釋上。僅是正續《皇清經解》,就達兩千八百四十六卷之多!本來,像戴震那樣的小學大師,兼通哲學、經學、數學,已具備創建語言學理論體系的條件,但在閉關自守的國度裏,他也無法全力施展他的卓越才能,因爲"巧婦難爲無米之炊",缺乏多種語言材料的比較,就不能有語言學理論體系的締造。及至 1836 至 1840 年間,德國哲學家洪堡特奠定近代普通語言學基礎的時候,清代學者仍蒙在鼓裏,一無知曉……

以文體改革、文字改革爲旗幟的語文運動　清末民初,以"言文一致"爲中心口號的語文運動,是沖破傳統小學,奔向現代語言學的光輝起點。

自 1840 年鴉片戰争以來,帝國主義的大炮並没有降伏"東亞的睡獅",倒是"睡獅"從失敗的慘痛中驚醒了:要救國,祇有維新;要維新,祇有學外國。這種强烈的政治願望在語言文字上的顯影,便是實行"言文一致",普及國民教育。"因爲要'言文一致',有的就從文字記號着手,創造和推行切音字;有的就從書面語着手,用白話文來寫作和出書報。"②這文字改革、文體改革兩條綫的互相促進,便交織成近代一場聲勢浩大的語文運動。

---

① 威廉·湯姆遜《十九世紀末以前的語言學史》,科學出版社,1960 年,第 46 頁。
② 倪海曙《清末漢語拼音運動編年史》,上海人民出版社,1959 年,第 69 頁。

太平天國的後期，洪仁玕根據洪秀全的指示，頒布了《戒浮文巧言諭》(1861)，提出了改革文體的方針："不須古典之言"，"總須切實明透，使人一目了然"。他們把"古典之言"當作"妖話"，一概查禁。過了二三十年，資產階級改良派出來，爲宣傳變法維新、開發民智而提倡文體改革、文字改革。黄遵憲剛稱頌"言文合一"的好處(1887)，宋恕就提出"造切音文字"的主張(1891)，還有盧戇章一馬當先，首創"中國切音新字"(1892)。隨着戊戌變法的高漲，裘廷梁更在《論白話爲維新之本》一文裏，發出了"崇白話而廢文言"的口號(1898)，陳榮衮第一個明確主張報紙應該改用白話文(1899)，王照《官話合聲字母·凡例》公然聲明：官話合聲字母衹拼"北人俗話"，而不拼寫文言(1900)。接着白話書報與切音方案蟬聯而出，蔚然成風，在辛亥革命之前，切音方案就有二十八種，白話報有十多種，白話教科書有五十多種，白話小說有一千五百多種①。

到了孫中山領導的辛亥革命(1911)，推翻封建帝制之後，語文上的成果才逐漸結成：第一本語言學理論著作《國語學草創》，於1913年從胡以魯的手下誕生；文字改革剛剛開頭，先作漢字標音工具的改進，也到1913年，才有《注音字母》的制定；文體改革正在醖釀着一場決定命運的鬥爭，那重大的標志，便是1916年陳獨秀主編的《新青年》雜志成爲白話文運動的指揮中心。

1917年，胡適、陳獨秀、錢玄同、魯迅等人，在"文學革命"的口號下，發動了轟轟烈烈的白話文運動。他們以北京大學進步師生爲主力，同形形色色的文言維護者，開展了反復的、激烈的論戰。那論戰的規模，在近代世界史上也是罕見的。在鬥爭中，逐步形成了以白話文代替文言文的學說。這學說的框架有三條。

---

① 詳胡奇光《我國近代的兩次書面語改革——白話文運動和大衆語運動》，《語文現代化》第9輯，知識出版社，1990年。

結語　奔向現代的語文新潮

一是白話爲文學之正宗。自胡適《文學改良芻議》提出這個綱領性意見之後，錢玄同《寄陳獨秀》就以白話"爲文章之進化"説來補充，這就爲打倒文言文的正統，提供了歷史的根據。

二是讓白話文成爲通用書面語的唯一工具。胡適《國語講習所同學録序》建議，要使"已很通行又已産生文學"的普通話，成爲全國學校教科書的用語，全國報紙雜志的文字，成爲現代和將來文學的用語。這就爲白話文的推行，提出了奮鬥的目標。

三是白話文以現代中國人的口語爲源泉。魯迅《寫在〈墳〉的後面》提出，"以文字論，就不必更在舊書裏討生活，却將活人的唇舌作爲源泉，使文章更加接近語言，更加有生氣"。這就爲白話文的建設，指出了正確的方向。

同時，白話文倡導者還從散文、應用文、詩歌入手，申明文體改革的具體規劃。其中以胡適的"八不"、"四要"①，聞一多的"三美"②最爲著名。

就在白話文運動高奏凱歌的時候，錢玄同、趙元任等人在 1922 年《國語月刊》"漢字改革"號上，提出漢字拼音化的動議，他們還擬了羅馬字方案草案。1925 年，劉復取陸法言《切韻序》"我輩數人，定則定矣"的意思，發起"數人會"，成了國語羅馬字運動的中樞。他與錢玄同、黎錦熙、趙元任、林玉堂（林語堂）、汪怡等人，經過一年的討論，開會二十二次，九易其稿，擬定《國語羅馬字拼音法式》③。後由國語羅馬字拼音研究委員會議決通過，上報教

---

① 胡適《文學改良芻議》提出：須言之有物；不摹仿古人；須講求文法；不作無病之呻吟；務去濫調套語；不用典；不講對仗；不避俗字俗語。此即"八不主義"。後又在《建設的文學革命論》裏概括爲四條主張：要有話説，方才説話；有什麽話説什麽話，話怎麽説就怎麽説；要説我自己的話，別説別人的話；是什麽時代的人，説什麽時代的話。
② 聞一多《詩的格律》提出：新詩要有音樂美（音節）、繪畫美（詞藻）、建築美（節的勻稱和句的均齊）。
③ 詳黎錦熙《國語運動史綱》第 157—171 頁，商務印書館，1934 年。

育部,至1928年方才正式公布,作爲國音字母第二式。第一式是在1918年公布的《注音字母》。

1929年,國語羅馬字主要制定者趙元任,在《最後五分鐘序》裏指出,與羅馬字的白話文相比,總嫌漢字的白話文不夠白,"非得做'左之左'的白話文運動才行呐"! 1932年,瞿秋白更提出,一切書面語都要以"讀出來可以聽得懂"作標準①,因此他反對古文的文言,反對新式文言的假白話和舊小説的白話,要求"發動一個攻擊'新文言和死白話'的運動"②。他們的言論,開了大衆語運動的先聲。

到1934年,爲回擊文言復興的逆流,陳望道、胡愈之、葉聖陶、陳子展、樂嗣炳、黎烈文等人,在上海發起大衆語運動。運動自始至終得到魯迅的支持。他們對書面語提出新的要求,即不但以"明白如話"爲止境,更要進一步做到"話文合一"。具體地説,大衆語是大衆"説得出,聽得懂,寫得來,看得下"的語言③,這樣的語言,方能爲大衆所有,爲大衆所需,爲大衆所用。

同年10月,葉籟士發表《大衆語·土語·拉丁化》,正式介紹了吳玉章等人以瞿秋白方案④爲基礎制定的《中國拉丁化新文字方案》。這方案在蘇聯華僑裏推行,取得了可喜的成績。於是,大衆語與漢字、拉丁化新文字關係的問題,一度成爲爭論的焦點。較多人強調拉丁化新文字比漢字更容易做到"話文合一",認爲新文字是大衆語最理想的書寫工具,因而主張廢除漢字。林語堂則認爲,漢字是廢除不了的,今後中國必有兩種文字通用,一爲漢字,一爲拼音字⑤。

---

① 《瞿秋白文集·大衆文藝的問題》。
② 《瞿秋白文集·再論大衆文藝答止敬》。
③ 《陳望道文集》第三卷《大衆語論》。
④ 1929年,瞿秋白擬定《中國拉丁化字母方案》。
⑤ 見《北京學者對於大衆語各問題的意見》,《社會月報》1卷4期(1935)。

結語　奔向現代的語文新潮

正如"五四"白話文運動之後出現了國語羅馬字運動一樣,大衆語運動之後涌現出拉丁化新文字運動。魯迅在《門外文談》、《中國語文的新生》、《論新文字》等文裏,明確指出:促使書面語同口語相一致的關鍵,是實行漢字拼音化。他認爲,在漢語拼音的方案裏,國語羅馬字雖"精密"而又"太繁",有些妨礙普及;而拉丁化新文字便於大衆掌握,它有"簡而不陋"的特色。在魯迅倡導下,拉丁化新文字的推廣,到1935年"一二九"學生救亡運動中掀起了一個高潮。"最叫人驚喜而感激的,是這一次的新文字運動不是從高貴的學者名流的文壇講壇上發動,而是從擠滿着在生活鞭撻下的青年的街頭巷尾流播開去。"[①]這運動一直持續到1955年。

群衆語文運動的經驗,經過專家集團的研究概括,成爲政府的語文政策。從清末的國語運動,到1955年全國文字改革會議及現代漢語規範問題學術會議,才有了漢民族共同語的明文規定,即是以北京語音爲標準音,以北方話爲基礎方言,以典範的現代白話文著作爲語法規範的普通話。1982年,"推廣全國通用的普通話"作爲一條款列入《中華人民共和國憲法》。從太平天國文書使用簡體字,1935年上海《太白》等雜誌提倡"手頭字",到1956年,人民政府國務院正式公布《漢字簡化方案》,1964年又批準編印《簡化字總表》(2 236字),作爲使用簡化字的規範。從1908年開始的清末切音運動起,人們一直在探求較爲完善的漢語拼音的方案,到1958年,全國人民代表大會批準公布《漢語拼音方案》,這方案吸收國語羅馬字、拉丁化新文字的長處,因而能在實踐中不斷地擴大使用的範圍。1982年1月,國際標準化組織文獻工作技術委員會通過決議,規定把《漢語拼音方案》作爲文獻工

[①] 平心《通俗文運動和拉丁化運動》,見倪海曙《拉丁化新文字運動的始末和編年紀事》,知識出版社,1987年。

作中拼寫有關中國的專門名稱和語詞的國際標準。

凡此種種,都出於"言文一致"這個中心口號,也爲了實現"言文一致"這個中心口號。從這個意義上看,現代的語文運動,對於語言學研究的歷史作用,主要在於完成了研究基點的轉移,即從研究文字和書面語轉移到活的語言上來,"即使對文字和書面語進行研究,也是作爲活的語言的記錄來研究的"①。

微觀語言學的新的突破　中西文化接觸所激起的語文新潮,不僅表現爲前所未有的語文運動的興起,而且還表現爲整個傳統語言學體系的改造。這傳統語言學體系的改造,指的是微觀語言學有了新的突破,指的是宏觀語言學呈現新的景象。

"五四運動"以後,微觀語言學即研究語言結構本身的學問,也起了根本的變化,這一方面是原有的文字學、音韻學、訓詁學研究的革新,一方面是新興的現代方言學、語法學、修辭學等學科的發展。

第一,文字學研究。

歷來文字學的研究是以《說文》爲中心的,到現代,逐漸地以古文字研究爲重點。"在古文字學方面,我們得天獨厚。甲骨金文是世界最古的文字之一,除了古埃及文字和梵文之外,恐怕無與倫比。近年出土文物中也有許多古文字。"②如大汶口出土的陶文,即是其一。

自孫詒讓、羅振玉、王國維以後,我國形成一支實力雄厚的古文字專家隊伍,出現了董作賓、郭沫若、于省吾、唐蘭、陳夢家、胡厚宣、容庚、商承祚、朱芳圃、孫海波、李孝定等著名學者。其中以郭、于、唐、胡的貢獻更大些。郭沫若的《卜辭通纂》、《兩周金文辭

---

① 邢公畹《中國的語言研究》,載《語文現代化》第 9 輯,知識出版社,1990 年。
② 王力《我對語言科學研究工作的意見》,見中國語言學會編《把我國語言科學推向前進》,湖北人民出版社,1981 年。

結語 奔向現代的語文新潮

大系考釋》、《甲骨文字研究》等書，均爲從古字考古史的名著；于省吾的《雙劍誃殷契駢枝》、《甲骨文字釋林》等書，成了辨識古字的典範之作；唐蘭以《古文字學導論》等書，奠定了中國古文字學的基礎；胡厚宣編的《甲骨文合集》，則是甲骨學史上新的里程碑①。至於《說文》研究，丁福保編的《說文解字詁林》，顯示了清代研究《說文》的實績；文字學通論，以臺灣學者林尹的《文字學概說》爲佳；文字學史著作，有胡樸安的《中國文字學史》。

第二，音韻學研究。

從清代到現代，音韻學研究的主要進步表現爲"由音類的考證進展到音值的構擬"②。音值，指音素的正確讀音。清代學者已有探求古音音值的意識。戴震就是一大代表。他的古音韻部都用零聲母字(影紐字)標目，如用"阿"標歌韻，"烏"標魚韻，"噩"表鐸韻，"膺"表蒸韻等，這些古韻標目，不妨視爲他所假定的古音音值。但用漢字標音，有局限性：用"阿""烏"可以表示音素的讀音，而"膺""噩"則不行，因所代表的不止一個音素。戴的高足段玉裁，以古韻"支""脂""之"三部分立，實爲千古定論，但他却不知道這三部的實際讀音。1812年，他寫信給江有誥，問江是否確知"支、脂、之"三分的本源："僕老耄，倘得聞而死，豈非大幸也！"③可是，江也不能求其所以然。過了一百多年，才有人運用音標，來作古音音值的構擬，他們就是著名的瑞典漢學家高本漢、法國漢學家馬伯樂。

差不多與高本漢系統地構擬上古音系同時，汪榮寶發表了

---

① 作爲古文字學導引的，還有陳煒湛、唐鈺明《古文字學綱要》(中山大學出版社，1988年)，李圃(李玲璞)《甲骨文文字學》(學林出版社，1995年)等書。
② 嚴學宭《我國傳統語言學的研究與繼承》，見《把我國語言科學推向前進》，湖北人民出版社，1981年。
③ 《經韻樓集・答江晉三論韻書》。按，"支""脂""之"三部，王力《漢語語音史》擬作〔e〕〔ei〕〔ə〕。

《歌戈魚虞模古讀考》(1923)，提出：唐宋以上，凡歌戈韻之字皆讀 a 音，不讀 o 音；魏晉以上，凡魚虞模韻之字亦皆讀 a，不讀 u 或 ü 音。這結論一反顧炎武以來古無麻韻的舊說，當然是一個創見，不過，所說與先秦古韻還不完全吻合，因爲《詩經》押韻，歌戈部的字與魚虞模的字界限分明，顯然不是同一韻部①。因而汪文一出來，就引起一場大辯論，章太炎、錢玄同、林語堂、唐鉞等人都對汪文提出補充或駁正的意見。

　　真正運用音標的工具、歷史比較的方法來構擬古代漢語音值的，當從高本漢開始。他的《中國音韻學研究》，便是開創之作。就在這一巨著裏，"對《切韻》音系的構擬，始得一完整體系，從而樹立楷模，並使中西學者進一步構擬周秦古音"②。當然，書中尚有不少錯誤，譯者趙元任、李方桂、羅常培都在徵求原著者同意之後給以訂正，因而這書中譯本比原著的學術價值更高。但從《切韻》音系再向上古音推求，高本漢的結論可以修正之處就更多了。1932 年，李方桂發表《切韻â的來源》一文，根據《詩經》押韻和諧聲系統，證明《切韻》中的"重韻"主要是由上古的 a̭ 和 ə 演變而來的，對高本漢的意見作了駁正，因而掀起一場大辯論。通過辯論，國內外學者的意見大體上趨向一致，接着董同龢作《上古音表稿》，陸志韋作《古音說略》，王力作《漢語史稿》，李方桂作《上古音研究》，周法高作《論上古音與切韻學》，張琨作《古漢語韻母系統與切韻》，喻世長作《古代漢語語音的再認識》，李新魁作《漢語語音史》等，對上古音的構擬始具規模③。

　　現代音韻學比清代更爲進步，還表現在音韻學各個分支的全

---

① 吳文祺《語言文字研究專輯·前言》(《中華文史論叢》增刊)，上海古籍出版社，1982 年。
② 嚴學宭《我國傳統語言學的研究與繼承》，見《把我國語言科學推向前進》，湖北人民出版社，1981 年。
③ 嚴學宭《我國傳統語言學的研究與繼承》。

面發展。清人的音韻學體系祇有古音學、"今音學"及等韻學，在這三個分支裏，研究的重心又落在古音學上。到現代，便不同了，不僅要研究古音學、"今音學"、等韻學，而且更要研究北音學及音韻學史、語音史。現代的古音學、"今音學"的研究，多有超越清人之處，作出較大貢獻的，有黃侃、羅常培、李方桂、陸志韋、王力、周祖謨、丁聲樹、董同龢、周法高、嚴學宭、李榮等學者；北音學的研究，還處於發端性的階段，楊耐思、寧繼福等有專攻《中原音韻》的論著①；等韻學方面，李新魁的《漢語等韻學》比趙蔭棠的《等韻源流》更好；音韻學史著作，有張世祿的《中國音韻學史》，魏建功的《古音系研究》及臺灣學者陳新雄的《古音學發微》也多涉及音韻學史，而作爲音韻學的入門向導，則有羅常培的《漢語音韻學導論》、唐作藩的《漢語音韻學常識》等書。

第三，訓詁學研究。

訓詁學的研究，到了段玉裁、王念孫的時代，已有着向詞源學推進的趨勢。主要的理論經驗有兩條，一是"右文説"，段玉裁改稱"以聲爲義説"；二是擺脱字形束縛的音近義通説，即王念孫的"以音求義説"。這兩條是清代訓詁學的精華，也是現代訓詁學研究的主綫。王力提倡"新訓詁學"，主要是指詞源學②。現代學者對"以聲爲義説"的發展，首推沈兼士的著名論文《右文説在訓詁學上之沿革及其推闡》，後由臺灣學者黃永武的專著《形聲多兼會意考》，作了出色的總結。在音近義通説的發展上，高本漢的《漢語詞類》，是"用擬構的古音來研究上古同義詞的第一篇論文"③；專從聯緜字的角度縝密地闡明音近義通道理的，有朱起鳳的《辭通》，這部巨著足可與朱駿聲的《説文通訓定聲》前後媲美；到了王

---

① 傅傑來函建議，似可加入薛鳳生的《中原音韻音位系統》一書，該書有魯國堯等的中譯本，1988年由北京語言學院出版社出版。王力等對其評價較高。
② 參見《龍蟲並雕齋文集·新訓詁學》。
③ 周法高《論中國語言學》，香港中文大學出版社，1980年，第37頁。

力的《同源字典》問世，也就爲我國詞源學的研究樹立起第一塊豐碑。

用現代詞義學觀點闡發訓詁學理論的專著，如齊佩瑢的《訓詁學概論》，洪誠的《訓詁學》，陸宗達、王寧的《訓詁方法論》，郭在貽《訓詁學》等書，均能給人提供新鮮而切實的知識；楊樹達的《詞詮》、裴學海《古書虛字集釋》、符定一的《聯緜字典》、張相的《詩詞曲語辭匯釋》、蔣禮鴻的《敦煌變文字義通釋》等書，也都在現代訓詁學名著之列。訓詁學史著作，有胡樸安的《中國訓詁學史》。

第四，現代方言學研究。

"五四"以後，漢語方言的研究是由民間歌謠的研究引起的。沈兼士說：方言研究"是研究歌謠的第一步基礎工夫"①。爲此，北京大學就在1924年成立了"方言調查會"②。這是破天荒的。

從杭世駿《續方言》到章太炎《新方言》，大抵在書本上討生活。北京大學師生提出"方言調查"，就與揚雄相仿，均重視活的語言。但亦有不同之處，這就是：方言調查不用漢字而用國際音標來記錄語言；不再蹲在京都向各地來人調查，而是有計劃地分頭向全國各地進行實地調查；不僅注意方言詞彙，而且更重視方音的差異；不是爲了經籍的訓詁，而是爲了探求古今方言演變的規律，找出方言與普通話的對應關係。一句話，方言調查充滿着現代科學的精神。從這個意義上看，現代方言學的奠基之作是趙元任的《現代吳語的研究》、《鍾祥方言記》及羅常培的《廈門音系》、《臨川音系》。而用現代實驗語音學研究方言聲調的第一本著作，是劉復的《四聲實驗錄》；比較系統而全面地研究漢語方言的第一部理論著作，是袁家驊等的《漢語方言概要》。

---

① 《段硯齋雜文・今後研究方言之新趨勢》。
② 詳許寶華、湯珍珠《略説"五四"以來的漢語方言研究》，見《中華文史論叢》增刊《語言文字研究專輯(上)》。

從1928至1936年間,歷史語言研究所組織了六次較大規模的方言調查,發表了趙元任、丁聲樹、吳宗濟、楊時逢合著的《湖北方言調查報告》。到1955年,方言調查工作進入一個新的階段:為了有效地開展推廣以北京語音為標準音的普通話工作,在全國範圍內,進行了一次全面的方言調查。大約花了兩年的時間,基本上完成了全國每縣一點的漢語方言的調查工作。全國有2 298個漢語方言點(以一縣〔市〕一點計),在普查中一共調查了1 849點,編寫出調查報告近1 200份,學話手册320種,公開出版有《江蘇省和上海市方言概況》、《河北方言概況》、《四川方言音系》、《安徽方音辨正》等書,其中以河北省昌黎縣志編輯委員會和中國科學院語言研究所合編的《昌黎方言志》成就最大,"堪稱建國以後出版的方言學著作中的一部代表"①。

從世界語言研究看,"我國方言複雜、豐富,方言研究也是我們的優勢"。與此相關的,漢藏語系的研究也應當是我國的優勢,因為"漢藏語系的主要地區在我國,我們在這一方面可以取得很好的研究成果"②。而要進行漢藏語系的比較研究,那基礎的工作,就是國內少數民族語言的研究了。

第五,國內少數民族語言的研究。

我國是一個多民族的統一國家。為了漢族與少數民族語言交際的需要,古人編寫了雙語的對照詞典。現存的有西夏文與漢文對照的《番漢合時掌中珠》,漢藏對照的《西番譯語》,朝鮮語與漢語對照的《雞林類事》,漢蒙對照的《華夷譯語》及滿、藏、蒙、維、漢五種文字對照的《五體清文鑒》,等等,均為我國民族語言的寶貴遺產。

到現代,便不停留在雙語的詞彙對照上,而要向少數民族語

---

① 許寶華、湯珍珠《略說"五四"以來的漢語方言研究》。
② 王力《我對語言科學研究工作的意見》。

言進行深入的調查,在調查的基礎上,對少數民族語言作出細緻的描寫。這條新路的開拓,李方桂有第一功。他在20世紀二三十年代,對瑤語、壯語、布依語等作了調查,寫成《龍州土語》、《武鳴僮語》。這兩部書,偏重於音韻和故事,而後起的著作,如羅常培的《貢山俅語初探》、袁家驊的《阿細民歌及其語言》、馬學良的《撒尼彝語研究》、高華年的《彝語語法研究》,等等,就進而兼及語法了。

到50年代,語言研究所、中央民族學院組織七個少數民族語言調查工作隊,分赴全國少數民族地區進行普查,公開出版了喻世長的《布依語調查報告》。隨着少數民族語言研究的開展,少數民族出身的語言學家也逐漸成長起來,如蒙古族學者清格爾泰寫的《現代蒙古語法》,就有許多獨到的見解。同時,用社會語言學觀點研究少數民族語言的工作也有了良好的開端,傅懋勣的論文《永寧納西族的母系家族和親屬稱謂》,即是明證①。

第六,語法學研究。

自從《馬氏文通》以後,語法學成了我國語言學裏的"顯學"。就語法研究的總傾向而論,從1898年《文通》問世到1938年文法革新討論之前,是對外國語法學的模仿時期;1938年以後,進入了漢語語法學的革新時期。

《文通》的體系主要是依據西洋的"葛郎瑪",研究的對象是古漢語。後起的語法學家對《文通》抱有不同的態度,一派要在《文通》的格局裏作些修正,如章士釗的《中等國文典》、陳承澤的《國文法草創》、黎錦熙的《新著國語文法》、楊樹達的《高等國文法》,其中楊樹達對《文通》的匡正最有成績,黎錦熙則開闢了以現代漢語爲研究對象的道路,但他們的語法體系,仍不能突破《文通》。另一派要在《文通》之外創造新的格局,如劉復的《中國文法通

---

① 王均《中國少數民族語言研究情況》,見《把我國語言科學推向前進》。

論》、金兆梓的《國文法之研究》。但他們"祇做了個'發端',未曾加以發揮"①。

1936年王力發表了著名論文《中國文法學初探》,吹起了文法革新的號角。到1938年,陳望道在上海發起了文法革新的討論,提出了"根據中國文法事實,借鏡外來新知,參照前人成說,以科學的方法謹嚴的態度締造中國文法體系"的動議②。參加討論的還有傅東華、金兆梓、方光燾、張世祿、汪馥泉、陸高誼、廖庶謙、許傑等學者。這次旨在反對模仿的文法革新討論,"在理論上以'功能説'爲標志,提出了切合漢語特點的新的語法觀點;在方法上以解決單綫制和雙軸制問題爲標志,揭示了漢語語法研究的許多特點;在實踐上一掃機械模仿的風習,與北方一些學者努力尋求漢語特點的呼吁南北呼應,直接促成了四十年代漢語語法研究的新收穫"③。而作爲漢語語法學革新的第一批成果,就是呂叔湘的《中國文法要略》、王力的《中國現代語法》及高名凱的《漢語語法論》。

到50年代,語法的學習受到國家的重視,《人民日報》發表了《正確地使用祖國的語言,爲語言的純潔和健康而鬥爭》的社論,連載了呂叔湘、朱德熙的《語法修辭講話》;《中國語文》、《語文學習》等雜志也相繼開展關於漢語詞類問題及主賓語問題的討論;還在語法體系分歧的情況下,擷取衆家之長,草擬一個"暫擬漢語教學語法系統"。這"暫擬系統"的設計,祇是爲了教學上的急需,因而在科研上,語法的探索仍向縱深發展。從此以降,直到80年代初,蟬聯而出的重要著作,就有胡附(胡裕樹)、文煉(張斌)的《現代漢語語法探索》,陸志韋等的《漢語的構詞法》,丁聲樹等的

---

① 《陳望道文集·〈一提議〉和〈炒冷飯〉讀後感》。
② 陳望道《中國文法革新論叢·前言》。
③ 陳丹紅、申小龍《評三十年代的文法革新討論》,載《語文現代化》第7輯,知識出版社,1984年。

《現代漢語語法講話》,周法高的《中國古代語法》,趙元任的《漢語口語語法》(即《中國話的文法》),湯廷池的《國語變形語法研究》,陳望道的《文法簡論》,呂叔湘的《漢語語法分析問題》,朱德熙的《語法講義》,等等,把語法的研究推向一個新的境界。語法的研究,反過來推動語法的教學,1981年全國語法和語法教學討論會上,就對"暫擬系統"作出重要的修正①。在新的高度上再回過頭去評價舊時的語法研究,就會更爲中肯了。1986年出版了呂叔湘、王海棻編的《馬氏文通讀本》。該書校注精當,評析公允,是一部典範之作。

第七,修辭學研究。

由劉勰《文心雕龍》開創的辭章學,是現代修辭學的前身。現代修辭學是在西洋修辭學(Rhetoric)、日本美辭學的影響下建立的。從古代辭章學發展來的現代修辭學,不再在文章作法裏講修辭方法,而是以語言爲本位獨立地研究修辭現象。所謂修辭現象,是指"運用語文的各種材料、各種表現方法,表達說者所要表達的內容的現象"②。

與語法學一樣,修辭學的創立也經過由模仿到獨立創造的過程。如1905年出版的湯振常《修詞學教科書》,便以日本武島又次郎的修辭學爲藍本。到1923年,唐鉞的《修辭格》,雖仿照英國納斯菲爾的《高級英文作文法》,但已結合漢語特點、總結修辭方法,成了"科學的修辭論的先聲"③。王易的《修辭學》、《修辭學通詮》,張弓的《中國修辭學》,金兆梓的《實用國文修辭學》,董魯安的《修辭學講義》等書的出版,表明修辭學研究漸趨成熟,1932年陳望道的《修辭學發凡》問世,劉大白爲之作序,以《發凡》與馬建

---

① 詳林玉山《漢語語法學史》,湖南教育出版社,1983年。
② 《陳望道文集·談談修辭學的研究》。
③ 《修辭學發凡·結語》。

忠的《文通》並舉,稱之爲"中國有系統的兼顧古話文今話文的修辭學底第一部"。《發凡》對我國修辭學的影響很大,決不亞於《文通》之於中國語法學。

自《發凡》問世之後,出現了楊樹達的《中國修辭學》(後更名《漢文文言修辭學》)、張弓的《現代漢語修辭學》、張瓌一(張志公)的《修辭概要》、郭紹虞的《漢語語法修辭新探》、鄭遠漢的《現代漢語修辭知識》、王希傑的《漢語修辭學》、鄭頤壽的《比較修辭》等書,也都能自成一家之言。80年代以來,語體風格的問題,成了修辭學研究的尖端。陳望道的關門弟子李熙宗,率先投身於語體風格研究領域的開拓創新,被稱爲語體風格學界的一位領航人[1]。

隨着修辭學和美學的發展,文學作品語言或曰作家語言作爲新的研究課題,擺在人們的面前。在探求藝術與語言的統一上,朱光潛的《詩論》,可說是一部扛鼎之作。王力的《漢語詩律學》、劉大白的《中詩外形律詳說》、洪深的《戲的念詞與詩的朗誦》、鐵馬的《論文學語言》、老舍的《出口成章》、秦牧的《語林采英》、周中明的《〈紅樓夢〉的語言藝術》、吳瓊的《戲曲語言漫論》、馬威的《戲劇語言》等書,均有助於探求文學語言的美的創造。

我國現代的微觀語言學的研究,有一特點:"接受了西方語言學的影響而融會貫通,其影響之大遠超過魏晉南北朝隋唐時代所受印度的影響。"[2]現代的宏觀語言學的研究也是如此。

宏觀語言學的新的景象 宏觀語言學要求把語言同一切與語言有關的現象聯繫起來研究。在當今世界語言學裏,社會語言學、心理語言學、工程語言學成了主要潮流。從它們的思想淵源看,都可以在"現代語言學之父"索緒爾的《普通語言學教程》裏,

---

[1] 祝克懿主編《掇沉珠集》(復旦大學出版社,2010年)精選其師李熙宗語體風格研究論文十七篇。
[2] 周法高《論中國語言學》,香港中文大學出版社,1980年,第43頁。

找到各自的面影。

自 20 世紀以來，我國語言學凡三變：先是取法歐美語言學，出版了胡以魯的《國語學草創》、沈步洲的《言語學概論》、樂嗣炳的《言語學大意》、張世祿的《語言學原理》等書，其中《國語學草創》特別重視"國語精神"的探討；50 年代起，主要是受蘇聯語言學的影響，有岑麒祥的《語言學史概要》，高名凱、石安石主編的《語言學概論》，高名凱的《語言論》等書出版；《語言論》更作了突破蘇聯模式的嘗試；70 年代以來，人民政府執行對外開放的政策，語言學研究也面向世界，吸取美、蘇、歐洲的語言學說，有葉蜚聲、徐通鏘合著的《語言學綱要》，李兆同、徐思益主編的《語言學導論》，戚雨村主編的《語言學引論》，劉伶、黃智顯、陳秀珠主編的《語言學概要》等書，作爲大學語言學的基本教材；趙世開的《現代語言學》、王德春的《現代語言學研究》、陳明遠的《語言學和現代科學》等書，把國外語言學介紹過來。還有趙元任的《語言問題》，很值得重視，因爲書中最先談及信息論、控制論與語言科學的關係[①]。

自"五四運動"以後，由於外國人類語言學的影響，語言與社會文化關係的研究，又突出起來，如語言與社會意識、語言與民族心理、語言與歷史考古、語言與家族制度、語言與文學等等，一一成爲研究的課題。這些課題的研究成果，大抵在羅常培的《語言與文化》(1950)一書裏，得到理論上的闡發。他在《引言》裏就明確提出：

> 第一，從語詞的語源和演變推溯過去文化的遺迹；第二，從造詞心理看民族的文化程度；第三，從借字看文化的接觸；第四，從地名看民族遷徙的踪迹；第五，從姓氏和別號看民族來源和宗教信仰；第六，從親屬稱謂看婚姻制度。這些都是

---

① 參邢公畹《語言和信息》，載《語文建設》1986 年第 3 期。

社會學和人類學上很緊要的問題。假如我這一次嘗試能够有些許貢獻,那就可以給語言學和人類學的研究搭起一個橋梁來。

在我國,這確是一個"新創的方向",可與美國人類語言學家薩丕爾的業績相比。當然,書中個别的觀點,受到蘇聯語言學家馬爾的影響,誤以爲語言是"社會意識形態的一種",這本來如日月之蝕,不能掩蓋全書的光明面。誰知一當斯大林批判馬爾的學說,我們就來一個"因噎廢食,忽視甚至否定語言與文化的特殊的密切關係"①。這不能不說是歷史的失誤。

世界上,每當文化歷史轉變的關頭,語言學總要來一次飛躍的。歷史比較語言學的出現,是語言學的一次解放;結構主義語言學的出現,是又一次解放;社會語言學的出現,是第三次解放②。因此,當"文化大革命"一結束,陳原的《語言與社會生活》及《社會語言學》,就帶着勝利的光輝,來與廣大的讀者見面。這些文筆瀟灑、寫得深入淺出的著作,恰如報春的燕子,迎來祖國語言學的艷陽天。

與社會語言學相應,心理語言學、工程語言學也闖到神州大地。心理語言學從心理過程與語言結構的對應關係方面,來研究人類語言機制的構造和功能③。工程語言學也叫機器應用語言學,應用計算機或數理方法對語言現象作出綜合的研究,其中包括計算語言學和數理語言學。具體說,要處理機器翻譯、情報檢索、語音識别、語音合成、漢字編碼、語言設計、人機對話、計算機輔助語言教學等等與語言信息加工有關的新問題④。1985年,許

---

① 宋振華、劉伶《語言理論》,遼寧人民出版社,1984年,第194頁。
② 吕叔湘《語言作爲一種社會現象》,載《讀書》1980年第4期。
③ 蔡富有《什麼是心理語言學?》,見王希傑編《語言學百題》。
④ 參劉涌泉《語言學的新發展》,見《把我國語言科學推向前進》。

國璋、王宗炎主編的《現代語言學叢書》,首先出版桂詩春的《心理語言學》;馮志韋的《數理語言學》也列入倪海曙主編的《現代化知識文庫》。從這些書裏,可以看到我國語言學研究的新動向。

當今,面臨着世界上新的技術革命或曰"信息革命",人們對語言的本質功能有了新的認識。從古以來,人們總認為語言是表達思想的工具,是人類最重要的交際工具,自從應用了電子計算機之後,這才發現,語言"不再僅僅是人與人之間交流信息的基本工具,而且也將成為人與機器之間交流信息的主要工具"。語言是信息的載體,語言信息的傳遞和處理,直接關係到社會文化的繁榮,關係到科學技術的進步,一句話,直接關係到祖國現代化事業:"一個社會的信息化程度,在相當的程度上,取決於語言信息的機械化、技術化的水平。"①

"溫故而知新。"傳統語言學為我國語言學的現代化奠定了堅實的基礎,而外國語言學給我國語言學的發展送來了強勁的東風。因此,葉聖陶論及我國語言學的道路時,才說,要"拿咱們自己的特點跟別國的長處有機地結合起來,形成咱們中國的語言學"②!

---

① 錢鋒、陳光磊《語言學既是基礎科學,又是帶頭科學》,載《語文現代化》第 5 輯,1981 年。
② 葉聖陶《建立具有中國特點的語言學》,見北京市語言學會編的《語言論文集》。

初 版 後 記

　　從小學與名學、經學、文學、考據學等學科的關係裏，展示我國小學的發展歷程，這個總體設想，早在 1964 年就已形成。那時，我正向導師吳文祺先生學習傳統語言學，向周予同先生學習中國經學史。但這設想遲遲未能實現，是因爲干擾太多，自己也沒抓緊。

　　近年來，情況逐漸好了起來。

　　1984 年春，"中國文化史叢書"編委會給我提供了一個實現我青年時代宿願的機會。朱維錚提出：從文化史角度寫小學史。這個要求，與二十多年前予同師、文祺師的意見是一脈相通的。

　　於是我重新查閱歷代小學的代表作品，重新梳理自己學習傳統小學的心得，更進一步認識到：從文化史角度寫小學史，那主綫應是"詞與物"的關係，即"名與實"的關係。這條主綫把小學與別的文化形態（如名學、經學、佛學、詩學、詞曲學、考據學、考古學等）貫穿起來。同時，寫小學史的基點要放在文字、音韻、訓詁的內在關係上。離開這個基點，就不成其爲"小學"史。但問題也隨之而來，所涉及的面實在太廣了。我時常覺得力不從心，可是，祇要方向對頭，何不知難而進？ 文中訛誤，定然不少，懇請讀者指正。

　　書中引文，力求反映包括港臺在內的我國學者最新的研究成果，有數則直接從文章的清樣或底稿摘引，可惜港臺書刊所見不多。至於所釋小學術語，有不少條是參照吳文祺師、胡裕樹師主編的《辭海·語言文字分冊》的，在此作一總的說明，不再一一注明了。

　　在寫作過程中,得到强永華的協助,部分章節初稿和書末索引出於她之手。向幫助我、鼓勵我的師友致謝!

　　遺憾的是,《中國小學史》成書之日,正值予同師逝世五週年。謹以此告慰先師在天之靈!

奇光謹識

1986年7月

1986年9月改定

索 引

A

阿細民歌及其語言　334

B

八思巴　188
八體六技　51
把我國語言科學推向前進　328—330,334,339
白虎通　75—77,87,100—102,259,271
班固　3,46,50—52,74,75,78,80,94,163,193
北音學　5,173,184,331
本義　3,16,38,54,76,82,83,85,86,88,90,92—94,101,115,116,121,168,194,195,206,210,216,235,244,245,251,253,255—257,259,260,262,271,283
避諱　65,284,288—291
變文　161,172,308
變文字義通釋　332
標題羅話法　70

卜辭通纂　328
不空　165,167
布依語調查報告　334
部首　76,80,81,84,116,119,120,132,195,197,256,259
部首分類法　80

C

倉頡　16—19,45,47,52,67,75,81,130,134
倉頡故　53
倉頡篇　8,48—52,75,122
倉頡訓纂　53,67,74
昌黎方言志　333
長孫訥言　144,174
常談考誤　295
常語尋源　295
陳承澤　334
陳第　5,14,173,179—181,224,226,253
陳奐　95,277
陳澧　5,127,232
陳夢家　318,328

陳彭年　5,119,174
陳士元　285,295
陳望道　212,326,335—337
陳望道文集　21,26,326,335,336
陳煒湛　38,83,329
陳新雄　227,331
陳寅恪　133,134,143
陳垣　288
陳原　339
陳鱣　295,298,310
稱謂　59—62,66,67,111,203,204,284,287,288,296,299
稱謂錄　287,288
程際盛　263,292
程邈　119
程瑤田　6,236,263,275,279
誠齋集　172
初文　239,291
傳統語文教育初探　211
春秋繁露　22,66,101
春秋名字解詁　286
春秋左氏傳（見左傳）　75
詞詮　305,332
詞源　6,205,210,218,232—234,236,237,239,240,251,270,284
詞源學　6,232,240,270,275,331,332
辭例　6,15,301,305—308
辭通　205,261,331
辭章學　203,209,210,213,301,303,336
從音韻通訓詁　3,7,95,167,204,232,243

D

達海　189
大廣益會玉篇（見玉篇）　119
大宋重修廣韻（見廣韻）　174,175
戴東原集　217,219,242
戴東原先生集　15,217,218
戴東原先生年譜　98,233,262
戴震　5,14,71,74,79,98,175,178,181,215,217,219,220,222—224,229,232—234,236,240—242,244,246,248,262,263,270,279,292,308,322,323,329
單一音系論　142,143
倒文　161,303,304,308
等　138—143,145—148
等韻　5,144,148,151—153,185
等韻溯源　147,151
等韻圖　14,144,146,147,151—154
等韻學　5,14,148,331
等韻源流　131,144,153,154,331
鄧析子　20,21
典故　163,183
疊韻　39,71,84,85,106,107,125,126,135,145,146,166,236,237,

索　引

243,260,261
丁度　177
丁福保　166,240,329
丁聲樹　331,333,335
董同龢　330,331
董仲舒　22,66,76,77,101,104
董作賓　328
讀若　18,128,131,238,247,256,271,279,280
讀詩拙言　180,226
讀書雜志　264—269
讀爲　95—99,131,146,247,256,274,286
讀曰　97
杜甫　164,170,221,278
杜林　1,51—54,74—76,94
杜子春　97—99,131
段硯齋雜文　255,332
段玉裁　1,4,5,9,15,18,29,48,75,79—81,84,86,87,95,98,166,175,215,217,218,220,221,223,224,226,227,229,232,233,240,241,243,244,248—257,259,261,262,265,266,270,271,274,276—278,282,314,329,331
對課　207,208
對類　208,210,211

E

額爾德尼　189

恩斯特・卡西爾　240
爾雅　2,3,6,8,10,13,18,49,53—59,62—64,66—68,70,74,85,93,95,98—100,102,107,114,118,122,131,154—158,167,190,200,202—206,233,234,236,238,241,243,262—264,272,275—278,281,287,293,300,317
爾雅補郭　263
《爾雅》的年代和性質　55
爾雅郝注刊誤　277
爾雅新義　200
爾雅義疏　6,55,264,275—277,293,301
爾雅翼　200—202,275
爾雅音義　129,130,132
爾雅音義考證　263
爾雅正義　263,264,275
爾雅注　6,55,155,156,263
邇言　295,299
二百零六韻　142,175,177
二合音　127,128

F

法言　67,68,246
番漢合時掌中珠　333
反切　11,13,14,115,124—134,140,143,145,146,149—151,154,174,191,204,231,232,238,

321,323
反切繫聯法 232
梵文 5,11,125—127,144,145,
    147,149,150,152,321,328
梵文拼音學理 124—127,164,216
方光燾 335
方言 1,3,6,10,11,13,22,34,39,
    40,45,54,64,67—74,77,93,96,
    99,102,118,155—157,184,186,
    204,205,216,218,224,225,230,
    233,234,236—238,241,255,
    263,279,280,292—295,299,
    303,327,332,333
方言箋疏 6,250,292,293
方言疏證 292
方言校箋序 70,73
方言學 6,232,301,328,332,333
方言藻 293
方言注 155,156
方以智 14,57,202—205,214,
    231,248,321
封氏聞見記 144
馮桂芬 255
服虔 13,114,115,128,129,131
符定一 332
傅傑 159,331
傅懋勣 334
復古編 124,205

G

噶蓋 189

干祿字書 4,122—124
高本漢 213,329—331
高等國文法 43,309,334
高華年 334
高名凱 335,338
高誘 129
歌戈魚虞模古讀考 329
葛洪 115,116,207,212
公孫龍子 31,32,35,36
公孫龍子形名發微 31
公羊傳 6,42,43,64—66,129,
    131,155,157,160,238,245,306,
    307
公羊高 22,42
龔自珍 220,247,250
龔自珍全集 15,248
貢山俅語初探 334
句(gōu)中正 174,190,192
古本音不同今韻 180,224,226
古典詩律史 138
古漢語通論 84
古今文字 49,52,118
古人屬詞之法 234—236,308
古史新證 318
古書虛字集釋 332
古書疑義舉例 6,15,308
古四聲不同今韻 224,226,228
古文經學 9,13,48,51,54,64,67,
    75,76,93,94,101,114,214,215
古文尚書疏證 131,143,246

索　引

古文字　5,14,86,124,187,192,
　　193,278,284,312,314—318,328
古文字學　5,170,173,187,192,
　　193,195,312,315,328,329
古文字學導論　314,319,329
古文字學綱要　329
古無輕唇音　15,224,230,232
古無去聲　226
古無舌頭舌上之分　230
古音表　221
古音娘日二紐歸泥說　224,232
古音說略　330
古音系研究　230,331
古音學　5,14,15,170,173,178—
　　181,190,221,224,228,230,232,
　　277,278,331
古音學發微　227,331
古音與方音對應演變　224,225,
　　233
古音韻部通轉　179
古人韻緩不煩改字　179
古韻標準　143,221,225,226,229
古韻通轉理論　224,230,239
古籀拾遺　315—317
古籀餘論　315
穀梁赤　22,42
穀梁傳　42,43,65,157
顧齊之　166,167,216
顧亭林詩文集　216,218,219
顧炎武　5,14,47,117,127,154,
　　181,206,214—221,223,226,
　　228,284,285,289,290,330
顧野王　118,119,121
官話　11,22,73
官話合聲字母　324
觀堂集林　16,46,54,143,174,
　　180,223,224,237,238
管錐編　27,28
廣雅　9,13,15,100,118,154,155,
　　217,218,241,242,262,264—
　　266,270—275,278,288,292
廣雅疏證　9,15,100,155,218,
　　262,264,265,270—272,274,275
廣雅疏證弁言　270
廣韻　3,5,10,142—144,173—
　　175,177—179,184,185,221,
　　227,228,230,232,235,259,287
歸三十字母例　150,151
桂馥　15,240,254,255,257,262
郭晉稀　233
郭沫若　45,48,61,89,90,92,114,
　　195,318,328
郭璞　3,6,49,60,61,64,69,71,
　　74,155—157,160,161,200,204,
　　224,225,263,300
郭紹虞　135,337
郭在貽　332
國故論衡　42,143,223,226,230,
　　239,254
國語　40,42,120,181,241,245,

254
國語羅馬字拼音法式　325
國語學草創　324,338
國語運動史綱　321,325
果臝轉語記　6,218,236—238,279

H

海寧王靜安先生遺書　243
韓非子　19,32,38,42,77,109,260,274
漢書　1,3,8,16,37,46,49—53,55,67,74,77,78,80,103,125,128,154,161,179,192,241,243,244,254,265,268—270,273,292,300
漢魏晉南北朝韻部演變研究　73,223
漢文文言修辭學　337
漢文學史綱要　50
漢文字學要籍概述　256,259
漢語詞類　160,331,335
漢語的構詞法　335
漢語等韻學　146,150,154,331
漢語方言概要　332
漢語口語語法　336
漢語拼音方案　124,327
漢語詩律學　138,337
漢語史稿　107,143,330
漢語研究小史　322
漢語音韻學常識　331

漢語音韻學導論　148
漢語語法分析問題　336
漢語語法論　335
漢語語法修辭新探　337
漢語語法學史　308,336
漢語語音史　143,227,232,329,330
漢字的起源　17
漢字簡化方案　327
漢字史話　193,199
漢字形體學　82
杭世駿　292,332
郝懿行　6,56,58,252,264,275—277,293,295,299,301
何九盈　55,213
何休　44,129,131,155,245
恒言錄　6,295,298,299
弘法大師　132,145
洪堡特　323
洪誠　27,142,143,181,183,235,332
洪亮吉　263
洪武正韻　186
紅樓夢的語言藝術
侯外廬　280,283
淮南遺老集　109,161
胡厚宣　328,329
胡樸安　95,197,329,332
胡奇光　27,55,252,312,324
胡適　11,12,22,261,324,325

索　　引

胡文英　293,294
胡以魯　324,338
胡裕樹　335
互文　99,161,306,307
華學誠　70,73
華夷譯語　333
淮南子　16,25,100,163,205,295
宦榮卿　100
皇清經解　277,278,323
黃焯　1,56,85,126,257
黃侃　56,126,128,174,223,239,257,277,331
黃侃論學雜著　174,223,237
黃生　248,249
黃以周　94
黃永武　252,331
會意　54,62,78,79,83,84,91,101,103,118,155,169,188,194,196,198—200,243,247,249—251,256,338,339
慧琳　10,164—169,216
慧琳《一切經音義》研究　166

J

嵇康　111,112
積微居小學金石論叢　286
雞林類事　333
汲古閣說文訂　241
急就篇　49,80,301
稷香館叢書　255,261

家字溯源　86
甲骨文編序　315
甲骨文合集　329
甲骨文文字學　329
甲骨文字釋林　329
甲骨文字研究　61,89,92,114,329
賈公彥　95,216
賈逵　54,75,76,78,94,95,120,253,272
假借　3,15,52,78—80,94,96,97,118,163,193,194,196,199,200,218,235,239,243,244,251,258—262,264,265,270,272,277,287,303,312
假借義　190,194,195,244,245,255
假借字　95—97,274,303
簡化字總表　327
江式　118,119
江永　14,143,179,181,215,221,223—226,228,229,231,233,234,322
江永音韻學思想初探　225
江有誥　222,227,329
蔣禮鴻　84,332
焦竑　124,180,203
焦氏筆乘　180
皆聲　128
戒浮文巧言諭　324
今文經學　9,51,64,75—77,93,

100,101,215
今音學　5,173,232,331
金明館叢稿初編　134,143
金兆梓　334—336
近音學　5
禁忌語　64—66,297
經傳釋詞　6,15,213,264—266,
　305,306,308
經詞衍釋　308
經典釋文　9,13,54,96,130,157,
　166,179
經史動靜字音　309
經學　8,9,12,13,28,41,54,75,
　94,154,155,157,164,170,178,
　198,214,215,217,220,262,263,
　305,323
經義述聞　58,97,220,222,264—
　268,270,273,307
經韻樓集　95,220,241,244,246,
　314,329
經韻樓集補編　241,244,245
鳩摩羅什　159,167
就形以説音義　13,80,81,85,243,
　251
句讀　309,310
據上下文校字釋義　265,266,269,
　273,274,313

K

開元文字音義序　124

康熙　154,214,219,322
康熙字典　198
考古圖記　192
考古圖釋文　192
考據學　12,14,214
孔安國　17,159,234
孔鮒　154
孔廣森　222—224,229,232,233
孔穎達　77,122,158,159,161,
　210,273
孔穎達的詞類説和實詞説　159,
　160
孔子　8,9,19—23,25,30,33,34,
　38,41,47,50,65,66,68,77,108,
　109,171,172,192,234,257,258,
　284,289
匡謬正俗　161,291

L

拉丁化新文字運動的始末和編年紀
　事　327
蘭茂　186
老學庵筆記　225,299
老子　39,77,109,110,158,163,
　208,267,289
老子指略　110,111
樂韶鳳　186
類隔　230—232
類音　15,154,164
黎錦熙　321,325,334

索　引

李登　132,138
李調元　293
李方桂　330,331,334
李涪　142,144
李光地　323
李榮　142,331
李善　130,162,163
李斯　45,47,48,51,144
李熙宗　337
李孝定　193,199,328
李新魁　146,150,154,184,330,331
李陽冰　189,190
李約瑟　208
李舟　174,175
理學　14,21,28,40,72,170,202,214,283,284,320
禮部韻略　177,178,185
禮記　23,38,47,50,55,59,64—67,94,96,99,101,106,114,121,157,159,163,234,241,246,265,267,282,283,289,316
禮記注　94
利瑪竇　320—322
麗辭　207,208
聯緜字　205,331
聯緜字典　205,332
梁啓超　28,263,312,313,319
梁武帝　119,162
梁章鉅　284,287

兩周金文辭大系考釋　328
林尹　47,48,227,277,329
林語堂　325,326,330
臨川音系　332
劉大白　336,337
劉復　116,325,332,334
劉盼遂　130
劉淇　301—305,310
劉世儒　159,160
劉熙　6,13,54,99,100,102,104,106,128,129,178,233
劉獻廷　321—323
劉向　1,37,46,51,53
劉勰　23,27,29,112,113,163,207,208,211,212,336
劉歆　1,9,37,51,52,55,67,69—71,78,80,131,155
劉葉秋　49,120,123,299
劉淵　178
劉知幾　172,173,207
柳宗元　212,213,274
六書　1,5,14,15,18,19,51—53,76—83,118—120,170,173,187,190,193—196,198,200,216,218,235,242,243,257,259,263,305,314
六書故　5,173,180,193,194,196,197,200,216
六書學　4,77,187
六書音均表　217,218,221,222,

224,226,229,241—243,248
龍蟲並雕齋文集　331
龍龕手鑒　124
龍啓瑞　124,263
龍州土語　334
盧戇章　309,324
盧思道　140
盧文弨　263,292
盧以緯　212,213
魯迅　17,50,130,185,219,324—327
陸德明　54,96,157,179
陸佃　200,201
陸法言　5,14,122,130,140—142,144,175,230,232,325
陸機　27,112,113,131,134,202,300
陸志韋　330,331,335
陸宗達　88,159,160,332
呂忱　116
呂大臨　5,14,192,193,314
呂靜　116,138,141
呂叔湘　310,312,335,336,339
論衡　13,16,34,172
論語　10,20—22,25,28,38,47,50,52,53,67,76,94,99,106,109,157,161,246,268,283,311
論語言文字之學　3,10
論中國語言學　239,331,337
羅常培　73,148,149,223,322,330—332,334,338
羅常培語言學論文選　151
羅君惕　256,259
羅願　201,202,275
羅振玉　5,83,122,264,277,317,318,328

M

馬伯樂　329
馬國翰　115,117,118
馬建忠　1,6,11,15,301,308,309,311,336
馬融　76,94,95
馬氏文通　1,6,11,14,15,258,301,308—312,334
馬氏文通讀本　336
《馬氏文通》評述　310
《馬氏文通》札記　312
馬叙倫　308,315
馬學良　334
馬宗霍　77,128
毛傳　94—97,100,155,158,159,162,166,244,272,273,305
毛公　13,94—97,163,166,202,207,270,272,274,305
毛詩傳義類　95
毛詩古音考　173,180,181,226
毛詩故訓傳　13,94
毛詩（見詩經）　37,75,94,157,161,178,179,265,272,273

索　引

梅膺祚　196,197
美惡同辭　6,43,44,308
門外文談　17,327
孟子　27,30,31,38—40,72,219,
　　245,267,283,284,288,306,310
孟子字義疏證　219
名號　22,66,101,102,104,111,
　　287,318
名實關係　13,24,36
名實論　31
名學　9,12,13,20,21,28,30,140,
　　207,262,313,314,328
名原　99,135,315—317
名字　1,15,16,19,21,23,33,50,
　　109,127,179,285,286,288,289,
　　291,309,312
莫友芝　131
墨辯發微　25
墨經　9,13,20,24—27,29,30,36,
　　314
墨經校釋　28
墨子　6,19—21,23,24,27—30,
　　32,36,40,77,207,312,313
墨子閒詁　312,313

N

倪海曙　323,327,340
廿二史考異　289—291
寧繼福　331
紐字圖　144—146,149

鈕樹玉　255,257

O

歐陽建　31,112,113
歐陽修　2,31,170,171,192

P

潘耒　154
裴學海　332
佩觿　124
埤雅　200
駢雅　205
平分陰陽　184,186
平水新刊禮部韻略　178
平水韻　173,178,181
平仄　14,130,131,135—137,147
破字　95—97,270
普通話　71,181—184,187,325,
　　327,332,333
普通語言學教程　26,337

Q

七略　1,51,52,78,271
齊佩瑢　39,55,68,84,106,107,
　　236,263,332
蘄春黃季剛先生研究《說文》所發明
　　之條例
契文舉例　315,318
乾隆　165,214,219,226,229,233,
　　234,241,248,262—264,291,

294,295,306
錢大昕　5,6,15,65,191,215,224,
　　231,232,241,258,284—290,
　　295,298,301,322
錢大昭　295
錢玄同　321,324,325,330
錢繹　6,250,292,293
錢鍾書　26,28
切韻　5,10,14,122,126,127,130,
　　132,138,140—144,151,152,
　　154,166,170,173—175,183—
　　185,189,203,228,230—232,
　　321,325,330
切韻考　5,232
切韻â的來源　330
切韻音系　142
切韻學　5,330
切字要法　149—151
親屬稱謂　7,58—62,287,298,
　　334,338
秦始皇　10,45,47,48,119,121,
　　124,144,274
清代學術概論　319
清格爾泰　334
清末漢語拼音運動編年史　323
邱雍　174,175,177
裘廷梁　309,324
曲律　138,181
曲學　14,181,182
屈宋古音義　180

全球語言比較辭匯　323

R

人論　29,89,174,240,265
壬子新刊禮部韻略　178
任大椿　116,263
日知錄　47,218,285,289,290
容庚　328
入派三聲　184,186
入聲變遷與詞曲發達的關係　185
阮元　8,131,215,240,252,263,
　　275,276,278—284,314,315,317

S

撒尼彝語研究　334
薩丕爾　57,130,339
三倉　80,118,155,156
三十六字母　127,151,197,230,
　　231
山海經箋疏　275
商承祚　328
上古音表稿　330
上古音研究　330
上古音中的幾個問題　153
上下文　25,95,160,202,218,235,
　　243,265—270,274,294,302,
　　305—308,318
尚書　17,49,50,55,75,94,118,
　　131,143,157,159,162,179,220,
　　234,235,246,273,276,283,286,

索　引

313,314
邵光祖　231
邵晉涵　262,263,275
邵榮芬　143
舌音類隔之説不可信　232
社會方言　64,67,296,297
社會語言學　67,334,337,339
沈兼士　251,255,331,332
沈括　126,127,199
沈約　6,14,132—136,138,142,145,146,149,184,208,295
聲類　95—100,102,132,138,149—151,167,174,216,222,229,231,233,234,313,314
聲類表　222,229,233
聲類疏證　233
聲律　133—138,183,208
聲勢　11,145,323
聲無哀樂論　111
聲義互求　218,234—236,254,270,273,292,305
省文　99,161,303,307
師友雅言　124
詩詞曲語辭匯釋　332
詩的格律　325
詩格　147,148
詩古韻表二十二部集説　222
詩經　41,56,57,95,130,131,178—181,221—223,228,280,283,302,305,306,330

詩經小學　241
詩律　130,134,135,138
詩論　133,337
詩學　14,79,124,154,262
十駕齋養新錄　191,232,285—287,289,290
十九世紀末以前的語言學史　323
十三經　94,241,244,263,312
十三經校勘記　179
實字、虛字之説　160,210,309
史諱舉例　288
史記　47,48,68,100,114,121,130,204,241,245,273,274,277,318
史通　172,207
史游　49,51,80
史籀篇　2,8,46—49,52,53,67,82
事物得名原因　101
釋大　6,15,236—238,275
釋名　6,13,54,55,93,98—100,102—104,106,129,178,233,241,244,272,275,276,300
釋名疏證補　103
釋甥之稱謂　62
守溫　14,144—146,149—153
守溫韻學殘卷　151,153
叔向　40,41
殊言（見方言）　13,69
數理語言學　339,340
雙劍誃殷契駢枝　329

雙聲　39,71,84,106,107,125,
　　126,135,145,146,149,190,234,
　　236,237,243,260,261
雙聲語　144,145
說平仄　135
說文段注拈誤　255
說文（見說文解字）
說文解字　1,2,4,13,15,18,46,
　　48,49,53,74—77,82,189,191,
　　197,241
說文解字詁林　240,329
說文解字繫傳　189
說文解字通論　88
說文解字引方言考　77
說文解字正義序　15
說文解字注　1,4,9,75,79,80,89,
　　93,191,241,244,254,255
說文句讀　3,254,257,258
說文釋例　3,81,131,254,256,257
說文通訓定聲　166,254,258—
　　261,331
說文序　18,76,78,80—82,192,
　　217
說文學　4,187,240,262
說文義證　254,255,257
說文注　241—246,249—255,257,
　　262,271,275
司馬相如　49—51,114,156,163,
　　265,300
四等　147,148,153

四呼　153,154
四庫全書總目　2,3,161,189,195,
　　198,203,206,248
四聲　14,123,130—136,138,141,
　　144—146,153,154,174,175,
　　184,224,226—228,231,234,238
四聲篇海　197
四聲譜　138,145
四聲切韻表　228,231,234
四聲實驗錄　332
四聲五音九弄反紐圖　147,154
四體二用之說
宋徽宗　289
宋濂　186
宋恕　324
宋太宗　174,175,190,191
宋元以來俗字譜　116
宋真宗　119,174,175,289
蘇軾　171,210,300
俗說　295
俗語　6,70,77,204,213,216,280,
　　292,295—301,325
俗語學　6,232,295
俗字　4,108,113,116,123,124,
　　195,295,325
隋書　2,125,132,140,287
孫愐　146,174,175,287
孫炎　2,3,13,124,127—132,134,
　　156,158,204
孫詒讓　5,15,29,215,312—315,

318,319,328

索緒爾 26,337

T

太炎文錄 220,314

談談一部古佛教辭典——《一切經音義》 164,167,169

湯珍珠 332,333

唐蘭 17,19,48,86,116,194,195,198,314,315,319,328,329

唐五代韻書集存 153

唐玄宗 10,122,124,146,147,152,162,165,179

唐鉞 185,330,336

唐韻 3,130,131,174,175,227,287

唐韻序 146

唐作藩 182,184,331

特稱 62,63,250

體文 145,151,195

鐵雲藏龜 318

通假 95,97,163,167,232,260,262,265

通密緻布喇 150

通俗編 6,295—299

通俗編序 295

通俗文 13,114—116,118,295,299,327

通雅 57,79,198,202—204,206,231,248,249,321

通用字 4,115,123,124,197

通語 11,13,40,56,57,64,71—73,156,185,203,204

通志 5,18,19,127,147,152,178,193,285

同聲相粘 136

同諧聲者必同部 221,248

同源字 101,102,238,239,251,270

同源字典 101,238,331

統稱 62,153

W

完顏希尹 188

汪榮寶 329

王弼 31,108—111,159

王昌齡 147,148,151,152

王國維 5,15,16,46,54,94,143,174,180,223,237,238,243,318,328

王筠 15,81,127,131,240,254—258,262,309

王力 36,101,107,138,143,214,223,225—227,232,233,328—331,333,335,337

王鳴盛 15,289

王念孫 6,9,15,93,97,100,155,215,218,220,222,223,227,232,235—238,240,241,252,259,262—273,275—279,305,331

王仁煦　141,142,174

王若虛　109,161

王文郁　178

王先謙　103

王引之　6,15,58,74,97,215,220,
222,264,265,268,273,275,278,
284,286,301,305—308,313

王應麟　2,134,202

王照　309,324

王子韶　194,198,199,248,270

威廉·湯姆遜　323

魏建功　70,230,331

魏孝文帝　117,139,187

文法簡論　336

文賦　27,112,113,131,134

文鏡秘府論　132,133,135—137,
145,148,209

文煉(見張斌)　335

文始　216,230,239

文勢　161

文通(見馬氏文通)　308,309,310,
311,312,334,337

文獻通考　198

文心雕龍　23,27,29,94,113,163,
207,208,211,310,336

文選注　162,164

文學　9,12,20,28,31,50,54,69,
75,76,91,94,108,111,112,130,
132,135,138,143,155,170,172,
173,205,210,280,293,296,312,
324,325,335,337,338

文學改良芻議　325

文韻說　131

文則　45,212,245

文字改革　15,38,82,83,182,189,
214,215,309,323,324,327

文字聲韻訓詁筆記　1,56,85,126,
257

文字學　1,2,4,5,7,8,11,14,38,
50,51,53,54,74,75,77,78,108,
116,173,194,198,215,232,240,
243,247,257,262,278,311,328,
329

文字學概說　48,329

文字音韻學論叢　130

聞一多　325

問學集　129,131,142,143

我對語言科學研究工作的意見
328,333

吳大澂　314,315

吳文祺　4,153,266,308,312,330

吳下方言考　293,294

吳玉章　326

吳棫　5,179—181,221,226

五經定本　122,161

五經義訓(見五經正義)　159

五經正義　122,158,159,161,164

五均論　232

五體清文鑒　333

五音　147,149,151,177,178,197,

索　引

　　243
五音聲論　146
五音説　146,147
武鳴僮語　334

X

西蕃譯語　333
西儒耳目資　320
希麟　165
悉曇　5,144,146,147,151,152
悉曇藏　126,147
戲劇語言　337
戲曲語言漫論　337
廈門音系　332
現代漢語修辭學　337
現代漢語語法探索　335
現代蒙古語法　334
現代吳語的研究　332
現代語言學叢書　340
象形　18,19,52,75,78—85,92,
　　93,193,196,199,243,247,281,
　　315—317
象形字發展三階段説　316
項氏家説　179
蕭該　140,162
小爾雅　154
小學　1—16,28,37,45,46,48,
　　50—54,64,67,68,74,75,93—
　　95,100,105,108,116,118,124,
　　127,134,138,141,157,158,165,
　　166,170,173,174,181,187,189,
　　194,198,203,205,206,210,
　　214—220,229,230,232,233,
　　240—242,247,254,255,262,
　　264,270,273,274,276,278,292,
　　303,308,310—312,320,322,323
小學考　178
小學識餘　261
協句　179
諧聲　78,84,179,188,191,193,
　　194,196,200,217,218,221,222,
　　227,232,243,247—252,271,
　　284,330
謝靈運　126,134,142
謝啓昆　178
心理語言學　337,339,340
新方言　233,239,332
新韻譜　321—323
新著國語文法　334
邢昺　56,57,157,263
邢公畹　34,321,328,338
形名學　20
形聲　18,38,39,50,54,78,79,
　　83—85,101,103,106,128,163,
　　188,191,193,194,196,199,217,
　　221,242,247,248,251,256,257,
　　259,261,270,282,293,313,316,
　　317
形聲多兼會意　247,249,261
形聲多兼會意考　252,331

形訓　37,38
姓氏　50,87,240,284—287,338
姓氏書　285,287
姓觽　285
熊忠　178
修詞學教科書　336
修辭概要　337
修辭格　336
修辭學　6,22,328,336,337
修辭學發凡　336
虛字辭例之學　6,232
虛字説　301—303
徐鍇　121,189—191,210,245,272
徐通鏘　57,338
徐鉉　14,76,174,189—191
許寶華　332,333
許慎　1,2,4,13,18,38,46,48,53,54,74—78,80—86,94,101,104,114,118,128,131,191—194,199,216,217,241,243,244,246,248,254,256,258—260,270,316,319
許學　4
序周禮興廢
續方言　74,292,295,332
續一切經音義　165
玄學　100,108,111,112,164,284
玄應《衆經音義》研究
玄奘　165
荀子　9,13,16,26,29,30,33—37,

39,68,72,94,107,253,295
訓詁方法論　332
訓詁學　4—8,11,14,15,22,108,122,154,161,164,173,198,207,213,216,232,236,240,262,270,278,301,303,311,328,331
訓詁學概論　39,55,68,84,106,107,236,263,332
訓詁學(郭在貽)　332
訓詁學(洪誠)　332
訓纂篇　49,50,53

Y

雅學　6,57,64,170,198,202,232,240,262,264
雅言　10,11,22,34,40,45,46,69,72,73,123,185
雅語　64,66
亞里士多德　29
言不盡意　9,31,108—113,170—172
言盡意　31,170
言盡意論　31,112
言文關係　68,172
言以足志　20,22,23,30,31,108,113,171
言意關係　9,109,111,113,170,172
研究中國文字的方法　85
揅經室二集　215

索　　引

揅經室三集　278,280
揅經室一集　8,276,278,279,281,
　　283,284
揅經室再續集　284
閻若璩　131,143,206,246
顏師古　4,49,52,80,122,123,
　　128,161,179,290
顏氏家訓　80,109,115,122,127,
　　139,140,166,207,286
顏元孫　4,122,123
顏真卿　123,152
顏之推　115,122,123,139—144,
　　286
嚴北溟　164,167,169
嚴可均　257
嚴學宭　329—331
嚴遵　69
陽承慶　117
揚雄　1,6,11,37,49—54,64,67—
　　72,74,76,77,156,163,204,224,
　　233,246,270,292,332
楊慎　79,203
楊樹達　43,286,305,308,309,
　　332,334,337
楊萬里　31,171,172
姚鼐　127
姚永銘　165,166
耶律魯不古　187
耶穌會士在音韻學上的貢獻　322
野利仁榮　187

叶韻　177,179,180,185
葉蘁聲　57,338
葉聖陶　326,340
一切經音義　10,13,147,158,
　　164—169,216,307
一切經音義提要　166
一聲之轉　107,196,218,235,237,
　　262,270,292,293,307
儀禮·喪服傳　41,98,99
儀禮注　94
彝語語法研究　334
以經注許　244,245
以聲為義　15,84,206,240,247—
　　252,261,270,271,276,282,331
以許注許　244,245
以音求義,不限形體　252,264,
　　269,270,272
以音通古義之原　204—206
以鄭注許　244,245
亦聲　54,83,84,87,101,102,166,
　　194,247,248,256,270,273
異平同入　229
異聲相對　136
意符文字　19
義例　58,245—247,254,257,266,
　　269,274,289,290,308
義勢　160,161
義書　10,13,67,108,154,157,
　　158,161,164,165,169,266
義訓　2,37,39,40,64,85,159,266

音和　138,186,225,230,231,234
音論　226,228
音學十書　222,227
音訓　6,13,37—39,84,93,100—102,104,107,131,207,233
音義關係　13,247,270,322
音韻闡微　323
音韻學　2,4,5,7,8,11—14,108,124,130,132,135,138,145,148,154,164,173,174,181,182,198,215,216,232—234,311,319,322,328,330,331
音韻學初步　223
音韻學通論　128
音韻學研究　5,124,147,151,184,240,329
音韻學講義　233,234
殷卜辭中所見先公先王考　318
殷禮在斯堂叢書　264,277
殷孟倫　254
殷虛卜辭綜述　318
殷虛書契考釋　318
殷虛文字類編　83
陰陽對轉　15,222,224,228,229
陰陽入相配　224,228,229
引申義　116,121,190,194,195,244,245,255
隱語　297
應劭　13,53,69,128
雍正　214,219,291

輶軒使者絕代語釋別國方言（見方言）
右文說　194,198—200,248,270,331
右文說在訓詁學上之沿革及其推闡　251,331
于省吾　328,329
俞敏　147,151
俞樾　6,15,215,308
與揚雄書　37,69
語法　6,7,14,15,24,27,42,66,159—161,206—209,211,253,258,306,308—310,312,327,334—336
語法講義　336
"語法"術語的出現　159
語法修辭講話　335
語法學　6,8,11,12,15,211,213,216,232,301,305,308,311,328,334—337
語根　19,84,107,239,270—273,277
語根說　239,240
語經　24
語境　23,157,160,218,269,270
語林採英
語文符號　21,24—28
語言達意能力　30,31,108,170
語言理論　108,339
語言論（高名凱）　338

索　引　　　　　　　　　　　　　　　　　　363

語言論(薩丕爾)　57,130
語言論文集　321,340
語言文字學　4,11,12,51,170,
　312,320
語言文字研究專輯　4,153,308,
　312,330,332
語言問題　20,338
語言學　3,4,6—13,20—24,26—
　28,30,33,34,37,67,74,178,
　209,215,233,239,240,243,248,
　252,269,270,308,311,320—
　324,328—331,334,337—340
語言學綱要　57,338
語言學史概要　338
語言與社會生活　339
語言與文化　7,59,62,278,279,
　284,338,339
語義三角形　28
語源學　6,15
語助　99,207,208,211—213,246,
　302,303
語轉　71,156,219,233,328
玉海　3,134,174,175
玉函山房輯佚書　115,117,118
玉篇　10,13,116,118—121,146,
　149,165,166,169,189
玉篇零卷　119,120
喻世長　330,334
元昊　187
元和姓纂　285

元兢　133,136—138
爰禮　53,54
袁家驊　332,334
原始語言　58,62,67
約定俗成　19,29,35—37,107,295
韻集　116,118,138,141
韻鏡　5,151,153
韻略易通　186,187
韻母　11,14,124,125,127,132,
　134,145,148,153,154,175,182,
　183,221,224,225,228,229,231,
　232,321,330
韻書　3,10,132,138—144,166,
　175,181,185—187,222,235,
　237,238,287,329

Z

曾運乾　233,234
札迻序　313
翟(zhái)灝　6,263,295
章太炎　3,10,19,42,128,143,
　220,221,223,224,226,229,230,
　232,239,240,254,314,319,320,
　330,332
張斌　335
張敞　53,54,71,94,162,192
張瓌一(見張志公)　337
張世祿　85,304,305,331,335,338
張世祿語言學論文集　85
張舜徽　95,96,98

張相 167,242,252,276,332
張揖 154,155
張有 124,205
張志公 211,337
張自烈 196,197
趙翼 132,289,291
趙蔭棠 153,331
趙元任 325,326,330,332,333,336,338
正名 2,9,13,20—23,29,30,33—37,66,78,208,275,309,310
正字 4,114,115,122—124,165,260
正字法 4,122—124,197
正字通 196—198,288
證俗文 6,275,295,299—301
鄭樵 5,14,18,19,127,147,152,193—195,285
鄭興 75,78,95
鄭玄 1,13,17,21,41,46,65,66,90,93—100,102,106,115,121,128,129,158,161,163,167,178,202,207,216,233,234,244,256,270,273,282,283,305,307
鄭學叢著 95,96,98
鄭雅 95
鄭眾 78,95—97,99
直音 128
指事 18,78,79,83,84,196,199,237,243

中國的語言研究 321,328
中國古代語法 336
中國古代語言學史 55
中國古名家言 20
中國近三百年學術史 263,312,313,319
中國拉丁化新文字方案 326
中國歷代語言文字學文選 27,142,143,181,183,235
中國邏輯思想史 24
中國人名的研究 286
中國文法革新論叢 335
中國文法通論 334
中國文法學初探 335
中國文法要略 335
中國文字學 15,17,48,116,194,195,198,277
中國文字學史 116,195,197,329
中國現代語法 335
中國修辭學 22,336,337
中國訓詁學史 95,332
中國音韻學史 331
中國音韻學研究 330
中國語文的新生 327
中國語言學史 36,214,226
中國早期啓蒙思想史 280,283
中國哲學史大綱 22
中國字典史略 49,120,123,299
中詩外形律詳說 337
中原音韻 5,14,173,181—186,

索　　引

331
《中原音韻》是普通話語音系統的歷
　　史源頭　182,185
中原音韻音位系統　331
鍾祥方言記　332
重言　30,99,205,261,303
衆經音義　165
周伯琦　194,305
周德清　5,14,181,183—186
周法高　135,239,330,331,336,
　　337
周禮　1,46,67,69,77,78,88,90,
　　93—99,131,157,169,193,216,
　　244,256,279,312
周禮正義　312,317
周秦漢晉方言研究史　73
周易　9,39,68,81,108,109,157,
　　159,161,170,190,208,259,271,
　　283
周易略例　31,109
周顒　132—134,138,145,184
周有光　321,322
周予同　54,215,266,312
周予同經學史論著選集　13,54,
　　214,312
周祖謨　70,73,129,131,142,143,
　　153,223,331
朱德熙　335,336
朱芳圃　318,328
朱光潛　133,337

朱駿聲　15,166,240,254,255,
　　258—261,309,331
朱起鳳　331
朱維錚　1,13,263,313
朱熹　170,202,210
朱彝尊　198,206
朱子語類　210
屬對　208,209,211
助紐字　144,146,149,150
助字　210—212,310,311
助字辨略　15,213,301—303,305
注音字母　322,324,326
轉語　71,204,233—236,263,270
轉語説　232,233,236,270
轉注　52,78—81,193,196,199,
　　239,243,259—262
莊子　30,31,68,109,158,248,
　　270,293
子思　47
子夏　8,41,42,94,98
字詁義府合按　248
字彙　196—198,320
字林　2,116,118,120,124,165
字母　14,126,127,144—146,
　　149—151,153,154,167,186—
　　188,197,231,238,320,321,323,
　　326
字書　1—3,8,10,45,46,48,50—
　　53,67,115,116,118,119,121,
　　132,141,144,166,174,188,196,

　　　　197,199,235,255,292,295
字説（王安石）　118,198
字説（吳大澂）　314
字統　17,45,47,48,116—118,
　　　120,123,165,179
字樣　90,108,122,123,142,161,
　　　175,179,190,195,275
字樣學　4,113,121,124

字義起於右旁之聲説　252
綜合音系論　143,144
左傳　20,22,25,38,40,41,47,64,
　　　75,77,157,159,190,206,213,
　　　246,248,254,258,272,274,284,
　　　285,305,306
左氏傳訓故　37

圖書在版編目(CIP)數據

中國小學史/胡奇光著．—修訂本．—上海：復旦大學出版社,2018.9
ISBN 978-7-309-13774-3

Ⅰ.中… Ⅱ.胡… Ⅲ.漢語史-語言學史-古代 Ⅳ.H1-09

中國版本圖書館 CIP 數據核字(2018)第 158282 號

中國小學史（修訂本）
胡奇光　著
責任編輯/宋文濤

復旦大學出版社有限公司出版發行
上海市國權路 579 號　郵編：200433
網址：fupnet@fudanpress.com　http://www.fudanpress.com
門市零售：86-21-65642857　　團體訂購：86-21-65118853
外埠郵購：86-21-65109143　　出版部電話：86-21-65642845
上海盛通時代印刷有限公司

開本 890×1240　1/32　印張 11.75　字數 270 千
2018 年 9 月第 1 版第 1 次印刷

ISBN 978-7-309-13774-3/H·2837
定價：58.00 圓

如有印裝質量問題,請向復旦大學出版社有限公司出版部調換。
版權所有　　侵權必究